HISTOIRE
DES FRANÇAIS.
TOME XXIX.

Ouvrages du même Auteur, publiés par la Librairie TREUTTEL *et* WÜRTZ.

HISTOIRE DES FRANÇAIS. In-8°. Tom. I à XXVIII. *Paris*, 1821 à 1842.............................. 196 fr.
Du même ouvrage, il a été tiré un petit nombre d'exemplaires sur papier vélin superfin satiné.

PRÉCIS DE L'HISTOIRE DES FRANÇAIS, 2 forts vol. in-8°. *Paris*, 1839............................ 16 fr.

JULIA SEVERA, ou l'An quatre cent quatre-vingt-douze (*Tableau des Mœurs et des Usages dans les Gaules, du temps de Clovis*). 3 vol. in-12. *Paris*, 1822.. 7 fr. 50 c.

HISTOIRE DES RÉPUBLIQUES ITALIENNES DU MOYEN AGE; nouv. édit., 10 vol. in-8°., *fig. Paris*, 1840-1841. 50 fr.

HISTOIRE DE LA RENAISSANCE DE LA LIBERTÉ EN ITALIE, de ses Progrès, de sa Décadence et de sa Chute. 2 vol. in-8°. *Paris*, 1832............................... 12 fr.

DES ESPÉRANCES ET DES BESOINS DE L'ITALIE, in-8°.... 60 c.

DE LA LITTÉRATURE DU MIDI DE L'EUROPE; nouvelle édition, revue et corrigée. 4 vol. in-8°. *Paris*, 1829. 28 fr.

HISTOIRE DE LA CHUTE DE L'EMPIRE ROMAIN ET DU DÉCLIN DE LA CIVILISATION, de l'an 250 à l'an 1000. 2 vol. in-8°. *Paris*, 1835............................... 15 fr.

ÉTUDES SUR LES SCIENCES SOCIALES, 3 vol. in-8°. 22 fr. 50 c.
On vend séparément :
— Tome I. *Études sur les Constitutions des peuples libres.* In-8. *Paris*, 1836..................... 7 fr. 50 c.
— Tomes II et III. *Études sur l'Économie politique*, 2 vol. in-8°. *Paris*, 1837-1838.................. 15 fr.

DE L'IMPRIMERIE DE CRAPELET,
RUE DE VAUGIRARD, N° 9.

HISTOIRE
DES FRANÇAIS,

PAR

J. C. L. SIMONDE DE SISMONDI,

Chevalier de la Légion-d'Honneur; Associé étranger de l'Institut de France, de l'Académie impériale de Saint-Pétersbourg, de l'Académie royale des Sciences de Prusse, de l'Académie royale des sciences de Turin; Membre honoraire de l'Université de Wilna, de l'Académie et de la Société des Arts de Genève, de l'Académie Italienne, de celles des Georgofili, de Cagliari, de Pistoia, de Palerme, de Chiavari, de San Miniato, de Val d'Arno, de Cortona, de l'Académie Romaine d'Archéologie, et de la Société Pontaniana de Naples.

TOME VINGT-NEUVIÈME.

A PARIS,

Chez TREUTTEL et WÜRTZ, Libraires,
rue de Lille, n° 17.

A Strasbourg, même Raison de Commerce, Grand'Rue, n° 15.

1842.

HISTOIRE DES FRANÇAIS.

SUITE DE LA HUITIÈME PARTIE,

ou

LA FRANCE SOUS LES BOURBONS.

CHAPITRE LII.

Anarchie dans l'Etat. — Querelle des billets de confession. — Le roi exile tour à tour le parlement, puis l'archevêque de Paris. — Persécution des protestans. — Marie-Thérèse recherche l'alliance de la France, et fait des avances à Mme de Pompadour. — Guerre contre l'Angleterre au sujet de l'Acadie. — Alliance avec l'Autriche. — 1750-1756.

La France sembloit, au milieu du XVIIIe siècle, plus puissante, plus prospère que dans aucun des siècles précédens; jamais Paris n'avoit été plus brillant, et son séjour plus recherché par les étrangers; jamais les écrivains français

1750.

n'avoient exercé plus d'influence sur toute l'Europe; jamais toutes les cours ne s'étoient plus empressées de se mettre au fait des affaires de France, d'adopter les modes françaises, les opinions françaises, et de donner à la France, par un tacite assentiment, la suprématie en Europe. Toutefois, jamais aussi, sans cause apparente, sans factions, sans prétentions d'aucune part à disputer l'autorité suprême, sans guerre civile, la désorganisation sociale n'avoit pénétré plus avant, jusqu'au cœur du gouvernement. Ce n'étoit pas le peuple qui disputoit l'autorité du roi; il ne songeoit point encore qu'il y eût aucun droit : ce n'étoient pas les grands; proprement en France, il n'y en avoit plus, il n'y étoit resté que des courtisans : ce n'étoient pas de puissans corps politiques qui osoient prétendre à représenter la nation; on sembloit ne plus se souvenir qu'il y eût eu en France des États-généraux, leur nom n'étoit prononcé par personne. Les États provinciaux qui existoient encore en Languedoc, en Bretagne, en Bourgogne et dans quelques autres provinces, tout en s'efforçant de défendre les intérêts du peuple et la régularité de l'administration, osoient à peine rappeler que leurs provinces avoient des droits et des libertés, et se déclaroient implicitement soumis à l'autorité royale. Les parlemens qui se proposoient de maintenir l'empire des lois, l'indépendance de la couronne vis-à-vis de la cour de Rome, l'obéissance du clergé, partoient toujours, comme d'un principe fondamental, de l'autorité absolue du monarque; ce fut pour eux un trait de courage long-temps repoussé par leurs scrupules, que de mettre en doute la légalité d'actes purement arbitraires, quand ils procédoient du roi.

Et cependant l'anarchie étoit au centre de l'État, elle étoit profonde, elle étoit menaçante; l'anarchie ne venoit d'aucune cause extérieure, elle étoit tout entière dans le cœur du monarque. Louis XV ne manquoit point d'esprit ou de jugement; il apprécioit assez bien les hommes, il prévoyoit assez bien les conséquences d'une résolution ou d'un événement, quand il vouloit s'en donner la peine. Ce qui lui manquoit, c'étoit le caractère, c'étoit la volonté. On ne s'en apercevoit point au premier abord, à travers les formes sèches et dures avec lesquelles il délivroit ses commandemens; comme il n'aimoit personne, il ne sembloit ni séduit ni entraîné; comme on ne le persuadoit point, qu'on ne le ramenoit jamais, qu'il opposoit un long silence puis une courte négative, aux argumens, aux sollicitations par lesquelles on s'efforçoit de lui suggérer un avis, à la première impression on auroit plutôt été disposé à le croire obstiné. Mais il faut une certaine activité de pensée pour avoir une volonté, il faut peser bien ou mal les objets en discussion pour choisir, il faut vouloir faire son métier de roi, et Louis XV ne le vouloit pas; en même temps qu'il étoit dévoré par l'ennui, par l'oisiveté, il repoussoit avec une répugnance invincible les occupations qui étoient pour lui un devoir, et dans lesquelles il eût bientôt trouvé une distraction puissante et un plaisir. Il laissoit aux ministres le soin de conduire toutes ses affaires, les appuyant seulement de loin en loin, par des coups d'autorité, et comme ses ministres n'étoient point d'accord, il ne pouvoit être conséquent lorsqu'il faisoit intervenir sa parole royale pour seconder tantôt l'un tantôt l'autre. Plusieurs rois, avant Louis XV, avoient été tout aussi foibles et plus incapables, mais ils s'étoient laissés gouverner par quelque prince, quelque ministre, qui avoient plus de volonté et plus de suite qu'eux-mêmes; ce fut le sort de Louis XV de déposer les rênes de l'État d'abord entre les mains d'un vieux prêtre arrivé à l'âge où l'homme a besoin d'appui et ne peut plus en donner, ensuite entre les mains d'une femme légère, frivole et inconséquente, sans que personne songeât à les leur arracher.

Mme de Pompadour étoit toujours la maîtresse en titre, mais l'état de sa santé, secrètement dérangée, l'avoit si complétement séparée du roi,

qu'elle en avoit profité pour écrire à son mari, le Normand d'Étioles, qu'elle avoit cessé de l'offenser. « Je reconnois mon tort, lui disoit-
« elle, et je veux le réparer. Déjà le point capi-
« tal de ma faute a cessé, il ne me reste plus que
« d'en faire cesser les apparences, ce que je
« souhaite ardemment; je suis résolue d'effacer,
« par ma conduite à venir ce qu'il y a eu d'irré-
« gulier dans ma conduite passée. Reprenez-moi,
« vous ne me verrez plus occupée qu'à édifier
« le monde par l'union où je vivrai avec vous,
« autant que j'ai pu le scandaliser par ma sépa-
« ration... » (1). Le but de cette démarche de Mme de Pompadour étoit de se faire nommer dame du palais de la reine, ce que la douce Marie avoit refusé timidement, en disant seulement « qu'il y auroit trop d'indécence pour elle à accorder cette place à une personne qui vivoit dans une scandaleuse séparation de son mari, n'osant pas même s'approcher des autels pour y recevoir la communion; qu'elle, pour sa personne, ne trouvoit rien à dire à l'innocence de son commerce et de ses liaisons avec le roi, mais que cela ne réparoit nullement la brèche que Mme de Pompadour faisoit à sa réputation. » C'est en raison de cette réponse de la reine que la cessation du scandale devenoit

---

(1) Anecdotes de la cour de France, ch. 24; p. 9.

une affaire importante, non-seulement pour la cour qui étoit aux pieds de Mme de Pompadour, mais pour le royaume, mais pour les puissances étrangères elles-mêmes, puisque cette femme faisoit réellement les fonctions de premier ministre, et que tout le monde à son tour étoit appelé à traiter avec elle.

Malgré la lettre qu'elle venoit d'écrire à son mari, Mme de Pompadour n'avoit aucune intention de s'éloigner de Louis XV, ni lui d'y consentir. Aussi, avant que la lettre fût portée, le prince de Soubise se rendit chez M. d'Étioles, et lui annonça que dans quelques heures on lui remettroit une lettre de Mme de Pompadour; qu'à la vérité il étoit maître de faire ce qu'il voudroit, et qu'on ne prétendoit pas forcer sa résolution, puisqu'au contraire on vouloit que sa réponse fût entièrement libre; mais qu'il lui conseilloit, en qualité d'ami, de ne point accepter les offres contenues dans la lettre; que s'il le faisoit il ne manqueroit pas de désobliger le roi. Pour donner plus de poids à ce conseil, il lui remit une ordonnance du roi portant une augmentation très-considérable dans ses droits de finance. M. d'Étioles auroit alors été bien embarrassé de reprendre sa femme qu'il n'aimoit et n'estimoit plus; il se défendit pourtant autant qu'il le falloit pour accroître le mérite de sa complaisance, et sauver les apparences de son mépris envers une personne dont il pouvoit tout espérer et tout craindre. Puis il répondit à sa femme qu'il lui pardonnoit sincèrement, mais que sa résolution étoit prise de ne plus habiter avec elle; quoique conçu dans les termes les plus mesurés, les plus polis et les plus respectueux, le refus étoit clair et aussi clair qu'on pouvoit le souhaiter. Mme de Pompadour eut grand soin de faire voir la copie de sa lettre et la réponse de son mari; dès lors, au lieu d'un évêque, elle en trouva vingt disposés à lui accorder l'indulgence plénière, et à la conduire eux-mêmes aux autels pour communier. Elle ne put, il est vrai, obtenir un jésuite pour confesseur; la société, peut-être pour ménager le Dauphin en qui elle avoit mis son espoir, ne voulut permettre à aucun de ses membres de lui donner l'absolution si elle ne s'éloignoit pas de la cour; et ce fut la cause du profond ressentiment de la favorite contre cet ordre; mais cette interdiction étoit secrète, le scandale public étoit levé, Mme de Pompadour qui avoit déjà reçu les honneurs du Louvre, c'est-à-dire le tabouret et la faculté de s'asseoir en présence de la reine, après lui avoir été présentée pour en recevoir un baiser, et qui les avoit réclamés en s'autorisant de l'exemple de Mme de Montespan, à laquelle Louis XIV les avoit accordés, encore qu'elle ne fût point duchesse, fut, comme elle le désiroit, nommée dame du palais de la reine; et il faut dire qu'elle se comporta toujours envers elle avec tout le respect et toute la soumission qu'elle lui devoit. (1)

Tandis que le premier lien de Mme de Pompadour avec le roi étoit rompu, elle s'étudioit sans relâche à trouver de nouveaux moyens de l'amuser, de le distraire; ses concerts, ses spectacles dans les petits appartemens étoient tous les jours plus soignés; une attention continuelle étoit apportée à varier les plaisirs d'un homme qui n'en trouvoit aucun dans l'accomplissement de ses devoirs, qui repoussoit toute occupation sérieuse; mais Mme de Pompadour connoissoit assez le roi pour savoir qu'il lui falloit des maîtresses. Sa jalousie pour écarter toutes celles qui auroient pu la supplanter, qui avoient un rang dans le monde, de l'esprit, de la conversation, étoit vigilante et furieuse, tandis qu'elle se prêtoit volontiers à introduire auprès de lui des jeunes filles dont elle croyoit n'avoir rien à redouter. Le marquis de Lugeac, neveu de Mme de Pompadour, s'entendoit pour cet infâme métier avec Lebel, valet de chambre du roi, et ils étoient toujours sûrs d'être secondés au besoin par l'intendant de police. Bientôt

---

(1) Anecdotes de la cour de France, P. 1, ch. 4 et 5, p. 83-108.

Mme de Pompadour découvrit que Louis XV pourroit lui-même s'amuser à faire l'éducation de ces jeunes malheureuses. Des petites filles de neuf à douze ans, lorsqu'elles avoient attiré les regards des gens de la police par leur beauté, étoient enlevées à leurs mères par plusieurs artifices, conduites à Versailles, et retenues dans les parties les plus élevées et les plus inaccessibles des petits appartemens du roi. Là il passoit des heures avec elles; chacune d'elles avoit deux bonnes pour la servir; le roi toutefois s'amusoit à les habiller, à les lacer, à leur faire des exemples pour écrire, aussi plusieurs arrivèrent-elles à avoir une écriture absolument semblable à la sienne. Il avoit le plus grand soin de les instruire lui-même des devoirs de la religion; il leur apprenoit à lire, à écrire et à prier Dieu comme un maître de pension. Il ne se lassoit pas de leur tenir le langage de la dévotion. Il faisoit plus, il prioit lui-même à deux genoux avec elles, toujours avec sa piété accoutumée, et cependant, dès le commencement de cette éducation si soignée, il les destinoit au déshonneur. Mme de Pompadour, qui ne faisoit pas semblant de s'apercevoir du train de vie de son ami, lui donna vers 1753 la charmante retraite de l'Hermitage dans le parc de Versailles, sur la route de Saint-Germain. Ce bâtiment et le jardin avoient été construits et plantés pour elle, avec toutes les recherches de la volupté, aux frais du trésor royal; elle prétendit s'en être ennuyée, et elle voulut donner au roi les moyens d'éviter la publicité dans ses rendez-vous de galanterie. Bientôt quelques maisons élégantes furent bâties dans l'enclos attenant qu'on nommoit le Parc-aux-Cerfs. Elles furent destinées à recevoir les jeunes filles qui attendoient les embrassemens de leur maître. Elles étoient soignées dans leurs couches, mais leurs enfans leur étoient toujours enlevés pour être placés dans des colléges ou des couvens; jamais ils ne devoient revoir leur mère, qui de son côté ne revoyoit jamais le roi. Le nombre des malheureuses qui passèrent successivement au Parc-aux-Cerfs est immense; à leur sortie elles étoient mariées à des hommes vils ou crédules auxquels elles apportoient une bonne dot. Quelques-unes conservoient un traitement fort considérable. « Les « dépenses du Parc-aux-Cerfs, dit Lacretelle, « se payoient avec des acquits du comptant. Il « est difficile de les évaluer; mais il ne peut y « avoir aucune exagération à affirmer qu'elles « coûtèrent plus de 100 millions à l'État. Dans « quelques libelles on les porte jusqu'à un milliard. » (1)

(1) Lacretelle, L. X, p. 169-170. — Anecdotes de la cour de France, p. 11, ch. 3-5, p. 218-252. — Mme du Hausset, p. 103-112.

Mais ce n'étoient pas seulement les débauches
de Louis XV qui le rendoient incapable de remplir ses devoirs de roi ; dans tout l'ensemble de
sa vie, on retrouvoit cet égoïsme paresseux qui
lui faisoit repousser toute contention d'esprit, et
laisser flotter son âme de distractions en distractions. Mme Campan représente sa vie intérieure,
à une époque beaucoup plus tardive, il est vrai,
mais il ne paroît point que, dans l'intervalle, ses
habitudes eussent changé. « Le roi, dit-elle, ne
« pensoit qu'au plaisir de la chasse : on auroit
« pu croire que les courtisans se permettoient
« une épigramme, quand on leur entendoit dire
« sérieusement les jours où Louis XV ne chas-
« soit pas : Le roi ne fait rien aujourd'hui. Les
« petits voyages étoient aussi une affaire très
« importante pour le roi. Le premier jour de
« l'an, il marquoit sur son almanach les jours de
« départ pour Compiègne, pour Fontainebleau,
« pour Choisy, etc. Les plus grandes affaires,
« les événemens les plus importans ne déran-
« geoient jamais cette distribution de son temps.
« L'étiquette existoit encore à la cour, avec
« toutes les formes qu'elle avoit reçues sous
« Louis XIV, il n'y manquoit que la dignité.
« Quant à la gaîté, il n'en étoit plus question :
« de lieu de réunion où l'on vît se déployer l'es-
« prit et la grâce des Français, il n'en falloit

« point chercher à Versailles. Le foyer de l'es-
« prit et des lumières étoit à Paris.

« Séparer Louis de Bourbon du roi de France
« étoit, comme on le sait, ce que le monarque
« trouvoit de plus piquant dans sa royale exis-
« tence. *Ils l'ont voulu ainsi, ils ont pensé que
« c'étoit pour le mieux ;* c'étoit sa façon de parler
« quand les opérations des ministres n'avoient
« pas de succès. Le roi aimoit à traiter lui-même la
« honteuse partie de ses dépenses privées. Il ven-
« dit un jour à un premier commis de la guerre
« une maison où il avoit logé une de ses maîtres-
« ses : le contrat fut passé au nom de Louis de
« Bourbon; l'acquéreur porta lui-même au roi,
« dans son cabinet particulier, un sac conte-
« nant en or le prix de sa maison.

« Louis XV voyoit très peu sa famille ; il
« descendoit tous les matins, par un escalier dé-
« robé, dans l'appartement de Mme Adélaïde
« (l'aînée de ses filles, née le 23 mars 1732).
« Souvent il y apportoit et y prenoit du café
« qu'il avoit fait lui-même. Mme Adélaïde tiroit
« un cordon de sonnette qui avertissoit Mme Vic-
« toire de la visite du roi. Mme Victoire, en
« se levant pour aller chez sa sœur, sonnoit
« Mme Sophie, qui, à son tour, sonnoit Mme Louise.
« Les appartemens des princesses étoient très
« vastes. Mme Louise logeoit dans l'appartement

« le plus reculé. Cette dernière fille du roi
« étoit contrefaite et fort petite; pour se rendre
« à la réunion quotidienne, la pauvre princesse
« traversoit, en courant à toutes jambes, un
« grand nombre de chambres : et malgré son
« empressement, elle n'avoit souvent que le
« temps d'embrasser son père, qui partoit de là
« pour la chasse.

« Tous les soirs à six heures, Mesdames in-
« terrompoient la lecture que je leur faisois pour
« se rendre avec les princes chez Louis XV :
« cette visite s'appeloit le débotter du roi, et
« étoit accompagnée d'une sorte d'étiquette. Les
« princesses passoient un énorme panier qui
« soutenoit une jupe chamarrée d'or ou de bro-
« derie : elles attachoient autour de leur taille
« une longue queue, et cachoient le négligé du
« reste de leur habillement, par un grand man-
« telet de taffetas noir, qui les enveloppoit jusque
« sous le menton. Les chevaliers d'honneur, les
« dames, les pages, les écuyers, les huissiers
« portant de gros flambeaux les accompagnoient
« chez le roi. En un instant, tout le palais, ha-
« bituellement solitaire, se trouvoit en mouve-
« ment; le roi baisoit chaque princesse au front,
« et la visite étoit si courte, que la lecture, in-
« terrompue par cette visite, recommençoit sou-
« vent au bout d'un quart-d'heure. Mesdames
« rentroient chez elles, dénouoient les cordons

« de leurs jupes et de leurs queues, reprenoient
« leur tapisserie, et moi mon livre. » (1)

Le dérèglement des mœurs, qui étoit affiché à la cour avec une impudence qu'on n'avoit point égalée dans les siècles précédens, se reproduisoit chez les courtisans à l'exemple du maître, et eux à leur tour contribuoient ainsi à aliéner la nation de son gouvernement ; non-seulement ils couroient après toutes les voluptés illicites, mais ils y mettoient leur gloire, et le renom de séducteur étoit celui qu'ils ambitionnoient le plus. Ils songeoient bien moins à l'amour, même aux désirs, qu'aux succès de l'amour-propre ; ils se plaisoient à publier leurs bonnes fortunes et leurs perfidies, souvent ils s'efforçoient de ternir la réputation des femmes les plus vertueuses, et c'étoit un des artifices habituels du duc de Richelieu, de faire veiller ses équipages dans plusieurs quartiers à la fois pour faire croire qu'il avoit des rendez-vous nocturnes dans des lieux où on ne le connoissoit même pas. Le nombre des familles qui, à Paris, étoient troublées, étoient déshonorées par les désordres du roi ou de ses courtisans étoit donc très considérable : mais le scandale faisoit encore plus d'ennemis à la cour que les offenses directes. Ceux que le peuple devoit respecter s'étoient étudiés à se

(1) Mém. de Mme Campan, T. I, ch. 1, p. 12.

rendre méprisables, et depuis que l'autorité semblait faire sa principale affaire de protéger le vice, la société marchoit rapidement vers sa dissolution.

En même temps, les vices du roi agissoient d'une manière plus directe encore sur le bien-être, sur l'aisance de toutes les familles du royaume. C'étoit à eux qu'il falloit attribuer le désordre des finances, les emprunts qui se multiplioient, et les impôts nouveaux dont on grevoit la population. Le luxe extravagant de la favorite, le goût qu'elle avoit excité chez le roi pour les bâtimens, les objets d'art et les spectacles, le jeu ruineux auquel Louis XV appeloit ses courtisans, faisoient disparoître les millions bien plus rapidement que toutes les maîtresses subalternes. Chaque courtisan à son tour éprouvoit les besoins que multiplie la rage des plaisirs; chacun sollicitoit et obtenoit des grâces pécuniaires, et les acquits du comptant qui ne laissoient aucune trace de l'objet de la dépense se multiplioient au point de tenir le contrôleur des finances dans un embarras continuel. Par un enchaînement imprévu, ce furent ainsi les vices personnels du monarque qui, en produisant au trésor un déficit qu'on ne pouvoit combler, mirent aux prises, au milieu du XVIIIe siècle, le clergé et les parlemens, renouvelèrent les persécutions religieuses, alarmèrent tous les corps sur leurs priviléges, en faisant voir qu'on prétendoit mettre le bon plaisir au-dessus d'eux tous, excitèrent les fermentations de l'esprit de parti avant même qu'il eût trouvé des sujets dignes d'occuper l'opinion publique, et donnèrent enfin à toute la France le sentiment de la complète dissolution du pouvoir social.ᶜ

Nous avons vu qu'au mois de mai 1749, M. de Machault qui, depuis quatre ans, avoit remplacé Orry au contrôle général, avoit fait rendre un édit qui soumettoit à une contribution du vingtième de leur revenu tous les Français, quelle que fût leur condition, et par quelque privilége qu'ils se fussent jusqu'alors dispensés de payer l'impôt. Il y avoit quelque chose de si choquant et de si absurde dans cette exemption des riches qui prétendoient ne point devoir contribuer aux dépenses nationales, tandis que tout le fardeau retomboit sur les pauvres; l'opinion publique, réveillée par Quesnay et par les économistes qui représentoient l'agriculture comme la source unique des richesses, commençoit tellement à se prononcer contre les grands propriétaires qui prétendoient ne rien devoir, que l'opposition au vingtième fut moins ouverte, moins obstinée qu'on ne s'y attendoit d'abord. Le clergé seul osa résister avec obstination, tandis qu'on ne parla point de l'opposition de la noblesse, excepté dans les pays d'États où elle se

confondoit avec les vœux de tout le peuple. 1750-1756.
Le parlement envoya au roi trois de ses présidens pour lui faire des remontrances contre le vingtième, non pas au nom des privilégiés, mais du peuple, disoit-il, qui étoit déjà accablé par les taxes. Le roi leur répondit qu'il vouloit que le lendemain son édit fût enregistré, et qu'on vînt lui en rendre compte avant deux heures à Choisy. On délibéra de nouveau, mais avec pusillanimité et embarras, et il fut résolu que le premier président supplieroit le roi d'avoir compassion de son peuple déjà épuisé par la guerre, et si le monarque persistoit dans sa volonté, le parlement, déchargeant ainsi sa conscience, procéderoit à l'enregistrement.

En effet, l'enregistrement eut lieu ; le parlement se contentant d'insister sur la fixation et la durée de l'impôt, et sur sa destination au paiement des dettes, non aux dépenses courantes. Mais loin d'acquitter les dettes, le contrôleur-général, forcé par la prodigalité du roi, ne songeoit qu'à en contracter de nouvelles ; les capitalistes de la France et de l'étranger avoient commencé à trouver qu'aucun revenu n'étoit plus commode à percevoir que celui des fonds publics, et ils s'empressoient d'apporter leur argent, sans se soucier de connoître l'état réel des finances. Cette extrême facilité favorisoit d'autre part les dissipations du gouvernement ; jamais il ne se trouvoit

Tome XXIX.

arrêté par un besoin réel; le présent étoit facile, et personne ne prenoit soin de l'avenir sur lequel un fardeau écrasant étoit rejeté. En même temps que l'édit du vingtième, il en avoit paru un autre qui créoit 1 800 000 livres de rente au denier vingt, faisant un capital de 36 millions. Puis au mois de mai 1751, un nouvel édit porta création de 2 millions de rentes viagères sur l'Hôtel-de-Ville et de 900 000 livres de rentes héréditaires sur la ferme des postes. Le tout estimé équivaloir à un emprunt de 50 millions. Le parlement se crut obligé à faire des représentations nouvelles. Louis XV les écouta avec beaucoup de sang-froid, et répondit qu'il les croyoit dictées par le zèle pour son service; mais il ajouta que cet emprunt étoit nécessaire, et qu'il n'entendoit pas que les remontrances fussent imprimées. Le parlement voulut tenter de faire d'itératives remontrances, et le roi lui répondit: *Un plus long délai ne pourroit que me déplaire.* Fort de l'opposition des autres corps de l'État contre l'établissement du vingtième, le parlement observa, cette fois, qu'on ne pouvoit concilier cette nouvelle augmentation de la dette de l'État avec l'édit de l'établissement du vingtième destiné à les éteindre; et le roi, environné de son conseil de dépêches, répondit avec le ton d'un maître, et d'un maître mécontent: *J'ai eu assez de patience et de bonté, je veux être obéi dans le jour.* L'édit fut enregistré, en effet, mais avec la clause, *du très exprès commandement du roi.* (1)

Les États d'Artois, de Bourgogne, de Bretagne et de Languedoc se plaignirent très hautement de ce que la cour, par l'établissement uniforme du vingtième sur tous les biens, tendoit à abolir le droit de consentir le don gratuit qu'ils accordoient au prince. Les États de Bretagne furent ceux dont l'opposition fut la plus vigoureuse; ils déclarèrent d'une voix unanime qu'il n'y auroit pas de vingtième levé en Bretagne. Il fut résolu de faire des remontrances au roi, mais les commissaires qu'il avoit nommés déclarèrent que, sous peine de désobéissance, aucun député ne devoit sortir de Rennes. Les membres des États renoncèrent à la députation; mais malgré la défense du roi, ils se séparèrent. Cependant Machault reconnoissoit que les pays d'État étoient les mieux administrés de France, ceux où les rentrées étoient le plus assurées. Il étoit assez disposé à se prêter à ce que la perception fût faite par une commission mixte, nommée de concert par les États et le roi; il menaçoit bien de supprimer les États, mais il auroit

---

(1) Decrusy et Taillandier, Lois françaises, T. XXII, p. 223-225 et 248. — Soulavie, Mém. de Richelieu, T. VIII, ch. 8, p. 189-192. — Lacretelle, T. III, L. X, p. 180. — Biogr. univ., art. *Machault*, T. XXVI, p. 45.

regretté de le faire; il négocia donc sans réussir à obtenir le vingtième, et ses négociations durèrent aussi long-temps que son ministère. (1)

Dans le vrai, on commençoit à reconnoître que c'étoit sur les biens du clergé que Machault comptoit principalement pour subvenir aux besoins de l'État, soit que ce fût son intention dès le principe, ou que l'opposition qu'il trouvoit dans les autres corps lui fît naître le désir de s'adresser à une corporation qu'on croyoit infiniment riche, et qui n'ayant dans ses biens qu'un intérêt viager, pouvoit être dépouillée du fonds lui-même, si l'on trouvoit moyen de pourvoir à la subsistance des occupans actuels. La suppression de plusieurs monastères lui paroissoit le moyen le plus sûr de ramener au trésor l'abondance. Il avoit commencé par faire rendre, au mois d'août 1749, un édit sur les établissemens et les acquisitions des gens de main-morte, où se fondant sur ce que les biens immeubles qui passent entre leurs mains cessent pour toujours d'être dans le commerce, il renouveloit la défense de faire aucun nouvel établissement de chapitres, collèges, séminaires, maisons ou communautés religieuses, hôpitaux et communautés, sans une permission expresse, portée par lettres-patentes enregistrées au parlement du ressort, laissant

(1) Soulavie, T. VIII, ch. 8, p. 192-202.

voir dans toute cette loi, qui est assez longue, qu'il regardoit non-seulement l'accroissement, mais l'existence de ces propriétés ecclésiastiques comme un mal pour le royaume. (1)

Une année plus tard, le 17 août 1750, il fit un pas de plus par l'ordonnance qui enjoignit à tous les bénéficiers du clergé de donner dans six mois, pour tout délai, des déclarations des biens et revenus de leurs bénéfices. D'après le préambule, l'objet de cet édit étoit surtout d'assurer l'égalité des répartitions « de ces subsides dont la « fidélité du clergé lui impose l'obligation, et « qu'il a fournis dans tous les temps pour subve- « nir et contribuer aux nécessités publiques. » Toutefois, disoit le roi, « notre intention est que « ces déclarations soient mises sous nos yeux, « pour connoître par nous-même la véritable « valeur des biens du clergé de France, et « éclaircir les préventions désavantageuses aux- « quelles l'ignorance de cet objet a donné lieu. » (2)

Le parlement qui avoit toujours ressenti à l'égard du clergé la plus vive jalousie, vit avec plaisir que le ministère songeoit à diminuer ses richesses et ses priviléges, et ce fut sa principale raison pour montrer moins de vigueur qu'on ne s'y attendoit, à repousser l'édit du vingtième :

---

(1) Lois françaises, T. XXII, p. 226.
(2) Lois françaises, T. XXII, p. 236.

le parti philosophique dont Machault recevoit les inspirations, se réjouissoit de toute brouillerie entre l'État et l'Église; et Mme de Pompadour qui regardoit les prêtres comme ses ennemis personnels, applaudissoit au projet de les dépouiller.

L'Église reconnut bien vite de quel danger elle étoit menacée. Le vieil évêque de Marseille écrivit au contrôleur-général : « Ne nous met-« tez pas dans la nécessité de désobéir à Dieu « ou au roi, vous savez lequel des deux auroit « la préférence » (1). Cependant, quoique les prêtres n'oublient pas plus que les autres hommes leurs intérêts temporels, ils répugnent en général à engager une querelle sur des affaires d'argent, et le clergé de France réussit assez vite à changer l'objet de la discussion. Dès la publication de l'édit du vingtième, l'archevêque de Paris, Christophe de Beaumont, avoit réuni chez lui quinze ou seize des évêques qui se trouvoient dans la capitale; ils étoient convenus qu'ils devoient se conserver la prérogative d'offrir au roi des dons gratuits, et ne point permettre qu'on pût leur en faire perdre le mérite par la violence. Ces prélats ayant rédigé leurs observations sur l'édit du vingtième, les firent présenter au roi par Boyer, évêque de Mire-

---

(1) Voltaire, Siècle de Louis XV, T. II, ch. 36, p. 2.

poix ; ils les communiquèrent à tous les évêques du royaume, et tous répondirent également en réclamant le maintien des immunités de l'Église et en refusant les déclarations demandées. Mais en même temps, comme s'ils pressentoient l'hostilité secrète des parlemens qu'ils accusoient de jansénisme, ils s'entendirent pour les attaquer à leur tour sur leur propre terrain. (1)

Les deux opinions des molinistes et des jansénistes avoient long-temps divisé le clergé de France; mais depuis que Louis XIV avoit embrassé avec tant de chaleur l'un des deux partis, toutes les promotions aux dignités de l'Église avoient été faites en un seul sens. Après le père La Chaise qui tenoit pour lui la feuille des bénéfices, le père Le Tellier qui lui avoit succédé, s'étoit montré bien plus intolérant; puis Dubois, puis le cardinal de Fleury pour plaire à la cour de Rome, et enfin Boyer, évêque de Mirepoix, par conviction, n'avoient pas conféré une seule des dignités de l'Église sans s'être assurés que le récipiendaire, quelles que fussent d'ailleurs sa conduite ou ses principes, étoit dévoué à la bulle *Unigenitus*. La Sorbonne, qui long-temps avoit paru balancer l'autorité de Rome, étoit de même désormais tout entière acquise aux opinions molinistes. Le jansénisme

(1) Soulavie, T. VIII, ch. 9, p. 213.

s'étoit réfugié dans la savante congrégation de l'Oratoire, dans celle de Sainte-Geneviève et dans quelques couvens de filles. En même temps, hors du clergé, les hommes les plus pieux, les plus insensibles aux intérêts du monde, étoient demeurés fidèles à ces doctrines sévères. Les parlemens les conservoient aussi, moins par zèle religieux que par opposition au clergé. Boyer, et Christophe de Beaumont, archevêque de Paris, lorsqu'ils reconnurent que les propriétés de l'Église étoient en danger, se figurèrent que l'attaque à laquelle ils étoient exposés, ne pouvoit devenir sérieuse qu'en raison de l'hostilité de cette secte ennemie, et ils résolurent d'extirper entièrement de France des opinions déjà condamnées par l'Église. Les progrès de l'incrédulité provenoient, disoient-ils, du défaut d'un tribunal chargé de la surveiller et de la punir. Avec de la vigueur on étoit encore à temps de débarrasser l'Église des jansénistes, des philosophes et des huguenots.

La vigueur et l'obstination la plus inflexible étoient les qualités par lesquelles l'archevêque de Paris l'emportoit le plus sur tous les autres prélats. L'austérité de ses mœurs, l'abondance de ses aumônes qui n'étoient pas, il est vrai, distribuées avec beaucoup de discrétion (1),

---

(1) Mme du Hausset en rapporte quelques exemples fort comiques, p. 169.

son élocution facile et brillante, son esprit cultivé et la beauté imposante de sa figure lui avoient gagné une haute considération. Au milieu d'une cour corrompue et en face des progrès de la philosophie et des sciences, il avoit conservé tout le zèle intolérant des temps de persécution. Il arma le clergé d'un pouvoir qu'on dit avoir été un moment exercé par le cardinal de Noailles; il instruisit tous les curés qui dépendoient de lui, à demander aux mourans des certificats de confession avant de pouvoir licitement leur accorder le viatique et les saintes huiles; et si le malade ne produisoit pas le billet de confession, le nom du confesseur et l'attestation qu'il avoit accepté la bulle *Unigenitus*, le curé lui refusoit les sacremens. En même temps toutes les chaires retentissoient des dénonciations des prédicateurs contre les hérétiques, schismatiques, novateurs, jansénistes et sémi-pélagiens, de manière à ce que le public appliquât ces noms aux hommes auxquels les prêtres fanatiques refusoient les sacremens. (1)

Ce n'étoit pas seulement les hommes pieux et sincèrement attachés aux mystères de l'Église, qui étoient plongés dans la douleur par le refus des sacremens à leurs derniers momens. Les

---

(1) Arrêt du parlement de Paris qui défend les refus de sacremens, 18 avril 1752, Lois françaises, T. XXII, p. 251.

tièdes, les incrédules ne redoutoient guère moins cette espèce de proscription. Eux-mêmes et leurs familles les regardoient comme une flétrissure à laquelle ils ne vouloient pas se soumettre; le parlement repoussoit comme un établissement déguisé de l'inquisition, ce tribunal secret qui attendoit chaque homme à la sortie de la vie, et qui, en ne condamnant que les moribonds faisoit cependant trembler les vivans. D'ailleurs il s'annonçoit par les rigueurs les plus effrayantes. Ni les plus hautes dignités, ni les vertus les plus recommandables ne mettoient les mourans à l'abri d'un odieux interrogatoire. On distinguoit surtout, parmi les ministres les plus dévoués aux rigueurs de l'archevêque, le curé de Saint-Étienne-du-Mont, Bouettin, qui, élevé lui-même parmi les jansénistes, poursuivoit avec une sorte de fureur le parti qu'il avoit quitté. On n'entendoit parler que des menaces par lesquelles il troubloit les derniers momens de ses ouailles les plus saintes. Une des premières victimes de son fanatisme, fut le poëte latin Coffin, ami et successeur de Rollin dans la place de principal du collége de Beauvais, qui avoit orné les hymnes de l'Église d'une poésie élégante et harmonieuse. De même que Rollin, Coffin étoit janséniste; le curé de Saint-Étienne vint à sa dernière heure le désoler en

lui demandant la rétractation de ses erreurs. 1750-1756.
Le malade octogénaire s'indigna de cette violence, et mourut sans avoir été communié. Un neveu de Coffin, conseiller au Châtelet, obtint cependant par son courage, que les restes de cet homme pieux fussent reçus dans l'église. Mais six mois plus tard, ce neveu tomba à son tour dangereusement malade, et le même curé de Saint-Étienne-du-Mont, en lui refusant les sacrements, précipita sa mort. (1).

Le parlement fit informer contre le curé fanatique et le décréta de prise de corps; le curé refusa de répondre, et l'archevêque de Paris déclara qu'il lui avoit donné des ordres; que les billets de confession étoient un saint usage qu'il jugeoit essentiel de remettre en vigueur, qu'il avoit été employé avec succès à extirper l'hérésie des prétendus réformés, qu'il n'en auroit pas moins contre l'hérésie des appelans. Le parlement condamna le curé de Saint-Étienne-du-Mont, à une aumône de trois livres, peine qui étoit réputée flétrissante, et lui enjoignit de ne plus refuser les sacremens; mais le conseil cassa

(1) Lacretelle, T. III, L. X, p. 188-190. — Soulavie, Mém. de Richelieu, T. VIII, ch. 10, p. 236. — Voltaire, Siècle de Louis XV, T. II, ch. 36, p. 3. — *Ibid.*, Hist. des parlemens de Paris, ch. 65, p. 369. — Biogr. univ., art. *Christophe de Beaumont*, T. III, p. 645 et art. *Coffin*, T. IX, p. 186.

cet arrêt : « pour empêcher les juges séculiers « d'excéder les bornes de l'autorité qui leur est « confiée, en imposant aux ministres de l'Église « des lois sur des matières purement spiri- « tuelles, telles que la disposition des choses « saintes, dont ils ne tiennent le pouvoir que de « Dieu seul. (1) » Ainsi se manifestoit l'anarchie jusque dans le gouvernement : on ne savoit plus à qui l'on devoit obéir, du curé ou de l'archevêque, du parlement ou du conseil. L'archevêque de Paris, les curés, les jésuites, comprirent que l'occasion étoit belle pour brouiller la cour avec la magistrature : il leur suffisoit d'exciter la colère du parlement, par de nouveaux actes d'inquisition bien signalés. Le roi se tairoit, le parlement voudroit jouer le rôle du roi, le conseil crieroit à l'usurpation ; la favorite seroit effrayée, les projets de Machault seroient abandonnés ; les philosophes de leur côté s'emporteroient à l'approche d'une persécution nouvelle ; le parlement, fidèle à la religion, rejeteroit leur secours, condamneroit leur impiété, et la cour fatiguée reprendroit l'habitude de se soumettre aux jésuites. Tout arriva d'abord comme ils l'avoient prévu, ou plutôt comme ils l'avoient ordonné. (2)

(1) Lois françaises, T. XXII, p. 252.— Arrêt du conseil à Versailles, 29 avril 1752.
(2) Lacretelle, T. III, L. X, p. 191.

Une occasion éclatante se présenta bientôt; 1750-1756. Louis duc d'Orléans, surnommé le Dévot, étoit mourant à son monastère chéri de Sainte-Geneviève, et il expira en effet le 4 février 1752. Il étoit entouré de jansénistes inébranlables, dont il partageoit les convictions. Le curé de Saint-Étienne mit de l'orgueil à venir le disputer à ses anciens confrères, et après l'avoir entendu il lui refusa la communion ; mais le prince se fit administrer par son aumônier, et ne permit point qu'on poursuivît le curé, qui se désespéroit de n'avoir point été dénoncé pour un fait si audacieux. Bientôt toutefois, un autre de ses paroissiens, attaché à la maison d'Orléans, un ancien aumônier de l'abbesse de Chelles, vint lui offrir l'occasion qu'il cherchoit. Le curé de Saint-Étienne ne manqua pas d'excommunier cet ecclésiastique à son lit de mort. Au bruit de cette nouvelle violence, toutes les chambres du Parlement s'assemblèrent. Le curé de Saint-Étienne fut décrété encore une fois de prise de corps ; la cour se déclaroit appelée à prévenir ou réprimer « le scandale causé par le refus « public des sacremens qui seroit fait à l'occa- « sion de la constitution *Unigenitus*, en lui don- « nant le caractère d'une règle de foi. » (1)

(1) Arrêt du 18 avril 1752, Lois françaises, T. XXII, p. 251.

1750-1756. Comme les motifs et le ton de cet arrêt s'accordoient avec les principes de tolérance que l'opinion publique avoit adoptés, il excita le plus vif enthousiasme en faveur des magistrats. Le conseil cassa l'arrêt; les molinistes redoublèrent de fureur. L'archevêque usurpant un droit que ne lui donnoit point sa place, destitua la supérieure de l'Hôpital-Général de Paris, sous prétexte de son opposition à la bulle *Unigenitus*, le parlement l'accusa d'usurpation; il arrêta qu'on tiendroit l'assemblée de l'Hôpital en l'absence des principaux administrateurs, et que les anciens subalternes révoqués y assisteroient. Deux de ceux-ci avoient été chez l'archevêque, qui, muni de lettres de cachet arrêta leur démarche. Le roi envoya au parlement des lettres de jussion, auxquelles il répondit par des remontrances. Les magistrats, après les vacances, furent mandés à Versailles, avec l'ordre d'y porter leurs registres. Le roi leur défendit de délibérer et garda les registres pour leur en ôter les moyens. Le parlement déclara que la défense de délibérer étant une interdiction générale, il ne pouvoit plus continuer aucun service, et il cessa en effet ses fonctions (1). Les évêques de province correspondans de l'archevêque de

(1) Soulavie, T. VIII, ch. 10, p. 244.—Lacretelle, T. III, L. X, p. 193.—Déclarations sur l'administration de l'Hôpital du 24 mars 1751.

Paris répétoient les mêmes scènes. A Langres, on refusoit d'enterrer les appelans; à Orléans, on recommandoit au peuple de distinguer les molinistes d'avec les jansénistes, qui étoient excommuniés et livrés à Satan. Les parlemens poursuivoient des refus scandaleux de sacremens à Montargis, à Joigny, à Sens, à Amiens, à Langres, à Tours et à Aix. On alloit jusqu'à refuser l'eucharistie en présence du peuple assemblé et à la table de la communion. L'évêque de Montpellier, obligé par arrêt, de faire donner le viatique à un clerc janséniste qui se mouroit, envoya son grand vicaire consommer les hosties consacrées dans tous les ciboires de Montpellier. Le roi étoit consterné de ces querelles scandaleuses, il blâmoit tout à la fois et les rigueurs de l'archevêque et les poursuites du parlement. Les prédicateurs tonnoient contre les magistrats, ceux-ci faisoient arrêter les prédicateurs. Les jansénistes, pour avoir le plaisir de se faire refuser les sacremens, feignoient quelquefois d'être malades, et quelques incrédules, pour mieux fronder la cour feignoient d'être jansénistes. Les jésuites jouoient leurs adversaires dans des comédies moins plaisantes que profanes, qu'ils faisoient répéter à leurs élèves; les jansénistes excelloient dans les caricatures, les philosophes se livroient aux discussions les plus hardies, et les libertins composoient et faisoient chanter au peuple des chansons impies. C'étoit un mélange inouï d'incrédulité et de fanatisme, de fureur et de gaîté. (1)

Mᵐᵉ de Pompadour restoit indécise au milieu de ces querelles ; M. de Machault lui représentoit que le moment étoit venu, grâce à l'animosité des parlemens, et au mécontentement du peuple, de réduire enfin les prérogatives du clergé, et de le forcer à supporter sa part des dépenses de l'État, de supprimer même quelques uns des plus riches monastères, et d'employer leurs biens à combler le déficit des finances. Le comte d'Argenson, au contraire, insistoit sur le danger de laisser les parlemens développer leur esprit d'indépendance, et prétendre à limiter l'autorité royale. Les avis du contrôleur-général plaisoient à la marquise, ceux du comte d'Argenson plaisoient au roi, et l'anarchie se perpétuoit. Le parlement représentoit que les gens d'Église étoient soumis aux lois de la police, et si S. M. persévéroit à anéantir les actes par lesquels ce corps tentoit de les réprimer, il le supplioit d'accepter sa démission ; il cessa en effet ses fonctions, et tous les procès, soit civils soit criminels, demeurèrent suspendus. De leur côté, les curés de Paris suspendoient aussi les

(1) Soulavie, T. VIII, ch. 10, p. 246. — Lacretelle, L. X, p. 195. — Voltaire, Siècle de Louis XV, T. II, ch. 36, p. 5, et Hist. du parlement de Paris, ch. 65, p. 369.

leurs, et laissoient mourir les fidèles sans secours. Le roi essaya de retirer la connoissance et la poursuite des cas ecclésiastiques aux chambres des enquêtes, formées surtout de jeunes gens, et de l'attribuer à la grande chambre, composée de magistrats plus graves et plus âgés; mais la grande chambre s'offensa de ce que la cour paroissoit croire qu'elle avoit d'autres maximes que le corps entier du parlement, et six ou sept arrêts se suivirent avec rapidité, tous dirigés contre l'archevêque, où les curés auxquels on enjoignit de communier les mourans dans l'heure où ils étoient appelés; et après avoir prévenu d'avance l'archevêque, on saisit son temporel, montant à six cent mille livres de rente.

On ne sauroit rendre l'étonnement, l'indignation de tout le clergé, en apprenant une telle mesure de rigueur contre son chef; vingt-sept évêques se trouvoient alors à Paris, ils se réunirent autour des cardinaux de La Rochefoucauld et de Soubise, et se rendirent en hâte à Versailles pour se jeter aux pieds de Louis XV, en habits pontificaux. Louis XV redoutoit toutes les scènes; le comte de Saint-Florentin qui avoit les cultes dans les attributions de son ministère, voulut empêcher les prélats de se présenter au roi. Ils n'avoient point, leur disoit-il, le droit de s'assembler ainsi sans ordre, comme en un concile. Les deux cardinaux parurent seuls devant le roi, qui leur répondit très-brièvement, que déjà avant leur arrivée, il avoit évoqué, par un arrêt de son conseil, l'affaire du refus des sacremens, et donné main-levée de la saisie du temporel de l'archevêque de Paris.

Le dernier refus de sacrement auquel le roi faisoit allusion, concernoit une sœur Perpétue du couvent de Sainte-Agathe, qui, janséniste, ainsi que toute sa communauté, avoit fait appeler le curé de Saint-Médard pour l'administrer, lequel lui avoit refusé les sacremens. On prétendoit qu'elle avoit feint une maladie grave pour faire une scène, et d'Argenson, sous ce prétexte la fit enlever et conduire en prison, ce qui ameuta toutes les dévotes du quartier. Le parlement partageant l'irritation publique, chargea son premier président de demander au roi la permission de convoquer les pairs, et de l'inviter lui-même à se trouver à cette séance. Cette invitation fut trouvée fort audacieuse ; le roi refusa l'assemblée des pairs, et remit au président un arrêt du conseil, dont le parlement refusa la lecture.

La sœur Perpétue avoit été arrêtée par une lettre de cachet. Les parlemens ne reconnoissoient point la légalité de ces ordres arbitraires; mais ils redoutoient, ils respectoient en silence ce sombre exercice du pouvoir, en vertu duquel tant d'honnêtes gens pourrissoient dans les cachots sans jugement. L'abbé de Chauvelin, 1750-1756. homme adroit, éloquent, philosophe dans la société, janséniste au parlement, et qui ambitionnoit l'honneur d'être chef d'opposition, osa proposer des remontrances contre les lettres de cachet. Malgré le premier président Maupeou, malgré la plupart des présidens et des vieux conseillers, on résolut que les lettres de cachet formeroient un des articles des remontrances. Trente-huit commissaires furent nommés pour les rédiger; leur projet fut soumis à l'examen des sept chambres des enquêtes et des requêtes, et après les plus grands débats, l'assemblée générale des chambres approuva le 25 janvier 1753, les vingt-deux articles qui dévoient servir de bases aux remontrances du parlement. La discussion fut longue encore, les remontrances furent agréées seulement dans l'assemblée des chambres du 5 avril; mais le roi déclaroit qu'il ne recevroit aucune députation du parlement. Il insistoit pour que cette cour enregistrât l'arrêt du conseil qui lui avoit été communiqué, en vertu duquel il exigeoit le silence et l'inaction sur les affaires du temps; tandis que le parlement arrêtoit de demeurer assemblé, toute autre affaire cessant. Le roi étoit vivement irrité de ce que le parlement osoit attaquer les lettres de cachet, qu'il regardoit comme une de ses plus précieuses prérogatives. Mme de Pompadour, offensée par quelques propos d'un parlementaire, pressoit elle-même le roi de faire un exemple, et le 4 mai 1753, quatre conseillers furent enlevés en vertu de lettres de cachet et conduits dans quatre forteresses, tandis que tous les présidens des enquêtes et des requêtes étaient exilés en même temps.

La grande chambre s'assembla aussitôt pour protester contre ce coup d'état, et confirmer tous ses actes précédens. Un peuple immense entouroit la cour de justice; il témoignoit son indignation contre le clergé, contre le roi, contre sa maîtresse et contre les ministres; il bénissoit la magistrature et l'encourageoit dans sa résistance. Le roi, irrité, expédia une nouvelle lettre de cachet qui exiloit la grande chambre à Pontoise, et une ordonnance qui créoit une chambre des vacations au couvent des Grands-Augustins pour tenir lieu de parlement. Cette ordonnance fut envoyée au Châtelet pour être enregistrée, le Châtelet refusa et persista dans son refus, malgré l'exil de son greffier et l'enlèvement de ses registres. Le roi transféra la chambre des vacations au Louvre en lui donnant le titre de chambre royale : elle n'en demeura pas moins honnie et méprisée; ni les plaideurs ni les avocats ne voulurent paroître devant elle. (1)

---

(1) Soulavie, Mém. de Richelieu, T. VIII, ch. 10, p. 250-

D'autre part, les jésuites et le clergé abu- 1750-1756. soient de leur victoire; le scandale causé par le refus des sacremens se renouveloit chaque jour, et la cour elle-même ne pouvoit plus le tolérer. Le roi et la favorite pouvoient craindre qu'un curé ne vînt leur demander à eux-mêmes un billet de confession. On profita le 23 août 1754, de la naissance d'un second fils du dauphin, qui, depuis, fut le malheureux Louis XVI, pour ménager un rapprochement entre les partis. Un prélat vertueux, pacifique et plein d'aménité, le cardinal de La Rochefoucauld, promit d'engager les évêques à ne plus insister sur les billets de confession, mais il exigea en retour qu'on les délivrât de tout sujet d'inquiétude quant aux biens de l'Église, en renonçant aux projets du contrôleur-général. L'exemption d'impôts accordée aux ecclésiastisques, et les abonnemens obtenus par les pays d'État, avoient tellement dénaturé le projet de Machault, que le vingtième avoit produit fort peu de chose; ce ministre étoit dégoûté des finances, et il demanda lui-même de passer au ministère de la marine. Moreau de Séchelles lui succéda le 28 mai 1754 au contrôle-général. Pendant qu'il dirigeoit en-

274.—Lacretelle, T. III, L. X, p. 201.—Siècle de Louis XV, ch. 36, p. 10. — Hist. du parlement, ch. 66, p. 378. — Biogr. univ., art. *Ab. Chauvelin*, T. VIII, p. 309.—Recueil des remontrances du parlement en 2 vol. in-12.

core les finances, Machault avoit fait rendre en 1753, un édit fameux par lequel il rendoit la liberté au commerce des grains dans l'intérieur de la France, et supprimoit ainsi une des plus funestes entraves sous lesquelles gémissoit l'agriculture. (1)

Le parlement qui rentroit dans Paris se hâta d'enregistrer un édit qui prescrivoit un silence absolu sur les matières de religion. Les jansénistes, les philosophes et le peuple s'accordoient à célébrer son retour. La déclaration du conseil d'État « qu'on ne sauroit agiter ces matières sans « nuire également au bien de la religion et à « celui de l'État; que le silence étoit le moyen « le plus efficace pour arrêter le cours d'un mal « aussi dangereux; que pour éloigner même de « plus en plus tout ce qui pourroit y apporter « quelque obstacle, le roi avoit résolu d'arrêter « le cours et les effets de toutes les procédures « ordonnées à l'occasion des derniers troubles, » cette déclaration étoit reconnue comme inspirée par une haute sagesse (2); mais ce silence ne convenoit point aux fanatiques. Peu de jours après, les refus de sacremens recommencèrent dans Paris. Le parlement à son tour informa et

---

(1) Lacretelle, T. III, L. X, p. 203. — Biogr. univ., art. *La Rochefoucauld*, T. XXXVIII, p. 309.

(2) Déclaration de Fontainebleau du 8 octobre 1754. — Lois françaises, T. XXII, p. 260.

décréta ; les officiers de la justice renouvelèrent la guerre contre les officiers subalternes du clergé. La cour s'irrita de la conduite de l'archevêque, qui rompoit le silence prescrit sur les matières de la religion, et elle lui ordonna de faire administrer les sacremens. L'ardent prélat saisit l'occasion qui s'offroit à lui de se faire persécuter, et déclara que son devoir étoit d'obéir à Dieu avant d'obéir aux hommes. Il fut exilé à son tour à Conflans, puis à Champeaux et à Lagny. L'archevêque d'Aix, et l'évêque de Troyes furent également exilés. Le séditieux curé de Saint-Étienne-du-Mont, fut condamné par le parlement à un bannissement perpétuel. Vers ce temps-là, des inquiétudes plus sérieuses sur la paix du royaume vinrent faire diversion à ces querelles de l'autel. D'ailleurs, l'évêque de Mirepoix étoit mort, le 20 août 1755, et la feuille des bénéfices avoit été confiée au cardinal de La Rochefoucauld, qui apportoit à ce ministère un esprit de paix, et qui n'offrit plus, comme avoient fait ses prédécesseurs, les évêchés et les abbayes en récompense à ceux des ecclésiastiques qui se signaloient par le zèle le plus turbulent. (1)

Au moment où le clergé avoit jugé à propos

---

(1) Soulavic, T. VIII, ch. 12 et 13, p. 305-326. — Lacretelle, L. X, p. 208.

de renouveler la persécution contre les jansénistes, il s'étoit cru obligé, par une sorte d'impartialité, de ranimer aussi la persécution contre les malheureux huguenots, qui cependant n'avoient donné aucune sorte de sujet de plainte au gouvernement. Pendant la guerre de la succession d'Autriche, loin d'entretenir quelque correspondance avec les Anglais et les Hollandais, leurs coréligionnaires, ils s'étoient montrés non moins zélés qu'aucun autre Français pour la défense du pays. Lors de l'édit du vingtième, ils s'étoient empressés de faire les déclarations de fortune demandées, et de payer régulièrement leur quote part : cet empressement avoit déplu aux ecclésiastiques qui se refusoient à reconnoître la légalité de cet impôt universel. En 1751, l'évêque d'Agen, M. de Chabannes adressa à M. de Machault une lettre qu'il rendit publique, « contre la tolérance des huguenots dans le royaume, » dans laquelle il rassembloit avec le zèle le plus amer, tout ce qu'il put inventer d'argumens et de calomnies. « Nous avions toujours
« espéré, disoit-il, que Sa Majesté, instruite de
« leur mauvaise conduite, prendroit à la paix les
« mesures les plus efficaces pour tâcher de dé-
« raciner du royaume cette secte si ennemie de
« sa gloire; cependant ils sont protégés. » Les évêques de Castres, de Lavaur, de Lodève, d'Alais, de Die et de Cahors agissoient dans le

même sens. L'évêque de Nismes montroit en général plus de charité ; toutefois il prit en 1752 une part bien funeste à la persécution. Le comte de Saint-Florentin, qui, comme ministre de la maison du roi, étoit chargé du département des cultes, ne crut pas devoir se refuser aux instances de ces prélats, et son active correspondance avec le vicomte de Saint-Priest, intendant du Languedoc pendant trente-quatre années, avec le duc de Richelieu, commandant de la province, et son remplaçant Ladeveze, enfin avec tous les autres commandans, le montre toujours comme le premier promoteur de toutes les mesures de rigueur. (1)

Depuis la paix d'Aix-la-Chapelle, les troupes avoient été distribuées en cantonnemens dans les provinces. Celles qui occupoient le Bas-Languedoc furent mises en campagne par détachemens, au mois de novembre 1750, pour empêcher les protestans de tenir leurs assemblées au Désert. Les ministres, d'autre part, persistoient à en inculquer l'obligation à tous les fidèles, comme celle d'un devoir absolu. Ils mettoient même une grande importance à les tenir le dimanche et en plein jour. Cependant ces assem-

---

(1) Coquerel, Hist. des églises du Désert, T. II, L. III, ch. 1, p. 1-12.

blées étoient très-souvent surprises et attaquées dès cette époque; et les résultats étoient des plus funestes, car quoiqu'elles ne fissent point de résistance, les prisonniers qu'on leur enlevoit étoient presque toujours condamnés à perpétuité, les hommes aux galères, et les femmes à la tour d'Aigues-Mortes. Les ministres durent donc se résigner à convoquer les assemblées aux jours ouvrables, et quelquefois la nuit, dans le plus grand secret, loin des villes, et jamais deux fois de suite le même jour ou dans le même lieu ni à la même heure; en établissant partout des sentinelles pour signaler la venue de l'ennemi. Les ministres avoient proposé que chaque assemblée attendît de pied ferme les détachemens qui se présenteroient, et déclarât aux commandans que s'ils vouloient faire des prisonniers, ils devoient les arrêter tous, car ils étoient tous également coupables; mais cette résolution devint impraticable, parce que quelquefois la soldatesque faisoit feu sur les assemblées, dès qu'elle les débusquoit. (1)

« Il y a des lois qui proscrivent les mariages
« et les baptêmes faits au Désert, écrivoit le
« comte de Saint-Florentin au procureur général du parlement d'Aix, et de ce que l'on ne
« peut les exécuter contre tous les contreve-

---

(1) Coquerel, *ibid.*, p. 17-19.

« nans, il ne me paroît pas nécessaire de con-
« clure, comme vous le faites, qu'il ne les
« faut exécuter contre aucun.... L'utilité pu-
« blique sera plus grande, lorsque l'on fera
« tomber les peines sur les plus accrédités et les
« plus puissans. » Mais sous ce rapport, le
zèle des évêques contrarioit les intentions du
ministre. Ce qui multiplioit les mariages du Désert, et ce qui rendoit par conséquent la présence des ministres indispensable, c'étoient les
prétentions des curés à imposer les épreuves
les plus dures aux protestans. Les curés, d'après
les ordres de leurs évêques, ne vouloient leur
administrer les sacremens qu'autant que les époux
donnoient des preuves convaincantes de leur
conversion au catholicisme, et l'on en vit refuser,
pendant douze ans le mariage, à deux fiancés
qui, pendant ces douze ans, s'étoient conformés
aux rites de l'église. La querelle entre le parlement et le clergé, sur les billets de confession,
se représentoit sur le même principe qu'avec les
jansénistes. L'autorité temporelle prétendoit que
l'Église devoit son ministère à tous ceux qui re-
couroient à elle; le clergé prétendoit avoir le
droit de scruter les consciences, et les malheureux protestans, opprimés en même temps par
l'une et par l'autre, et victimes de deux systèmes
qui s'excluoient réciproquement, ne pouvoient
faire bénir leurs naissances et leurs mariages,

ni par leurs propres pasteurs ni par les curés. (1)

Tout à coup, sans que le clergé abandonnât son principe, qu'il y avoit profanation à administrer les sacremens à ceux qu'il regardoit comme hérétiques, il demanda, et il obtint une mesure de rigueur contre les huguenots qui étoit précisément le contrepied de ce principe. A la fin du mois d'avril 1751, le gouvernement adressa aux consuls et aux curés de chaque communauté une circulaire qui leur enjoignoit d'exhorter les protestans à faire porter aux églises paroissiales leurs enfans qui auroient été baptisés au Désert, afin qu'on put leur suppléer les cérémonies de l'Église romaine, ne leur accordant que quinze jours pour le faire (2). Les convertisseurs avoient adopté ce principe qu'il valoit mieux obtenir des conversions simulées que de n'en obtenir aucune, que même un simulacre de foi avoit le double avantage de produire quelqu'unité apparente et d'assurer la conversion des races futures. D'ailleurs la soumission aux rites de l'Église dans cette occasion solennelle, donnoit aux intendans le droit d'appliquer aux protestans qui persisteroient dans leur croyance les peines bien plus sévères réservées pour les relaps.

(1) Coquerel, Hist. des églises du Désert, T. II, L. III, ch. 1, p. 26-33.
(2) *Ibid.*, ch. 2, p. 37.

Saint-Florentin paroissoit croire qu'en contraignant tous les protestans à recevoir les sacremens catholiques, et en poursuivant en même temps les assemblées avec un redoublement de rigueur, il rendroit les ministres inutiles et les détermineroit à émigrer; il ne se faisoit aucune idée de cette énergie que donnoit et à eux et à leurs troupeaux le sentiment du devoir et de la conscience. Plus les protestans étoient opprimés, et plus ils considéroient comme une apostasie honteuse et criminelle le refus d'assister en commun au culte divin, plus ils repoussoient résolument la dissimulation de leur foi, la participation aux sacremens d'une église opposée. Les menaces ou la violence arrachoient quelquefois aux plus foibles des actes de conformité, mais ils s'empressoient ensuite d'en témoigner leurs remords et d'en faire pénitence devant l'assemblée des fidèles. Leurs pasteurs, tels qu'Antoine Court ou Paul Rabaud, accouroient au milieu d'eux du séminaire de Lausanne, ils erroient de cachette en cachette, toujours menacés de l'échafaud, toujours entourés d'espions, mais ils leur demandoient en retour cet héroïsme de tous les jours dont ils donnoient eux-mêmes de si admirables preuves.

Pendant toute l'année 1751, des détachemens de soldats furent sans cesse en course dans tout le midi pour surpendre les assemblées du Désert ; plusieurs d'entre elles furent entourées ; des prisonniers leur furent enlevés, les hommes furent condamnés aux galères à vie, les femmes à la prison perpétuelle : maintes fois les soldats tirèrent sur ces troupes désarmées et fugitives, et le champ de la prière fut souvent couvert de morts, ou de blessés. Mais ce que l'intendant vouloit avant tout, l'objet pour lequel il promettoit les plus riches récompenses, c'étoit l'arrestation de quelques ministres. Il obtint ce succès au commencement de l'année 1752. Le proposant François Bénezet fut arrêté le 30 janvier près du Vigan, et le pasteur Molines, surnommé Fléchier, le 18 mars à Marcillargues. Bénezet, âgé de vingt-six ans, convaincu d'avoir prêché dans une assemblée du Désert, fut pendu à Montpellier le 27 mars, chantant le psaume 51e, et offrant sa vie à Dieu avec un visage serein. Molines se laissa troubler par la peur, il fit abjuration, et au bout de quelque temps il parvint à s'enfuir et à se réfugier en Hollande. Mais son retour à l'église protestante ne put calmer sa conscience bourrelée par le remords ; jusqu'à son extrême vieillesse, en 1778, on vit le pauvre apostat, la tête basse, le regard éteint, pleurer chaque jour la foiblesse que lui avoient arrachée de lâches persécuteurs. (1)

---

(1) Coquerel, ch. 2, p. 50-57 et pièces justificatives.

Les conseils adressés aux protestans, pour 1750-1756. faire rebaptiser leurs enfans, n'avoient eu que peu de succès. L'intendant, en 1752, se détermina à employer la force physique. Des dragons furent envoyés en garnison dans les villages protestans. Au Cailar, près de Nîmes, ils s'établirent chez les habitans, et y commirent toute sorte d'excès, plus vexatoires encore que cruels. Ils devoient traîner tous les enfans par force à l'église, afin que les prêtres pussent réhabiliter les baptêmes du Désert. Si les parens résistoient on emprisonnoit les parens; si les parens s'absentoient, on les rappeloit par voie de logemens militaires ou de confiscation de biens. Le village fut bientôt dépeuplé par les brutalités de la soldatesque. De là les dragons furent envoyés à Codognan, puis dans tous ce qu'on nommoit le pays-bas, et la Vaunage. A la réserve de quelques familles qui réussirent à s'enfuir en pays étranger, toutes les autres durent succomber au bout d'un temps plus ou moins court. Le comte de Saint-Florentin étoit dans la joie, et pour l'arrestation des deux ministres, et pour les baptêmes forcés. Mais encouragés par le succès, les intendans et commandans militaires essayèrent de faire passer les troupes dans les montagnes du Languedoc, encore remplies des traditions de tous les combats des Camisards. Les dragons arrivèrent dans la Gardonenque, dont les âpres vallées qui séparent le Vidourle du Gardon, étoient habitées par une population toute réformée et pleine de vigueur et d'audace. On essaya aussi d'y enlever des enfans pour les rebaptiser, et plusieurs curés se chargèrent d'ouvrir le chemin aux soldats; ils tombèrent près de Lédignan, au milieu de paysans armés qui guettoient les mouvements de la cavalerie, et qui firent feu sur eux; trois curés furent blessés, et deux d'entre eux, au bout de quelques mois, moururent de leurs blessures. (1) Ce funeste événement, bien contraire aux leçons de soumission et de patience que ne cessoient de donner les pasteurs, répandit la terreur dans toute la province. On crut voir recommencer la funeste guerre des Camisards; les protestans n'espéroient plus échapper aux vengeances de la cour, et les catholiques prévoyoient tout ce qu'avant cette époque ils pourroient avoir à souffrir.

Cependant l'événement fut contraire à la prévision universelle. Louis XV, dont le nom et les ordres sont sans cesse invoqués par le comte de Saint-Florentin, dans ses dépêches, ne savoit probablement rien de ce qui se passoit en Languedoc, et s'il assistoit au conseil quand il en étoit question, il n'écoutoit pas. Mais la

(1) Coquerel, T. II, ch. 2, p. 58, et ch. 3, p. 68.

mention du renouvellement de la guerre des Camisards éveilla son attention; fort égoïste, fort insouciant, il étoit pourtant accessible à la pitié. Il déclara « qu'il appréhendoit d'en venir « à des rigueurs qui sembleroient être une « espèce de guerre ouverte contre ses propres « sujets. » Cette phrase se retrouve deux fois dans les dépêches du comte de Saint-Florentin. Cependant, ajoutoit-il, l'intention de sa Majesté est « d'écarter toujours toute idée de tolérance, « et, pour cet effet, elle désire que vous conti- « nuiez toujours à faire des exemples. » On mit beaucoup d'activité à rechercher ceux qui avoient tiré sur les curés, et l'on ne put les découvrir. On continua d'enlever beaucoup d'enfans, mais on ne recourut plus aux dragonnades; on enjoignit aux évêques de ne plus exiger des nouveaux convertis, qui voudroient faire bénir de nouveau des mariages célébrés au Désert, de reconnoître que leurs enfans étoient bâtards, et pendant toute l'année 1753 on mit si peu de zèle à surveiller les assemblées du désert, qu'elles recommencèrent à être nombreuses, et que ceux qui avoient été contraints à des actes occasionnels de conformité, purent y être admis à la pénitence. (1)

Mais en 1754, le maréchal de Richelieu re-

(1) Coquerel, L. III, ch. 3, p. 65-102.

vint visiter la province dont il étoit gouverneur; c'étoit le temps où le Roi avoit exilé le Parlement à Pontoise, et où il avoit donné une pleine victoire à l'archevêque de Paris et au clergé sur la magistrature et les jansénistes; la cour crut trouver une sorte de justice à châtier les huguenots en même temps que les jansénistes; et Richelieu, le plus corrompu parmi les courtisans, et le plus incrédule de ceux qui se disoient disciples des philosophes, n'avoit aucune répugnance à exercer les dernières rigueurs sur une secte religieuse plutôt que sur l'autre. A peine arrivé dans la province, il fit publier à Montpellier, le 16 février 1754, une instruction sanguinaire, sur la manière de traquer les assemblées, avec l'ordre de faire feu sur le premier groupe qui s'échapperoit, parce que probablement ce seroit celui où se trouveroit le ministre, sur la manière de garder les prisonniers, enfin sur le plan de campagne tout entier qu'il falloit suivre pour faire, au nom du roi, la guerre à ses sujets (1). En même temps il promettoit mille écus de récompense, payés sans retard et secrètement, à quiconque procureroit l'arrestation d'un ministre.

L'odieuse ordonnance de Richelieu eut un plein succès, et la persécution recommença

(1) Coquerel, ch. 5, p. 139 et 143.

avec plus de férocité que jamais. A défaut des *prédicans* qu'il ne pouvoit atteindre, Richelieu donnoit l'ordre d'arrêter leurs femmes et leurs enfans; plusieurs assemblées furent surprises par les soldats, qui en les découvrant faisoient feu sur elles, tuoient ou blessoient quelques femmes ou quelques vieillards moins agiles, dans leur fuite, et enlevoient des prisonniers qui étoient ensuite envoyés aux galères. Grâce à la récompense promise au délateur, un détachement réussit à arrêter, le 14 août 1754, le pasteur Étienne Teissier, dit Lafage, alors âgé de 31 ans, et revenu depuis trois ans de Lausanne où il avoit fait ses études; il avoit été blessé d'un coup de feu, sur le toit d'une maison, dans laquelle il avoit passé la nuit, et d'où il cherchoit à s'échapper. Ce fut une raison pour l'intendant de hâter son supplice : il le condamna lui-même, le 17 août, sans l'intervention d'aucun juge, et le fit exécuter le même jour. Ce fut la dernière des exécutions de ministres ordonnées par un simple arrêt de l'intendant. Lafage fut aussi l'avant-dernier des martyrs du Désert. Le dernier fut le pasteur Rochette, exécuté le 19 février 1762, par arrêt du parlement de Toulouse, avec trois gentilshommes verriers, qui lui avoient donné assistance (1).

(1) Coquerel, T. II, ch. 6, p. 170, et L. IV, ch. 1, p. 286.

Mais ni les fusillades sur les assemblées, ni les enlèvemens d'enfans, ni les condamnations aux galères n'étoient près de cesser encore. Ce fut dans une assemblée du 1ᵉʳ janvier 1756 que Jean Fabre fut arrêté; ce protestant dont la piété filiale et les souffrances inspirèrent plus tard le drame de *L'Honnête criminel* à Fenouillot de Falbaire. Le poète fit connoître à l'Europe l'héroïsme d'un fils qui se mit volontairement à la place de son vieux père, et qui gémit dans le bagne jusqu'au 21 mai 1762 qu'il fut délivré par le duc de Choiseul. Au moment de la dispersion de l'assemblée, Jean Fabre avoit réussi à s'enfuir : mais voyant son malheureux père tombé dans les mains des soldats, il revint sur ses pas, se précipita au milieu d'eux, embrassa les genoux de leur chef, demanda comme un bienfait à prendre la place de l'auteur de ses jours, et malgré la résistance de l'infortuné vieillard, obtint à force de sollicitations et de larmes le consentement du commandant attendri pour ce généreux échange. Il fallut repousser avec une sorte de violence le père au désespoir, qui persévéroit à réclamer ses fers. Le duc de Mirepoix, commandant de la province, devant qui le fils fut traduit à Montpellier, offrit de lui rendre la liberté si le ministre Paul Rabaud vouloit sortir du royaume, mais Fabre s'immolant pour les intérêts de son église avec

non moins de magnanimité qu'il s'étoit sacrifié
pour son père, invita lui-même le pasteur et le
troupeau à ne pas acheter sa grâce au prix qu'on
vouloit y mettre. (1)

La politique étrangère, et les approches d'une
guerre, qui bientôt devint universelle, apportèrent quelque diversion au système de persécution du ministère, et donnèrent quelque relâche
aux malheureux protestans. La même cause
suspendit aussi ou modéra la querelle entre
l'archevêque et le parlement de Paris. La profonde insouciance du roi, l'inconséquence, la
vanité, le dépit de femme de Mme de Pompadour, avoient troublé l'Église, réveillé les ani-
mosités religieuses, et brouillé tour à tour le
gouvernement avec le clergé et avec l'ordre
judiciaire, de manière à former contre l'autorité
royale une opposition qui, s'appuyant sur les
deux ordres les plus considérés de l'État, ajoutoit au mouvement déjà si prononcé de l'opinion publique, et faisoit désirer à tous une réforme dans ces dépositaires du pouvoir, qui se
montroient si ineptes, si indifférens au bien
public et si méprisables. Les mêmes causes, la
même nonchalance du roi, la même légèreté,
la même vanité de sa maîtresse, changèrent le

---

(1) Coquerel, T. II, ch. 6, p. 191. — Biogr. univ. T. XIV,
p. 22, art. *J. Fabre*, par Vincent Saint-Laurent. Il mourut
le 31 mai 1797.

système politique de la France, lui firent abandonner ses alliances pour en contracter de nouvelles, et l'entraînèrent dans une guerre contraire à ses intérêts, et désastreuse dans ses résultats.

Au mois de septembre 1751 le comte de Kaunitz avoit été nommé ambassadeur d'Autriche auprès de la cour de France. Cet homme, le plus habile politique qu'ait eu l'Autriche, unissoit les goûts frivoles et la mollesse d'un sybarite à l'esprit le plus net, à la conception la plus forte, à l'adresse la plus déliée. En 1753 il fut rappelé de ce poste pour remplacer le chancelier Bartenstein, dont l'arrogance étoit devenue insupportable à Marie-Thérèse, et il fut placé à la tête du gouvernement impérial; il y demeura près de quarante années. (1)

Kaunitz étoit de bonne heure revenu à un système qui s'étoit annoncé dans le cabinet autrichien dès les premières guerres de Louis XIV, celui d'unir l'Autriche à la France, et de les opposer en commun à toutes les puissances du second ordre. Les deux premières, si elles étoient étroitement alliées, auroient sans peine,

---

(1) Coxe, Maison d'Autriche, T. V, ch. 109, p. 187. — Flassan, Diplomatie, T. VI, p. 45 et 54. — Lacretelle, T. III, L. X, p. 163. — Duclos, Mém. secrets, T. II, p. 102. — Frédéric II, Hist. de la guerre de sept ans. OEuvres posthumes, T. III, ch. 1, p. 25.

disoit-il, réduit toutes les autres à la dépendance, ramenant l'Europe à cette soumission envers la couronne impériale, qui depuis longtemps étoit le rêve des Allemands. La maison d'Autriche, plus intolérante encore que celle de France, supportoit avec impatience son alliance avec les hérétiques; et quoiqu'elle n'eût depuis longtemps fait la guerre qu'avec les subsides des puissances maritimes, les Anglais et les Hollandais n'étoient à ses yeux que d'insolents banquiers, auxquels elle croyoit ne devoir aucune reconnoissance. La cupidité des Hollandais, et le ton arrogant que prirent les ministres britanniques, justifioient, il faut le dire, ce mécontentement. Les Pays-Bas autrichiens avoient été entièrement sacrifiés aux puissances maritimes par le traité de barrière. Les places où les Hollandais tenoient garnison étoient en même temps honteusement négligées sous le point de vue militaire, et cruellement opprimées pour l'administration civile. Toutes les tentatives de l'Autriche pour conserver à la Flandre et au reste de la Belgique les avantages des manufactures, du commerce et des communications avec la mer étoient réprimées avec hauteur par les deux puissances qui se disoient protectrices de ces provinces.

Tandis que les notes du ministère britannique blessoient sans cesse l'orgueil autrichien,

1750-1756. les anciens membres de l'empire en Allemagne et en Italie avoient toujours eu des rapports respectueux avec leur chef. Ils avoient su les concilier avec la liberté et l'indépendance de ces États souverains, mais les empereurs de la maison d'Autriche n'en prétendoient pas moins y trouver des preuves de l'autorité illimitée qu'ils vouloient s'arroger. Les électeurs, les princes, les prélats, les villes libres, lorsqu'ils vouloient opposer leurs droits à la prérogative impériale, étoient traités comme des rebelles. Les ducs de Bavière et de Mantoue, et la république de Gênes, en avoient fait récemment la cruelle expérience. Le roi de Prusse et le roi de Sardaigne étoient eux-mêmes, aux yeux de la maison d'Autriche, des sujets qu'elle se reprochoit d'avoir laissé trop grandir. L'ambition de Marie-Thérèse étoit de ramener tous les anciens membres de l'Empire à une dépendance absolue de son chef. Une politique dirigée vers l'abaissement des petits États pouvoit être bonne pour l'Autriche, qui seule en auroit recueilli tous les profits; elle étoit fatale pour la France, qui n'avoit jamais pu résister à la prépondérance impériale, qu'avec l'aide des puissances du second ordre. (1)

(1) *Friedrich Saalfeld, Allgemeine geschichte der Neues-*

Pour faire prévaloir ce système nouveau de l'alliance des deux plus grandes puissances du continent contre toutes les petites, Kaunitz contoit plus sur les passions des femmes que sur les motifs qui déterminent d'ordinaire les cabinets. L'impératrice-reine haïssoit le roi de Prusse comme un sujet révolté, comme le premier infracteur de cette pragmatique sanction sur laquelle reposoient tous ses droits, comme le protecteur de ses sujets et de ses voisins protestans, enfin comme un ennemi de la religion. Le plus ardent de ses désirs étoit de l'humilier, de le dépouiller, et surtout de lui reprendre la Silésie. Kaunitz lui fit sentir qu'elle n'en viendroit à bout qu'en le détachant de la France. Pendant son séjour à Paris il avoit pu juger du crédit de Mme de Pompadour. Il avoit travaillé avec assiduité à gagner ses bonnes grâces. Bientôt il associa l'impératrice-reine à ses cajoleries. Lorsque Kaunitz s'excusa d'avoir exigé d'elle un si grand sacrifice, elle lui répondit : « N'ai-je pas flatté Farinelli ? » (1) Marie-Thérèse consentit donc à faire des avances à une femme qu'elle devoit mépriser, elle alla jusqu'à l'appeler *ma cousine* en lui écrivant.

---

tenzeit, 1815, T. I, p. 371. — Schlosser, Hist. de l'Europe au XVIIIe siècle, T. I, L. II, ch. 2, p. 218.

(1) *Diespatch of M. Stanley to M. Pitt,* 20 août 1761, *apud* Coxe, ch. 110, p. 202.

Dès lors Mme de Pompadour enivrée de vanité n'eut plus d'autre pensée que celle de se conformer aux désirs de *son amie* l'impératrice, et de faire contracter une alliance intime entre l'Autriche et la France. Deux autres femmes s'associoient encore à ces désirs de vengeance. Le roi de Prusse, qui n'avoit pas épargné Mme de Pompadour dans ses amères plaisanteries, s'étoit montré plus sévère encore envers l'impératrice de Russie Élisabeth, et quoique cette princesse mît peu de mystère dans ses volages amours, elle s'offensoit de ce qu'on voyoit ce qu'elle ne prenoit la peine de cacher à personne. Des vers satiriques de Frédéric II, contre elle, que la cour de Vienne lui fît connoître, la mirent en fureur. Enfin la reine de Pologne, fille de l'empereur Joseph Ier, employoit toute son influence à exciter les ressentimens d'Auguste III, son mari, et à le faire entrer, comme électeur de Saxe, dans la ligue qui devoit écraser le roi de Prusse. (1)

Lorsque le chef d'un État est un homme foible et méprisable, lorsqu'il se laisse conduire par ceux qui flattent ses vices ou ses caprices, c'est dans ces basses intrigues qu'il faut souvent

---

(1) Soulavie, Mém. de Richelieu, T. IX, ch. 3, p. 74, et ch. 4, p. 77. — Lacretelle, T. III, L. X, p. 251. — Duclos, Mém. secrets, p. 112. — Flassan, T. VI, p. 46. — Frédéric II, OEuvres posthumes, T. III, ch. 2, p. 47.

chercher la cause des révolutions les plus importantes, de celles qui quelquefois bouleversent la destinée des nations. Mais à côté de ces intérêts mesquins, il se trouve toujours des raisons d'État qu'on fait valoir seules; aussi lorsque l'on consulte les archives des affaires étrangères, ou qu'on lit les dépêches des ministres, on croit y voir que tous les meilleurs arguments on été pesés et comparés, avant de prendre une détermination, et que le gouvernement n'avoit écouté que la raison pour se décider. Mme de Pompadour avoit le pouvoir de renvoyer les ministres et d'en nommer de nouveaux : ceux qui obtenoient les places vouloient avant tout les conserver et pour cela plaire à la favorite. Ils empruntoient à sa passion leur politique, et ils employoient ensuite leur esprit et leur adresse à la rendre spécieuse. Alors ils trouvoient, comme on peut toujours faire, d'assez bonnes raisons pour soutenir les plus mauvaises causes.

Le cardinal de Tencin, qui étoit demeuré ministre d'État depuis la mort du cardinal de Fleury sans acquérir jamais beaucoup d'influence, ne prit définitivement sa retraite que le 8 mai 1751. Parvenu alors à l'âge de soixante-douze ans, il se retira dans son archevêché de Lyon. Le marquis de Puysieux donna aussi sa démission du ministère des affaires étrangères en raison de sa mauvaise santé. Barberie de Saint-Contest, alors ambassadeur auprès des états-généraux, lui fut donné pour successeur. Créature de Mme de Pompadour, il étoit doué de peu de talens, et il se laissoit volontiers conduire par l'abbé et comte de Bernis, homme sémillant, poète aimable, courtisan assidu de la favorite, qui avoit été nommé à l'ambassade de Venise, et par lequel elle comptoit faire prévaloir son projet d'alliance avec l'Autriche. Saint-Contest, qui n'étoit guère animé que par l'amour de la paix, mourut le 24 juillet 1754. Bernis n'étoit point encore entré au conseil du roi, et M. de Rouillé, d'une famille distinguée dans la robe, fut nommé le 28 juillet au ministère des affaires étrangères. (1)

A cette époque, les négociations entre la France et l'Angleterre sur la restitution des prises faites en mer, sur le partage des îles Caraïbes, et sur les limites de l'Acadie, commençoient à exciter des inquiétudes sérieuses. Des commissaires avoient été nommés, dès le mois d'avril 1750, pour décider sur ces objets qu'on avoit laissés en suspens, lorsqu'on avoit signé le traité d'Aix-la-Chapelle. Mais le principe même sur lequel les Européens fondoient leurs droits

---

(1) Flassan, Diplomatie, T. VI, p. 9-15. — Duclos, Mém. secrets, T. II, p. 109.

aux possessions qu'ils avoient acquises dans le Nouveau-Monde étoit à la fois si vague et si injuste, qu'il étoit impossible d'en tirer des déductions équitables. Les Anglais, comme les Français, admettoient que ceux qui avoient les premiers découvert un territoire nouveau, quoique habité par des indigènes, en devenoient propriétaires légitimes par la seule occupation d'un de ses points. Cette règle, tout injuste et arbitraire qu'elle fût, pouvoit encore s'appliquer à une île que la nature elle-même a circonscrite. Mais comment fixer, sur un vaste continent, l'étendue de terrain auquel la découverte donnoit droit? Comment faire entièrement abstraction du droit des indigènes, seuls souverains légitimes de ces pays, lorsqu'une fois on étoit entré en relation avec eux? Comment désigner les parties d'un même continent, non encore découvertes ou reconnues, et dont les noms nationaux étoient ignorés des Européens, sur lesquelles une autre nation ne pourroit point faire d'établissement? Ainsi les Français faisoient remonter leurs droits sur le Canada à l'année 1513, où ils en avoient fait la première découverte, ou tout au moins à l'année 1534 où ils y avoient formé un premier établissement. Mais sous ce nom ils n'avoient alors considéré que le pays arrosé par le fleuve de Saint-Laurent sans se faire aucune idée des vastes contrées qui s'étendent au nord et au midi de ce beau fleuve.

Cependant la côte au midi de l'embouchure du Saint-Laurent avoit d'abord été parcourue par les vaisseaux des deux nations destinés au commerce et à la pêche, et bientôt après quelques colonies y avoient été fondées. Henri IV, en 1603, avoit nommé un lieutenant-général français pour tout le territoire compris entre le 40e et le 46e degrés de latitude nord, auquel il donnoit le nom d'Acadie; et dans la même année le roi Jacques Ier avoit concédé à la compagnie anglaise de Virginie tout le pays situé entre le 34e et le 45e degrés de latitude nord, ce qui comprenoit la plus grande partie de l'Acadie de Henri IV. Puis, en 1621, tout le reste de ce pays avoit été compris sous le nom de Nouvelle-Écosse dans une nouvelle concession du même monarque. Sur quelle base étoit-il possible désormais de fixer les limites entre la Virginie, ou plutôt la Nouvelle-Angleterre, comme on commençoit à appeler les colonies anglaises plus septentrionales, et le Canada, ou bien entre ce dernier et la Nouvelle-Écosse ou l'Acadie? Ces noms, appliqués à des pays inconnus, ne représentoient rien à l'imagination. Les Anglais faisoient valoir un traité de Saint-Germain de 1632, et divers actes du gouvernement français jusqu'en 1664, qui fixoient de certaines limites à l'Acadie, mais à cette époque le pays étoit désert et inconnu, 1750-1756. et les négociateurs ne s'en formoient que l'idée le plus vague. (1)

La presqu'île à laquelle les Anglais donnoient le nom de Nouvelle-Écosse, du 44e au 50e degré de latitude nord, entre le golfe Saint-Laurent et l'Atlantique, n'avoit guère d'importance que pour la guerre et les pêcheries des côtes, car la terre y est stérile, l'air toujours épaissi par les brouillards, et la température exposée aux excès du froid et du chaud; mais une contestation plus importante s'étoit élevée sur les limites du Haut-Canada. Les Français avoient poussé leurs établissemens près des lacs Érié et Ontario; en s'étendant toujours plus au midi, ils avoient atteint les bords de l'Ohio ou belle rivière, et descendant le cours de ce fleuve, puis le Mississipi dans lequel il se jette, ils avoient rencontré l'autre colonie française de la Louisiane, et ils avoient lié l'une avec l'autre par une chaîne de postes qui, s'étendant derrière les Alhéganys, ou montagnes bleues, coupoient à la Nouvelle-Angleterre, à la Virginie et aux colonies anglaises des côtes leur communication avec les nations sauvages du centre de l'Amérique et la possibilité de s'emparer un jour de leur territoire. En même

(1) Par le douzième article du traité d'Utrecht la France avoit cédé à l'Angleterre l'Acadie, ou la Nouvelle-Écossse, « en son entier, conformément à ses anciennes limites. »

temps le gouvernement anglais, après le traité d'Aix-la-Chapelle, avoit accordé à une compagnie de marchands anglais formée à Londres un privilége exclusif pour commercer avec les Indiens des bords de l'Ohio, et pour fonder des colonies sur cette rivière, offensant par cet acte en même temps tous les Indiens qui se crurent attaqués dans leur indépendance, les Virginiens qui se voyoient exclus du commerce auquel ils aspiroient, et les Français qui prétendoient que tout le bassin des grands fleuves, derrière les Alhéganys, faisoit partie du Canada. (1)

Le marquis Duquesne, gouverneur du Canada, écrivit aux gouverneurs de New-York et de Pensylvanie qu'il ne permettroit point aux Anglais de faire des établissemens sur les bords de l'Ohio, qui faisoient partie du Canada, et que les marchands anglais qui y seroient trouvés seroient arrêtés; de son côté, Hamilton, gouverneur de Pensylvanie, envoya sommer le commandant d'un fort français, sur le lac Erié, près du Niagara, de l'évacuer, parce qu'il le déclaroit être sur le territoire de sa province, et le porteur de cette sommation étoit le major Georges

---

(1) Flassan, Hist. de la Diplomatie française, T. VI, p. 25. — *Smollett, Hist. of England*, T. IV, ch. 1, § 44, p. 300; T. V, ch. 2, § 36, p. 40. — *Botta, Storia della guerra Americana*, L. I, p. 25. — *Edmund Burke, the Annual Register for the year*, 1758, ch. 1, p. 1.

Washington qui s'illustra plus tard comme libérateur de son pays. L'année suivante, un officier français, M. de Jumonville, porteur d'une sommation aux Anglais pour qu'ils eussent à évacuer le territoire contesté, fut tué le 23 mai 1754 avec les trente hommes qu'il commandoit, et les relations françaises signalèrent cette rencontre comme un acte de trahison (1). Bientôt d'autres actes d'hostilité suivirent celui-là, et les Français et les Anglais continuèrent à se battre en Amérique assez long-temps avant que les deux gouvernemens eussent pris la résolution de se faire la guerre. Les Anglais cependant repoussèrent les différentes offres d'arrangement qui leur furent faites : le peuple de Londres demandoit la guerre avec emportement, et l'on soupçonnoit le gouvernement britannique de la désirer pour ruiner le commerce des Français et leurs colonies d'Amérique, avant qu'ils se fussent assez élevés pour que leur rivalité devînt redoutable. Les ministres anglais continuoient à donner l'assurance qu'ils vouloient maintenir la paix ; toutefois ils firent partir de Plymouth, le 27 avril 1755, l'amiral Boscawen avec onze vaisseaux de ligne et une frégate pour Terre-Neuve, afin d'intercepter la flotte française de M. Bois de la

---

(1) *Smollett*, ch. 3, § 36, p. 91.—Lacretelle, T. III, p. 231, — Flassan, T. VI, p. 27.

1750-1756. Mothe qui se rendoit au Canada; cependant, grâce aux brouillards qui règnent si fréquemment sur cette côte, la flotte française passa à portée des Anglais et entra dans le Saint-Laurent sans être aperçue; mais deux vaisseaux qui s'en étoient détachés, *l'Alcide* et *le Lys*, lorsqu'ils vinrent à passer, le 10 juin, devant la pointe de Terre-Neuve, furent attaqués et pris tous les deux après une vigoureuse résistance. Aussitôt la mer se couvrit de corsaires anglais, et deux cent cinquante vaisseaux marchands qui naviguoient en pleine sécurité furent surpris avant toute déclaration de guerre, non sans donner aux Français occasion de se récrier sur la perfidie et le brigandage qui entachent les guerres maritimes d'un caractère si odieux, parce qu'on y permet à la cupidité privée de se mettre à la place de l'intérêt public. (1)

D'autres causes de guerre éclatoient dans le même temps aux Grandes-Indes : Dupleix, gouverneur de Pondichéry, aventurier audacieux et sans foi, y faisoit la guerre pour son compte, au nom de la compagnie des Indes. Il contractoit des alliances avec le Grand-Mogol,

---

(1) Flassan, T. VI, p. 35. — Mém. secrets de Duclos, T. II, p. 105. — Frédéric II, Guerre de sept ans, T. III, ch. 3, p. 59. — Voltaire, Siècle de Louis XV, T. I, ch. 31, p. 329. — *Annual Register*, 1758, ch. 1, p. 4. — Smollett, T. IV, ch. 4, § 4, p. 109.

le soubab de Dekhan, avec divers nababs qu'il aidoit à monter sur le trône, et qui ne s'y soutenoient guère que par des assassinats ou par les crimes les plus odieux, mais qui payoient son assistance, tantôt par d'énormes rançons, tantôt par des concessions de vastes territoires à la compagnie des Indes. Dupleix, sans consulter le gouvernement français, avoit acheté du Grand-Mogol lui-même la nababie ou vice-royauté de Carnate, et de 1750 à 1755, il avoit déployé dans son gouvernement des talens pour la guerre, pour l'intrigue, pour l'administration, et plus encore pour le pillage, qui sembloient lui promettre l'établissement d'un empire français dans les Indes, si le gouvernement de la métropole l'eût secondé; mais Dupleix qui s'étoit imprudemment engagé dans deux guerres à la fois, au Carnate et au Dekhan, y trouvoit toujours pour adversaires les Anglais prêts à soutenir les princes qu'il vouloit renverser. Trois hommes de rares talens, Saunders, Lawrence et Clive, lui suscitoient de toutes parts des ennemis, et ils recevoient d'Angleterre les secours abondans que Dupleix ne pouvoit obtenir de France, qu'il avoit même perdu le droit de demander en trompant sans cesse la compagnie des Indes sur l'étendue de ses ressources. Dans l'année 1752, il avoit eu deux armées détruites; une troisième fut prise tout entière. En même temps, il fut obligé d'avouer que les immenses trésors dont il s'étoit vanté s'étoient évanouis, et que toutes ses caisses étoient vides. Lorsque la nouvelle en parvint en France, on y désiroit maintenir la paix avec l'Angleterre, et l'on s'en flattoit encore. Dupleix fut rappelé en 1754, ses biens furent saisis; ses réclamations contre la compagnie des Indes, qu'il faisoit monter à 13 millions, méconnues; pendant neuf ans il sollicita vainement le jugement de ses procès qu'une corporation trop puissante éludoit par de vaines chicanes. Après avoir servi pendant trente ans avec gloire, après avoir disposé des trésors de l'Inde, et régné sur un grand empire, il languit dans l'indigence et mourut en 1763, trois jours après avoir publié un éloquent mémoire pour sa justification. (1)

Ni la prise des deux vaisseaux de guerre devant Terre-Neuve, ni la saisie des vaisseaux marchands français, ni les combats des Indes-Orientales, n'avoient été suivis immédiatement d'une déclaration de guerre; six mois se passèrent encore avant que la cour de Versailles se déterminât aux représailles. Toutefois elle commençoit à reconnoître qu'il seroit impossible d'éviter de rompre la paix, lorsque l'Europe fut alarmée

(1) Biogr. univ., art. *Dupleix*, par Lally-Tollendal, T. XII, p. 279-290. — Lacretelle, L. X, p. 225-230. — *Smolett*; ch. 3, § 17, p. 68.

par une suite de phénomènes désastreux qui signalèrent la fin de l'année 1755. Les côtes maritimes de l'Espagne et celles de l'Afrique éprouvèrent des secousses presque continuelles de tremblemens de terre. La mer sortit de son lit près de Cadix, elle renversa ses digues en Hollande ; les villes de Maroc, de Fez et de Mequinez, furent en partie détruites ; la petite ville de Setuval en Espagne fut engloutie, mais de ces désastres le plus affreux fut celui qui atteignit Lisbonne. Le 1er novembre 1755, une effroyable secousse de tremblement de terre renversa près d'un tiers de la ville de Lisbonne, écrasa les habitans sous les ruines, et dans cette journée seule fit périr quinze mille personnes. Mais les convulsions de la terre sembloient ne pouvoir s'arrêter, les secousses se succédèrent les unes aux autres pendant six semaines ; de fréquens incendies s'allumoient au milieu des décombres ; ailleurs des inondations redoutables envahissoient tout un quartier ; toute police, tout gouvernement étoient suspendus ; le roi lui-même (don Joseph), erroit dans la campagne avec sa famille au milieu de ses sujets désolés, et des troupes de brigands s'étoient formées des rebuts de la capitale pour piller le peu de richesses qui avoient échappé à ce grand désastre. (1)

(1) *History of Spain and Portugal*, T. V, p. 256. — Vol-

Tous les potentats de l'Europe parurent un moment épouvantés à la nouvelle d'une si terrible calamité. Mais au lieu d'éviter au genre humain de nouveaux malheurs, ce tremblement de terre sembla donner le signal d'une guerre universelle, et la plus terrible du XVIIIe siècle. Les Portugais crurent devoir expier, par un sacrifice humain, les péchés que le ciel vengeoit sur eux : un effroyable auto-da-fé fut la forme sous laquelle ils offrirent à Dieu leurs prières. Les cours de France et d'Autriche ne mêlèrent pas de sentiment religieux à leurs ressentimens, mais elles s'abandonnèrent sans scrupule au désir de détruire leurs ennemis. Dès le commencement de l'année 1756, la France fit, avec la plus grande activité, des armemens par terre et par mer ; quinze nouveaux vaisseaux de ligne furent construits avec une célérité que les Anglais ne purent s'empêcher d'admirer. En même temps les côtes de l'Océan se couvrirent d'une armée nombreuse qui faisoit craindre à l'Angleterre un débarquement. Les Français menaçoient aussi les îles de Jersey et de Guernesey. Les historiens anglais parlent avec indignation de la terreur que ce projet d'invasion causa en Angleterre. « Burke « dit que la nation trembloit sous une honteuse

taire, T. I, ch. 31, p. 325. — Lacretelle. T. III, L. X, p. 234.

« terreur panique, trop publique pour que nous
« puissions la cacher, trop fatale dans ses con-
« séquences pour que nous puissions l'oublier. »
George II demanda aux Hollandais le secours de
six mille hommes auquel ils étoient engagés par
leur traité. La France protesta que ce secours
n'étoit point dû, puisque les Anglais étoient les
aggresseurs, et qu'elle le considéreroit, de la part
de la Hollande, comme une déclaration de
guerre. Le stathouder Guillaume IV étoit mort
le 22 octobre 1751. Sa veuve, fille de George II
et princesse régente, n'osa point presser les Hollandais de rompre une neutralité dont leur état
avoit le plus extrême besoin. Le roi d'Angleterre n'insista pas sur sa demande, mais il se
hâta de faire arriver des corps mercenaires de
Hessois et d'Hanovriens pour défendre la Grande-
Bretagne. (1)

L'armée des côtes de Bretagne étoit sous les
ordres du maréchal de Belle-Isle; on prétendoit
alors qu'elle étoit forte de cent mille hommes;
cependant le ministre de la guerre n'avoit aucune intention de tenter un débarquement sur
la côte opposée. C'étoit à l'île de Minorque qu'il
en vouloit. Le Port-Mahon étoit un des meilleurs de la Méditerranée; cette île étoit heureu-

---

(1) *Edmund Burke, Annual Register*, 1758, ch. 1, p. 5. —
Smollett, T. V, ch. 5, § 4, p. 156. — Soulavie, Mém. de
Richelieu, T. IX, ch. 5, p. 94.

semen tplacée pour servir de relâche et d'arsenal aux flottes anglaises, pour menacer pendant la guerre les côtes d'Espagne, de France et d'Italie, et pour favoriser pendant la paix le commerce des Anglais dans la Méditerranée. Des deux forteresses que les Anglais retenoient aux Espagnols en Europe, c'étoit Mahon et non Gibraltar, auquel l'une et l'autre nation attachoit de beaucoup le plus d'importance. Le maréchal de Richelieu, gouverneur de Languedoc, fut nommé pour commander l'armée de la Méditerranée, et fut chargé de cette expédition. Ce choix fut généralement blâmé : le public étoit fatigué du scandale monotone de ses aventures galantes, de la cruauté et de la perfidie qu'il y portoit souvent. Mais la duchesse de Lauraguais, qui étoit alors éprise de lui, avoit obtenu de Louis XV ce commandement pour Richelieu, et Mme de Pompadour, tout comme d'Argenson, ministre de la guerre, ne furent pas fâchés de mettre ce courtisan en évidence dans l'attente de le voir se perdre par ses fautes. On avoit mis sous ses ordres une escadre de douze vaisseaux de ligne et une armée de trente mille hommes. La flotte française sortit de Toulon le 10 avril 1756, elle étoit commandée par le marquis de la Galissonnière, le meilleur marin qu'eût alors la France ; elle débarqua sans obstacle le 17 avril à Minorque ; et Richelieu s'empara sans coup férir des villes de Ciutadella et de Mahon que les Anglais lui abandonnèrent pour concentrer toutes leurs troupes dans le fort Saint-Philippe. Ils avoient seulement quatre bataillons dans cette citadelle, mais elle étoit taillée dans le roc, environnée de fossés profonds de vingt et de trente pieds, protégée par beaucoup d'ouvrages extérieurs, et par quatre-vingts mines; elle étoit enfin abondamment pourvues d'artillerie, de vivres et de munitions. Les Anglais s'étoient hâtés de dépêcher l'amiral Byng avec quatorze vaisseaux de ligne pour secourir l'île de Minorque; mais la Galissonnière veilloit à l'entrée du port; le combat entre les deux escadres s'engagea le 20 mai; les Français y développèrent une habileté dans la tactique navale qui déconcerta les manœuvres de leurs ennemis. L'amiral Byng, fatigué de plusieurs attaques infructueuses, et ne pouvant réussir ni à prendre ni à faire reculer aucun des vaisseaux français, fit cesser le combat, et ramena à Gibraltar sa flotte fort endommagée. (1)

(1) M. de la Galissonnière les suivit jusqu'à la hauteur de l'île de Laire, et revint le 21 reprendre son poste à l'entrée du port pour barrer les secours qui auroient pu en son absence chercher à entrer dans la place. Il écrivit au maréchal de Richelieu : *J'ai préféré votre gloire à la mienne, et le principal objet de notre mission à l'honneur particulier que j'aurois pu retirer en poursuivant quelques vaisseaux ennemis qui m'ont paru très-maltraités.* — Mém. de Rochambeau, T. I, p. 76. Il servoit alors dans l'armée de Richelieu.

Le siége du fort Saint-Philippe n'avançoit pas cependant. On n'avoit fait encore que des brèches peu considérables aux ouvrages extérieurs de la forteresse. Les ingénieurs ne donnoient que des espérances fort éloignées : déjà on avoit perdu beaucoup de monde par le feu des ennemis et par la maladie. Mais le maréchal de Richelieu avoit eu l'art de gagner l'affection de ses soldats par sa gaieté, par sa libéralité, et par sa bravoure qui étoit des plus brillantes. *Celui qui se grisera*, leur avoit-il dit, *n'aura pas l'honneur de paroître à la tranchée*. Il voulut tenter ce que pourroit faire leur ardeur. Quoique les brèches ne fussent point praticables, il ordonna un assaut dans la nuit du 27 au 28 juin. Il donna aux soldats des échelles qu'ils dressèrent contre les murs sous le feu de la plus formidable artillerie. Ces échelles n'avoient que treize pieds de hauteur et se trouvèrent trop courtes, mais les soldats grimpant sur les épaules les uns des autres, atteignirent le rempart. Cinq redoutes furent prises, et le gouverneur, le général Blackney, demanda et obtint dès le lendemain une belle capitulation.

Quoiqu'il y eût autant d'imprudence que de bravoure dans l'action de Richelieu, cet exploit le couvrit de gloire, il ne fut plus appelé que le vainqueur de Mahon; mais Mme de Pompadour en conçut de la jalousie, et auroit préféré qu'il

ne revînt pas à la cour. Il fut obligé d'alléguer
l'état de sa santé pour obtenir un congé. Quand
il parut devant Louis XV, celui-ci, soit embarras, soit humeur, soit insouciance, ne sut lui
adresser que ces mots : « Ah! vous voilà, mon-
« sieur le maréchal, comment avez-vous trouvé
« les figues de Minorque? on les dit fort bonnes. »
Richelieu baissa les yeux et ne répondit pas. La
Galissonnière qui étoit bien plus réellement malade, et qui ne s'étoit embarqué que contre l'avis
de ses médecins, fut forcé, par les progrès du
mal, à se démettre de son commandement, et à
se mettre en route pour Fontainebleau, mais il
ne put pas dépasser Nemours, où il mourut le
26 octobre 1756. Les Anglais, humiliés d'avoir
été vaincus, accusèrent fort injustement l'amiral
Byng d'avoir mal fait son devoir; il fut condamné par un conseil de guerre et fusillé le
14 mars 1757 aux acclamations de la populace. (1)

Le siége de Mahon étoit déjà commencé lorsque
le roi d'Angleterre publia, le 18 mai 1756, une dé-

---

(1) Soulavie, Mém. de Richelieu, T. IX, ch. 7, p. 109,
avec un plan de Saint-Philippe.—Voltaire, Siècle de Louis XV,
ch. 31, p. 331, et Correspondance générale. Lettres du
20 décembre 1756, et 13 février 1757, T. LXV et LXVI.
— Lacretelle, T. III, L. X, p. 249.—Biogr. univ., T. XVI,
p. 367. art. *la Galissonnière*.— Smollett, T. V, ch. 5, § 7-12,
p. 160. — Mém. de Rochambeau, T. I, p. 75.

claration de guerre contre la France. La cour de Versailles qui, dès le 23 janvier précédent, avoit fait mettre un embargo sur tous les navires anglais dans ses ports, publia à son tour, le 16 juin, sa déclaration de guerre. Elle y rappeloit que les Anglais avoient été les aggresseurs dès l'an 1754 en Amérique; qu'au mois de juin 1755 l'amiral Boscawen avoit attaqué devant Terre-Neuve et pris deux vaisseaux de la marine royale, au mépris du droit des gens et de la foi des traités, qu'à l'instant les armateurs anglais avoient fondu sur le commerce de la France et pris un grand nombre de vaisseaux, quoique alors même Louis XV eût renvoyé en Angleterre une frégate dont sa marine s'étoit emparée, et qu'il eût permis aux bâtimens anglais de continuer tranquillement leur commerce dans les ports de France. Le manifeste se terminoit par des plaintes sur l'extrême dureté avec laquelle les Anglais traitoient les matelots et les soldats qu'ils avoient fait prisonniers. (1)

L'expérience avoit depuis long-temps enseigné à la France qu'elle devoit éviter d'avoir en même temps une guerre continentale et une guerre maritime, car l'une ou l'autre demandoit seule l'emploi de toute sa puissance. La guerre étoit devenue inévitable avec l'Angleterre, il lui convenoit donc

(1) Flassan, Diplomatie, T. VI, p. 38.

d'assurer sa neutralité sur le continent, et de diriger toute son activité et toute sa puissance vers la marine. C'étoit ce que Machault s'efforçoit de faire comprendre à Louis XV, mais la favorite tenoit à conclure une étroite alliance avec *son amie* l'impératrice-reine; le ministre de la guerre d'Argenson vouloit réserver à son département l'activité et la gloire des combats, et tous les courtisans qui montroient toujours un grand empressement à servir et à signaler leur valeur dans les armées de terre étoient étrangers au service de mer, en sorte qu'ils désiroient tous que la guerre se portât sur le continent.

Le comte de Stahremberg, ministre de la cour impériale à Paris, étoit chargé de presser l'alliance que le comte de Kaunitz avoit imaginée. Dès le 22 septembre 1755, il avoit eu des conférences à Babiole, chez Mme de Pompadour, avec elle et l'abbé de Bernis. Stahremberg faisoit les offres les plus séduisantes. La base de l'accord devoit être que Marie-Thérèse renonceroit à jamais à l'alliance de l'Angleterre, et Louis XV à celle de la Prusse, que la première favoriseroit l'ambition de la France qui avoit toujours été de s'étendre du côté des Pays-Bas, tandis que c'étoit ce que les deux puissances maritimes redoutoient le plus. L'infant de Parme, Don Philippe, devoit passer d'Italie dans les Pays-Bas; Mons étoit cédé à la France, Luxembourg étoit rasé;

la couronne de Pologne étoit rendue héréditaire, la Poméranie étoit cédée à la Suède ; la Russie entroit dans l'alliance des deux couronnes; l'Europe enfin recevoit une forme toute nouvelle. Le roi, favorable à ce projet, et craignant les objections du comte d'Argenson, de Puysieux et de Saint-Severin, ne voulut point qu'il fût rapporté en plein conseil, mais le référa à un comité composé de Machault, Rouillé, Séchelles, et du comte de Saint-Florentin, dans lequel le comte de Bernis, qui n'entroit pas au conseil, fut admis. (1)

La première conférence de ce comité se tint le 20 octobre 1755. Il paroît que, malgré les avantages offerts à la France, les négociateurs français, et Bernis lui-même, y démêlèrent les projets ambitieux de l'Autriche. L'échange du duché de Parme contre les Pays-Bas mettoit l'Italie tout entière dans la dépendance de l'empereur; l'invasion de la Silésie par les Autrichiens lui soumettoit de même l'Allemagne, tandis qu'il étoit fort douteux que la France réussît à établir l'infant Don Philippe en Belgique, en dépit des deux puissances maritimes, et que l'alliance autrichienne seroit de peu de ressource pour accomplir ce projet, puisqu'on savoit bien que les armées de cette puissance ne

---

(1) Duclos, Mém. secrets, T. II, p. 115.

s'ébranloient jamais sans être payées par ses alliés.

Ce ne furent pas là les motifs d'hésitation qu'on opposa à M. de Stahremberg ; toutefois, on se borna à lui répondre qu'avant de se déterminer on vouloit osberver les démarches de l'Angleterre et de la Prusse. L'impératrice, mécontente, fit demander alors au cabinet de Versailles de présenter lui-même un plan, puisque le sien n'étoit pas accepté. Le comte de Bernis proposa alors entre les deux cours un traité d'union et de garantie de leurs États respectifs et de leurs alliés en Europe, ceux du roi de Prusse y étant compris, l'Angleterre seule exceptée, à cause des hostilités. Envers elle, l'impératrice devoit garder la neutralité. L'impératrice, qui ne désiroit l'alliance que pour écraser la Prusse, montra assez d'humeur ; Louis XV lui-même n'étoit pas content de la proposition de ses ministres ; cependant, la négociation n'étoit point rompue, et peut-être Stahremberg auroit signé dans l'attente que le roi de Prusse fourniroit lui-même une occasion de commencer les hostilités, lorsqu'il fut informé à Paris qu'un traité venoit d'être signé à Londres, le 16 janvier 1756, entre l'Angleterre et la Prusse.

Le roi de Prusse avoit été recherché en même temps par la France et par l'Angleterre, le traité qu'il avoit avec la première étoit à terme et devoit expirer dans deux mois. Tout son désir étoit de maintenir la paix du nord de l'Allemagne ; il se croyoit alors assuré de l'amitié de l'impératrice Élisabeth de Russie ; mais il connoissoit toute la haine de Marie-Thérèse ; il savoit aussi qu'elle recherchoit la France, et il craignoit que les Français ne se vengeassent sur l'électorat de Hanovre des hostilités de l'Angleterre. Louis XV lui avoit envoyé le duc de Nivernois, homme de talent et d'un caractère aimable, pour renouveler avec lui le traité près d'expirer. Nivernois, arrivé à Berlin le 12 janvier 1756, avoit commission de rattacher le roi de Prusse à l'alliance française. Dans ce but, il lui offrit la souveraineté de l'île de Tabago, comme moyen d'ouvrir à la Prusse le commerce du golfe du Mexique. Frédéric regarda cette proposition comme à peine sérieuse, et pria le duc de Nivernois de jeter les yeux sur quelque autre plus propre que lui à devenir gouverneur de l'île de Barataria. Presqu'à ce moment, il fit signer à Londres, le 16 janvier 1756, son traité de garantie réciproque avec le roi d'Angleterre. Il ne fit point de difficulté d'en montrer l'original même, tel qu'il venoit d'être signé, au duc de Nivernois. « Je sais que votre cour, lui « dit-il, traite avec celle de Vienne ; qu'elles « se bornent de leur côté à une alliance dé-

« fensive et l'Allemagne ne sera point trou-
« blée. »

Mais, en politique, les Français n'étoient point accoutumés à se mettre jamais à la place de ceux avec lesquels ils traitoient, et à comprendre d'autres intérêts que les leurs propres. « La « nouvelle de cette alliance, dit Frédéric II, « causa une vive sensation à Versailles, dans l'es-« prit de Louis XV et de son conseil; peu s'en « fallut qu'ils ne dissent que le roi de Prusse « s'étoit révolté contre la France..... Il ne s'a-« gissoit à Versailles que de la défection du roi « de Prusse qui abandonnoit perfidement ses « anciens alliés ; et la cour se répandit en re-« proches qui firent juger qu'elle ne borneroit « pas son ressentiment à de simples paroles. »

Stahremberg sut profiter de cette exaspération qu'il voyoit éclater en même temps et dans la nation et dans le roi, et il décida le conseil à changer tout le système des alliances de la France. En vain, M. de Machault représentoit combien il étoit inconséquent, dans une guerre contre l'Angleterre, de s'unir avec une puissance qui ne pouvoit pas assister la France d'un seul vaisseau. Le comte d'Argenson, ministre de la guerre, désiroit trouver une occasion de faire agir les armées françaises sur le continent. Toutefois, il vouloit se borner à l'invasion de l'électorat de Hanovre, comme moyen certain de réduire Georges II à faire la paix. Enfin, après de longs débats, le funeste traité de Versailles fut signé le 1er mai 1756. Par ce traité, l'impératrice-reine s'engageoit à ne prendre aucune part, directement ni indirectement, aux différends qui s'étoient élevés entre la France et la Grande-Bretagne; Louis XV de son côté s'engageoit à respecter la neutralité des Pays-Bas autrichiens. A cette convention de neutralité, étoit joint un traité d'alliance défensive, signé le même jour par les mêmes plénipotentiaires. Par l'article 3, l'impératrice-reine s'engageoit à garantir et à défendre tous les États et provinces actuellement possédés par S. M. T. C. en Europe, contre les attaques de quelque puissance que ce fût, et pour toujours, le cas néanmoins de la présente guerre entre la France et l'Angleterre excepté. Par l'article 4, S. M. T. C. s'engageoit envers l'impératrice-reine et ses successeurs et héritiers, selon l'ordre de la pragmatique sanction établie dans sa maison, à garantir et à défendre tous les royaumes et États qu'elle possédoit alors en Europe. La mention de la pragmatique, et l'omission de tout souvenir des deux traités d'Aix-la-Chapelle et de Dresde, donnèrent lieu de croire qu'ils étoient regardés comme non avenus par les puissances contractantes. Les deux souverains s'engageoient à se fournir mutuellement un secours de vingt-quatre mille hommes effectifs, pour empêcher les attaques ou les invasions dont l'un ou l'autre pourroit être menacé. Ainsi, en dépouillant ce traité des obscurités qui en embarrassoient la rédaction, la France s'engageoit à garantir l'Autriche des suites de la guerre qu'elle alloit entreprendre pour recouvrer ce qu'elle avoit solennellement cédé, et l'Autriche déclaroit qu'elle ne garantiroit point la France dans la querelle que lui suscitoit l'Angleterre. (1)

Toutefois, si les deux puissances s'en étoient tenues à la lettre de leur traité; si la France s'étoit contentée de défendre l'Autriche là où elle seroit attaquée, de la défendre avec vingt-quatre mille hommes seulement, et si, achetant à ce prix la sécurité de sa frontière, elle avoit tourné tous ses efforts vers la mer, pour porter des secours à ses établissemens d'Amérique, ou pour menacer les côtes d'Angleterre d'une descente, elle auroit pu lutter contre cette puissance à armes égales; mais le comte de Kaunitz

---

(1) Flassan, Hist. de la Diplomatie française, T. VI, p. 50-54. — Frédéric II, Hist. de la guerre de sept ans, ch. 3, p. 50-73. — Duclos, Mém. secrets, T. II, p. 119-123. — Soulavie, Mém. de Richelieu, T. IX, ch. 6, p. 101-108. — Lacretelle, T. III, L. X, p. 242. — Voltaire, Siècle de Louis XV, T. I, ch. 32, p. 337. — Coxe, Maison d'Autriche, T. V, ch. 110, p. 199-225. — Le texte du traité aux Mém. du marquis de Valori, T. II, p. 57-68.

connoissoit bien la France, et le caractère de la femme légère et vaniteuse qui régloit ses destinées. Mme de Pompadour vouloit que la France brillât sur le continent, qu'elle secondât de toute sa puissance les projets *de son amie*. La noblesse de cour vouloit se signaler à la guerre. Chacun des grands seigneurs qui approchoient du roi croyoit pouvoir avec de la bravoure seulement, paroître, comme le maréchal de Richelieu, un grand capitaine; mais aucun d'eux ne pouvoit espérer de gloire en faisant la guerre aux Anglais; aucun d'eux ne pouvoit se flatter que peu d'heures suffiroient pour devenir un bon marin. La France, quelques mois après, rendit offensif un traité qui n'avoit été conclu que pour être défensif : elle oublia la guerre d'Angleterre, la seule importante pour elle, la seule où elle eût été provoquée, et elle dirigea ses principales forces vers le nord de l'Allemagne, gouffre malheureux où allèrent se perdre ses trésors, son sang et l'honneur de ses armes.

CHAPITRE LIII.

Les parlements se mettent en opposition avec le gouvernement du roi. — Attentat de Damiens contre Louis XV. — Guerre de sept ans. — Premiers succès des Français dans le Hanovre. — Convention de Closter Seven. — Défaite des Français à Rosbach et à Crevelt. — Obstination de Mme de Pompadour à ne point vouloir de paix. — 1756 — 1758.

Au moment où la France s'engageoit à la fois dans une guerre maritime qui suffisoit seule pour occuper ses forces et pour épuiser ses finances, et dans une guerre continentale pour laquelle elle avoit déjà mis cent mille hommes en mouvement, elle auroit eu besoin de sentir dans son gouvernement quelque vigueur, quelque unité, quelque prudence. Jamais au contraire elle ne s'étoit trouvée plus désorganisée et elle n'avoit pris moins de confiance dans ceux qui devoient diriger ses efforts.

La dépendance où Mme de Pompadour tenoit le ministère, dégoûtoit les hommes honorables,

1756.

qui ne pouvoient se soumettre à régler les affaires du gouvernement d'après les conseils ou les caprices d'une favorite, encore que la cour lui reprochât bien plus son défaut de naissance que son manque de vertu. L'ambition appeloit pourtant un assez grand nombre de sujets à se présenter pour entrer dans les affaires. Mais ils ne réussissoient presque jamais à s'y affermir, tant le poste étoit rendu glissant par les difficultés toujours croissantes où le gouvernement se trouvoit engagé, et par l'impossibilité de se maintenir, dès que quelques uns de leurs projets contrarioit ceux de la favorite. De 1756 à 1763 vingt-cinq ministres au moins entrèrent successivement au conseil d'État; appelés et renvoyés tour-à-tour, non point tous à la fois, pour former un nouveau ministère, mais séparément, par des mutations qui se suivoient à de courts intervalles, qui nous présentent aujourd'hui un renouvellement continuel très-difficile à suivre, et qui, dans le temps, ôtoient toute unité, toute consistance à l'administration.

Deux ministères pouvoient se regarder comme à peu près étrangers à la politique, celui de la feuille des bénéfices et celui du sceau. Le prélat qui tenoit la feuille des bénéfices étoit chargé uniquement de régler les promotions dans l'ordre ecclésiastique; c'étoit une sorte de directeur de la conscience du roi, dans cette partie importante de la distribution des grâces, qui avoit une si grande influence sur le renouvellement du clergé et sur l'esprit qu'il revêtoit. A Boyer évêque de Mirepoix, précepteur du dauphin, homme de talent, mais fanatique, fort tourné en ridicule par Voltaire, et qui s'étoit toujours proposé pour premier objet dans la distribution des bénéfices la destruction du jansénisme, avoit succédé, en 1755, le cardinal de La Rochefoucauld, qui tint la feuille jusqu'à sa mort survenue en 1757, et qui se proposa de calmer les haines et les dissentimens, et d'accorder les promotions aux membres du clergé qui se distinguoient par leur modération. Les esprits ardens de cet ordre, qui s'attachoient à l'archevêque de Beaumont, ne vouloient pas croire que ce pût être par charité chrétienne que des prêtres revêtoient ces sentimens pacifiques ; ils les accusoient de ne montrer de la douceur que pour trouver place sur la feuille des bénéfices, et ils les appeloient, par dérision, des feuillans ; à La Rochefoucauld, succéda Jarente, évêque d'Orléans, qui tint la feuille jusqu'à la fin de ce règne, et qui ne marqua d'aucune manière, si ce n'est peut-être par ses mauvaises mœurs.

Guillaume II de Lamoignon, né en 1683, avoit été en 1750 nommé chancelier de France, plus en raison de la distinction héréditaire acquise par sa famille dans la magistrature, que par la faveur du roi : aussi n'eut-il jamais les sceaux. Il s'étoit montré bon magistrat comme avocat-général, comme président au parlement de Paris et premier président de la cour des aides, il étoit doué de connaissances agréables en littérature et possédoit bien l'histoire, mais ses manières graves et lentes déplaisoient à la cour et surtout à la favorite. On n'avoit rien à lui reprocher d'un autre côté dans les débats sur les billets de confession. Les philosophes, qui le croyoient secrètement disposé en leur faveur, ne lui pardonnèrent pas d'avoir révoqué, en 1759, le privilége de l'Encyclopédie. Mme de Pompadour, qui désiroit mettre à sa place un magistrat plus souple que lui, le président Maupeou, lui fit demander en 1763 sa démission; il la refusa et fut exilé. Maupeou le remplaça avec le titre de vice-chancelier, que Lamoignon ne voulut point reconnaître. Il se démit seulement en 1768 à l'âge de 85 ans, et Maupeou le fils lui succéda. Lamoignon qui vécut jusqu'en 1772, fut le père de l'immortel Malesherbes. (1)

L'office de chancelier étoit inamovible, mais lorsqu'il déplaisoit à la cour il étoit remplacé par un garde des sceaux. Machault qui s'étoit

---

(1) Biogr. univ., T. XXII, p. 304.

signalé au ministère des finances, tint les sceaux de 1750 à 1757, et les réunit pendant quatre ans au ministère de la marine. Lorsque le roi exila Machault, il tint lui-même les sceaux, de 1757 au 13 octobre 1761, qu'il les remit à Berryer, alors ministre de la marine. Berryer mourut le 15 août 1762. Feydeau de Brou qui lui succéda jusqu'à la nomination de Maupeou, ne les tint qu'une année. On a peine à comprendre comment le ministère de la justice et la direction de la magistrature pouvoient être livrés à une telle instabilité.

Le ministre de la maison du roi, Louis Phélippeaux, comte de Saint-Florentin, sembloit le seul membre du ministère qui ne se ressentît point de l'instabilité du gouvernement. Appelé dès l'an 1725 à remplacer son père, lorsqu'il n'avoit que dix-huit ans, il étoit déjà le sixième de sa branche investi de la charge de secrétaire-d'État; il la conserva cinquante ans, jusqu'en juillet 1775, un an après la mort de Louis XV. Aucun homme en effet ne pouvoit mieux s'accommoder de tous les abus et de toutes les maîtresses; signalé surtout par ses galanteries et ses prodigalités, mais souple, obéissant, prêt à servir avec dureté le pouvoir du jour, au moyen des lettres de cachet dont il étoit le grand dispensateur, il étoit en même temps très-actif et très-régulier dans son travail, et c'est une justice que lui rend Coquerel, après avoir dépouillé son immense correspondance relative aux huguenots; il étoit toujours prêt et toujours au fait de tous les détails, toutes les fois qu'il y avoit quelque mal à faire. (1)

Mais au moment d'une guerre, qui alloit embraser à la fois l'Europe, l'Amérique et les Indes, les ministères importants étoient ceux des affaires étrangères, de la guerre, de la marine et des finances, et c'étoient ceux aussi dans lesquels les caprices de la favorite portèrent le plus d'instabilité. M. Rouillé, d'une famille distinguée dans la robe, avoit été chargé le 28 juillet 1764, du ministère des affaires étrangères; il avoit alors soixante-cinq ans, il avoit été intendant du commerce et commissaire du roi près la compagnie des Indes; il connoissoit bien les traités et les principes du droit des gens, mais on l'accusoit d'avoir montré de la roideur dans les négociations avec l'Angleterre, relative aux limites de l'Acadie, et l'on croyoit qu'un ministre plus habile auroit évité la guerre. Il donna sa démission le 26 juin 1757 (2). Il fut remplacé par l'abbé et comte de Bernis, alors âgé de 42 ans.

Celui-ci étoit issu d'une famille très noble

(1) Biogr. univ., T. XXXIX, p. 572.
(2) Flassan, Diplomatie, T. VI, p. 18 et 83.

et très ancienne, mais pauvre du Vivarez; il s'étoit fait connaître par des poésies légères qui avoient alors de la vogue, par la noblesse et la grâce de ses manières, par son esprit et ses reparties piquantes, et par la droiture de ses sentimens. Il avoit été reçu dans la société de Mme de Pompadour, qui le goûtoit fort, et il y avoit long-temps lutté avec la pauvreté, lorsqu'enfin, grâce à son amitié, il fut nommé à l'ambassade de Venise où il montra du talent, puis à celle d'Espagne, où il ne se rendit point, parce qu'il négocioit alors l'alliance avec l'Autriche; nous avons vu qu'il l'avoit déconseillée contre le sentiment du roi et de sa bienfaitrice. Cependant, comme son nom étoit attaché au traité de Versailles, du 1er mai 1756, il en fut rendu responsable par l'irritation du public. Lorsque les revers commencèrent, il dut donner sa démission en 1757, et l'année suivante il fut exilé le 1er novembre 1758, comme il venoit d'obtenir de la cour de Rome le chapeau de cardinal (1). Il fut remplacé par le duc de Choiseul, auparavant comte de Stainville. C'étoit un Lorrain, qui étoit personnellement attaché au grand-duc de Toscane, alors empereur, et qui alors même étoit ambassadeur à Vienne, en sorte que la nomination de ce ministre, alors âgé de

_____

(1) Biogr. univ., T. VI, p. 315.

trent-sept ans, confirmoit et resserroit l'influence que la cour d'Autriche exerçoit alors sur celle de Versailles. Choiseul, qui fut encore nommé ministre de la guerre le 31 janvier 1761, et ministre de la marine le 14 octobre de la même année, remit alors à son cousin le duc de Praslin le ministère des affaires étrangères, conservant ainsi sous son influence immédiate les trois portefeuilles les plus importans, et donnant au gouvernement de Louis XV l'unité dont il avoit manqué jusqu'alors. (1)

Nous avons déjà fait connoître le comte d'Argenson qui étoit ministre de la guerre dès le 1er janvier 1743; il fut disgracié le 1er février 1757, avant même que les revers eussent commencé. Le marquis de Paulmy, son fils, auquel la survivance de sa place avoit été promise, lui avoit été donné comme assistant; il fut un an après enveloppé dans sa disgrâce. Le maréchal de Belle-Isle fut alors appelé au ministère de la guerre, avec le marquis de Crémille pour le seconder; tous deux moururent en 1761, et le duc de Choiseul avec le marquis de Monteynard prirent leurs places, en sorte que six ministres, dans ce petit nombre d'années, furent successivement appelés à cette direction importante.

(1) Flassan, Diplomatie, T. VI, p. 126.

Il n'y eut pas plus de stabilité dans le ministère de la marine. Machault le garda de 1754 à 1757; puis M. de Moras, d'abord adjoint au ministère des finances, qui tint le portefeuille de la marine du 1er février 1757 au 1er juin 1758. Il fut alors remplacé par le marquis de Massiac, lieutenant-général des armées navales, auquel M. de Mesi fut donné pour adjoint. Au bout de peu de mois, tous deux cédèrent la place à Berryer, qui n'avoit fait d'apprentissage de cette administration que comme intendant de police. Il renonça, en 1761, à la marine, pour être fait garde des sceaux, et Choiseul prit son portefeuille. Et c'étoit pendant que la France étoit engagée dans une guerre désastreuse avec la plus formidable des puissances maritimes, qu'elle appeloit les hommes destinés à diriger les armements de ses flottes à se succéder les uns aux autres avec tant de rapidité, qu'ils devoient abandonner le timon des affaires long-temps avant d'avoir achevé leur apprentissage.

Mais c'étoit plus encore dans la direction des finances que l'instabilité du gouvernement se faisoit remarquer, et là elle étoit la conséquence des désordres accumulés des administrations précédentes, des embarras toujours croissants, de la souffrance des contribuables, de l'impossibilité où se trouvoit le trésor de faire face à ses engagements : en appelant sans cesse des hommes nouveaux aux finances, on croyoit s'épargner la confusion de manquer aux promesses qu'avoient faites ceux qui les avoient précédés, et l'État était dans la condition d'un malade désespéré, livré aux empiriques, et qui en change sans cesse parce qu'il n'en trouve aucun qui le soulage. Moreau de Séchelles avoit été appelé au contrôle général, le 28 mai 1754, et il y resta jusqu'en avril 1756. Moras qui passa ensuite à la marine, lui avoit été adjoint dans ces fonctions. Puis Jean de Boulogne occupa le contrôle général du 25 août 1757 jusqu'au 4 mars 1759 qu'il fut remplacé par Étienne de Silhouette, le seul de ces administrateurs qui ait laissé un nom, quoiqu'il ne soit resté que huit mois en place. Formé dans les emplois, et s'étant fait connoître aussi par des traductions, il avoit étudié l'administration de l'Italie et de l'Angleterre où il avoit voyagé, et il se proposoit comme le fit plus tard M. Necker, de rétablir les finances de France par l'économie et le crédit. Il attaqua en effet de grandes dilapidations, et il obtint des réformes même dans la maison du roi : mais il n'avoit ni assez de caractère ni assez de réputation pour suivre ses projets avec vigueur. Bientôt ceux qui souffroient de ces économies, se réunirent contre lui pour l'accabler sous les traits du ridicule ; le nom de Silhouette fut donné à toute invention qui dénotait une épargne excessive. Son caractère, son désintéressement furent accusés, peut-être calomniés, et avant la fin de l'année il fut contraint de donner sa démission. Bertin, qui le remplaça au contrôle général du 21 novembre 1759 jusqu'en 1763, dégoûté des innovations et des réformes, par l'expérience de ses prédécesseurs, recommença à se traîner dans l'ornière commune. Il fut remplacé le 21 octobre par Laverdy, de qui on attendoit plus de talens.

La France, fatiguée de ce ministère sans cesse renouvelé, cherchoit son gouvernement et ne le trouvoit nulle part. Elle avoit fini par bien connoître l'insouciance du roi, et son aversion pour toutes les affaires; elle ne pouvoit mettre le conseil à la place du monarque, car le conseil non-seulement changeoit sans cesse, mais il n'avoit ni unité, ni accord, et chaque ministre agissoit indépendamment des autres. Aucune passion politique n'agitoit pourtant encore le pays; quelques hommes de lettres, quelques penseurs dissertoient, il est vrai. sur le but du gouvernement, sur les causes qui auroient pu produire la prospérité générale, sur les abus, et les moyens d'y porter remède; mais en général tous les philosophes, tous les écrivains, frappés de l'abus que le clergé avoit fait de son pouvoir, s'étoient rués contre l'autorité religieuse, non contre l'autorité civile : ne voulant voir dans la religion que les fables, les superstitions et la tyrannie par lesquelles elle étoit défigurée, ils s'acharnoient à la détruire, ils attaquoient ses consolations, ses espérances, son enseignement moral avec non moins d'amertume que le fanatisme des dévots; ils venoient, sous la direction de Diderot et de d'Alembert, de former une puissante coalition, qui devoit concourir à un immense ouvrage, l'Encyclopédie, destinée à contenir tout le cercle des connoissances humaines, mais dont l'idée dominante étoit de renverser la religion; et la passion même avec laquelle ils l'attaquoient, faisoit diversion à la politique; tout ce qu'ils demandoient au gouvernement, c'étoit de les laisser travailler en paix à leur ouvrage de destruction. D'ailleurs, toutes ces questions théoriques étoient discutées seulement dans les salons; elles ne descendoient point parmi le peuple. Ce peuple, accoutumé à obéir, n'avoit point d'amour pour le souverain, point d'orgueil à se dire Français, point de reconnoissance pour un ordre de choses presque toujours oppressif; mais sa ressource étoit d'y peu songer, de ranger les souffrances sociales parmi les maux inévitables, et de les supporter comme on fait un mauvais climat ou les intempéries des saisons, en se disant bien qu'on ne gagne à s'en plaindre que de les rendre plus intolérables.

Toutefois les esclaves eux-mêmes ne peuvent se résigner à obéir que lorsqu'ils savent quel est leur maître, tandis que les Français éprouvoient avec impatience qu'ils étoient soumis à trois autorités à la fois, celle du roi ou de son ministère, celle du clergé, et celle du parlement; or ces trois autorités étoient en opposition ouverte l'une avec l'autre; aussi le sujet le plus empressé à obéir ne pouvoit se conformer à la fois à trois directions contraires; c'étoit souvent lorsqu'il s'efforçoit le plus de faire ce qui lui étoit ordonné qu'il encouroit des châtiments. La guerre qui venoit de commencer, devoit forcer le roi à recourir au clergé pour des dons gratuits, aux parlements pour enregistrer des édits bursaux. Ces deux corps le sentoient, aussi redoubloient-ils d'efforts pour saisir de nouveau leur ancienne autorité, et en faire usage avec plus de vigueur. Pendant l'exil de l'archevêque de Paris, plusieurs curés cherchèrent à se faire persécuter, pour se donner ainsi plus d'importance. Le parlement s'acharnoit contre eux, mais il se ravaloit en même temps par des débats avec la Sorbonne sur des subtilités théologiques.

Le parlement avoit repris ses fonctions et enregistré les lettres-patentes de son rétablissement; l'archevêque de Paris étoit aussi revenu, et le roi croyoit avoir tout pacifié par l'arrêt du conseil sur le silence en matière religieuse ; mais les curés voyant que des récompenses ecclésiastiques étoient accordées aux plus fanatiques, recommencèrent à demander aux mourants des billets de confession ; et le parlement, qui ne vouloit pas les tolérer, se préparoit à sévir de nouveau par des décrets ou des saisies contre le prélat. Le roi, pour éviter le scandale, envoya le maréchal de Richelieu auprès de Christophe de Beaumont, le priant de donner la paix à l'église, et lui promettant de réprimer également les saillies du parlement. — Ma conscience ne me permet aucun accommodement, répondit l'archevêque. — Beau monseigneur, répliqua le maréchal, votre conscience est une lanterne sourde qui n'éclaire que vous. — Et le roi fit signer par d'Argenson, l'ami du prélat, une lettre de cachet qui l'exiloit à Conflans. Le roi, en signant la lettre ajouta de sa main : « *Et il partira ce soir ou demain matin.* » Le parlement qui avoit fait des remontrances contre les lettres de cachet, coucha sans scrupule sur ses registres celle qui châtioit le premier prélat du royaume. (1)

Le parlement, en effet, oublioit les principes qu'il avoit professés sur la liberté, sur la légalité,

---

(1) Soulavie, Mém. de Richelieu, T. VIII, ch. 12, p. 305.

dès qu'il s'agissoit de ses ressentimens; il n'étoit inébranlable que lorsque ses propres prérogatives ou sa juridiction étoient mises en question. Le roi, qui se défioit du parlement, qui le regardoit comme toujours disposé à entraver son gouvernement, songeoit déjà à faire agir à sa place le grand conseil, corps de judicature qui s'étoit toujours montré beaucoup plus souple. Par une déclaration du 10 octobre 1755, le roi avoit attribué à son grand conseil le droit qui appartenoit au seul parlement, d'intimer ses ordres aux tribunaux inférieurs. Le parlement opposa les plus vives remontrances à cet arrêt qui renversoit la hiérarchie. « Le grand conseil, disoit-il, n'avoit aucun territoire, il n'étoit qu'un corps d'attribution, toléré plutôt qu'établi légitimement. » Le roi répondoit qu'il n'avoit pas voulu attribuer au grand conseil une juridiction plus étendue que celle dont il jouissoit, mais il insistoit sur l'obéissance qu'il exigeoit des corps de judicature. La querelle s'aigrissoit entre le parlement et le grand conseil; le premier invita les princes du sang et les pairs du royaume à se rendre à la prochaine séance, le 18 février 1756, pour maintenir l'ordre hiérarchique, *attendu l'indécence et la continuité des entreprises du grand conseil, pour renverser la police du royaume.* Le roi, averti, fit défendre aux princes du sang et aux pairs de se trouver à cette assemblée; mais le lendemain les princes du sang, animés surtout par le prince de Conti, et de leur côté, les pairs, protestèrent contre une défense qui compromettoit, disoient-ils, les lois fondamentales et l'essence de la pairie. Les parlements de province étoient dans la même agitation; celui de Normandie refusoit d'enregistrer un édit du roi qui supprimoit le bailliage de Bayeux, et la salle de ses séances étoit envahie par le duc de Luxembourg, gouverneur de la province, avec ses soldats. Ce fut alors que le parlement de Paris commença à songer à s'appuyer sur une confédération entre tous les parlements du royaume; à les représenter comme formant un seul corps, chargé du dépôt du pouvoir législatif de la nation, et divisé seulement en *classes*, d'où il tiroit le nom de ce nouveau système. (1)

Les parlementaires, sans communications avec la cour, où ils n'étoient jamais admis, dédaignés par la noblesse, accusés d'hérésie par le clergé, et n'ayant guère de rapports avec le peuple que par la sévérité des châtimens qu'ils lui infligeoient, n'avoient qu'un moyen de se rendre populaires, c'étoit de repousser les impôts nouveaux, et ils en usoient presque tou-

(1) Soulavie, Mém. de Richelieu T. VIII, ch. 12, p. 312-326. — Lacretelle, T. III, L. XI, p. 264. — Voltaire, Histoire du parlement de Paris, ch. 66, p. 387.

jours sans discrétion. Ils ne se soucioient ni des besoins de l'État, ni de la justice, qui exigeoit que tous les sujets supportassent dans les charges de l'État une part proportionnelle à leurs jouissances ; ni des principes économiques d'après lesquels on devoit chercher comment ces charges pouvoient être rendues moins onéreuses au peuple. Ils refusoient tout et toujours. Les nécessités de la double guerre qui commençoit avoient déterminé le contrôleur-général à envoyer au parlement, le 7 juillet 1756, trois déclarations. Par la première, il établissoit un nouveau vingtième pareil à celui qui se percevoit bien ou mal depuis 1749 ; par la seconde, le roi ordonnoit, pendant dix ans, la continuation des deux sous pour livre du dixième créé en décembre 1746, créant en même temps sur ce fonds 1,800,000 livres de rentes héréditaires ; par la troisième, il prorogeoit des droits arrivés à leur terme, qui se percevoient dans la ville de Paris. Le parlement arrêta des remontrances, le roi refusa de les entendre : le premier président se rendit auprès de lui pour insister ; le roi lui répondit : « Mon parlement abuse de mes bontés ; je veux que mes déclarations soient enregistrées, sans délai, dès demain. Je ne recevrai plus à ce sujet ni représentations, ni remontrances. » Le premier président demandoit cette réponse par écrit : « Elle est assez courte pour la retenir, répliqua le roi. » Le parlement refusa de rien enregistrer, et nomma des commissaires pour réitérer ses remontrances. Le roi qui reçut le premier président, le 14 août à Compiègne, chercha vainement à rapprocher les esprits avant d'en venir à un lit de justice.

Il fallut bien enfin recourir à cet expédient : ce fut le 21 août 1756 que le roi vint tenir son lit de justice dans toute la pompe d'un appareil militaire, pour faire enregistrer ses trois déclarations. Le chancelier qui parla pour lui représenta les justes motifs de la guerre, la nécessité de nouvelles impositions, les regrets du roi d'être forcé de charger ses peuples. Il dit ensuite, le roi permet qu'on se lève. Car le premier président et ses confrères, selon le cérémonial, s'étoient mis à genoux; mais il étoit de règle qu'en présence du roi toute autorité s'évanouissoit, et qu'on pouvoit tout au plus donner des avis, non des suffrages ou des voix délibératives; le président répondit donc avec humilité, et les trois édits furent enregistrés. Toutefois, dès le lendemain, le parlement, la chambre des comptes et la cour des aides, renouvelèrent leurs remontrances, les parlemens de Toulouse, de Grenoble, de Douai, en firent aussi; cependant, les impôts furent perçus, et le peuple obéit aux ordres du roi. (1)

(1) Soulavie, T. VIII, ch. 13, p. 326.

Pendant ce temps, Cristophe de Beaumont recommençoit de son côté les hostilités; il défendoit aux Parisiens, sous peine d'excommunication, de garder chez eux les remontrances et les imprimés extraits des registres du parlement. Il défendoit, sous les mêmes peines, d'obéir à la magistrature; « il se félicitoit d'avoir su trouver, pour les fonctions pastorales, des hommes capables de refuser les choses saintes aux pécheurs ». Il rassembloit en un seul tableau, depuis les premiers siècles de l'église, tous les exemples de la désobéissance des évêques aux ordres souverains, pour en conclure leur indépendance absolue de l'autorité dans les matières spirituelles. Une lettre encyclique de Benoît XIV, adressée à tous les évêques du royaume, qui vouloit modérer son zèle en ordonnant de refuser le viatique aux seuls réfractaires notoires, c'est-à-dire publiquement condamnés, et de se contenter de représenter aux réfractaires qui n'étoient pas notoires, qu'ils alloient se rendre coupables d'un sacrilége en communiant, ne suffit point pour ramener le fougueux prélat à l'obéissance envers le chef de l'Église. Il laissoit entendre que le pape, ou du moins son ministre, le cardinal Passionei, étoit janséniste. (1)

---

(1) Soulavie, T. VIII, ch. 13, p. 333.

Ces querelles causoient au roi beaucoup d'inquiétude. Un jour, il entra chez Mme de Pompadour. « Il étoit tout échauffé, dit Mme du « Hausset. — Qu'avez-vous ? lui dit madame. « — Ces grandes robes et le clergé, répondit-il, « sont toujours aux couteaux tirés. Ils me dé- « solent par leurs querelles. Mais je déteste « bien plus les grandes robes. Mon clergé au « fond m'est attaché et fidèle, les autres vou- « droient me mettre en tutelle. — La fermeté, « lui dit madame, peut seule les réduire. — « Robert de Saint-Vincent (conseiller janséniste) « est un boutefeu que je voudrois pouvoir exi- « ler ; mais ce sera un train terrible. D'un autre « côté l'archevêque est une tête de fer qui cher- « che querelle..... » Le roi se promenoit agité, « puis, tout d'un coup, il dit : — Le régent a « eu bien tort de leur rendre le droit de faire « des remontrances ; ils finiront par perdre « l'État. — Ah ! sire, dit M. de Gontaut, il est « bien fort pour que de petits robins puissent « l'ébranler. — Vous ne savez pas ce qu'ils font « et ce qu'ils pensent, reprit le roi : c'est une « assemblée de républicains. » (1)

Louis XV prit enfin son parti : un lit de justice lui avoit suffi pour faire enregistrer les impôts ; il se décida à se rendre, le 13 décembre 1756,

---

(1) Mém. de Mme Du Hausset, p. 95.

à un second lit de justice pour frapper un plus grand coup contre le parlement. Il lui porta de même trois déclarations; la première pour faire rendre le respect et la soumission à la bulle *Unigenitus*, tout en empêchant l'abus qu'on en pourroit faire, et prescrivant dans cette vue un silence absolu sur des questions qui, disoit-il, ne peuvent tendre qu'à troubler la tranquillité publique (1). Par la seconde, il supprimoit deux chambres des enquêtes, et plus de soixante offices dans le parlement de Paris; il vouloit que les enquêtes ne pussent prendre séance dans la grand' chambre que de l'avis de la grand' chambre elle-même; et que les chambres assemblées fussent obligées d'enregistrer les actes du conseil du roi, après les remontrances, sauf à en faire de nouvelles après l'enregistrement. Par la troisième, il changeoit la constitution politique du parlement; il accordoit à la seule grand' chambre la connoissance des appels; le parlement ne pouvoit s'assembler que par la décision de la grand' chambre, la voix délibérative n'étoit accordée qu'après dix ans de ser-

―――

(1) Cependant voici un article contenu dans l'édit « malgré la loi du silence, les évêques pourront dire tout ce qu'ils voudront, pourvu que ce soit avec charité. » — Lois françaises, T. XXII, p. 269. — Soulavie, ch. 23, p. 345. — Lacretelle, T. III, L. XI, p. 267. — Voltaire, Siècle de Louis XV, T. II, ch. 36, p. 21.

vice aux conseillers; nulle dénonciation ne pouvoit se faire que par le ministère du procureur-général, et il étoit défendu au parlement de suspendre la justice sous peine de désobéissance.

Ce coup d'État fut regardé par le parlement comme le signal du bouleversement de la monarchie. Sa douleur, son indignation, furent extrêmes. Mais la fermentation n'étoit guère moindre parmi le peuple que parmi les magistrats; on savoit gré à ceux-ci d'avoir lutté pour repousser des impôts onéreux; on les remercioit d'avoir protégé contre la tyrannie des curés les jansénistes mourants, presque tous hommes de sainte vie, et qui s'étoient rendus chers au peuple par leurs aumônes; en général le sentiment religieux, qui étoit encore très vif parmi le peuple, se déclaroit beaucoup plus pour les jansénistes que pour le clergé. Quand le roi sortit du lit de justice, le peuple le vit passer en silence; bientôt à la consternation succédèrent quelques clameurs; on entendit les mots de tyran des Français, et ceux de coquine du roi appliqués à Mme de Pompadour. Cette fermentation augmenta le courage des magistrats : le même jour, 13 décembre, presque tous donnèrent leur démission; et le lendemain il n'y eut ni procureur ni avocat qui voulût plaider en la grand' chambre. Un petit nombre seulement de membres de la grand'chambre étoit resté à son poste. Le roi les manda à Versailles, leur fit l'accueil le plus gracieux, leur recommanda de s'entremettre pour que leurs collègues suivissent leur exemple, sans attendre les ordres qu'il seroit forcé de leur donner. Il étoit d'abord lui-même consterné, et ne savoit quelles suites il ne devoit pas redouter de la suspension et de la désorganisation de la justice; toutefois, lorsque les membres restants de la grand'chambre firent au roi de nouvelles remontrances pour le rappel des membres démis, en protestant qu'ils étoient tous également animés d'un zèle sans bornes, et qu'ils ne différoient que par la manière de l'exprimer, il leur répondit qu'il regardoit les offices de ceux qui avoient donné leur démission comme vacants, et qu'il ne pouvoit être question de les rassembler. « Il y a quatre ans que l'on m'ennuie, ajouta-t-il, je ne changerai rien à mes édits, mais je veux être obéi. » Le 30 décembre, ces mêmes membres de la grand'chambre allèrent encore le supplier à genoux, et ils ne purent jamais rien en obtenir. (1)

La fermentation du peuple alloit croissant, il ne se rendoit guère compte ni de ce qu'il vou-

(1) Soulavie, Mém. de Richelieu; T. VIII, ch. 13, p. 347-351.

loit, ni de ce qu'il craignoit, mais il étoit dans cet état d'effervescence qui, faisant sortir d'eux-mêmes les gens raisonnables, agit avec un double pouvoir sur les têtes déjà portées à la folie, et les livre aux dernières extravagances.

Très peu de jours après cette dernière tentative de la grand'chambre, le 5 janvier 1757, comme le roi montoit en voiture, à six heures du soir, pour se rendre de Versailles à Trianon, la foule s'étoit pressée comme de coutume sous la voute spacieuse du palais, pour le voir passer; le froid étoit fort rigoureux, et presque tous les spectateurs, de même que les courtisans, étoient couverts de redingottes; la place d'ailleurs étoit mal éclairée. Tout à coup, un homme s'avança entre les gardes, comme s'il étoit un officier de la maison, frappa le roi d'un coup de canif au dessus de la cinquième côte, et rentra ensuite au milieu des spectateurs. Le roi porta la main sur sa blessure, en tira quelques gouttes de sang, et se retournant, reconnut l'assassin qui avoit conservé son chapeau sur la tête, il dit : « *C'est ce Monsieur qui m'a frappé*, qu'on l'arrête, et qu'on ne lui fasse point de mal. » Toujours, depuis, quand il parloit de lui, il l'appeloit « ce Monsieur ». Au moment où l'assassin fut arrêté, ce dernier s'écria : « Qu'on prenne garde à monsieur le Dauphin, et qu'on ne le laisse point sortir de toute la journée. » (1)

La blessure du roi étoit si légère qu'elle n'auroit pu donner la moindre inquiétude si l'on ne s'étoit pas figuré que le canif étoit peut-être empoisonné. Louis XV, rempli de cette idée, se crut à son dernier moment. Il demanda avec empressement les secours de la religion; la reine étoit accourue auprès de lui; Mme de Pompadour étoit délaissée par tous les courtisans, et bientôt le roi lui envoya le garde-des-sceaux Machault pour l'engager à s'éloigner du château. Louis XV avoit toutes les foiblesses qui peuvent dégrader un caractère; il craignoit la douleur, il craignoit la mort, il craignoit l'enfer. Quoique sans fièvre, il resta plusieurs jours au lit, et il renvoya au dauphin, qui jusqu'alors n'avoit eu aucune part dans l'État, la décision de toutes les affaires. (2)

Cependant, plus on acquéroit de lumières sur l'événement qui avoit causé tant de trouble, plus on devoit se convaincre que c'étoit l'acte d'un fou, sans complice, sans parti, sans projet

(1) Mme Du Hausset, p. 164. — Lacretelle, T. III, L. XI, p. 269. — Voltaire, Siècle de Louis XV, T. II, ch. 37, p. 23. — Soulavie, T. VIII, ch. 14, p. 352.

(2) Mme Du Hausset raconte à quel point, dans une autre occasion, le roi fut troublé pour avoir trouvé un homme dans sa chambre. C'étoit un cuisinier qui s'étoit égaré, p. 173.

qui pût s'expliquer par aucune idée raisonnable. Cet homme, Robert-François Damiens, né en Artois, âgé de quarante-deux ans, avoit été laquais tour à tour chez des jésuites et chez des conseillers au parlement. Il avoit frappé le roi avec un petit canif; mais le même manche portoit une lame longue et pointue, à ressort, faite en guise de poignard dont il n'avoit pas fait usage; en sorte que, comme il l'affirmoit, il n'avoit point eu l'intention de tuer le roi, mais seulement de le blesser pour lui donner un avertissement. Le garde-des-sceaux, Machault, un moment après le crime, saisissant Damiens au collet, dans la salle des gardes, lui avoit fait tenailler les jambes en présence du chancelier Lamoignon et de Rouillé, ministre des affaires étrangères, par deux gardes du corps, armés de pinces rougies au feu, qui s'offrirent volontairement à faire ainsi l'office du bourreau. Les tourmens auxquels Damiens fut livré dès ce moment, et dans la suite de la procédure, ne servirent qu'à rendre ses discours plus incohérens et ses dépositions plus contradictoires. Il écrivit, ou dicta plutôt une lettre au roi où l'on trouvoit plusieurs indices de folie, et, en effet, il en avoit été affecté toute sa vie. Tantôt il accusoit l'archevêque de Paris, « ce coquin dont les refus étoient cause de tout le mal. » Tantôt divers conseillers au parlement de Paris dont il donnoit la liste, et que le roi, disoit-il, devoit rappeler; tantôt le chirurgien qui avoit refusé de le saigner la veille, et s'il l'avoit fait, disoit-il, rien ne seroit arrivé. Mais toujours, au milieu même des plus atroces douleurs, perçoit l'orgueil, le désir de jouer un rôle, une plaisanterie féroce, et le plaisir d'effrayer ceux qui le questionnoient, en leur faisant craindre qu'il ne les dénonçât.

Cependant l'attentat qui venoit d'étonner la France étoit exploité d'une manière cruelle par les passions alors en jeu, qui, sans se le proposer, avoient eu beaucoup de part à le produire. Les jésuites, les constitutionnaires s'écrioient: Voilà donc comment le parlement se venge! voilà le fruit de ses remontrances! Les parlementaires et les jansénistes, au contraire, affectoient de dire: On reconnoît bien là les coups des disciples de Loyola, ils sont impatiens de voir régner le dauphin, prince qui est entièrement dans leur dépendance. Chacun montroit de l'ardeur pour remonter aux causes du crime, pour reconnoître les complices; le prince de Conti étoit le plus âpre de tous à suivre les moindres indices, à multiplier les interrogatoires de ceux qui avoient jamais approché de Damiens. On fit venir d'Avignon une machine extraordinaire pour la torture, telle qu'on n'en avoit vu jamais de semblable en France, en sorte qu'on croyoit impossible qu'un être humain la supportât sans

1757. tout avouer. Les conseillers démis du parlement demandoient avec instance à reprendre leurs places pour pouvoir siéger parmi les juges. Il y avoit dans toute la nation une effroyable émulation à témoigner sa fidélité au roi, en enchérissant sur tous les autres par plus de cruauté envers un malheureux maniaque. Enfin le procès fut instruit, la sentence fut prononcée, et le 28 mars, à quatre heures après-midi, Damiens fut livré à un épouvantable supplice qui dura plusieurs heures. Il fut tenaillé, du plomb fondu fut versé dans ses plaies, puis on voulut l'écarteler, des chevaux lancés devoient emporter ses membres, mais ils ne purent les arracher; on entendoit à chaque effort des hurlemens effroyables; mais les jambes et les bras ne cédèrent que quand les bourreaux en eurent coupé les tendons, et cependant des femmes de la cour avoient loué à grand prix des fenêtres pour assister à cet horrible spectacle; les membres épars furent ensuite consumés dans un bûcher et les cendres jetées au vent. Le père, la femme et la fille de Damiens, quoiqu'ils n'eussent pas été accusés, furent bannis du royaume à perpétuité, sous peine de mort s'ils y rentroient, et tous ceux qui portoient le même nom que lui furent obligés d'en changer. (1)

(1) Lacretelle, T. III, L. XI, p. 270-284. — Voltaire,

Dès que le roi fut bien convaincu qu'il n'avoit aucun mal, qu'il pouvoit quitter le lit et reprendre sa vie habituelle, il ne sentit plus que de la rancune contre ceux devant qui il avoit montré sa foiblesse. « Ce prince, dit Besenval, plus
« troublé qu'il ne devoit l'être de la légère blessure qu'il avoit reçue, crut apaiser le mécontentement qu'il supposoit en livrant les rênes
« de l'État à M. le dauphin, dont il dit, avec plus
« de foiblesse que de dignité, *qu'il gouverneroit*
« *mieux que lui*. On assure même qu'à l'instant
« où ses médecins n'avoient pas la plus légère
« inquiétude, la sienne étoit telle, que croyant
« expirer, il se faisoit donner à tous momens
« l'absolution par l'abbé de Rochecour, aumônier de quartier. Le grand talent à la cour est
« de bien juger les circonstances et de savoir en
« profiter. M. d'Argenson se trompa dans celle-ci:
« il devoit penser que la terreur peu motivée du
« roi passeroit aussi vite qu'elle étoit venue, et
« qu'il chercheroit à se ressaisir du pouvoir avec
« la même promptitude qu'il l'avoit abandonné.
« Telle est la marche de toutes les âmes foibles; le
« ministre oublia cette vérité. Dans le premier
« conseil qui se tint après l'assassinat du roi,
« M. d'Argenson proposa, devant M. le dauphin

1757.

Siècle de Louis XV, T. II, ch. 37, p. 27-34. — *Id.*, Hist. du parlement de Paris, ch. 67, p. 390. — Soulavie, T. IX, ch. 1, p. 10-38. — Biogr. univ., T. X, p. 464.

« qui présidoit, que les ministres allassent tra-
« vailler chez ce prince, comme lieutenant-gé-
« néral du royaume, jusqu'à l'entier rétablisse-
« ment du roi. Il résulta de cette faute, que M. le
« dauphin, peu susceptible d'ambition, ne sut
« aucun gré au ministre de sa démarche, et que
« le roi, à peine convalescent, sentit revenir
« dans son cœur toute la déplaisance que lui avoit
« toujours inspirée son fils, qu'il l'écarta des af-
« faires, et ne pardonna jamais à M. d'Argenson
« la marque de dévouement qu'il lui avoit don-
« née dans cette occasion. Quand on ose être in-
« grat, au moins faudroit-il être plus adroit. » (1)

Malgré l'intimation de M. de Machault, qui
l'avoit fait comme un conseil donné en son nom
propre, Mme de Pompadour n'étoit point
partie, et Louis XV se sentoit gêné d'avoir dans
son ministre un confident de sa faiblesse. Il fut
plusieurs jours sans retourner chez la favorite,
jusqu'à ce que passant un jour devant l'escalier
qui conduisoit chez elle, l'habitude, qui avoit
sur lui plus de pouvoir que l'affection, l'y entraîna. Mme de Pompadour lui fit des plaintes
sur d'Argenson, qui avoit toujours été son ennemi, et qui tout récemment avoit refusé assez
rudement de ratifier un ordre qu'elle avoit donné
à l'un de ses subalternes. « Fort bien, dit le roi,

(1) Mém. de Besenval, T. I, p. 208.

je suis tout disposé à renvoyer M. d'Argenson, mais renvoyons en même temps M. de Machault. »

La favorite rédigea aussitôt les deux lettres ; le roi ne changea rien à celle qu'on adressoit à M. de Machault, mais il corrigea celle qui étoit destinée à M. d'Argenson, et il la rendit aussi sèche que dure. Ils furent tous deux exilés dans leurs terres ; Machault, toutefois, conservoit une pension de trente mille livres. C'étoient les deux rivaux, les champions de deux systèmes opposés, mais c'étoient aussi les deux seuls hommes d'État que la France eût encore dans ses conseils. Leur disgrâce affermit le crédit de l'abbé de Bernis, qui dans le moment de terreur qui suivit l'assassinat du roi, étoit demeuré fidèle à la favorite. (1)

A l'époque où Louis XV renvoyoit de ses conseils les deux hommes qui avoient le plus de talent et le plus d'énergie, il auroit eu plus que jamais besoin d'être secondé par un ministère habile. La guerre avoit commencé dans le Nord, et elle présentoit cette cruelle alternative, que si les grandes puissances auxquelles

---

(1) Mém. de Besenval, T. I, p. 214. — Morceaux historiques à la suite de Mme Du Hausset, p. 302. — Mém. de Mme Du Hausset, p. 133. — Lacretelle, L. XI, p. 285. — Le marquis de Paulmy d'Argenson, qui remplaça son oncle au ministère de la guerre, étoit alors brouillé avec lui.

la France venoit de s'allier remportoient des victoires éclatantes, l'équilibre de l'Europe se trouveroit rompu à son désavantage; que si au contraire elles avoient des revers, ce seroit la France qui devroit prodiguer ses trésors et son sang pour les soutenir. Au commencement des hostilités, c'étoit la seconde de ces alternatives qui paroissoit devoir se réaliser. Frédéric II avoit eu de bonne heure connaissance de la ligue formidable formée contre lui. Il avoit eu copie du traité de partage de presque tous ses États, conclu entre les deux impératrices Marie-Thérèse et Élisabeth, et l'électeur de Saxe roi de Pologne, traité qu'on dissimuloit soigneusement à la France; ce qui cependant avoit déterminé la Suède par un subside, à entrer dans une ligue dont elle ne connoissoit pas le but. Marie-Thérèse, implacable dans ses vengeances, avoit engagé presque toutes les puissances du continent à s'unir contre le roi de Prusse : chacune devoit avoir une part dans ses dépouilles, et on ne lui laisseroit que le margraviat de Brandebourg. La couronne de Pologne devoit être rendue héréditaire dans la famille d'Auguste III, qui promettoit de céder à l'Autriche quelques provinces de cette république en échange des provinces de Prusse qu'il devoit acquérir.

C'étoit de la chancellerie même de Saxe

que la copie de ce traité, par l'infidélité d'un secrétaire, étoit parvenue à Frédéric II; c'étoit aussi contre l'électeur de Saxe qu'il éprouvoit le ressentiment le plus violent. Il savoit qu'une armée de cinquante mille hommes que la Russie destinoit à l'invasion de la Prusse ne pourroit entrer en campagne qu'au printemps suivant. Il avoit lieu de croire que les autres confédérés aussi n'étoient pas encore prêts. Il résolut de commencer lui-même les hostilités, se résignant à paroître l'agresseur plutôt que d'attendre à être attaqué à son désavantage. Il attaqua donc le premier, le moins redoutable de ses adversaires, le roi de Pologne, dans son électorat de Saxe, transportant ainsi la guerre sur un théâtre étranger, et contraignant ses ennemis à nourrir ses armées. Le 29 août 1766 il entra en Saxe avec cinquante-huit mille combattants; en peu de jours il se rendit maître de tout l'électorat. Le 10 septembre il s'empara de Dresde, il fit ouvrir devant lui les archives, malgré la résistance énergique de la reine de Pologne, qui seule étoit demeurée dans le palais, il en tira l'original de ce traité par lequel Auguste III s'étoit uni à ses ennemis pour partager ses États, et il publia cette pièce pour sa justification. Bloquant ensuite avec trente mille hommes le camp formidable où Auguste III s'étoit retiré sur les bords de l'Elbe, entre Pirna et

Konigstein; il marcha contre l'armée autrichienne, qui, sous les ordres du maréchal Brown, arrivoit aussi de Bohême sur l'Elbe. Il la rencontra auprès du village de Lowositz, remporta sur elle, le 1er octobre, une victoire sanglante, et la repoussa jusqu'au delà de la rivière Eger. Il revint alors sur les Saxons, et quoique leur camp passât pour inexpugnable, il les contraignit à capituler le 15 octobre, au nombre de dix-sept mille hommes. Comptant sur la communauté de langage, sur celle de religion, sur l'enthousiasme que ses talents et ses victoires inspiroient à ses troupes, il ne craignit pas de faire entrer presque tous les Saxons dans ses régiments prussiens. Il accorda ensuite au roi de Pologne, réfugié à Konigstein, un passe-port pour se retirer dans son royaume de Pologne, qui demeuroit neutre au milieu de cette querelle. Mais les malheureux habitants de l'électorat de Saxe payèrent pour la perfidie de leur souverain : Frédéric II se montra pour eux sans pitié ; il les écrasa de contributions, et sembla vouloir leur faire supporter à eux seuls tout le fardeau de la guerre. (1)

---

(1) Frédéric II, Guerre de sept ans, T. III, ch. 4, p. 84. — *D'Archenholtz*, Hist. de la Guerre de sept ans, p. 5. — Coxe, Hist. de la maison d'Autriche, T. V, ch. 3, p. 226. — *Edmund Burke*, Annual Register, 1758, ch. 1, p. 8. — Soulavie, T. IX, ch. 8, p. 130. — Lacretelle, T. III, L. XI,

Cette première victoire ne diminuoit guère les dangers du roi de Prusse. Il étoit attaqué par une ligue si formidable, il pouvoit être écrasé par des armées si nombreuses, que sa chute sembloit seulement différée.

La France étoit jusqu'alors en paix avec le roi de Prusse. Elle n'avoit de guerre qu'avec l'Angleterre, et elle s'étoit même prêtée à une négociation entreprise par la cour d'Autriche pour conserver à l'électorat de Hanovre sa neutralité, négociation qui échoua par la faute de George II, encore qu'il y fût le plus intéressé (1). L'affaire essentielle pour les Français devoit être de poursuivre leurs avantages contre les Anglais, d'envoyer des renforts au Canada, où deux braves officiers, le marquis de Vaudreuil, gouverneur de la Nouvelle-France, et le marquis de Montcalm faisoient la guerre avec succès au midi des grands lacs, et venoient de s'emparer des forts d'Ontario et d'Oswego (2). Mais

p. 256. — Voltaire, Siècle de Louis XV, T. I, ch. 32, p. 334.

(1) Flassan, Diplomatie, T. VI, p. 84.

(2) Smolett, *History of England*, T. V, ch. 5, § 34, p. 197. Nous aurons quelquefois recours à cette histoire, tout indigne qu'elle soit de la réputation que Smolett s'étoit acquise dans d'autres branches de la littérature. Il paroît y avoir travaillé uniquement pour gagner les honoraires que lui offroit son libraire, et pour cela il se contentoit souvent de copier les feuilles quotidiennes publiées à Londres. Mais c'est

la cour de France oublioit en quelque sorte le Canada, et laissoit ces braves gens s'épuiser par leurs victoires mêmes. Mme de Pompadour, ulcérée contre le roi de Prusse, dont on lui avoit répété les sarcasmes et les épigrammes, enivrée par les cajoleries de Marie-Thérèse, mettoit plus d'empressement à la ruine de Frédéric II que les souverains qui avoient à lui redemander des provinces. Au lieu de vingt-quatre mille auxiliaires qu'elle avoit promis à l'impératrice, elle en faisoit entrer cent mille en Allemagne. Quoiqu'elle regardât la dauphine comme son ennemie, elle s'unit avec elle pour exciter le ressentiment de Louis XV, et lui persuader qu'il ne pouvoit en honneur abandonner le père et la mère de cette princesse chassés de Dresde par le roi de Prusse. En effet, le gouvernement français déclara, que comme garant du traité de Westphalie, il devoit, aussi bien que le roi de Suède, intervenir pour arrêter les hostilités que les Prussiens venoient de commettre en Saxe; une armée fut, sous ce prétexte, mise sous les ordres du maréchal d'Estrées, et elle s'empara des États que le roi de Prusse possédoit sur les bords du Wéser, sans faire précéder ces hostilités d'aucune démarche auprès de Fré-

sous ce rapport même que son récit nous est souvent utile, comme conservant des relations originales que nous ne pourrions plus trouver ailleurs.

déric II, pour l'engager à respecter les traités dont Louis XV prétendoit être garant. (1)

On portoit à quatre-vingt mille hommes l'armée du maréchal d'Estrées; sous lui servoient Contades, Chevert, Saint-Germain, et les meilleurs capitaines qu'eût alors la France. Comme la neutralité du Hanovre n'avoit pas été acceptée, ils se proposoient d'y pénétrer, et de contraindre ainsi l'Angleterre à leur faire quelques concessions en Amérique. Une seconde armée, sous les ordres du prince de Soubise, qu'on disoit de vingt-cinq mille hommes, avoit passé aussi le Rhin, et s'étoit rendue maîtresse des duchés de Clèves et de Gueldre (1). Frédéric II n'essaya point de défendre ces provinces ou celle de Frise; il abandonna ce soin au duc de Cumberland, qui rassembloit à la hâte, pour couvrir le Hanovre, une armée mercenaire composée surtout des troupes de Hanovre, de Brunswick et de Hesse, et il ne songea qu'à combattre les Autrichiens.

En effet, la seule chance d'existence pour Frédéric II, c'étoit d'écraser isolément ses ennemis avant qu'ils pussent se réunir contre lui. Des cinq puissances qui avoient conjuré sa

---

(1) Flassan, Diplomatie, T. VI, p. 75-82.
(2) *Annual Register*, 1758, ch. 3, p. 14. — Correspondance du comte de Saint-Germain, T. I, p. 100. — Mém. de Rochambeau, T. I, p. 84.

ruine, il n'y en avoit aucune qui, prise séparément, ne l'emportât sur lui par l'étendue et la population de ses États ou ses ressources pécuniaires. Toute sa puissance étoit dans son génie, puis dans cette armée que son père avoit formée, mais qu'il avoit lui-même si fort perfectionnée en lui enseignant une rapidité, une précision de manœuvres, un aplomb dont aucuns autres soldats n'approchoient, et qui doubloient la force des Prussiens. A l'enthousiasme qu'il avoit réussi à leur inspirer, on auroit cru ses troupes animées par un ardent patriotisme, et cependant il les avoit recrutées de déserteurs et de vagabonds, pour la plupart étrangers à ses États héréditaires ; mais aux yeux de ces soldats, la patrie c'étoit Frédéric lui-même. La confiance dans la supériorité de ses lumières, l'admiration, l'amour, redoubloient leurs forces, et sous ses ordres rien ne leur paroissoit impossible.

Vers la fin d'avril, Frédéric II entra en Bohême. Au commencement de mai, les quatre divisions dont se composoient son armée et qui arrivoient par des chemins différens, se réunirent autour de Prague. Les maréchaux Braun et de Daun commandoient les Autrichiens, et ils étoient eux-mêmes sous les ordres du prince Charles de Lorraine, frère de l'empereur, dont le roi de Prusse ignoroit la présence en Bohême. Brown avec 70,000 hommes, avoit pris une position avantageuse près de la montagne de Ziska, au-dessus de Prague. Le roi de Prusse résolut de l'y forcer avant qu'il eût été rejoint par le maréchal de Daun, qui occupoit la Moravie. Il passa la Mulda le 4 mai; le 6, il livra aux Autrichiens la terrible bataille de Prague. Il paroit que comptant attaquer dans l'ordre oblique, il refusoit sa droite, qui n'étoit point destinée au combat, mais que le général qui la commandoit, emporté par son ardeur, franchit le ravin et les obstacles qui devoient l'arrêter, et que cette faute rendit l'action bien plus meurtrière. Les Prussiens gagnèrent la bataille, mais elle dura douze heures; 24,000 Autrichiens et 18,000 Prussiens y furent tués ou blessés. L'Europe n'avoit point encore vu une semblable boucherie. Le maréchal Schwerin, qui commandoit en second les Prussiens, et le maréchal Brown, second parmi les Autrichiens, y furent tués tous les deux. Un massacre aussi effroyable, au commencement d'une campagne, sembloit devoir ensuite condamner les deux partis à un long repos. (1)

Mais le repos n'étoit pas permis au roi de Prusse; le prince Charles de Lorraine étoit

(1) Frédéric II, Hist. de la Guerre de sept ans, ch. 6, p. 139-155. — *Archenholtz*, Hist. de la Guerre de sept ans, p. 25. — Coxe, Maison d'Autriche, T. V, ch. 112, p. 240.

dans Prague avec quarante-mille hommes, et quoique la ville fût mauvaise, le roi de Prusse n'étoit pas en état de la prendre, lorsqu'elle étoit défendue par une semblable garnison. Il essaya de la réduire par le blocus, mais pendant ce temps, le maréchal Daun, le plus habile, comme le plus prudent des généraux autrichiens, s'approchoit avec une armée que des renforts successifs avoient portée à soixante-mille hommes. Malgré les dangers d'une seconde bataille, le roi de Prusse reconnut qu'il ne devoit pas hésiter à la livrer, car pour l'éviter, il falloit lever le siége de Prague, et se trouver ensuite exposé à l'attaque des deux armées ennemies. S'il gagnoit la bataille, il anéantissoit pour cette campagne toutes les forces de l'Autriche ; s'il la perdoit, sa condition ne devenoit guère plus mauvaise qu'elle ne l'étoit déjà. Il marcha donc contre Daun, avec une partie seulement de son armée, tandis que l'autre restoit devant Prague. Il trouva le maréchal autrichien campé près du village de Kolin, mais sa position étoit formidable, et de plus, il s'en falloit d'un bon tiers que Frédéric eût autant de monde que lui. Il l'attaqua cependant le 19 juin. Le projet du roi, comme dans la précédente bataille, étoit de ne combattre qu'avec une seule de ses ailes, qu'il auroit incessamment fortifiée, en y faisant passer l'infanterie placée à l'autre aile, et de refuser absolument sa droite ; mais l'ardeur de M. de Mannstein, qui commandoit la droite, déjoua de nouveau cette combinaison. Il attaqua les troupes vis-à-vis de lui, il les repoussa, il se crut victorieux, et ce fut par là au contraire qu'il fit perdre la bataille, car elle se trouva engagée sur toute la ligne. Après des efforts de valeur incroyables, Frédéric II dut renoncer à forcer la position du maréchal Daun, à Kolin; il ordonna la retraite, mais, dans cette funeste journée, le roi perdit quatorze mille hommes, tués, blessés ou prisonniers. D'autre part, il avoit fait tant de mal à l'ennemi, qu'il ne fut pas poursuivi. En quittant le champ de bataille, il dut courir toute la nuit à l'armée qu'il avoit laissée devant Prague, pour lui faire lever le blocus, et se retirer à temps. Ce qui fut exécuté dès le 20 juin 1747. (1)

Malgré la fermeté que le roi de Prusse continuoit à montrer, sa condition sembloit désespérée, son armée étoit encore admirable de discipline, de courage et de dévouement, mais elle s'usoit dans des batailles qui jamais n'avoient été si multipliées ni si meurtrières. Le nombre des soldats qu'il avoit déjà perdus, surpassoit

(1) Frédéric II, ch. 6, p. 160-176. — *Archenholtz*, p. 35. — Coxe, ch. 112, p. 247. — *Burke, Annual Register*, ch. 3, p. 17.

de beaucoup celui que son père, créateur de la puissance militaire de la Prusse, comptoit dans toute son armée. Quatre-vingt mille Russes, cependant, s'avançoient dans la Prusse orientale ; les Suédois faisoient des incursions dans la Poméranie prussienne ; l'armée française, enfin venoit de soumettre le Hanovre ; un corps qui en avoit été détaché, entroit dans la Saxe ; c'étoit à ces Français qu'il étoit le plus pressant de s'opposer.

Mme de Pompadour qui avoit la vanité, non seulement de nommer les ministres et les généraux, mais de discuter avec eux les plans de campagne, avoit voulu que la conquête du Hanovre servît de gage à la France, pour recouvrer les colonies qu'elle étoit exposée à perdre. Malgré la réputation que venoit d'acquérir le maréchal de Richelieu par la conquête de Mahon, elle n'avoit point voulu lui confier l'armée d'Allemagne ; elle ne l'avoit point trouvé assez souple avec elle, et elle étoit blessée de ce qu'il avoit éludé la proposition de faire épouser à son fils une fille qu'elle avoit eue de son mari. Au reste elle avoit fait peut-être, pour commander l'armée, un beaucoup meilleur choix dans le maréchal d'Estrées ; c'étoit Louis-César Letellier, connu d'abord sous le nom de Chevalier de Louvois, et qui avoit succédé aux noms et armes d'Estrées, du chef de sa mère, sœur du dernier maréchal d'Estrées. Il s'étoit distingué à la bataille de Fontenoy, puis à celles de Raucoux et de Lawfeldt. Mais quoiqu'il sût bien la guerre, les jeunes gens de la cour lui reprochoient d'être trop méthodique et trop précautionneux (1). Mme de Pompadour lui adjoignit le comte de Maillebois qui, formé par son père dans la guerre précédente, avoit acquis le renom de grand tacticien, mais qui ne tarda pas à développer au lieu des talens pour la guerre qu'on attendoit de lui, une jalousie envieuse de ses chefs, beaucoup d'intrigue, et une ambition prête à sacrifier l'intérêt de l'armée à son propre avancement. Un autre officier de plus de mérite, le comte de Saint-Germain, servoit aussi dans cette armée avec le titre de lieutenant-général; aucun Français n'avoit si bien étudié l'art de la guerre; mais au service d'Autriche puis de Bavière, il avoit trop adopté les systèmes de tactique et de discipline allemande; il vouloit que ses soldats fussent comme ceux du roi de Prusse, de simples machines qui obéissent sans réflexion, sans hésitation à l'impulsion du commandant. Cette immobilité, cette obéissance aveugle convenoit peu à l'impétuosité française, et la dureté de caractère de Saint-Germain causoit du mécontentement parmi les soldats, tandis que son

1757.

---

(1) Biogr. univ., T. XIII, p. 413.

extrême causticité, les railleries mordantes qu'il se permettoit contre les généraux, et les fautes et les revers qu'il annonçoit comme inévitables indisposoient contre lui tous les officiers supérieurs. (1)

Le maréchal d'Estrées entroit en Allemagne par les États que le roi de Prusse possédoit sur le Bas-Rhin, et qui étoient disséminés trop au loin pour qu'il essayât de les défendre. Aussi Clèves, Wesel, Cologne ouvrirent leurs portes du 6 au 8 avril. Le duc de Cumberland qui s'étoit chargé de défendre La Hesse, reculoit vers les rives du Weser, à mesure que les Français avançoient. Ce prince se défiant de troupes mercenaires peu instruites, et formées du mélange de plusieurs nations, se montroit faible et irrésolu. D'autre part, dans l'armée française, on reprochoit à d'Estrées de ne pas le pousser avec plus de vigueur; les partisans de Richelieu intriguoient pour lui, soit à l'armée, soit à la cour. Lui-même avoit mis tout son art, toute sa souplesse à regagner la faveur de la marquise. Il y avoit enfin réussi; Mme de Pompadour ve-

(1) « Ainsi votre commandant vous a chargé de voir de « vos yeux où est l'ennemi, disoit-il à un aide-de-camp, sui- « vez-moi, et il le mène à la fenêtre d'où il braque sa lu- « nette. — Que voyez-vous? — Notre quartier-général. — « Bon, c'est là qu'est l'ennemi. » — Vie du comte de Saint-Germain, p. 15. — Biogr. univ., T. XXXIX, p. 581. — Lacretelle, T. III, L. XI, p. 298.

noit de lui donner commission de relever le marquis d'Estrées. Mais en chemin, Richelieu s'arrêta quelques jours à Strasbourg auprès de la duchesse de Lauraguais sa maîtresse, au zèle de laquelle il attribuoit sa nomination. Ce retard donna au maréchal d'Estrées le temps de gagner la bataille d'Hastenbeck.

Cumberland, avec l'intention de protéger Hameln, que menaçoit d'Estrées, s'étoit fortementretra nché derrière le Weser ; sa droite appuyée sur Hameln, sa gauche au village de Hastenbeck, son centre couvert par des hauteurs boisées, où il avoit placé des batteries ; d'Estrées l'y attaqua le 26 juillet. L'intrépide Chevert se chargea d'emporter la redoute qui protégeoit le centre ; il réussit, mais au lieu de s'y arrêter, il poussa en avant pour tourner le centre de Cumberland ; l'armée française s'avançoit, et avoit dépassé ces hauteurs, lorsque le prince héréditaire de Brunswick, ou selon d'autres M. de Hardemberg, marchant par les bois pour rejoindre son armée en retraite, surprit sur cette hauteur le régiment d'Eu auquel Chevert en avoit confié la garde, et qui, regardant l'affaire comme terminée, s'étoit débandé, avec l'indiscipline française. La plupart des soldats dormoient, d'autres étoient en chemise, d'autres s'étoient écartés pour chercher de l'eau. Les Allemands n'eurent pas de peine à culbuter dans la vallée une troupe aussi peu sur ses gardes, et s'emparèrent des pièces de canons dont ils tirèrent quelques volées contre la cavalerie française. Comme elle marchoit avec une pleine confiance, elle fut fort étonnée de s'entendre canonner sur les derrières de sa droite. Maillebois qui se trouvoit exposé à ce feu, ne douta pas que Chevert n'eût été tourné et contraint de mettre bas les armes. Il fit ce qu'il y avoit à faire, mais les avis qu'il transmit au maréchal d'Estrées étoient alarmans, et l'arrêtèrent tout court, au moment où, par une nouvelle attaque, il auroit mis en déroute Cumberland ; et comme Maillebois avoit déjà manifesté beaucoup de jalousie contre son chef, et cherchoit à le décrier, on l'accusa de l'avoir trompé par de faux avis, pour lui enlever l'honneur de la victoire. Cependant le corps allemand qui s'étoit emparé des hauteurs n'étoit point assez fort pour s'y maintenir, et il avoit continué sa retraite. Cumberland, qui ne s'étoit point aperçu du trouble que cet accident avoit jeté dans l'armée française, et qui voyoit son centre mis en désordre par Chevert, faisoit doubler le pas à ses troupes pour se retirer du champ de bataille, et le maréchal d'Estrées qui, quelques momens auparavant prenoit ses dispositions pour faire sa retraite en bon ordre, s'aperçut que la bataille étoit gagnée, quand il l'espéroit le moins. Il ne poursuivit que mollement le duc de Cumberland, qui se conduisit comme s'il eût éprouvé une déroute complète, en abandonnant la défense de Hameln. (1)

Le maréchal de Richelieu, en apprenant la victoire que d'Estrées venoit de gagner, fut embarrassé du rôle qu'il alloit jouer, celui de relever dans son commandement un général victorieux. « Il me fit appeler, écrit Rochambeau, et de-
« manda mon avis sur le parti qu'il convenoit
« de prendre. — Il n'y en a qu'un d'honnête,
« lui répondis-je; celui de rester à Cassel, et
« d'y attendre de nouveaux ordres. — Mon-
« sieur, me répliqua le vieux courtisan, j'ai
« toute ma vie été la dupe des bons procédés.
« — Le comte de Maillebois vint au-devant de
« nous à Cassel; lorsqu'il entra dans le cabinet
« du maréchal de Richelieu, le comte d'Egmont
« me dit : Cet homme-là ne vient pas ici pour
« appuyer votre avis. En effet, nous conti-
« nuâmes notre route. » (2)

L'entrevue des deux maréchaux, le 2 août, fut décente de part et d'autre; quelques jours après, le maréchal d'Estrées partit, emportant

---

(1) Mém. du baron de Besenval, T. I, p. 40. — Mém. de Rochambeau, T. I, p. 89. — Lacretelle, T. III, L. XI, p, 301.— Voltaire, Siècle de Louis XV, T. I, ch. 32, p. 344. — Soulavie, T. IX, ch. 9, p. 155. — Frédéric II, Hist. de la guerre de sept ans, ch. 6, p. 190.

(2) Mém. de Rochambeau, p. 92.

les regrets les plus vifs et les plus flatteurs de son armée. Le mécontentement contre d'Estrées avoient fait place à une vive sympathie pour lui. Maillebois fut accusé d'avoir, par jalousie, compromis la victoire d'Hastenbeck et de l'avoir rendue incomplète. Il fut déféré au tribunal des maréchaux de France, qui ne prononcèrent pas de jugement. Toutefois le roi le fit enfermer dans la forteresse de Doulens, et le priva de ses emplois.

Richelieu sentoit qu'il avoit beaucoup à faire pour regagner l'affection de ses soldats, et le moyen qu'il prit pour y parvenir fut de leur permettre la plus extrême licence ; il vouloit les enrichir et s'enrichir lui-même par les contributions qu'il levoit, mais il se proposoit en même temps de ruiner de fond en comble les États du nord de l'Allemagne, et particulièrement le Hanovre ; jamais tant de violence et de pillage n'avoient été exercés au nom d'un peuple civilisé ; ses propres soldats ne l'appeloient plus que le *père la maraude*. Cependant son adversaire, le duc de Cumberland, lui abandonnoit une gloire facile ; déterminé à ne point livrer de combats, et reculant toujours devant les Français, il se laissa repousser entre l'Elbe et le Weser, comme dans une nasse sans issue, et parvenu près de l'embouchure de ces deux rivières, dans une situation désespérée, il consentit à signer, le 8 septembre 1757, la convention de Closter Seven, que le comte de Lynar, ministre de Danemarck et espèce d'illuminé, négocia pour lui avec le maréchal de Richelieu. Par cette convention, les Français devoient demeurer maîtres de l'électorat de Hanovre, du landgraviat de Bremen, et de la principauté de Verden. Les troupes de Brunswick, de Hesse, de Saxe-Gotha, et généralement tous les alliés d'Hanovre devoient se retirer dans leurs pays respectifs et garder la plus parfaite neutralité jusqu'à la fin de la guerre, tandis que les Hanovriens devoient passer au delà de l'Elbe.

Le duc de Cumberland, qui capituloit ainsi, à la tête d'une armée de trente-huit mille hommes, repassa en Angleterre, où la voix publique l'accusoit d'avoir souillé les lauriers qu'il avoit gagnés à la bataille de Culloden. Le roi de Prusse voyoit anéantir son seul allié, et ses États, jusqu'alors défendus par l'armée hanovrienne, ouverts du côté du couchant; car Richelieu détacha aussitôt Rochambeau pour s'emparer du pays d'Halberstadt, et menacer Magdebourg, tandis que Soubise, réuni au prince d'Hildburghausen qui commandoit l'armée de l'empire, entroit en Saxe par Gotha. Toutefois, lorsque la convention fut mieux connue, elle ne causa pas moins de mécontentement à la cour de France qu'à ses ennemis. On s'étoit attendu à ce que Richelieu ou détruiroit dans un combat l'armée hanovrienne, ou la contraindroit par une capitulation purement militaire à poser les armes. Rien de semblable n'étoit arrivé, la convention de Closter Seven participoit de la nature d'un traité : elle engageoit des princes à observer la neutralité, elle assignoit des quartiers d'hiver à leurs troupes ; mais elle les laissoit armées et intactes ; en même temps elle ne stipuloit rien sur le sort des pays occupés par l'armée française et elle les laissoit à la discrétion du vainqueur. On eût dit que le maréchal de Richelieu n'avoit eu qu'une seule pensée, celle de se garantir sans inquiétude le pillage de l'électorat de Hanovre ; il y procédoit avec une impudence, avec une âpreté dont on n'avoit point encore vu d'exemples : comme ses concussions étoient devenues un objet de raillerie à Paris, et qu'il en rioit lui-même, il ne croyoit plus devoir en ressentir de honte ; il acceptoit le nom de pavillon de Hanovre, que les Français donnèrent à un bâtiment élégant qu'il éleva à Paris avec le produit de ses rapines. Mais en même temps il donnoit la preuve qu'il étoit également au-dessous de sa réputation comme négociateur et comme général, et que le bonheur ou la témérité auxquels il avoit dû la conquête de Mahon n'auroient pas dû se changer pour lui en un titre de gloire. (1)

Tandis que le maréchal de Richelieu s'avançait lentement vers Magdebourg, où le prince Ferdinand de Brunswick eut le temps de se jeter avant lui, avec quelques bataillons, le prince de Soubise, avec vingt-cinq mille Français, s'étoit réuni à l'armée des cercles et entroit en Saxe. Le roi de Prusse paroissoit perdu, depuis qu'il étoit abandonné par l'Angleterre. Après la bataille de Kolin il avoit dû évacuer la Bohême; les Autrichiens, qui l'occupoient en force, menaçoient la Silésie; les Russes, suivis de hordes de Tartares, s'emparoient de Mémel et ruinoient tous ses environs; les Suédois dévastoient la Poméranie; ses épargnes étoient épuisées, ses peuples accablés de contributions par ses ennemis ne pouvoient remplir de nouveau son trésor. Dans cette position terrible, quoiqu'il fût déterminé à affronter l'orage, à vivre et à mourir en roi, il ne pouvoit s'empêcher de tourner ses regards vers une mort

(1) Le texte même de la convention est rapporté par Smollett. — *Hist. of Engl.*, T. VI, ch. 7, § 47, p. 34. — *Annual Register*, ch. 4, p. 18. — Duclos, Mém. secrets, p. 140. — Rochambeau, p. 98. — Soulavie, T. IX, ch. X, p. 192. Il prétend que Richelieu étoit secrètement en correspondance avec le roi de Prusse, et voulut l'épargner par jalousie de la maison d'Autriche. — Frédéric II, Hist. de la Guerre de sept ans, ch. 6, p. 198. — Flassan, Diplomatie, T. VI, p. 92.

volontaire comme le seul asile qui lui demeurât ouvert, pour éviter les dernières humiliations; et accablé comme il l'étoit par les soucis autant que par les affaires, il trouva encore le temps d'adresser au marquis d'Argens, sur sa situation désespérée, une épître en vers français qui n'est pas dépourvue de beauté. (1)

(1) Lacretelle, T. III, L. XI, p. 308. — Voltaire, Siècle de Louis XV, ch. 33, p. 346. — Épître au marquis d'Argens à Erfurt, 23 septembre 1757. OEuvres posthumes de Frédéric II, T. VII, p. 175.

> Ami, le sort en est jeté,
> Las du destin qui m'importune,
> Las de ployer dans l'infortune,
> Sous le poids de l'adversité,
> J'accourcis le terme arrêté,
> Que la nature, notre mère,
> A mes jours remplis de misère,
> A daigné départir par prodigalité.
>
> . . . .
>
> Depuis longtemps pour moi l'astre de la lumière
> N'éclaira que des jours signalés par nos maux.
> Depuis longtemps Morphée, avare de pavots,
> N'en daigna plus jeter sur ma triste paupière.
> Je disois au matin, les yeux chargés de pleurs :
> Le jour qui dans peu va renaître
> M'annonce de nouveaux malheurs.
> Je disois à la nuit : Ton ombre va paroître
> Pour éterniser mes douleurs.
>
> . . . .
>
> Du bonheur de l'État la source s'est tarie,
> La palme a disparu, les lauriers sont fanés,
> Mon âme de soupirs et de larmes nourrie
> De tant de pertes attendrie,
> Pourra-t-elle survivre aux jours infortunés
> Qui sont près d'éclairer la fin de ma patrie ?

Avant de prendre le parti extrême auquel Frédéric faisoit allusion dans cette épître, il étoit résolu à combattre jusqu'à la dernière extrémité. Laissant cinquante-six mille hommes en Silésie, sous le duc de Bévern, pour tenir tête aux Autrichiens, il en prit seulement douze mille avec lui, pour marcher contre le prince de Soubise. Sur son chemin, il en recueillit encore dix mille que commandoit le prince d'Anhalt, mais, pendant ce temps, il n'avoit pu empêcher le général Haddick de pénétrer avec un corps autrichien jusqu'à Berlin, et d'y lever, pendant le peu d'heures qu'il y passa, une contribution de deux cent mille écus.

Frédéric II avançoit toujours cependant, et le prince de Soubise qui avoit reçu ordre de

> Devoirs jadis sacrés, désormais superflus !
> Défenseur de l'Etat, mon bras ne peut donc plus
> Venger son nom, venger sa gloire....!
> . . . .
>
> Vous, de la liberté, héros que je révère,
> O mânes de Caton ! ô mânes de Brutus !
> C'est votre exemple qui m'éclaire,
> C'est votre flambeau funéraire
> Qui m'instruit du chemin peu connu du vulgaire
> Qu'ont aux mortels tracé vos antiques vertus.
> Tes simples citoyens, Rome, en des temps sublimes,
> Etoient-ils donc plus magnanimes,
> Qu'en ce siècle les plus grands rois ?
> Il en est un encor qui, jaloux de ses droits,
> Fermement résolu de vivre et mourir libre,
> De lâches préjugés venant braver les lois,
> Imite les vertus du Tibre.

Versailles de prendre ses quartiers d'hiver, se reploit devant lui. On étoit à la fin d'octobre. Le roi de Prusse passa la Saale au pont de Weissenfeld. Il n'avoit sous ses ordres que vingt mille hommes. Les alliés, qui reculoient devant lui, en avoient cinquante-cinq mille. Mais le commandement principal appartenoit au prince de Saxe Hildburghausen, général ignorant et présomptueux. Les vingt-cinq mille Français que lui avoit amenés Soubise étoient proprement le corps de troupes auxiliaires que la France, par le traité de Versailles, s'étoit engagée à fournir à l'Autriche, tandis que l'envoi de la grande armée de cent mille hommes, sous d'Estrées, puis sous Richelieu, étoit une œuvre de surérogation à laquelle Louis XV n'étoit nullement obligé. Soubise étoit connu comme l'ami de cœur du roi ; passionné pour les mêmes plaisirs, adonné aux mêmes vices, il lui plaisoit par son tour d'esprit et sa conversation ; il le servoit dans ses goûts et ses fantaisies, moins par bassesse d'âme que par sympathie. Il étoit bienveillant, loyal, et très-brave, mais fort peu versé dans l'art militaire, et assez modeste pour déférer aisément à l'opinion d'autrui. Il n'inspiroit aucune confiance aux soldats qui ne voyoient en lui qu'un courtisan, et une créature de Mme de Pompadour. Les troupes des cercles, plus nombreuses que celles des Français auxquels elles étoient associées, étoient peu exercées et mal d'accord entre elles. Pour la plupart elles étoient protestantes; elles ressentoient elles-mêmes cette admiration, cet enthousiasme pour l'héroïsme du roi de Prusse, qui électrisoient alors toute l'Allemagne, tandis qu'au contraire elles étoient ulcérées par l'insolence et la rapacité des Français auxquels elles se trouvoient associées, et qu'elles avoient vu piller la Thuringe et le Hanovre.

Lorsque Frédéric II eut tracé son camp à Rosbach, il s'y tint immobile pendant quelques jours, d'autant qu'il avoit reconnu qu'outre l'immense supériorité du nombre, ses ennemis avoient encore celle de la position; mais les deux généraux alliés, lorsqu'ils se furent assurés de la foiblesse comparative de l'armée du roi de Prusse, eurent honte d'avoir tant reculé devant lui. Ils formèrent le projet de l'envelopper, et ils se flattèrent de lui couper la retraite, en filant sur Mersebourg. Le 3 novembre, ils mirent leur armée en marche pour exécuter cette manœuvre. Le roi de Prusse les observoit du haut d'une colline où il avoit placé une batterie. Son armée étoit cachée derrière ses tentes; il ne troubloit par aucun mouvement la sécurité des alliés. Il les voyoit côtoyer sa gauche; il entendoit leurs clairons et leurs timbales. Tout-à-coup, à deux heures après midi, il donna le signal d'abattre les tentes, et les Prussiens se présentèrent en ordre de bataille à leurs ennemis qui marchoient presque au hasard. Frédéric II manœuvra pour tourner ceux qui avoient voulu le tourner lui-même. Seidlitz, avec la cavalerie prussienne, se glissa par des bas-fonds derrière la cavalerie française, la chargea, la mit en fuite, et vint tomber sur les colonnes d'infanterie qui n'étoient point encore formées. Les batteries des Prussiens, établies sur les hauteurs, écrasoient les Français, dont les canons, au contraire, arrêtés dans des bas-fonds, ne faisoient aucun effet contre les collines. En une heure et demie, la bataille fut décidée; les troupes des cercles s'enfuirent les premières à vau-de-route; mais les Français les suivirent de près; la déconfiture fut universelle, et cette journée honteuse coûta aux alliés plus de dix mille hommes, dont sept mille furent faits prisonniers (1).

(1) Soulavie, T. IX, ch. 11, p. 220.—Voltaire, Siècle de Louis XV, T. I, ch. 33, p. 346.— *Id.*, Correspondance générale, T. V, p. 101, du 2 décembre, au comte d'Argental. —Lettres du comte de Saint-Germain, T. I, p. 156-169, et relation de la bataille apostillée par lui, p. 215. Saint-Germain, qui commandoit une assez forte réserve, au lieu de l'engager dans le combat, se contenta de couvrir les fuyards. Il avoit si souvent critiqué ses collègues, qu'il ne fut pas épargné par eux à son tour.— Lacretelle, T. III, L. XI, p. 314. — Duclos, Mém. secrets, T. II, p. 149. — Biogr.

On ne sauroit trouver dans l'histoire un exemple à comparer au roi de Prusse dans son héroïque résistance à la plus formidable confédération. Tel qu'un lion réduit aux abois, il s'élançoit tour à tour sur chacun de ses assaillans, le faisoit fuir ou le terrassoit, et continuoit ce combat effrayant d'un seul contre tous, non pas des semaines, mais des années. A peine avoit-il mis en déroute les Français, qu'il se reporta rapidement sur la Silésie envahie par quatre-vingt mille Autrichiens. Schweidnitz avoit été pris le 11 novembre, puis le prince de Bevern, commandant les Prussiens, avoit été battu devant Breslaw le 22, où il avoit perdu huit mille hommes; et deux jours après, Breslaw, capitale de la Silésie, avoit ouvert ses portes aux Autrichiens. Frédéric II, arrivé le 24 en Silésie, reçut toutes ces nouvelles accablantes à la fois. Il estimoit cependant que s'il ne chassoit pas avant l'hiver les Autrichiens de la Silésie, cette province seroit à jamais perdue pour lui. Le maréchal Daun l'occupoit avec soixante mille combattans. Frédéric, après avoir recueilli les débris de l'armée du prince de Bevern, n'en avoit que trente-trois mille, et si ceux qui l'avoient

univ., art. *Soubise*, T. XLIII, p. 153. — Frédéric II, Guerre de sept ans, ch. 6, p. 211. — *Archenholtz*, Guerre de sept ans, p. 53. — *Annual Register*, ch. 5, p. 22. — *Smollett*, T. VI, ch. 8, § 18, p. 62.

suivi de Rosbach étoient pleins d'enthousiasme après leur victoire, ceux au contraire qui avoient partagé les revers de Bevern, étoient découragés et abattus. Frédéric mit tout son art, toute sa puissance sur l'imagination des soldats à ranimer leur confiance, puis il marcha sans perdre de temps sur le maréchal Daun qu'il atteignit le 5 décembre entre le village de Leuthen et le grand bois de Lissa; il l'attaqua par sa droite en refusant sa gauche, mais en se précautionnant contre le danger qui avoit compromis sa victoire à Prague, et causé sa défaite à Kolin, de voir les troupes qu'il ne destinoit point à combattre s'élancer dans le champ de bataille. Il réussit; la bataille, commencée à une heure après midi, se prolongea jusqu'à huit heures par une nuit obscure, et les Autrichiens furent mis en pleine déroute; leur perte en blessés et en tués fut prodigieuse; des corps entiers furent faits prisonniers; Breslaw et Lignitz furent repris; Schweidnitz, seul, demeura aux Autrichiens qui évacuèrent avant la fin de l'année tout le reste de la Silésie, et rentrèrent en Bohême affoiblis de quarante-un mille hommes par les pertes qu'ils avoient faites durant cette courte campagne. (1)

Les armées prussiennes, dans cette terrible campagne, avoient livré sept batailles rangées;

(1) Frédéric II, ch. 6, p. 224-248.

outre celle de Kolin, ils avoient encore perdu celle de Jagerndorff, que le vieux général Lehwald avoit été obligé de risquer le 29 août, dans la Prusse orientale, contre le général russe Apraxin. Toutefois ce combat même avoit été glorieux, car Lehwald n'avoit que vingt-quatre mille Prussiens à opposer à quatre-vingt mille Russes, qui, au lieu de profiter de leur victoire, étoient retournés prendre leurs quartiers d'hiver en Pologne. Après leur retraite, Lehwald avoit encore chassé les Suédois de la Poméranie, où ils n'avoient, il est vrai, fait que peu de progrès, combattant moins par acharnement que pour gagner les subsides que leur promettoit la France (1). Les armées autrichiennes avoient éprouvé plusieurs défaites; les Français qui, depuis quelque temps, ne donnoient guère à Frédéric que le titre de marquis de Brandebourg, étoient cruellement humiliés par leur déroute à Rosbach. Toutefois, tant de victoires ne suffisoient point pour le sauver; ses ennemis, irrités de tous leurs revers, ne vouloient point de paix qu'ils n'en eussent lavé la honte.

C'étoit, d'autre part, un élément réel de puissance que cette gloire que Frédéric II avoit acquise dans une lutte si disproportionnée. Les

---

(1) Frédéric II, Guerre de sept ans, ch. 6, p. 248.

gouvernemens pouvoient s'acharner contre lui, mais les peuples voyoient en lui un héros; les Français eux-mêmes ne pouvoient se défendre de l'admiration que leur inspiroit un tel adversaire. D'ailleurs, accoutumés depuis deux siècles et demi à regarder la maison d'Autriche comme leur véritable ennemie, ils ne pouvoient cesser de se dire qu'ils se battoient contre leur intérêt le plus évident. Tous les habitans du nord de l'Allemagne voyoient dans Frédéric le champion du protestantisme; et malgré l'indifférence qu'il professoit pour toutes les croyances religieuses, il étoit vrai que tous ses intérêts se lioient à ceux de la liberté de conscience, et que ses ennemis au contraire continuoient alors même à persécuter les protestans dans leurs États. Enfin, la nation anglaise toute entière, ressentoit pour lui le plus vif enthousiasme. Le duc de Cumberland, décrédité par sa convention de Closter Seven, avoit été obligé de se retirer des affaires, et il avoit entraîné M. Fox dans sa disgrâce. M. Pitt, qui depuis fut le grand lord Chatham, avoit été mis à la tête des affaires. Le plus éloquent des hommes d'État de l'Angleterre, il en étoit aussi le plus énergique; il avoit donné à l'administration une nouvelle vigueur; surtout il prenoit à tâche de soutenir le roi de Prusse, et il venoit de lui faire accorder un subside annuel de quatre millions d'écus ou seize millions de francs. Avec cet argent Frédéric II put recruter assez rapidement ses armées. Dans toute l'Allemagne la désolation et les dangers étoient si grands pour tous les paysans, que le camp d'un héros leur paroissoit comparativement un lieu de sûreté. On ne peut penser, sans frémir, à l'état où demeuroient des milliers de malades et de blessés abandonnés sur les champs de bataille. Le plus grand nombre d'entre eux n'avoient pu sans doute être transportés dans les hôpitaux; mais lors même qu'ils y trouvoient un refuge, les maladies épidémiques y faisoient des ravages plus terribles encore que ceux de la guerre; c'étoient des espèces de fièvres chaudes accompagnées de tous les symptômes de la peste. Dès le premier jour de la maladie, les malheureux tomboient dans le délire; il leur venoit des charbons au cou ou aux aisselles, et ils succomboient le troisième jour. Par l'emploi de l'émétique on réussit enfin à les sauver. Mais les soldats prussiens, presque toujours en action, ignoroient le sort de leurs compagnons d'armes délaissés; et sans être découragés par tant de souffrances, c'étoit toujours aux drapeaux du héros qu'accouroient toutes les recrues allemandes. (1)

Pendant l'hiver de 1757 à 1758, le cabinet de

---

(1) Frédéric II, Guerre de sept ans, ch. 7, p. 267.

1758. Vienne parut un moment revenir à des sentimens plus pacifiques; les armées autrichiennes étoient comme anéanties; il falloit les former de nouvelles recrues qu'on osoit à peine opposer à des guerriers aussi exercés que les Prussiens; les arsenaux, les magasins, les approvisionnemens de tout genre étoient dans un état pire encore, et la maison d'Autriche, accoutumée dans toutes les guerres précédentes à se reposer sur les subsides de l'Angleterre, s'inquiétoit de devoir faire face à tout avec ses propres ressources. L'empereur François auroit désiré la paix; mais il étoit absolument sans crédit dans le gouvernement de sa femme; il aimoit l'argent, il s'intéressoit dans les fournitures de vivres, et il bornoit son activité à des spéculations mercantiles. Marie-Thérèse étoit implacable; après peu de semaines de découragement elle ne songea plus qu'à tirer vengeance du roi de Prusse, et son ministre Kaunitz mit en œuvre tous ses rares talens pour lui en procurer les moyens. Toutefois, après une aussi terrible campagne, et qui s'étoit prolongée aussi avant dans l'hiver que celle de l'année précédente, on attendit que le printemps fût avancé pour recommencer les opérations militaires; mais la correspondance entre les trois femmes qui vouloient se venger de Frédéric II, Mme de Pompadour, Marie-Thérèse et l'impératrice Élisabeth, redoubloit d'activité. La dernière, il est vrai, qui jusqu'alors avoit été secondée avec tant de zèle par son chancelier Bestucheff, se plaignoit de ne plus trouver en lui la même ardeur. Le neveu et l'héritier présomptif d'Élisabeth, le grand-duc Pierre laissoit éclater pour Frédéric II une admiration, une passion, qui faisoient prévoir qu'au moment où il monteroit sur le trône, il se reconcilieroit avec lui; et Bestucheff qui ne croyoit point que la vie de l'impératrice Élisabeth dût encore être longue, cherchoit d'avance à se faire bien venir de son successeur. C'étoit l'explication la plus probable de la retraite des Russes sous le général Apraxin, après sa victoire à Jagernsdorff.

Avec non moins de ressentiment que les deux impératrices, Mme de Pompadour s'acharnoit à anéantir la monarchie prussienne, pour se venger des outrages et des sarcasmes de Frédéric II. Elle s'étonnoit que son amie Marie-Thérèse parût vaciller dans ses projets; elle s'indignoit de ce que les plus sages parmi les membres du conseil et les courtisans parloient de paix; de ce que l'abbé de Bernis, qu'elle avoit porté au ministère des affaires étrangères, et qui avoit contribué à resserrer ses liens avec l'Autriche, lui représentoit le désordre des finances, le danger des colonies, l'avantage de traiter, tandis que le souvenir d'Hastenbeck et de Closter Seven rendoient la paix encore honorable ; elle se figuroit montrer un grand caractère en ne se laissant ébranler ni par les représentations, ni par les revers ; elle vouloit, disoit-elle, imiter la constance de Louis XIV durant la guerre de la succession d'Espagne, et dans les petits cabinets de Versailles elle jouoit la matrone romaine.

La grande affaire de la cour de Versailles étoit alors la convention de Closter Seven ; elle avoit été négociée par le ministre du roi de Danemarck, parce que ce souverain étoit garant des duchés de Brême et de Verden, envahis par les Français, et qu'il ne vouloit pas, à leur occasion, s'engager dans la guerre ; mais le ministère avoit réprimandé le président Ogier, ambassadeur français en Danemarck, pour s'en être mêlé ; il avoit insisté auprès du maréchal de Richelieu, pour qu'il y insérât des articles additionnels qui expliquassent tout ce que cette convention avoit d'incertain. L'abbé de Bernis vouloit que la neutralité du Hanovre fût convenue pour tout le temps de la guerre, que les troupes hanovriennes fussent dispersées, que les troupes auxiliaires de Hesse, de Brunswick, de Saxe-Gotha et de la Lippe, fussent ou désarmées ou du moins obligées à ne point servir contre la France et ses alliés, pendant toute la durée de la guerre. Dans la discussion de ces conditions, l'on reconnut que ni Richelieu, ni le duc de Cumberland n'avoient aucun pouvoir pour conclure un traité. Restoit à savoir si la convention de Closter Seven étoit une pure capitulation militaire, qui n'a point besoin de ratification : de part et d'autre, on l'avoit niée tour à tour, de manière que dans le fait, elle ne lioit plus personne.

La défaite du prince de Soubise à Rosbach, la dispersion de la grande armée du maréchal de Richelieu dans des quartiers éloignés, avoient disssipé la crainte que les Français inspiroient au nord de l'Allemagne. Georges II en profita pour déclarer que la convention avoit été violée par ceux mêmes qui l'avoient imposée. Son fils Cumberland étoit revenu en Angleterre. Georges II demanda au roi de Prusse de lui céder le prince Ferdinand de Brunswick, frère du duc régnant, qui avoit été formé à l'art de la guerre par Frédéric; à ce prince se joignit son neveu, le prince héréditaire de Brunswick. Les armées de Prusse ne possédoient pas deux meilleurs généraux. L'armée hanovrienne, rejointe par ses divers auxiliaires, se remit en mouvement. Avant la fin de la campagne elle fut renforcée par douze mille Anglais que lui amenoit le duc de Malborough.

La cour de Versailles, irritée de la légèreté de Richelieu, l'avoit rappelé; mais elle l'avoit remplacé par le comte de Clermont, abbé de Saint-Germain-des-Prés, qui, pour être arrière-petit-fils du grand Condé, n'en étoit pas plus propre à commander les armées. Quoiqu'il eût paru déjà dans les camps et qu'il y eût montré de la valeur, on ne l'avoit encore noté que pour son amour désordonné des plaisirs (1). L'armée que Richelieu lui remit, au mois de février 1758, se composoit encore de quatre-vingt mille hommes, mais dispersés sur une grande étendue de terrain. Le prince Ferdinand ne lui laissa pas le temps de les rassembler. En ouvrant la campagne, il n'avoit que trente mille hommes, qui, trois mois auparavant, avoient été sauvés avec peine de la honte de se rendre prisonniers de guerre par une capitulation ambiguë. A leur tête, il coupa la communication des corps français et les contraignit à une retraite précipitée. Brême, Brunswick et Hanovre fu-

(1) En apprenant le choix de l'abbé de Clermont pour général, Frédéric II avoit dit : *J'espère qu'il sera bientôt relevé par l'archevêque de Paris.* On racontoit aussi, sans doute dans l'armée prussienne, que le nouveau général avoit fait au roi le rapport suivant : « J'ai trouvé l'armée de votre majesté divisée en trois parties, l'une au-dessus de terre composée de pillards et de maraudeurs, la seconde est sous terre, et la troisième dans les hôpitaux, et il demandoit s'il devoit se retirer avec la première troupe ou attendre qu'elle eût rejoint l'une des deux autres. » *Archenholtz*, Guerre de sept ans, p. 124.

rent successivement évacués; Minden fut pris. Le comte de Clermont repassa le Weser à Hameln, et bientôt après le Rhin, laissant à l'ennemi tout ce que les Français avoient occupé en Allemagne, et onze mille prisonniers. (1)

Clermont avoit réparti ses troupes dans les duchés de Clèves et de Juliers, et dans l'électorat de Cologne; il se croyoit couvert par le Rhin; mais il ne sut pas défendre le passage de ce grand fleuve, que le prince Ferdinand franchit le 1er juin, près d'Emmerich. Clermont voulut alors précipiter sa retraite, mais le comte de Gisors, fils du maréchal de Belle-Isle, alors ministre de la guerre, le fit résoudre à attendre l'ennemi dans la forte position de Crefeldt. Il y fut attaqué le 23 juin. A la possession d'un bois qui couvroit la plaine, où étoit déployée l'armée française, paroissoit attaché le sort de la bataille. Le prince héréditaire se chargea de le forcer, et il y pénétra avec l'infanterie. Après trois heures d'un combat opiniâtre, dans lequel

―――――――

(1) Soulavie, T. IX, ch. 12, p. 228. — Mém. secrets de Duclos, T. II, p. 152. — Mém. de Rochambeau, T. I, p. 101-107. — Mém. du prince de Montbarey, T. I, p. 146. — Correspondance du comte de Saint-Germain, T. II, p. 1. — Lacretelle, T. III, L. XI, p. 330. — Flassan, Diplomatie, T. VI, p. 104. — Frédéric II, Guerre de sept ans, ch. 8, p. 271. — Archenholtz, p. 125. — Coxe, ch. 113, p. 269. Annual Register, ch. 8, p. 34.

Gisors fut tué à la tête de ses carabiniers, les Français en furent chassés. Clermont donna l'ordre de la retraite et l'exemple de la fuite. Sept mille Français demeurèrent sur le champ de bataille de Crefeldt; les dragons prussiens, irrités de certaines railleries qu'ils avoient essuyées de la part de leurs ennemis, ne leur firent pas de quartier. Ferdinand s'empara de Nuys, de Ruremonde, et de la forteresse de Dusseldorf. L'indolent abbé de Saint-Germain-des-Prés fut enfin rappelé, et le maréchal de Contades vint le remplacer. C'étoit le quatrième général qui, dans le court espace de deux ans, étoit envoyé par la cour de Versailles à cette armée. (1)

Contades étoit un bon général, mais la tâche de réorganiser l'armée, de lui inspirer de la confiance en elle-même, d'effacer aussi le mépris que les Allemands avoient conçu pour elle, n'étoit pas facile et demandoit du temps. Dans un mémoire du comte de Saint-Germain, écrit au commencement de cette année, il insistoit sur les vices du système militaire français qui lui paroissoient tels qu'on ne pouvoit le corriger que par une refonte complète. Il accusoit surtout la multiplicité des officiers-généraux qui avilissoit leur grade et les condamnoit à l'oisi-

---

(1) Mém. de Rochambeau, p. 112. — Montbarey, T. I, p. 164.

veté et à l'inexpérience (1), le nombre excessif des officiers inférieurs, presque tous très-pauvres, le système de laisser les compagnies aux frais de leurs capitaines. En effet, le capitaine ne voulant pas perdre une recrue qui lui coûtoit beaucoup, pour la conserver croyoit devoir tout lui permettre et fermer les yeux sur toutes ses fautes; la brièveté des enrôlemens, les soldats français quittant le service avant d'avoir acquis aucune expérience; enfin la misère du soldat, si grande qu'elle faisoit saigner le cœur. « Il passe ses jours, dit Saint-Germain, dans un « état abject et méprisé, et vit comme un dogue « enchaîné que l'on destine au combat. » (2)

Les Allemands étoient plus frappés encore de cette indiscipline, et c'étoit en comparant les armées françaises à celles des autres puissances qu'ils s'étoient pénétrés de l'idée qu'à nombre

---

(1) Lorsque Saint-Germain parvint plus tard au ministère de la guerre, la réforme qu'il voulut introduire « rouloit « principalement, dit Rochambeau, sur la suppression de « tous les corps à priviléges, par lesquels notre militaire étoit « peuplé d'officiers-généraux qui, dans le cours de leurs « fonctions, dans les différentes troupes qui entouroient le « trône, n'avoient fait d'autre service réel que celui de capi- « taine de cavalerie et d'infanterie, et de réduire la moitié des « capitaines pour donner plus de considération à cet état. » — Mém. historiques et militaires de Rochambeau, T. I, p. 223.

(2) Mém. sur les vices du militaire français, janvier 1758. — Correspondance du comte de Saint-Germain, T. I, p. 196-212.

égal elles ne pouvoient leur tenir tête. « Dans
« les marches de leurs armées, dit Archenholtz,
« dans leurs camps, même sur les champs de
« bataille, il ne régnoit ni subordination, ni dis-
« cipline, ni ordre. — Même les officiers subal-
« ternes menoient des maîtresses avec eux. —
« L'armée étoit-elle en marche, on voyoit au
« milieu d'elle ces courtisannes traînées dans des
« carrosses, et fréquemment à côté de leur
« amant qui abandonnoit sa troupe pour elles.
« On trouvoit au milieu des camps français
« tout ce que le luxe peut étaler aux yeux
« dans les résidences les plus brillantes. On y
« voyoit tout ce qui peut faire l'objet des be-
« soins les plus simples comme des plus recher-
« chés; des boutiques sans nombre; des maga-
« sins entiers d'étoffes de soie, de marchandises
« de mode, d'essences odorantes, de parasols,
« bourses à cheveux et boîtes à mouches. On
« vit même, une fois à l'armée du prince de
« Soubise, douze mille chariots appartenant à
« des marchands et vivandiers, sans compter le
« train nécessaire pour les officiers. Parmi les
« gardes-du-corps, l'escadron du duc de Villeroi
« avoit seul une suite de douze cents chevaux
« dont le plus grand nombre servoit à traîner
« ses bagages. Cette quantité immense de cha-
« riots rendoit la subsistance des troupes beau-
« coup plus difficile; elle augmentoit le désordre

« dans les camps et dans les marches, et arrêtoit
« les mouvemens de l'armée. — On se rioit des
« ordres du général, et l'on ne s'y conformoit
« que lorsqu'on pouvoit le faire sans trop de
« gêne. » (1)

Le prince de Soubise désiroit avec ardeur
laver l'affront qu'il avoit reçu à Rosbach, et le
roi et Mme de Pompadour avoient trop d'amitié
pour lui pour ne pas lui en fournir l'occasion.
Au moment où le maréchal de Contades obtint
le commandement sur le Rhin, Soubise reçut
ordre de pénétrer avec une armée de cinquante
mille hommes dans le pays de Hesse, quoi qu'il
pût lui en coûter. L'éloignement de Ferdinand
faisoit envisager cette province comme une conquête facile, et en même temps c'étoit un moyen
d'écarter du Rhin l'armée des alliés. Belle-Isle
avoit donné à ces deux généraux des ordres féroces, voulant imprimer aux Allemands la terreur par la cruauté s'il ne le pouvoit par les victoires. « Il sera nécessaire, disoit-il, de faire un
« désert de toutes les contrées situées au front
« du cordon que nous tirerons l'hiver, afin qu'il
« soit impossible à l'ennemi de s'approcher de
« nous. » Mais les Allemands, même en nombre
fort inférieur, ne vouloient pas reculer devant
les Français. Le prince d'Isenbourg qui n'avoit

---

(1) *Archenholtz*, Hist. de la guerre de sept ans, p. 119.

que cinq mille hommes pour défendre la Hesse, ne put pas les déterminer à se retirer devant le duc de Broglie, qui, avec douze mille hommes, venoit les attaquer entre Cassel et Minden. Isenbourg prit une bonne position près du village de Sangershausen, et il y reçut la bataille le 23 juillet: les Hessois se défendirent pendant cinq heures comme des lions; ils durent enfin céder au nombre après avoir laissé sur le champ de bataille quinze cents hommes tués, blessés ou prisonniers, et presque toute leur artillerie. (1)

Avant même ce combat, la position du prince Ferdinand au-delà du Rhin commençoit à devenir inquiétante; Soubise, avec les Français, ravageoit de nouveau la Hesse, le Hanovre et la Westphalie, il s'étendoit jusqu'au Weser, Contades, sur le Rhin, le serroit de près; les vivres commençoient à manquer à ses troupes; des pluies continuelles avoient dégradé les chemins et inondé les bords des rivières. Ferdinand désiroit repasser le Rhin pour se rapprocher du Hanovre, et se réunir aux troupes anglaises qui devoient débarquer dans le nord de l'Allemagne. Ce passage étoit difficile en présence d'une armée supérieure; un vaillant combat du général Jmhof, qui repoussa les Français à Rees, près de Wesel, et qui assura à Ferdinand

---

(1) *Archenholtz*, p. 138. — Mém. de Rochambeau, p. 121. — Frédéric II, Guerre de sept ans, ch. 8, p. 277.

la possession d'un pont de bateau et d'un grand magasin à Emmerich, lui permit de sortir de cette situation critique ; il repassa le Rhin le 9 et le 10 juillet, et peu après il rencontra les troupes anglaises qui avoient débarqué à Embden. Soubise eut cependant sa revanche à Lutternberg ; il y attaqua, le 10 octobre, le général Oberg qui défendoit la Hesse avec vingt mille hommes, le battit, lui tua quinze cents hommes, et lui prit vingt-huit canons. Louis XV attendoit avec impatience ce premier succès de son ami ; il l'en récompensa en lui envoyant, neuf jours après, le bâton de maréchal de France. (1)

Malgré l'avantage remporté dans les deux combats de Sangers-Hausen et Lutternberg, la seconde campagne des Français contre les Prussiens ajoutoit à leur humiliation. La défaite de Crefeldt avoit redoublé les douleurs de celle de Rosbach ; officiers et soldats, tous sentoient leur infériorité, non que la bravoure française ne fût toujours la même, que les troupes ne donnassent même des preuves de leur gaîté, de leur dévouement, de leur résignation ; mais elles ne connoissoient ni l'obéissance ni la discipline ; elles étoient mauvaises manœuvrières, et les mouvemens pour se mettre en bataille, pour

(1) *Archenholtz*, p. 142. — Duclos, Mém. secrets, T. II, p. 159. — Mém. de Rochambeau, T. I, p. 123. — Frédéric II, ch. 8, p. 282.

changer de front, que les Prussiens exécutoient avec la rapidité de l'éclair, il leur falloit des heures pour les accomplir, au milieu de la confusion, des clameurs de tous les officiers, et des ordres contradictoires. Les soldats ne prenoient aucune confiance en leurs chefs; ils ne voyoient se développer parmi eux aucun talent; des intrigues de cour les élevoient ou les disgracioient; leurs disgrâces n'étoient pas seulement expliquées par leurs fautes; souvent on soupçonnoit des trahisons, non pas il est vrai pour favoriser les ennemis, mais pour perdre quelque rival, et jamais ces fautes n'étoient punies. Une nation fière ne sauroit se soumettre qu'avec répugnance à la toute-puissance d'une maîtresse; les Français attribuoient à Mme de Pompadour leurs revers, leur humiliation, et la cause même de leurs malheurs; une alliance contraire à leurs affections et à leurs intérêts; c'étoit pour le roi de Prusse, pour le prince Ferdinand qu'ils réservoient tout leur enthousiasme. A leurs yeux mêmes leurs ennemis étoient des grands hommes, tandis qu'ils n'attendoient que des bévues de la part de leurs chefs. Le ressentiment public n'éclatoit pas, il est vrai, avec indignation, ce n'étoit point le caractère du peuple, il se moquoit plutôt impitoyablement, pour éviter de se fâcher; la société étoit inondée de chansons, d'épigrammes contre les généraux, les ministres, la maîtresse et le roi; mais le ton de presque toutes étoit si grossier, qu'elles furent bientôt condamnées à l'oubli.

Néanmoins les revers des Français ne sauvoient point leur adversaire Frédéric II; il étoit accablé par trop d'ennemis à la fois, et la retraite du comte de Clermont lui laissoit encore sur les bras plus d'armées qu'il n'en pouvoit combattre. Le roi de Prusse avoit développé son génie dans les progrès qu'il avoit fait faire à deux des branches principales de l'art de la guerre, la tactique et la stratégie. Aucun général ne savoit dans une bataille faire mouvoir ses troupes avec plus de promptitude et de précision; aucun aussi ne savoit prendre mieux ses avantages dans le plan d'une campagne, dans les marches et dans les retraites; mais il n'avoit point donné une égale attention à l'arme du génie; il n'étoit point supérieur aux autres hommes dans l'art des siéges. Il ne semble pas non plus qu'il fût secondé par d'habiles ingénieurs; d'ailleurs l'état de ses finances, le manque d'arsenaux et de parcs d'artillerie suffisans le gênoit dans cette partie si dispendieuse de l'art de la guerre; aussi perdit-il presque toujours les fruits d'une campagne glorieuse, quand après avoir chassé ses ennemis d'une province, il essayoit de soumettre les villes qui sembloient abandonnées à sa discrétion, et la guerre de sept ans signalée par bien plus de batailles, et des batailles plus sanglantes qu'aucune de celles qui l'avoient précédée, n'a transmis à notre mémoire aucun siège bien remarquable.

Pendant que le prince Ferdinand repoussoit les Français des bouches de l'Elbe jusqu'au Rhin, le roi de Prusse avoit recouvré toute la Silésie. Le maréchal Daun occupé de réformer les armées autrichiennes presque détruites dans la précédente campagne, et d'accoutumer ses recrues au maniement des armes, ne se pressoit pas de s'approcher de lui. Frédéric qui vouloit faire vivre ses troupes aux dépens des pays ennemis, et porter la guerre loin de la Saxe, de la Silésie et de la Bohême si souvent ravagées, avoit formé le projet de pénétrer en Moravie. Il réussit à tromper Daun, à gagner sur lui quelques marches, et au commencement de mai, il arriva avant lui dans les plaines d'Olmutz. Le maréchal Keith, jacobite écossais, l'ami de Frédéric, et un de ses généraux en qui il prenoit le plus de confiance, fit l'investissement d'Olmutz, et ouvrit la tranchée le 27 mai. Il falloit pour presser ce siége que les convois que le roi de Prusse faisoit venir de ses arsenaux et des magasins de Silésie, arrivassent régulièrement; les premiers firent heureusement leur route; mais le plus important qui venoit de Neiss, fut attaqué le 28 juin par le maréchal Daun, et enlevé; il fallut se résoudre à lever le siége, dans la nuit du 1ᵉʳ au 2 juillet, en prenant la route de la Bohême. (1)

D'ailleurs il importoit à Frédéric II de se presser pour aller tenir tête à une formidable armée russe qui, sous les ordres du général Fermor, s'étoit avancée de la Prusse sur les frontières de la Poméranie et de la Nouvelle Marche. Il laissa une partie de son armée au maréchal Keith, dans le camp de Landshut, pour garder les frontières de la Silésie; avec le reste il marcha contre les Russes. « Il pouvoit, dit-il, employer trois « semaines à cette expédition; mais comment la « terminer si vite sans en venir aux mains ? Le « maréchal Daun qu'il avoit quitté à Jaromir, « pouvoit dans cet intervalle se tourner ou vers « la Silésie ou vers la Saxe, et il falloit pouvoir « s'y rendre selon que le besoin le demande- « roit. » Ainsi l'habileté de Frédéric à tirer son ennemi d'une bonne position, à lui en faire prendre une mauvaise, lui devenoit inutile. Il n'avoit point le temps de s'exercer, il falloit combattre. Au reste, il pouvoit compter sur l'ardeur, sur la fureur de toute son armée qui brûloit de se venger des atrocités commises par les Russes dans la Prusse et le Brandebourg. Il les attaqua le 25 août à Zorndorff près de Custrin.

(1) Frédéric II, Guerre de sept ans, ch. 8, p. 288.

Les Prussiens ne vouloient point donner de quartier, ils ne vouloient point laisser de retraite à une armée qu'ils regardoient déjà comme vaincue; mais une terreur panique qui fit reculer tout à coup l'aile gauche des Prussiens, et d'autre part l'obstination inébranlable des Russes qui se laissoient tuer sur place sans reculer jamais, prolongèrent jusqu'à la fin du jour cette effroyable boucherie; dix-neuf mille Russes furent tués ou blessés, trois mille demeurèrent prisonniers; mais leur position ne fut point forcée; les deux armées passèrent la nuit sur le champ de bataille. Le lendemain, Fermor, avec les restes de son armée, reprit la route de Pologne; de son côté, Frédéric II, qui avoit perdu dix mille hommes dans ce carnage, se hâta de se diriger vers la Saxe, où son frère le prince Henri avoit besoin de son secours. (1)

Frédéric, après cette terrible bataille, ne donna pas à ses troupes un moment de repos; et peut-être étoit-ce le moyen de les tenir en garde contre les maladies et la tristesse qu'auroient engendrées chez elles les horreurs dont elles étoient entourées; il trouva le prince Henri qui se défendoit en grand capitaine, sous le canon de Dresde, contre le maréchal Daun; il étoit

---

(1) Frédéric II, Guerre de sept ans, ch. 8, p. 303. — *Annual Register*, février 1758, ch. 11, p. 51. — *Archenholtz*, p. 90.

menacé en même temps par le comte Laudon qui arrivoit de la Basse-Lusace, et par le prince de Deux-Ponts, qui s'avançoit avec l'armée de l'Empire. La position des Prussiens étoit devenue extrêmement critique; mais Frédéric II avoit calculé si juste ses mouvemens, qu'en quinze jours de temps, après avoir battu les Russes, il vint rejoindre son frère, et, par sa présence, détermina le général Laudon à se replier vers la Lusace, le prince de Deux-Ponts à s'arrêter à Pirna, et le maréchal Daun à s'éloigner de Dresde. (1)

Daun revint prendre position à son camp fortifié de Stolpen, d'où il se trouvoit en communication avec l'armée de l'Empire; Frédéric s'étoit avancé jusqu'à Bautzen, puis à Hochkirchen, d'où il communiquoit de son côté avec le prince Henri. Ces deux habiles généraux se surveilloient, s'épioient, cherchoient réciproquement à se couper la retraite. Frédéric désiroit ardemment trouver l'occasion de livrer bataille à Daun, ce général si précautionneux qui l'avoit toujours évité. Il ne s'attendoit guère à ce que ce fût lui qui vînt le chercher et qui tentât de le surprendre. Toutefois, le 14 octobre, à cinq heures du matin, Daun, qui avoit fait marcher son armée en trois divisions, par la nuit la plus noire, arriva sans

---

(1) Frédéric II, ch. 8, p. 314.

bruit sur la grande batterie des Prussiens, à Hochkirchen, lorsque toute l'armée étoit encore endormie, l'enleva, força le camp et repoussa les Prussiens, qui, dans trois attaques successives, s'efforcèrent de reprendre leur position. Le maréchal Keith et le prince François de Brunswick furent tous deux tués dans ces efforts infructueux. Frédéric fut enfin contraint d'abandonner son camp, avec une perte de cent canons et de près du tiers de son armée. Cependant, telle étoit la puissance qu'exerçoit Frédéric sur l'esprit des soldats et la confiance qu'il avoit réussi à leur inspirer, qu'il conserva à leurs yeux, malgré cette surprise, toute sa réputation de vigilance et d'habileté, et que, se retirant à un mille de distance seulement, il opposa aux Autrichiens toujours la même fière contenance, leur fit lever le siége de Neiss et renoncer à celui de Dresde, et qu'enfin il contraignit le maréchal Daun d'abandonner la Saxe et la Silésie, pour aller prendre des quartiers d'hiver dans les provinces héréditaires de l'Autriche. (1)

Ces événemens attiroient toute l'attention de la cour de France; car madame de Pompadour, oubliant presque la guerre entre la France et

---

(1) *Annual Register*, 1758, ch. 12, p. 58. — *Archenholtz*, p. 102. — Frédéric II, ch. 8, p. 319.

l'Angleterre, ne songeoit qu'à accabler le roi de
Prusse ; elle croyoit faire preuve d'un grand caractère en poursuivant la guerre malgré ses revers ; elle ne vouloit écouter aucune remon-
trance des contrôleurs des finances, qu'elle
changeoit fréquemment, sur la détresse du trésor et l'impossibilité de trouver de nouvelles
ressources ; elle ne doutoit point qu'elle ne fît
admirer sa forte tête en discutant avec les ministres et les généraux leurs plans de campagnes.
Elle ne croyoit pas même devoir s'occuper
la défense des côtes de France ; et cependant
les Anglais les avoient menacées à plusieurs reprises. Le 23 septembre 1757, ils s'étoient présentés devant Rochefort, mais n'avoient pas osé
débarquer. Le 5 juin 1758, au contraire, ayant
débarqué dans la baie de Cancale, ils marchèrent sur Saint-Malo. La ville étoit à l'abri d'un
coup de main, mais le port n'étoit pas défendu ;
les Anglais y brûlèrent environ cent vaisseaux
marchands ou corsaires, et de vastes magasins
d'effets maritimes ; en sorte que la perte de la
France fut estimée à douze millions. De nouveau, ils débarquèrent le 7 avril près de Cherbourg ; ils trouvèrent la ville ouverte et sans
défense et ils y brûlèrent vingt-sept vaisseaux.
Les travaux que Belidor avoit commencés pour
la défense du port de Cherbourg et pour les
chantiers, qui avoient déjà coûté des sommes

immenses, mais qui étoient abandonnés depuis quelques années, furent entièrement détruits; des otages furent embarqués pour assurer le paiement d'une contribution, et les Anglais, ayant passé dix jours en France pour achever leur œuvre de destruction, se rembarquèrent sans avoir eu à essuyer un coup de fusil. Encouragés par l'état d'abandon où ils avoient trouvé les côtes, ils firent encore une descente à Saint-Lunar, près de Saint-Malo, d'où ils passèrent ensuite à Saint-Cast, sans que l'on puisse comprendre quel étoit leur but, sauf celui d'humilier les Français; mais cette fois le duc d'Aiguillon, gouverneur de Bretagne, avoit eu le temps de rassembler douze bataillons et six escadrons de troupes de ligne, avec lesquels il tomba sur les Anglais, le 4 septembre, et les força à se rembarquer après leur avoir tué assez de monde, et fait cinq ou six cents prisonniers. Ce petit succès ne suffisoit point pour effacer le sentiment profond d'humiliation que cette campagne avoit laissé dans toute la France. (1)

(1) *Annual Register*, 1758, ch. 13, p. 69. — Lacretelle, T. III, p. 345. — *Smollett*, T. VI, ch. 8, § 47-50, p. 134. — Duclos, Mém. secrets, p. 160.

CHAPITRE LIV.

Perte des flottes et des colonies.—Ministère du duc de Choiseul. — Accusations dirigées contre les Jésuites. — Haine des parlemens contre eux. — Leur suppression. — Pacte de famille avec l'Espagne. — Fin de la guerre de sept ans. — Traités de Paris et d'Hubertsbourg. — 1758—1763.

La France, pendant la guerre de sept ans, présentoit le contraste le plus étrange, le plus difficile à concevoir. La vraie nation, celle qui habitoit les provinces, qui payoit les impôts, qui recrutoit les armées, étoit réduite à un état de souffrance, de pénurie, d'oppression, qu'elle n'avoit pas connu même dans les siècles de la plus grande barbarie. La France au contraire que connoissoient les étrangers, celle qui se montroit à Paris, à Versailles et dans quelques grandes villes, étoit plus brillante, plus opulente, plus enjouée, qu'aux plus beaux temps du règne de Louis XIV.

1758.

1758. Dans les campagnes, la taille, la gabelle écrasoient l'agriculture; les paysans, à peine vêtus, à peine nourris, cachoient encore le peu qui leur restoit, car des habits non déguenillés, du pain de froment, de la viande sur leur table, les auroient aussitôt fait dénoncer comme riches, et surcharger à la taille : de meilleurs attelages, des chaumières bien entretenues, des clôtures en bon état, auroient eu pour eux les mêmes résultats. La crainte de l'impôt arrêtoit non seulement la jouissance, mais le travail productif; le paysan soumis à tous les caprices de quiconque se regardoit comme son supérieur, devoit trembler devant les percepteurs de toutes les contributions, devant l'intendant et ses subdélégués, devant son propre seigneur, d'autant plus âpre à exiger les droits féodaux les plus oppressifs qu'il étoit lui-même plus pauvre. Le bourgeois dans les villes, un peu moins opprimé, n'avoit cependant de garantie ni dans ses officiers municipaux, demeurés sans crédit, ni dans le sacerdoce, l'ordre judiciaire ou l'intendance, qui toujours jaloux les uns des autres, et souvent en guerre ouverte, cherchoient à s'atteindre indirectement dans la personne de leurs subordonnés respectifs. A Paris, d'immenses richesses circuloient parmi les fermiers-généraux et tous les financiers. Les grands seigneurs venoient y dépenser les revenus de leurs terres, les courtisans, comblés des faveurs de la cour, répandoient l'argent d'une main prodigue chez tous ceux qui servoient leurs plaisirs. De très-grandes fortunes s'étoient élevées dans la banque et dans le commerce; les Suisses, les Hollandais protestans y fondoient des établissemens, sans songer seulement à la persécution qui écrasoit toujours le Midi; les emprunts, les actions de la compagnie des Indes, attiroient les capitaux de tous ceux qui, dans la robe, la finance et la bourgeoisie vouloient s'assurer un revenu régulier sans prendre de souci; et les boutiquiers, les artisans appelés à servir tant de gens riches étoient toujours assurés, par l'industrie et un travail modéré, de vivre dans l'abondance. Dans la province, enfin, les études étoient limitées au très-petit nombre d'hommes qui vouloient s'ouvrir une carrière par les lettres; les autres ne lisoient point, ne voyoient jamais de journaux ou de gazettes, et savoient à peine le nom des célébrités dont la France parisienne s'enorgueillissoit, tandis qu'à Paris, à la cour, et dans cette partie de la noblesse qui communiquoit avec la capitale, la vie intellectuelle faisoit oublier tous les autres intérêts. Les nouvelles du théâtre, celles du monde littéraire, celles de la société étoient considérées comme la grande affaire de la nation; les étrangers qui venoient jouir de la vie de Paris les recueilloient avec avidité, les transmettoient au reste de l'Europe, et les cours où l'on prétendoit faire cas des progrès de l'esprit entretenoient à Paris des missions littéraires, avec presque autant de soin que leurs missions diplomatiques, pour être toujours au courant du mouvement des idées, dans la capitale intellectuelle du monde civilisé.

Ce goût si vif pour les jeux aussi bien que pour les travaux de la pensée éprouvoit à peine quelque diversion à l'occasion de la guerre. On ne prenoit pas un intérêt assez vif à la politique pour décider que l'alliance de l'Autriche ne convenoit pas aux intérêts de la France, on la jugeoit seulement contraire à ses affections et à ses habitudes; on voyoit que cette guerre épuisoit le trésor, décimoit les armées, et accabloit d'humiliations ces guerriers français qui avoient long-temps joui d'un si grand renom militaire; mais la haute société n'avoit point assez de sérieux dans l'esprit pour en montrer du chagrin ou de la colère; elle y trouvoit seulement un sujet inépuisable d'épigrammes et de plaisanteries.

Il est vrai que la France auroit probablement senti plus vivement les calamités de la guerre si elle avoit pu les considérer comme compromettant son indépendance; mais elle s'étoit engagée comme auxiliaire dans des combats aussi peu généreux que peu utiles; elle se mettoit en cinquième pour accabler un petit prince, et quelques revers qu'eussent éprouvés Soubise ou le comte de Clermont, elle ne s'inquiétoit point de la crainte de voir les Prussiens entrer en France. Une autre lutte, il est vrai, étoit engagée dans les colonies, sur un territoire réputé français, et la nation commençoit à être menacée de la perte de ses possessions les plus importantes. Mais les événemens du Canada, du golfe du Mexique et des Grandes-Indes étoient trop éloignés pour que les Français se donnassent la peine de les bien comprendre, et ce n'est pas même dans des relations françaises qu'on retrouve quelques souvenirs d'une lutte où leurs enfans méritoient réellement plus de gloire.

Les colons et français et anglais qui s'étoient établis en Amérique avoient prospéré et s'étoient multipliés en silence, peut-être même d'autant plus qu'on les avoit plus oubliés. Les ministères de la marine et du commerce songeoient tout au plus aux îles à sucre du golfe du Mexique, et aux pêcheries du banc de Terre-Neuve, qui donnoient un grand aliment à la navigation, et qui introduisoient des retours nombreux dans les ports de France; toutefois, il s'étoit formé en silence, sur les bords du Saint-Laurent, et à portée des deux capitales du Canada, Québec et Montréal, une race de bons et industrieux cultivateurs, vrais paysans français, qui avoient conservé la gaîté, le courage, les mœurs et toutes les habitudes de leur patrie, et qui, sans s'élever à une grande prospérité, vivoient dans l'abondance, se multiplioient assez rapidement, et étoient dévoués de cœur à la France ; parmi eux, les jeunes gens, les esprits aventureux, négligeoient souvent le labourage pour la chasse et les expéditions lointaines. Aucune nation européenne n'avoit su mieux s'associer avec les peuples indigènes à peau rouge, adopter leurs habitudes, profiter de leurs instincts, et leur communiquer en même temps l'habileté et les armes de l'Europe. Aussi, à partir des lacs du Canada, on retrouvoit dans toutes les directions des chasseurs français mêlés avec les tribus sauvages, leur communiquant leurs ressentimens, les entraînant, quand ils vouloient, à la guerre, et établissant une communication par les vallées de l'Ohio et du Mississipi, à travers ces solitudes sans fin, de Québec jusqu'à la Nouvelle-Orléans.

Les colonies anglaises, disséminées sur toute la longueur de la côte, depuis l'embouchure du Saint-Laurent jusqu'à la Floride, contenoient une population beaucoup plus nombreuse que celle des Français au Canada, plus industrieuse, plus commerçante, et faisant des progrès beaucoup plus rapides vers la richesse, plus occupée aussi de ses droits politiques ; car, dès l'an 1754, elle avoit élevé des prétentions à l'union de toutes les colonies sous un seul gouvernement, avec une législature indépendante, et le droit de se taxer elle-même ; mais les Anglais d'Amérique, quoiqu'ils formassent une bonne milice, étoient moins belliqueux que les Français, soit parce qu'ils étoient plus sédentaires et plus industrieux, soit parce qu'ayant accumulé plus de richesses, dans leurs maisons et leurs plantations, ils avoient plus à perdre. Les Anglais aussi, dans leurs transactions avec les indigènes, ne songeoient qu'à gagner ; ils les offensoient par leur arrogance et le ton de supériorité qu'ils affectoient ; ils les irritoient en même temps par leur avidité mercantile. Aussi de l'embouchure du Saint-Laurent jusqu'à celle du Mississipi, toutes les nations de peau rouge étoient toujours prêtes à prendre les armes avec les Français contre les Anglais. (1)

Les seigneurs de la cour de France désiroient peu, en général, être envoyés dans ces possessions lointaines. Aussi le gouvernement du Canada demeuroit-il presque toujours dans les mêmes familles. Philippe de Rigaud, marquis de Vaudreuil, nommé dès 1689 gouverneur de Montréal, s'y distingua par son courage et la fermeté

---

(1) *Botta, Della guerra Americana*, L. I, p. 27.

de son administration; en 1703 il fut nommé gouverneur de tout le Canada, emploi qu'il conserva jusqu'à sa mort, survenue à Québec le 10 septembre 1725. Il fut remplacé par le chevalier de Beauharnais et ensuite par le second marquis de Vaudreuil, son fils, qui commandoit au Canada, pendant la guerre de sept ans (1). Il y étoit secondé par le marquis de Montcalm, né près de Nîmes en 1712, maréchal de camp en 1756 et envoyé au Canada la même année, avec un régiment de son nom, pour diriger la défense des colonies françaises. Malgré l'abandon où le laissa la métropole, la foiblesse de son armée, la rigueur du climat et un dénûment presque absolu, il eut tout l'avantage des combats pendant les premières années de la guerre (2), parce qu'aucun homme ne sut mieux que lui unir les qualités qui pouvoient attacher et charmer les soldats qu'il avoit amenés d'Europe, les colons canadiens qu'il engageoit à quitter leur charrue pour le suivre, et les peaux rouges qui s'associoient à ses expéditions, et qui marchant de nuit, inaperçus, à travers les bois, tomboient sur les habitations écartées des Anglais et les détruisoient longtemps avant qu'on soupçonnât leur approche.

(1) Biogr. univ., T. XLVIII, p. 19.
(2) Biogr. univ., T. XXIX, p. 469.

Mais malgré les instantes demandes des Canadiens, le gouvernement de Mme de Pompadour ne songeoit point à leur envoyer des secours. M. Pitt, au contraire, apportant une même vigueur dans tous les départemens de la guerre, avoit destiné des forces considérables à subjuguer, dans toutes les parties de l'Amérique, les Français, qui, abandonnés à eux-mêmes, ne pouvoient tarder plus long-temps à succomber. La première attaque des Anglais fut dirigée contre Louisbourg, le port, l'arsenal et la place de guerre qui, aux yeux des Français, avoient le plus d'importance pour protéger l'entrée du golfe et du fleuve Saint-Laurent. Louisbourg est bâti sur l'île du cap Breton, qui ferme l'entrée de ce golfe ; c'étoit le point capital et pour la défense du Canada, et pour celle des pêcheries françaises. Les Français y avoient alors cinq vaisseaux de guerre, une garnison de deux mille cinq cents hommes commandés par le chevalier Daucourt, et cinq ou six cents volontaires. L'amiral Boscawen, secondé par les généraux Amherst et Wolfe, partit d'Angleterre le 19 février 1758, pour Halifax, où les forces destinées à l'attaque de Louisbourg devoient se réunir. Cent cinquante et un vaisseaux anglais transportèrent sur l'île du cap Breton environ quatorze mille hommes ; la descente s'opéra le 8 juin, malgré les difficultés et les dangers qu'op-

1758.

posoit une barre redoutable. Les fortifications de la ville étoient en mauvais état; l'amiral anglais réussit à prendre ou à brûler les cinq vaisseaux français qui étoient dans le port, et Louisbourg dut enfin se rendre le 26 juillet. Parmi les soldats et les équipages des vaisseaux les Anglais firent plus de cinq mille prisonniers. (1)

Mais le gouvernement anglais avoit en même temps préparé deux autres puissantes attaques contre les Français du continent américain; l'une devoit partir de l'État de New-York, pour s'emparer des forts de Ticondéroga et de Crown-Point, ou Fort-Frédéric, sur les lacs Saint-Georges (Saint-Sacrement) et Champlain, lacs étroits et allongés qui divisent aujourd'hui les États de New-York et de Vermont; l'autre devoit partir de la Pensylvanie pour attaquer le fort Duquesne sur l'Ohio. La première sous les ordres du général Abercrombie, étoit forte de seize mille hommes; outre les troupes de ligne et les milices américaines, elle étoit munie d'une bonne artillerie. Elle arriva le 5 juillet par le lac Saint-Georges, et le 8 elle tenta l'attaque de Ticondéroga; mais quoique les Français n'eussent pas plus de quatre ou cinq mille hommes dans cette position, leur résistance fut si valeu-

---

(1) *Annual Register*, T. I, ch. 13, p. 70. — *Smollett*, T. VI, ch. 9, § 4, p. 162.

reuse, derrière les abattis d'arbres dont ils s'étoient couverts, que les Anglais, après avoir perdu lord Howe, l'un de leurs chefs, et plus de deux mille soldats, furent mis en fuite et ne s'arrêtèrent que lorsqu'ils eurent regagné les bords du lac Saint-Georges. La troisième expédition, partie de Pensylvanie, sous les ordres du général Forbes, eut un plus heureux succès. Les Français, quoiqu'ils eussent d'abord mis en fuite l'avant-garde anglaise avec assez de perte, reconnurent bientôt l'impossibilité de se maintenir au fort Duquesne, trop éloigné du reste de leurs établissemens; ils l'abandonnèrent le 24 novembre, et les Anglais le rasèrent de fond en comble. (1)

Malgré l'échec que les Anglais avoient éprouvé à Ticondéroga, la situation des Français au Canada étoit devenue bien plus critique au commencement de l'année qu'elle ne l'avoit été dans les campagnes précédentes. L'arsenal de Louisbourg étoit perdu; l'entrée du fleuve Saint-Laurent étoit ouverte aux flottes anglaises, et la communication entre les deux colonies du Canada et de la Louisiane étoit coupée par l'abandon du fort Duquesne : l'administration de M. Pitt profita avec vigueur de ces avanta-

---

(1) *Annual Register*, T. I, p. 72 et 74. — *Smollett*, T. VI, ch. 9, § 4, p. 168.

ges. Comme M. de Montcalm avoit jusqu'alors réussi, en concentrant ses forces, à faire face sans une trop grande infériorité de nombre, sur les points divers où il étoit successivement attaqué ; les Anglais résolurent de combiner trois attaques en même temps ; l'une sur Québec, par une flotte puissante qui remonteroit le Saint-Laurent, une autre sur Crown-Point et Ticondéroga, une troisième sur les forts qui lient les lacs Erië et Ontario, et surtout sur celui de Niagara.

Le succès de cette triple attaque ne fut que trop complet, il enleva à la France sa plus belle et sa plus puissante colonie, la seule qui eût des chances de féconder à l'avenir la naissance d'une nouvelle nation française dans une autre partie du monde. Le général Amherst rassembla dans l'État de New-York les troupes de ligne et les milices de la Nouvelle-Angleterre ; il parut devant Ticondéroga le 7 juillet ; les Français, réduits par leur petit nombre à concentrer leurs forces, après une courte défense, se retirèrent à Crown-Point, qu'ils nommoient Fort Frédéric. Au milieu d'août ils durent évacuer encore cette position ; toutefois leur commandant Burlamachi se fortifia à l'Ile-aux-Noix, à l'extrémité du lac Champlain ; et comme il avoit encore sous ses ordres trois mille cinq cents hommes, il réussit à fermer le chemin de Québec au général Amherst, et à l'empêcher de seconder l'attaque du général Wolfe contre cette ville.

Le général Prideaux avoit été chargé de l'attaque de Niagara ; ce fort situé près de la fameuse cataracte pouvoit être considéré comme le point militaire le plus important du Canada ; il commande, en effet, le passage qui sert de communication entre le lac Erië et le lac Ontario, en sorte qu'il sert de clef à la navigation de ces vastes mers intérieures ; il commande en même temps la seule communication par terre entre les régions situées au nord et au midi du fleuve et des grands lacs. Les Français connoissoient toute la valeur de cette position admirable ; mais abandonnés comme ils étoient par la mère-patrie, ayant consumé pendant cinq ans leurs soldats, leurs armes, leurs munitions, à se défendre par leurs seules ressources, ils n'avoient pu mettre que six cents hommes dans Niagara, et ils n'en purent pas rassembler plus de dix-sept cents parmi les milices canadiennes et leurs sauvages alliés, pour marcher à la délivrance de cette forteresse. Le général Prideaux en avoit commencé l'attaque depuis peu de jours, lorsque le 20 juillet il fut tué à la tranchée ; sir W. Johnson qui le remplaça, continua l'attaque avec la même vigueur ; le 25 juillet il livra bataille à la petite armée qui s'avançoit au secours de la place assiégée, il la défit avec un grand carnage, et le même jour le fort capitula, et la garnison de six cents hommes qu'il contenoit se livra prisonnière de guerre. (1)

Mais l'attaque la plus importante devoit être faite par la flotte, qui, partie d'Angleterre au milieu de février, sous les ordres des amiraux Saunders et Holmes, reçut à son bord, à Louisbourg à la fin d'avril, le général Wolfe avec huit mille hommes des meilleures troupes anglaises, et vint débarquer le 26 juin, sans éprouver de résistance, à l'île d'Orléans. Cette île fertile et bien cultivée, qui a vingt milles de longueur et sept ou huit de large, ferme le port de Québec, port magnifique, qui, quoique éloigné de cent vingt lieues de la mer, peut contenir dans un bassin d'eau douce cent vaisseaux de ligne, à couvert de tous les vents. Jusqu'à Québec le Saint-Laurent a constamment quatre ou cinq lieues de large, et sa navigation est sûre pour les plus grands vaisseaux; là il se resserre tout à coup jusqu'à un mille de largeur, d'où vient le nom de Québec, qui, dans la langue des Algonquins, veut dire détroit. La ville qui s'élève au-dessus de ce magnifique port est bâtie sur un roc escarpé, au confluent du Saint-Laurent avec la rivière de Saint-Charles qui vient

---

(1) *Annual Register*, T. II, 1759, ch. 6, p. 29. — *Smollett*, T. VII, L. IV, ch. XI, § 13, p. 56.

du nord-ouest. Au-dessus de la ville, entre ces deux rivières, le pays est coupé par des ravins profonds et presque impraticable pour une armée. Montcalm, en réunissant le petit nombre de troupes de ligne qui lui restoient, ses milices canadiennes et les Indiens qui lui étoient dévoués, avoit environ dix mille hommes sous ses ordres. Il occupoit un camp retranché en amont de la ville, sur les rochers de Montmorency, au-dessus de la petite rivière du même nom : et tous les efforts des Anglais ne purent long-temps le déterminer à en sortir. Ceux-ci avoient compté que les généraux Amherst et Johnson viendroient les joindre devant Québec, l'un par le lac Champlain, l'autre par le lac Ontario ; mais quoique tous deux eussent réussi dans leur expédition, ils avoient à traverser une trop grande étendue de pays encore sauvage pour pouvoir combiner ainsi leurs opérations; d'ailleurs entre le lac Ontario et Québec, il falloit franchir le passage de Montréal, où résidoit le gouverneur-général, M. de Vaudreuil, avec une petite armée de réserve. En comptant leurs forces de mer et leurs forces de terre, les Anglais devant Québec étoient infiniment supérieurs aux Français ; mais il ne sembloit guère possible de tirer parti de la flotte. Elle pouvoit, il est vrai, bombarder la basse ville bâtie au pied des escarpemens sur lesquels la haute est située; mais après cette œuvre de destruction qui n'auroit pas été sans danger, l'attaque n'en auroit pas été plus avancée. Le général Wolfe perdant l'espérance de voir arriver à son aide les deux divisions d'Amherst et de Johnson, résolut d'attaquer seul Montcalm dans ses retranchemens, et le 30 juillet il se fit débarquer à l'embouchure de la petite rivière de Montmorency. Les grenadiers anglais se portèrent à l'attaque des retranchemens de Montcalm avec beaucoup d'audace, mais ils furent repoussés avec tant de vigueur, que Wolfe, en rendant compte de cette action, annonça à son gouvernement qu'il avoit bien peu d'espérance de réussir avant que l'approche de l'hiver et les glaces le forçassent d'abandonner la rivière.

Cependant, résolu à continuer ses efforts, Wolfe rembarqua son armée et la transporta sur le bord opposé du Saint-Laurent au sud-est. Il fit ensuite entrer la flotte plus avant dans la rivière, et elle s'avança jusqu'à douze lieues au-dessus de Québec. Par diverses fausses attaques il réussit à distraire l'attention de Montcalm. Enfin, dans la nuit du 13 septembre, ses bateaux, partis de trois lieues au-dessus du point où il vouloit débarquer, se laissèrent aller à la dérive jusqu'au pied de ces rocs escarpés à l'extrémité desquels Québec est bâti. Débarquant dans l'obscurité, et s'enfonçant dans des buissons et des ronces, les soldats anglais gagnèrent le sommet de la plate-forme, et Montcalm apprit avec étonnement que l'armée de terre des ennemis se trouvoit de niveau avec la haute ville sur la hauteur d'Abraham, et prête à l'attaque de fortifications qui n'avoient plus rien de redoutable en même temps que la flotte foudroyoit la basse ville. La bataille qu'il avoit jusqu'alors évitée étoit désormais le seul moyen de sauver Québec; il s'y détermina à l'instant; il repassa la rivière Saint-Charles et vint attaquer les Anglais : mais dès le commencement de l'action il fut tué, son second en commandement fut mortellement blessé et mourut le lendemain. De son côté, le général Wolfe eut le poignet cassé et bientôt après la poitrine percée d'une balle; mais avant de mourir il eut le plaisir d'apprendre que la victoire étoit remportée. Monkton, qui prit sa place, fut abattu d'un coup de fusil presque aussitôt après, et ce fut le général Townshend qui recueillit la victoire, et qui reçut la capitulation de Québec, le 18 septembre. (1)

Dès lors le Canada paroissoit perdu, toute communication avec la France étoit interrompue, tout secours étoit impossible; toutefois ces braves gens, aussi Français de cœur que s'ils avoient vécu au milieu de la France, ne s'aban-

(1) *Annual Register*, T. II, 1759, ch. 7, p. 35-44. — *Smollett*, T. VII, L. IV, ch. XI, § 17-28, p. 64-92.

donnèrent point encore; les milices canadiennes, réunies par le chevalier de Lévis qui, à la mort de Montcalm, succéda à son commandement, continuèrent la guerre, et firent même des tentatives hardies pour reprendre Québec; il fallut céder enfin à la fortune, et le 8 septembre 1760 le marquis de Vaudreuil signa à Montréal la capitulation par laquelle il livra le Canada tout entier aux armes britanniques. (1)

Nous avons cru devoir exposer avec quelque détail la guerre par laquelle la France perdit une colonie plus étendue que la France d'Europe, habitée encore aujourd'hui par trois cent mille Français, et qui n'a pu dès lors se façonner entièrement au joug étranger. Nous passerons beaucoup plus rapidement sur les désastres qui atteignirent les possessions françaises dans les autres parties du monde, et dont il faut également emprunter la narration à la nation rivale, car les Français se sont refusés à donner aucun détail sur des combats dont les résultats étoient si funestes, encore que leurs compatriotes y eussent déployé souvent autant d'héroïsme que dans les victoires.

Dès l'année 1758, les Anglais avoient pris le 1er mai le fort qui commande l'entrée du Séné-

(1) Biogr. universelle, art. *Lévis*, T. XXIV, p. 381. — *Annual Register*, T. III, 1760, ch. 2, p. 5. — *State Papers*, p. 220 et suiv.

gal, et le 29 décembre ils s'étoient emparés de l'île de Gorée, excluant ainsi les Français de tous leurs établissemens sur la côte occidentale de l'Afrique, et les privant du commerce de gomme, qui, jusqu'alors, leur avoit été très profitable (1). Ce fut aussi dès l'an 1758, au mois de novembre, qu'une flotte de neuf vaisseaux de ligne et soixante transports, avec six régimens d'infanterie à bord, partit d'Angleterre pour attaquer les Français dans le golfe du Mexique. Le commodore Moore qui la commandoit avoit l'ordre de tenter la conquête de la Martinique, mais cette île étoit défendue par une bonne garnison, une milice bien exercée, et deux descentes, l'une près de Port-Royal le 6 janvier, l'autre près de Saint-Pierre le 19, furent également repoussées. Les Anglais se tournèrent alors contre la Guadeloupe, ils se présentèrent le 23 janvier devant Basse-Terre, sa capitale, et s'étant approchés de manière à imposer silence aux batteries de la citadelle et du port, ils continuèrent tout le jour et le lendemain à faire pleuvoir sur cette malheureuse ville des bombes et des boulets rouges. Les maisons, en partie de bois, les magasins remplis de rhum, de sucre et d'autres matières inflammables, prirent bientôt feu de toutes parts; la con-

---

(1) *Annual Register*, T. I, ch. 13, p. 75.

flagration étoit épouvantable, et les Anglais, toujours acharnés à détruire le commerce, redoubloient leur feu pour empêcher les habitans de rien sauver ; la ville entière fut détruite, et les Anglais, comme il arrive presque toujours dans ce genre d'exécution, ne perdirent presque personne. Le danger ne commença pour eux que lorsqu'ils descendirent à terre, et encore c'étoit plutôt à cause des fièvres du climat que de la résistance des habitans. Après divers combats et de nouveaux incendies, l'île entière capitula le 1er mai, et les petites îles de la Désirade et de Marie-Galante capitulèrent peu de jours après. (1)

Si le public de Paris sembloit à peine se distraire de ses plaisirs à la nouvelle de tant de désastres dans des régions lointaines, les ports de mer en étoient alarmés, et le commerce tout entier en ressentoit la secousse. Ceux aussi sur qui pesoit plus particulièrement la responsabilité des affaires commençoient à s'inquiéter des conséquences de la présomption et de l'imprudence de Mme de Pompadour. L'abbé et comte de Bernis, homme aimable, d'un esprit léger et gracieux, qu'elle avoit fait ministre des affaires étrangères, quoiqu'il fût loin d'être un homme d'État, avoit cependant assez d'intelli-

(1) *Annual Register*, 1759, T. II, ch. 3, p. 13.

gence de la situation de la France et assez de
probité pour essayer de retenir sa protectrice et
pour la solliciter de songer à faire la paix. Ne
pouvant réussir à l'ébranler, il s'adressa au monarque, dont le sens étoit assez juste pour qu'il
comprît aisément tous les dangers attachés à la
continuation de la guerre, mais dont l'âme étoit
si foible, qu'il étoit inutile de le convaincre ;
quelque résolution qu'on lui fît adopter, il n'y
persistoit jamais contre sa maîtresse. Bernis
avoit cependant déjà fait quelques ouvertures
de paix à Vienne, à Londres et à Berlin ; quand
il les rapporta au conseil, le dauphin parla avec
chaleur pour qu'on y donnât plus de suite, mais
il ne fit aucune impression sur le roi. Auparavant, lorsqu'on reçut la nouvelle de la bataille
de Creveldt, le dauphin avoit demandé avec
instance d'aller à l'armée ; mais Louis XV, jaloux de son fils, ne vouloit lui donner l'occasion ni de plaire aux soldats comme guerrier,
ni de plaire au peuple comme pacificateur (1).
Ce n'est pas qu'il eût une haute opinion de lui.
« Le dauphin, dit Mme Du Hausset, étoit d'une
« lassitude extrême de son rôle ; importuné sans
« cesse par des ambitieux qui faisoient les Catons
« et les dévots, il agissoit quelquefois par pré-

---

(1) Soulavie, T. IX, ch. 12, p. 237. — Lacretelle, T. III,
L. XI, p. 346. — Duclos, Mém. secrets, T. II, p. 165.

« vention contre un ministre, mais bientôt il
« retomboit dans l'inaction et dans l'ennui. Le
« roi disoit quelquefois : Mon fils est paresseux,
« et son caractère est polonais, vif et changeant;
« il n'a aucun goût; la chasse, les femmes, la
« bonne chère ne lui sont de rien; il croit peut-
« être que s'il étoit à ma place il seroit heureux;
« dans les premiers temps il changeroit tout,
« auroit l'air de recréer tout, et bientôt après il
« seroit peut-être ennuyé de l'état de roi, comme
« il l'est du sien; il est fait pour vivre en phi-
« losophe avec des gens d'esprit. Le roi ajoutoit:
« Toutefois il aime le bien, il est véritablement
« vertueux, et a des lumières. » (1)

Bernis, cependant instruit de l'état désastreux
des finances, avoit fait consentir Marie-Thérèse
à réduire à deux reprises le subside que la
France lui avoit promis; il avoit chargé le comte
de Stainville, ambassadeur français à Vienne,
de faire agréer à l'impératrice les bases d'une
pacification avec le roi de Prusse; Stainville qui
étoit Lorrain, et fils du seigneur du même nom
qui avoit été ministre du grand-duc à Paris,
étoit par sa famille, par ses habitudes, dévoué
aux intérêts de l'Autriche, mais il prenoit plus
conseil encore de son ambition qui étoit extrême.
Il servoit alors fidèlement Bernis, il savoit qu'au-

---

(1) Mém. de Mme Du Hausset, p. 178.

cun ministre ne plaisoit plus au roi, que Mme de Pompadour avoit pour lui de l'engouement, que Bernis avoit du talent, de l'adresse, et surtout un admirable esprit de conciliation, et qu'il avoit rendu des services essentiels; c'étoit lui qui avoit réconcilié le parlement avec la cour, et qui, après sept mois de suspension avoit déterminé les magistrats à reprendre les jugemens des procès; c'étoit sur lui que comptoient les contrôleurs-généraux pour faire enregistrer de nouveaux édits bursaux; c'étoit lui encore qui avoit calmé l'irritation de l'assemblée du clergé, et qui obtenoit d'elle un don gratuit considérable; c'étoit lui aussi qui, portant au dehors cette adresse conciliante, avoit réussi à rétablir la paix entre le saint-siége et la république de Venise, au moment où l'on craignoit que leur querelle ne fît éclater un schisme; et Benoit XIV en avoit été si touché qu'il avoit offert de nommer Bernis cardinal, *proprio motu;* Stainville avoit eu part à cette négociation et avoit décidé Louis XV à accepter pour son ministre la promotion du pape; la mort de Benoit XIV, survenue le 4 mai 1758, suspendit cette nomination, mais ne l'empêcha pas; son successeur Rezzonico, promu le 6 juillet sous le nom de Clément XIII, se sentit obligé d'exécuter la promesse de son prédécesseur, pour laquelle la cour de Rome avoit déjà reçu les remercîmens du roi, et Bernis fut nommé cardinal le 2 octobre 1758.

Mais, dans l'intervalle, Stainville s'étoit aperçu que Bernis avoit cessé de plaire à la favorite, qu'il l'avoit blessée par son insistance pour la paix, et il avoit aussitôt formé le projet de le remplacer. Dès lors il s'étoit attaché à déjouer les négociations pacifiques qu'il avoit d'abord servies avec zèle ; il avoit réveillé l'implacable ressentiment de Marie-Thérèse contre le roi de Prusse et entravé la négociation, il avoit persuadé à l'impératrice et à M.me de Pompadour que l'Autriche et la France avoient encore de grandes ressources pour continuer la guerre, et comme Bernis ne vouloit point être ministre pour servir un système opposé à ses idées, ce fut avec son agrément que Stainville fut choisi pour le remplacer. Il revint de Vienne, fut nommé ministre des affaires étrangères et duc de Choiseul, et la favorite n'étant point satisfaite d'un changement de ministère qui sembloit se faire de bon accord, fit exiler Bernis le 1er novembre 1758, comme il venoit à peine de recevoir le chapeau de cardinal. (1)

Le nouveau duc de Choiseul étoit né le 28 juin 1719. Selon Duclos, « Il étoit d'une figure

(1) Duclos, Mém. secrets, T. II, p. 167-169. — Soulavie, T. IX, ch. 12, p. 239. — Lacretelle, T. III, p. 348. — Flassan, T. VI, p. 124.

« petite et désagréable, mais avoit de la valeur,
« de l'esprit, et encore plus d'audace. Il choisit,
« en entrant dans le monde, le rôle d'homme à
« bonnes fortunes; ce qui prouve que tout le
« monde y peut prétendre. Il ambitionnoit en
« même temps une réputation de méchanceté,
« pour laquelle il avoit de merveilleuses dispo-
« sitions et en tiroit vanité. On ne laisse pas
« avec cela d'en imposer aux sots et de s'en
« faire craindre » (1). Choiseul étoit d'une
grande naissance, mais absolument sans fortune; aussi, comme il avoit le goût du faste,
il avoit épousé, à la fin de 1750, la fille du
millionnaire Crosat, qui lui apportoit, avec
beaucoup de biens, les qualités les plus dignes
d'estime : de la retenue, de la modestie, de l'élé-
vation dans le caractère, et une tendre affection,
que les infidélités les plus outrageantes ne purent affoiblir (2). Le mérite de la duchesse de
Choiseul contribua pour beaucoup à donner de
la consistance au parti du nouveau ministre. On
le regardoit comme le seul homme supérieur,
au milieu des caractères foibles et des esprits
bornés qu'on avoit vus se succéder au ministère.
Il étoit vif, entreprenant, ambitieux. « Personne

(1) Duclos, *Ib.*, p. 172. On le regarde comme l'homme que Gresset voulut peindre dans la comédie du *Méchant*, donnée en 1747.

(2) Soulavie, ch. 13, p. 262.

« n'a peut-être possédé autant que lui l'art de « séduire », dit le baron de Bezenval, qui paroît lui-même avoir cédé à cette séduction. « Il joint « à une locution facile les grâces qui donnent « ce charme nécessaire pour persuader. Tou- « jours vivement entraîné par le moment, il « est tellement pénétré du sentiment qui l'anime « qu'il le communique rapidement aux autres, « ou qu'il abonde dans leur sens avec la même « facilité si c'est leur idée qui le frappe. Il ré- « sulte de cette disposition un agrément très- « rare pour ceux qui traitent des affaires avec « lui, même pour ceux qui sollicitent ses fa- « veurs, d'autant plus difficiles à obtenir de son « obligeance que l'entrée de son cabinet en est « une très précieuse par sa rareté. S'il est « prompt à recevoir des impressions, elles s'ef- « facent aussi avec la même rapidité ; son in- « concevable légèreté, en faisant beaucoup d'in- « constans, lui a donné beaucoup d'ennemis. « Le plus petit obstacle qu'il rencontre, la plus « foible considération, lui font oublier ou vio- « ler la promesse la plus solennelle. Sacrifier un « homme, dans ce cas, ne lui paroît autre chose « qu'écarter un léger écueil qui suspend la mar- « che rapide à laquelle la fortune l'a toujours « accoutumé. » (1)

(1) Mém. de Bezenval, T. I, p. 216. — Mém. du prince de Montbarey, T. I, p. 200.

Le premier acte du duc de Choiseul fut de changer en une alliance secrète, mais offensive, le traité avec la cour de Vienne, qui, en 1756, avoit été conclu seulement comme défensif. La France laissoit à l'impératrice le choix d'exiger, ou en nature ou en argent, le secours de vingt-quatre mille hommes qu'elle s'étoit engagée à lui fournir; elle promettoit de maintenir, tant que la guerre dureroit, cent mille hommes en Allemagne, pour agir contre la Prusse ou ses alliés; elle s'engageoit à payer seule le subside à la Suède, et l'entretien des troupes saxonnes; elle s'engageoit à favoriser l'élection du fils de l'impératrice, comme roi des Romains, et du fils d'Auguste III, comme roi de Pologne; enfin, elle garantissoit à l'Autriche la conquête de la Silésie, celle du comté de Glatz, et elle promettoit de lui abandonner toutes les autres conquêtes que les Français pourroient faire dans les États du Bas-Rhin, sur le roi de Prusse. Ce traité, signé à Versailles le 30 décembre 1758, étoit sans doute le prix par lequel Choiseul achetoit son entrée dans le ministère; il étoit impossible de sacrifier plus cruellement la France à la passion de Mme de Pompadour de prouver son absolu dévouement à son amie l'impératrice. (1)

(1) Flassan, Diplomatie, T. VI, p. 129. — Extrait du traité dans Frédéric II, Guerre de sept ans, T. I, ch. 9, p. 352.

Le ministre de la guerre Belle-Isle étoit pleinement entré dans les vues de Choiseul, et il ouvrit la campagne, en 1759, avec les forces les plus redoutables. Les maréchaux de Contades et de Broglie, qu'on regardoit alors comme les meilleurs capitaines qu'eussent les Français, étoient en Allemagne avec plus de cent mille hommes. De Broglie s'étoit emparé par une tromperie, à la fin de l'année précédente, de la ville libre de Francfort. Il avoit demandé et obtenu le passage pour son corps d'armée, sous condition que ses troupes passeroient régiment par régiment, escortées par celles de la ville; mais au moment où les premières compagnies passoient le pont, les autres se précipitèrent à leur suite, se saisirent des portes, désarmèrent leurs hôtes, et traitèrent Francfort en ville conquise (1). Les Français en firent leur quartier-général, et la possession de cette ville les mettoit en pleine communication avec les Autrichiens et les troupes de l'Empire. Aux yeux du prince Ferdinand qui commandoit l'armée anglaise, hanovrienne et hessoise, le succès de la campagne tenoit à recouvrer Francfort; mais Broglie avoit choisi une forte position, au village de Berghen, pour couvrir Francfort. C'est là que Ferdinand vint l'attaquer, le 13 avril, avec trente

---

(1) *Archenholtz*, Guerre de sept ans, p. 180.

mille hommes; l'action fut des plus meurtrières, le prince d'Isenbourg y fut tué à la tête des Hessois : en moins de trois heures de temps, trois fois Berghen fut attaqué et trois fois les Anglais furent repoussés : Ferdinand lui-même rendit hommage à la belle manœuvre par laquelle Broglie tomba sur son flanc et le contraignit enfin à la retraite. Il perdit deux mille hommes et cinq canons dans ce combat; mais surtout il se trouva placé, vis-à-vis des Français, par son mauvais succès, dans une condition d'infériorité qui sembloit devoir se prolonger pour le reste de la campagne. En effet, les Français marchèrent en avant jusqu'au Weser; ils s'emparèrent de Cassel, ils prirent d'assaut Minden, ils forcèrent Munster à capituler. De grands magasins, beaucoup de prisonniers tombèrent entre leurs mains, et la cour impériale, en récompense de cette victoire, créa le maréchal de Broglie prince de l'Empire. (1)

Les Français se croyoient sûrs d'occuper de nouveau le Hanovre, et Belle-Isle donnoit à Contades et à Broglie l'ordre de s'y maintenir en n'épargnant pas à ce pays les plus grandes rigueurs. Le prince Ferdinand savoit bien qu'il ne pouvoit le sauver que par une bataille; mais

(1) *Archenholtz*, p. 183. — *Annual Register*, 1759, ch. 2, p. 8. — Lacretelle, T. III, p. 361. — Frédéric II, Guerre de sept ans, T. IV, ch. 10, p. 5.

son armée étoit inférieure en nombre à celle des Français qui occupoient de plus une formidable position. Il s'agissoit de les en faire sortir. Il quitta son camp sur les bords du Weser, le 29 juillet, se dirigeant sur le village de Hillen, fort à sa droite, et laissant seulement un corps de cinq mille hommes, sous les ordres de Wangenheim, auprès de Minden. Contades crut le surprendre dans une faute grossière : il jugea que Ferdinand avoit laissé à une trop grande distance un corps qu'il ne pouvoit soutenir, et qu'il s'exposoit à être coupé du Weser, duquel dépendoit sa subsistance.

Le 1er août, il marcha donc sur huit colonnes pour l'attaquer, quittant sa forte position, il passa les marais qui couvroient son front, et chargea le duc de Broglie d'attaquer le corps hanovrien laissé au bord de la rivière. Mais Broglie, arrivé au sommet d'une éminence qui lui en déroboit la vue, trouva avec surprise, au lieu d'un corps détaché, toute l'armée de Ferdinand qui étoit revenue sans qu'il le soupçonnât, et qui étoit rangée en excellent ordre, entre le Weser et les marais. L'espace manquoit à l'armée française; d'ailleurs, elle étoit lente dans ses manœuvres; elle perdit beaucoup de temps à se mettre en bataille, et ne put le faire que dans un ordre bizarre, celui de laisser toute sa cavalerie au centre, et son infanterie sur les deux ailes. Malgré cette mauvaise disposition, la cavalerie française qui étoit la fleur de l'armée, et qui étoit conduite par la vaillante noblesse de cour, attaqua avec la plus grande bravoure l'infanterie anglaise, mêlée de quelques bataillons hanovriens qui lui étoient opposés. La fermeté des Anglais contre ces charges répétées de cavalerie décida le gain de la bataille. Les escadrons français se fondirent devant leur feu roulant, et, foudroyés en même temps par l'artillerie, ils furent enfin réduits à prendre la fuite. Dans ce moment, le prince Ferdinand envoya l'ordre à lord George Sackville, qui commandoit toute la cavalerie, de fondre sur les Français qui lâchoient le pied : leur destruction devoit être complète ; le désordre étoit dans tous leurs rangs, l'espace leur manquoit pour se reformer en bataille, s'ils en avoient eu l'habileté et l'énergie, et le chemin de la retraite leur étoit fermé, car le prince Ferdinand, avec une audacieuse prévoyance, au moment où il alloit engager un ennemi supérieur en forces, avoit détaché de son armée le prince héréditaire avec dix mille hommes, pour aller attaquer et détruire le corps français, qui, sous le duc de Brisach, à Gohfeld, couvroit la retraite des Français. L'armée de Contades devoit être anéantie : hommes, chevaux, canons, drapeaux, tout seroit tombé aux mains de l'ennemi. Le prince Ferdinand, confondu de l'inaction de Sackville, lui envoya coup sur coup trois de ses aides-de-camp, dont deux Anglais, pour lui répéter l'ordre de charger. Sackville prétendit qu'il ne comprenoit pas, et il courut au prince demander une explication. Pendant son absence, le marquis de Granby, qui commandoit la seconde ligne, reçut un quatrième message et chargea sur-le-champ; mais le moment critique étoit passé; une bonne partie de l'armée française eut le temps de se mettre en sûreté. On assure que Sackville, qui ne manquoit ni d'habileté ni de courage, nourrissoit une basse jalousie contre le duc Ferdinand, et que ce fut à dessein qu'il lui ravit les plus beaux fruits de sa victoire. (1)

Telle qu'elle étoit, la victoire de Ferdinand à Minden étoit encore désastreuse pour la France. L'armée de Contades y perdit huit mille hommes, tués, blessés et prisonniers, trente canons et dix-sept drapeaux. Quelques jours après, les Français perdirent encore leurs gros bagages, leur caisse militaire, leurs archives de guerre; puis leurs magasins à Osnabruck, Minden, Bichfeld, Paderborn, et autres lieux, qui tom-

---

(1) *Archenholtz*, p. 185-190. — *Annual Register*, T. II, ch. 4, p. 17-21. — Frédéric II, Guerre de sept ans, ch. 10, p. 11. — *Smollett*, T. IV, ch. 12, § 17, p. 117; ch. 13, § 2, p. 201.

bèrent au pouvoir des vainqueurs. Le reste de l'armée, reculant rapidement à travers un pays mal pourvu de vivres, poursuivi et harassé continuellement par l'ennemi, dut encore dans sa retraite faire de nouvelles pertes; en même temps les deux généraux français s'accusoient réciproquement de la perte de la bataille. Selon l'un, Broglie avoit attaqué trop tard le corps qu'il étoit chargé de couper; selon l'autre, Contades ne l'avoit pas soutenu assez à temps. Ils publièrent l'un contre l'autre des mémoires fort injurieux; Contades fut destitué, et le prince Ferdinand ayant été obligé de s'affoiblir pour faire passer des secours au roi de Prusse, Broglie réussit à se maintenir dans la Hesse et une partie du Hanovre. (1)

Le désastre de Minden et les revers éprouvés par une armée de cent mille hommes étoient d'autant plus humilians pour la France, que le roi de Prusse contre lequel elle s'acharnoit, accablé par les Autrichiens et les Russes, et perdant l'une après l'autre des batailles sanglantes, sembloit réduit aux dernières extrémités. Pendant l'hiver il avoit détruit les magasins que les Russes avoient rassemblés en Pologne, mais leur armée conduite par le général Soltikoff ne s'en avança pas moins jusque sur les frontières du

---

(1) Lacretelle, T. III, p. 363.

Brandebourg, où elle devoit être jointe par le général Laudon, avec trente mille Autrichiens. Frédéric II avoit envoyé le général Wedel pour commander son armée sur cette frontière, et il lui avoit enjoint d'empêcher cette jonction à tout prix. Wedel, arrivé le 22 juillet à l'armée, fut contraint dès le lendemain de livrer bataille à Soltikoff, près de Zullichau, avant d'avoir eu le temps de connoître ses troupes, leur force ou leur foiblesse, d'étudier son ennemi ou le terrain. Il étoit fort inférieur en forces; il fut battu, il perdit six mille hommes, morts, blessés ou prisonniers, et il ne put empêcher la jonction des Russes avec les Autrichiens (1). Frédéric II accourut pour sauver ses États de Brandebourg, laissant à son frère, le prince Henri, le soin de défendre la Silésie. Après s'être réuni à Wedel, il n'avoit encore que quarante mille hommes pour opposer à soixante-dix mille. D'ailleurs, les Autrichiens et les Russes occupoient un camp retranché, sur des hauteurs, entre Francfort-sur-Oder et Kunersdorff, garni d'une formidable artillerie. Le temps manquoit au roi de Prusse, obligé de faire face partout à la fois, et il résolut de livrer bataille dès le 12 août. Il s'étoit trop ac-

---

(1) *Archenholtz*, p. 151. — *Annual Register*, T. II, ch. 5, p. 23. — Frédéric II, Guerre de sept ans, ch. 10, p. 26.

coutumé à ne croire rien d'impossible à ses soldats, et à leur demander des efforts surhumains. Il ne connoissoit pas suffisamment le champ de bataille de Kunersdorff, les marais, les bois qui coupoient la communication entre ses divers corps d'armée, et quand il voulut les faire manœuvrer il éprouva des retards inattendus. Cependant à midi, il attaqua l'aile gauche des Russes; ses braves grenadiers, quoique des files entières fussent enlevées par la mitraille, emportèrent les batteries la baïonnette au bout du fusil, et à six heures ils avoient chassé les Russes de leurs retranchemens, pris plus de cent canons et enlevé plusieurs milliers de prisonniers. La bataille étoit gagnée si Frédéric avoit su s'arrêter : dans la nuit l'armée russe auroit commencé sa retraite, mais le roi de Prusse vouloit la détruire. En vain ses généraux lui représentèrent que les Prussiens épuisés par quinze heures de marches, de travaux et de combats, n'en pouvoient plus; que la cavalerie et l'artillerie nécessaires pour une nouvelle attaque étoient à l'extrémité de l'autre aile, séparées par un chemin difficile et coupé de marais. Frédéric s'obstina, il recommença l'attaque avec ce qu'il put amener de son aile gauche; pendant le temps qu'il avoit été forcé de perdre, les Russes s'étoient remis en ordre : Laudon avec ses meilleures troupes et une puissante artillerie occupoit la montagne du Spittzberg. Les Prussiens tentèrent en vain de gravir ses escarpemens, accablés par l'artillerie ennemie, repoussés à la baïonnette, comme ils retomboient en désordre, ils furent enfin attaqués en flanc et à dos par Laudon, avec des troupes fraîches, et la bataille fut si complétement perdue que pendant quelque temps il ne resta pas à Frédéric cinq mille hommes réunis. Jamais on n'avoit vu une semblable boucherie. Les Prussiens perdirent à Kunersdorff huit mille morts et douze mille blessés ; les Russes plus de seize mille hommes. (1)

Le soir de cette horrible bataille, Frédéric II crut sa monarchie perdue. Il écrivit à Berlin qu'on mît les archives et les effets les plus précieux en sûreté ; au général Schmettau, à Dresde, qu'il évacuât la ville en sauvant le trésor de cinq millions de rixdales, qui étoit sa dernière ressource. Schmettau, qui, peu auparavant, avoit brûlé les faubourgs de Dresde pour découvrir les fortifications, obéit, et sauva le trésor par une capitulation que les Autrichiens observèrent fort mal ; mais le grand nom de Frédéric, et la terreur qu'inspiroient ses grenadiers, servirent encore de sauvegarde au

---

(1) *Archenholtz*, p. 154-160. — *Annual Register*, T. II, ch. 5, p. 25. — Frédéric II, ch. 10, p. 32.

Brandebourg, après que l'armée étoit détruite. Soltikoff et Laudon n'avancèrent pas. Le prince Henri, avec à peine vingt mille hommes, garantit contre les deux armées de Daun et du duc des Deux-Ponts la Silésie et le reste de la Saxe, et, au bout de peu de jours, Frédéric, malgré deux batailles perdues, put annoncer au prince Ferdinand qu'il étoit hors de danger. Toutefois, de nouvelles calamités dévoient encore l'atteindre cette année. Le général Finck, qu'il avoit imprudemment envoyé dans les montagnes qui séparent la Saxe de la Bohême, pour alarmer Daun et lui faire évacuer Dresde, enveloppé par l'armée autrichienne, fut contraint, le 21 novembre, à poser les armes à Maxen, avec onze mille hommes; puis, dans les cantonnemens misérables où l'armée dut ensuite entrer, les Prussiens, privés de logemens, de chauffage, souvent de nourriture, et assaillis par un hiver rigoureux, perdirent plus de monde qu'ils n'avoient fait dans deux batailles. (1)

Les combats qu'avoit livrés le roi de Prusse pendant cette campagne, à l'autre extrémité de l'Allemagne, ne pouvoient avoir aucune influence sur les destinées de la France : aussi le

---

(1) *Archenholtz*, p. 172-179. — *Annual Register*, T. II, ch. 8, p. 45. — Frédéric II, ch. 10, p. 53.

public s'en occupoit seulement avec cette curiosité avide qu'excite une lutte inégale; sa sympathie étoit pour le plus foible et le plus habile, et les Français ne songeoient pas qu'il s'agît là de leurs affaires. On assuroit que, même dans les camps français, les officiers ne pouvoient contenir leur admiration pour le prince Ferdinand, le prince Henri et le roi de Prusse. S'il y avoit quelque ressentiment national, c'étoit seulement contre les Anglais; aussi le public applaudissoit-il au projet annoncé par le maréchal de Belle-Isle, ministre de la guerre, de tenter une invasion en Angleterre. Trois corps d'armée étoient préparés : l'un à Dunkerque étoit, disoit-on, destiné contre l'Écosse, et Thurot, qui s'étoit fait un nom comme corsaire avant d'entrer dans la marine royale, se chargeoit de l'y transporter; un autre, que commandoit M. de Chevert, devoit s'embarquer au Havre pour l'Angleterre sur des bateaux plats; un troisième, sous les ordres du duc d'Aiguillon s'assembloit à Vannes pour passer en Irlande. La flotte de la Méditerranée, sous les ordres de M. de La Clue, et celle de Brest sous ceux de M. de Conflans, devoient entrer dans la Manche pour protéger les vaisseaux de transport. De leur côté les Anglais avoient chargé le commodore Boys de bloquer Dunkerque, l'amiral Rodney de bombarder le Havre, et l'amiral

Hawkes de veiller sur la Bretagne, tandis que
l'amiral Boscawen devoit combattre l'escadre de
Toulon. Les forces des deux parts étoient à peu
près égales, et les Anglais admiroient l'activité
avec laquelle la France avoit construit de superbes vaisseaux de ligne en état de se mesurer
sur toutes les mers avec les leurs. La Clue
avoit à Toulon douze vaisseaux de ligne et trois
frégates. Il prit la mer le 14 août, se flattant
d'échapper aux Anglais qui avoient été obligés
de rentrer à Gibraltar pour réparer des avaries,
et il serroit de près la côte d'Afrique; déjà il
avoit dépassé Ceuta, lorsque Boscawen, averti
de sa marche, se mit à sa poursuite avec quatorze vaisseaux de ligne et plusieurs frégates. Si
La Clue avoit formé sa ligne et présenté la bataille, le sort des armes auroit été au moins
douteux. Il crut au contraire pouvoir échapper
à un engagement en forçant de voiles; il fut
atteint le 18 août, vis-à-vis le cap Lagos, en
Portugal, mais ses vaisseaux épars ne purent
présenter qu'une foible résistance. Dès le commencement du combat, l'amiral La Clue fut
blessé mortellement, il eut les deux jambes
emportées par un boulet de canon; *l'Océan* qu'il
montoit vint s'échouer, avec *le Redoutable*, sur
la côte de Portugal, et tous deux y furent
brûlés. *Le Centaure* et *le Modeste*, deux autres
de ses plus beaux vaisseaux, furent pris, et le

reste de sa flotte se réfugia avec peine dans la rade de Cadix. (1)

Trois mois après ce grand désastre, dans des circonstances assez semblables, M. de Conflans avec sa flotte, sortit le 14 novembre du port de Brest; la saison des tempêtes lui paroissoit la plus favorable pour surprendre les Anglais, et en effet l'amiral Hawkes avoit quitté les côtes de France pour venir jeter l'ancre à Torbay; mais des frégates anglaises surveilloient les mouvemens de la flotte française, et deux heures après que Hawkes eut été averti de la sortie de Conflans, il étoit déjà en mer pour le chercher. Les deux escadres étoient de même force : vingt et un vaisseaux de ligne et quelques frégates; elles se rencontrèrent le 20 novembre dans la baie de Quiberon ; le vent devenoit à chaque heure plus violent, et annonçoit pour la nuit une furieuse tempête qui portoit contre le rivage. Au lieu d'accepter franchement la bataille, M. de Conflans crut qu'il pourroit tirer avantage de la tempête, et d'une côte hérissée d'écueils, mais qu'il connoissoit bien, tandis qu'il estimoit que les Anglais n'y pourroient manœuvrer qu'avec une grande défiance. Il maintint ses vaisseaux ensemble, mais il attendit. Hawkes, au con-

(1) *Annual Register*, ch. 4, p. 22. — Lacretelle, T. III, p. 365.

traire, malgré les représentations de son pilote, coupa la ligne française, en réservant son feu, et vint se placer côte à côte du *Soleil-Royal* que montoit M. de Conflans. Il étoit déjà deux heures et demie après midi quand la bataille commença, et en deux heures de temps trois des vaisseaux français furent coulés à fond; cependant la tempête se levoit et devenoit toujours plus furieuse; l'obscurité étoit profonde, et de tous côtés on entendoit tirer des canons de détresse, sans qu'il fût possible de distinguer s'ils partoient d'amis ou d'ennemis. Au matin les flottes se trouvèrent entremêlées ensemble; mais tout le désavantage étoit pour les Français; le vaisseau amiral et un autre étoient échoués, et furent brûlés sur le rivage; un vaisseau français étoit pris, deux avoient sombré, et le reste de la flotte, s'échappant en faisant force de voiles, entra dans l'embouchure de la Vilaine, après avoir jeté ses canons à la mer, et, une fois engagée dans ces eaux peu profondes, elle n'avoit plus le moyen d'en sortir. (1)

C'étoit après tant de désastres que la France devoit se préparer à entreprendre, en 1760, une nouvelle campagne. Il est vrai que les pertes mêmes qu'elle avoit faites la mettoient à l'abri

---

(1) *Annual Register*, ch. 10, p. 51. — *Smollett*, L. IV, ch. 10, § 50, p. 20. — Lacretelle, T. III, p. 366.

de nouvelles calamités. Ses amiraux ne couroient plus le risque d'être vaincus en se mesurant avec les Anglais, car la France n'avoit plus de flottes ; aucun désastre nouveau ne pouvoit l'atteindre en Amérique, car elle n'avoit plus ou presque plus de colonies. Il est vrai que de puissantes armées étoient encore destinées à agir en Allemagne. Le duc de Broglie, qui avoit été créé maréchal de France le 16 décembre 1759, à quarante-deux ans, non sans exciter vivement la jalousie de généraux plus anciens que lui, avoit été mis à la tête d'une armée de cent mille hommes, qui devoit agir en Westphalie, tandis qu'une réserve de trente mille hommes étoit encore assemblée sur le Rhin. Mais la France ne sembloit plus prendre intérêt à cette guerre ; les auteurs de Mémoires n'en parlent que confusément et avec dégoût. La nation entière sentoit qu'elle servoit une querelle qui lui étoit absolument étrangère, qu'elle étoit sacrifiée aux passions de quelques femmes, et que, tandis qu'elle multiplioit ses pertes d'hommes et d'argent, qu'elle infligeoit à l'humanité les souffrances les plus cruelles, elle n'acquéroit pas même le vain renom des armes, car pendant la suite de cette guerre, les Français ne livrèrent pas une grande bataille, et ne se signalèrent par aucune de ces grandes manœuvres militaires qui font la gloire d'un général.

L'intérêt qu'auroit pu exciter la guerre de Westphalie entre le duc de Broglie et le prince Ferdinand de Brunswick étoit encore affoibli par l'importance des combats qui se livroient en même temps en Prusse, où Frédéric II, accablé de calamités, sembloit toujours sur le point d'être définitivement écrasé, et se relevoit toujours avec un courage qu'on n'auroit pu attendre de sa santé déjà épuisée par les fatigues et par l'âge, de sa monarchie ruinée, et de ses armées, si souvent moissonnées par le fer, si constamment recrutées de prisonniers et de déserteurs, qu'il ne lui restoit presque plus, non seulement de vieux soldats, mais même de Prussiens sous ses drapeaux. Les souverains réunis contre ce monarque commandoient ensemble à plus de quatre-vingt millions d'âmes, tandis que Frédéric II n'en comptoit pas sept millions parmi ses sujets. Toutefois cette guerre, qui désoloit surtout les provinces de la Baltique, devenoit chaque année plus étrangère à la France, et, s'il est vrai que les contemporains cherchoient eux-mêmes à fermer les yeux sur ces terribles événemens, nous nous permettrons, avec plus de raison encore, d'en écarter de nous les tableaux. La longue continuation des combats avoit augmenté la férocité et des généraux et des soldats; le besoin d'argent, de vivres, d'hommes, devenoit aussi tous les jours plus pressant. Les scènes de carnage de la guerre de sept ans (et jamais l'humanité ne fut affligée par plus de batailles, et de batailles plus meurtrières) ne sont interrompues que par des scènes plus horribles encore, d'incendie et de pillage des grandes villes, de calamités effroyables infligées à des populations paisibles, de mortalité se répandant aussi bien dans les villes que dans les campagnes, par les milliers et milliers de malades et de blessés accumulés dans les hôpitaux, ou abandonnés dans les marches et sur les champs de bataille.

Les Russes étoient déjà maîtres du royaume de Prusse et menaçoient le Brandebourg, les Suédois renouveloient chaque année leurs attaques contre la Poméranie; mais le plan des cours de Vienne et de Pétersbourg étoit d'envahir à la fois la Saxe et la Silésie, pour forcer Frédéric à abandonner l'une ou l'autre (1). Laudon, avec cinquante mille hommes, attaqua dans la Silésie le général prussien Fouquet, qui n'en avoit que treize mille. Il le vainquit le 23 juin à Landshut, lui tua ou lui prit huit mille hommes, et le fit lui-même prisonnier. Bientôt après il prit Glatz, la seconde en importance des forteresses de la monarchie prussienne. De son côté Frédéric II voulut chasser les Autri-

---

(1) *Archenholtz*, p. 200.

chiens de Dresde; il commença le 14 juillet à canonner cette ville des deux côtés de l'Elbe, mais il ne put empêcher le maréchal Daun de se mettre en communication avec la place assiégée. Désormais il étoit impossible de la prendre par un siége régulier. Frédéric essaya ce qu'il pourroit faire par la terreur et la cruauté, et c'est une des taches les plus odieuses qui ternissent sa mémoire; il s'obstina à lancer sur la ville des bombes et des boulets rouges, il y alluma des incendies en cent lieux divers, il détruisit plusieurs de ses plus beaux édifices; il ensevelit sous les décombres de nombreuses familles, il les ruina presque toutes, et trente ans de paix ne suffirent pas pour effacer les calamités de ce siége exécrable. Puis Frédéric fut enfin obligé de le lever, le 22 juillet, sans avoir obtenu d'autre résultat que de rendre son nom à jamais odieux à la Saxe. (1)

L'enchaînement de calamités qui depuis plus d'un an atteignoient coup sur coup le roi de Prusse parut alors un peu suspendu. Le Prussien Tavewien qui devoit défendre Breslau avec trois mille hommes seulement, et qui avoit dans cette ville dix-neuf mille prisonniers, tandis qu'il étoit assiégé par Laudon avec cin-

---

(1) *Archenholtz*, p. 203-215. — *Annual Register*, T. III, ch. 4, p. 17.

quante mille hommes, eut le courage de lui tenir tête, jusqu'à ce que le prince Henri accourut à sa délivrance, et força les Autrichiens et les Russes à évacuer la Silésie. Bientôt après, le 15 août, Frédéric livra bataille, à Liegnitz, au général Laudon, qui croyoit le surprendre; il lui tua trois mille hommes, lui fit six mille prisonniers, et lui prit quatre-vingts canons. Mais Frédéric épuisé, attaqué de toutes parts, ne pouvoit faire face partout. Czernischeff, avec vingt mille Russes, et Lasny avec quatorze mille Autrichiens se portèrent tout à coup, au mois d'octobre, sur Berlin, tandis que Frédéric étoit encore en Silésie. Cette grande ville, dépôt des arsenaux, des manufactures, et de toutes les richesses de la monarchie, n'étoit point susceptible de défense; il fallut la livrer aux ennemis, payer 1,700,000 écus de contribution et éprouver les outrages, les spoliations, les destructions qu'autorisèrent les Autrichiens, qui s'y montrèrent plus cruels encore que les Russes. L'approche de Frédéric les détermina ensuite à se retirer. Bientôt après, Francfort sur l'Oder dut éprouver toute la cupidité des Russes et Leipsik celle des Prussiens; c'étoit par des souffrances corporelles insoutenables qu'on arrachoit aux magistrats de ces villes des contributions qui réduisoient eux et leurs concitoyens à la misère. Enfin le 3 novembre la campagne fut terminée par la terrible bataille de Torgau. Frédéric II y attaqua le maréchal Daun, qui avec l'élite des forces autrichiennes occupoit une position avantageuse sur les bords de l'Elbe, couverte par deux cents pièces de canons. La colonne que conduisoit le roi de Prusse fut écrasée par l'artillerie autrichienne. Cinq mille cinq cents grenadiers prussiens qui faisoient la gloire et le nerf de son armée furent tués ou blessés en une demi-heure de temps. Mais bientôt après le général prussien Liethen attaqua les Autrichiens par derrière ; et le maréchal Daun, qui avoit déjà annoncé par un courrier sa victoire à l'impératrice, fut mis en déroute à la fin de la journée. Frédéric II, blessé lui-même, ignoroit l'issue des combats qui se prolongèrent dans l'obscurité. Ce ne fut que le lendemain qu'il sut que l'armée autrichienne étoit en pleine retraite. Elle avoit perdu vingt mille hommes, tués, blessés ou prisonniers ; les Prussiens en avoient perdu quatre mille, et cet épouvantable massacre parut enfin avoir épuisé les forces des deux nations, qui dès lors, et jusqu'à la fin de la guerre, s'étudièrent à éviter les chocs aussi meurtriers. (1)

A côté de cette lutte effroyable, la campagne du maréchal de Broglie contre le prince Ferdi-

---

(1) *Archenholtz*, p. 228-252.

nand n'étoit presque qu'un jeu d'enfans. On y faisoit la petite guerre avec vivacité, il y avoit beaucoup de villes prises et reprises, mais on les abandonnoit aussi vite qu'on s'en étoit emparé. Le 10 juillet le prince héréditaire attaqua l'avant-garde de l'armée française à Corbach, comme elle entroit dans le pays de Hanovre; il croyoit n'avoir à faire qu'à un corps détaché; il fut repoussé, blessé lui-même, et il perdit nombre d'hommes et de canons; mais le 16, il eut sa revanche près d'Empsdorft, où il rompit entièrement un corps français et lui fit deux mille prisonniers; quelques officiers français défendirent des villes qui ne sembloient pas susceptibles d'une longue résistance, et c'est ainsi que dans la campagne suivante, un Narbonne obtint le glorieux surnom de Fritzlar, pour avoir arrêté trois jours les ennemis devant cette petite ville, et donné par là au maréchal de Broglie le temps de tirer l'armée d'un mauvais pas. (1)

Ce maréchal, qui s'étoit longtemps tenu tranquille à Cassel, pénétra, au mois d'octobre 1760, l'intention du prince héréditaire de faire une diversion sur le Bas-Rhin, et il la déjoua en faisant marcher le marquis de Castries avec vingt-cinq mille hommes, à la défense de la place importante de Wesel. Le prince héréditaire perdit

(1) Biogr. univ., T. XXX, p. 361.

du temps en voulant attaquer cette place selon les règles. Castries montra au contraire une rare activité et beaucoup de talent pour conduire sa troupe jusqu'à Rheinberg, avant que Wesel fût entièrement investi. Il prit une forte position à Clostercamp. Le prince héréditaire essaya cependant de l'y surprendre dans la nuit du 15 au 16 octobre. Le chevalier d'Assas, capitaine au régiment d'Auvergne avoit été envoyé à la découverte, et s'étoit avancé à quelque distance de son corps. Un parti d'ennemis arriva sur lui sans bruit, l'entoura, le coucha en joue, et lui dit : « Si tu fais le moindre bruit tu es mort. » d'Assas répondit seulement par ce cri : « A moi « Auvergne, voilà les ennemis », et reçut la mort. Son dévouement sauva l'armée de Castries ; le prince héréditaire fut repoussé avec une perte de douze cents hommes, et abandonna le siége de Wesel. (1)

Mais tandis qu'aux yeux des Français la guerre perdoit chaque jour de son intérêt, les débats entre le parlement et le clergé acquéroient une nouvelle importance. Jusqu'à l'arrivée du duc de Choiseul au pouvoir, l'autorité avoit paru hésiter entre l'Église et l'autorité judiciaire ; Louis XV avoit de l'humeur contre

---

(1) Besenval, T. I, p. 75-68. — Rochambeau, T. I, p. 156-163. — Lacretelle, T. III, p. 378. — Biogr. univ., T. II, p. 584. — *Archenholtz*, p. 185.

toutes deux, et auroit voulu leur imposer également silence; ses ministres se partageoient, et l'on disoit de Machault et d'Argenson qu'ils se battoient à coup de clergé et de parlement. Choiseul en arrivant aux affaires fit une alliance étroite avec le parlement. L'opinion publique commençoit à paroître plus importante que celle du monarque; les parlemens, par leur dignité extérieure, par les principes qu'ils professoient dans leurs remontrances, par leur opposition aux impôts, aux vexations des prêtres, aux emprisonnemens arbitraires, avoient réussi à persuader au peuple qu'ils étoient une sorte de représentation nationale, et qu'ils se sacrifioient pour la défense des intérêts et des libertés de la France. Leurs vues étroites, leur personnalité, leur ignorance des principes du gouvernement ne méritoient guère l'affection qu'ils avoient inspirée, mais enfin c'étoit avec eux que marchoit l'opinion; c'étoit pour eux aussi que penchoit la favorite, qui regardoit toujours les prêtres comme ses ennemis, comme l'ayant perdue auprès du dauphin, et comme épiant l'occasion de la perdre auprès du roi. Choiseul crut donc trouver dans les parlemens un principe de force; en même temps, par ses opinions, par ses affections, il étoit opposé au clergé; il s'étoit lié avec ceux qu'on nommoit les philosophes et les esprits forts, et il auroit volontiers contribué à détruire entièrement la religion. Au commencement de sa carrière politique, lorsque comme comte de Stainville il étoit ambassadeur à Rome, il s'étoit brouillé avec les jésuites. C'est alors qu'il avoit obtenu du pape Benoît XIV la lettre encyclique sur les billets de confession, et une lettre confidentielle à l'archevêque de Beaumont pour lui recommander plus de modération. Pendant que le pape dictoit cette lettre, Choiseul étant rentré auprès du cardinal Valenti, alors secrétaire-d'État, mais fort malade, lui apprit que le pape la rédigeoit sans lui. « Ah ! mon « Dieu, s'écria Valenti en frappant sur la table, « il va écrire une hérésie. » (1)

Louis XV se croyoit très religieux, c'est-à-dire qu'il avoit très grande peur des prêtres, comme il avoit peur du diable ; mais il n'échappoit pas entièrement au mouvement philosophique non plus qu'aux doutes de son siècle, et Mme de Pompadour étoit là pour lui persuader que la philosophie dispensoit de la morale en même temps que de la foi. Elle croyoit et elle avoit fait croire au roi qu'il existoit une ligue ambitieuse et dévote, qui censuroit avec amertume ses plaisirs scandaleux, et qui détournoit de lui l'affection de son peuple, pour la fixer sur le dauphin; celui-ci étoit tout

(1) Besenval, T. I, p. 223-230.

dévoué aux jésuites ; il en avoit fait ses amis et ses guides ; il les regardoit comme les défenseurs de la religion et du pouvoir absolu, et comme les intrépides adversaires de ces magistrats qui ne cessoient de braver et d'inquiéter l'autorité royale. Mme de Pompadour se rappeloit avec quel empressement le parti du dauphin avoit voulu l'expulser de Versailles lors de l'attentat de Damiens ; elle savoit que les jésuites, de concert avec la reine, avec ses filles, avec le dauphin et la dauphine, et tous ceux des seigneurs de la cour qui étoient attachés aux bonnes mœurs, cherchoient l'occasion d'amener Louis à un pieux repentir qui seroit le signal de l'exil de sa maîtresse. Les jésuites, qui dans d'autres occasions avoient trouvé pour les rois une morale relâchée qui s'accommodoit à leurs penchans, ou étoient devenus plus rigides dans leurs principes en raison même des dénonciations auxquelles ils avoient été en butte, ou avoient trouvé leur intérêt dans une plus stricte adhésion aux bonnes mœurs, car c'étoit leur rigorisme même qui les rendoit chers au dauphin, avec lequel ils espéroient bientôt régner de nouveau sur la France.

Les jésuites étoient appelés à veiller d'autant plus scrupuleusement sur cette morale et ces principes qu'on leur attribuoit, et qui avoient été l'objet de tant d'accusations, que leur ordre se trouvoit alors compromis par des querelles qui leur étoient suscitées à la fois dans toutes les parties du monde. Les grands succès qu'ils avoient d'abord obtenus à la Chine, où ils avoient fondé une église nombreuse en ménageant les croyances et les coutumes du pays, avoient plus tard attiré sur cette église une persécution furieuse (1707-1724), lorsque la jalousie des dominicains, qui les avoient dénoncés, fixa sur eux, par des controverses intempestives, les regards et la jalousie du gouvernement chinois. En Amérique, leurs colonies des missions, et en particulier celles du Paraguai, avoient excité la jalousie des deux cours despotiques de Madrid et de Lisbonne. Ils avoient réussi à fixer des peuples sauvages, avant eux errans dans les forêts ; ils leur avoient enseigné, avec les premiers élémens de la religion, les premiers actes de la vie civile ; ils leur avoient fait bâtir des villages et des églises, cultiver des champs, accumuler des richesses. Ces richesses, il est vrai, n'étoient point pour eux, l'ordre en disposoit, mais il les employoit à faire vivre les Indiens dans une grande aisance. Les missionnaires jésuites avoient résolu ce problème si difficile, devant lequel les Européens ont toujours échoué depuis, de faire passer les hommes de la vie sauvage à la vie civilisée : plus notre expérience s'est accrue depuis lors, et plus notre admiration pour les succès des jésuites dans les missions doit augmenter. Ils n'employèrent que la charité, l'amour et une providence paternelle ; les autres peuples ont voulu élever les Sauvages, par l'instruction, l'émulation, le commerce, l'industrie, et ils leur ont communiqué les passions des peuples civilisés, avant la raison qui pouvoit les dompter et la police qui pouvoit les contenir. Sur tout le globe le contact de la race anglaise, hollandaise, française, avec les Sauvages, les a fait fondre comme la cire devant un feu ardent. Dans les missions de l'Amérique au contraire, la race rouge multiplioit rapidement sous la direction des jésuites. Leurs Indiens, disoit-on, n'étoient encore que de grands enfans; oui, mais après leur expulsion les Espagnols, les Portugais, les Anglais, les Français en ont fait des tigres.

Les Indiens des missions ne connoissoient que les pères qui dirigeoient chaque village, n'obéissoient qu'aux pères ; et dans un arrangement de territoire, sur la frontière du Brésil, entre l'Espagne et le Portugal (1754-1756), les Indiens des missions avoient opposé quelque résistance aux ordres des deux rois; Voltaire, dans *Candide* et dans ses *Facéties*, attaque les jésuites avec la dernière amertume pour leur *royauté du Paraguai*, et pour le recours aux armes des Indiens, lorsque des ordres arbitraires, insensés de gouvernemens aussi ignorans que cruels, venoient détruire leur existence ; ce n'est pas la première fois qu'il oublie toutes les lois de l'humanité, de la justice, de la décence, lorsqu'il trouve l'occasion d'accuser des prêtres. (1)

Tout à coup une accusation d'une tout autre nature éclata contre eux en Portugal, par suite de ce scandaleux libertinage des têtes couronnées, qui, au XVIIIe siècle, sembloit être devenu la plaie de toute l'Europe; Joseph, qui depuis 1750 régnoit en Portugal, n'étoit pas moins dissolu dans ses mœurs que son père Jean V. Mais tandis que ce prince avoit fait d'un couvent son harem, et qu'il avoit perdu, avant l'âge, dans les bras des religieuses, sa santé et sa vie (2), Joseph alloit chercher des maîtresses dans les maisons les plus puissantes du Portugal. Il avoit abandonné sans partage le pouvoir royal, ou plutôt le plus impitoyable despotisme à son ministre Sébastien Carvalho, marquis de Pombal, homme actif, passionné, doué de vastes connoissances, mais haineux, ombrageux, cruel, qui entreprit de réformer les finances, l'administration, le commerce, la marine, l'armée, et qui ne fit le bien qu'à coups de hache (3).

(1) Facéties, édit. de Baudouin, T. LXI, p. 163.
(2) Besenval, T. I, p. 99.
(3) Beitruge zur neueren Geschichte aus dem Britischen

Pendant ce temps, Joseph ne se réservoit de l'autorité royale que le droit de se faire amener les plus belles femmes de sa cour. Le grand-maître de la maison du roi, duc d'Aveyro, avoit à se plaindre d'un double outrage ; sa femme et sa fille avoient été l'une après l'autre livrées au monarque voluptueux, et l'entremetteur Texeira, valet de chambre du roi, le lui avoit dit en face. La jeune marquise de Tavora avoit à son tour, peu après son mariage, subi la même ignominie. Tous les membres de ces deux maisons partageoient le ressentiment des époux offensés; et dans cette cour, plus africaine qu'européenne, on croyoit encore qu'un tel outrage ne pouvoit être lavé qu'avec du sang. On assure pourtant qu'avant de se hasarder au régicide, les offensés, suivant les usages d'Espagne, voulurent mettre leur conscience en repos, en consultant des théologiens casuistes. Ils s'adressèrent à trois jésuites célèbres, les pères Malagrida, Alexandre de Sousa et Mathos. Dans de telles consultations on a toujours soin de cacher le nom des parties, et de donner le cas comme déjà arrivé. Il est probable qu'on en usa ainsi avec les trois jésuites; mais toute la procédure ayant été enveloppée d'un

und franctosischen Reichs archive von Friedrich von Raumer III, Theil. I, Band. I, Hauptistuch, p. 8-24.

secret impénétrable, on ne peut que le supposer. On répandit seulement le bruit qu'ils répondirent qu'après une telle provocation, l'homicide de l'offenseur ne seroit qu'un péché véniel, et l'on assure qu'ils signèrent leur consultation. Peu de temps après, dans la nuit du 3 septembre 1758, comme le roi don Joseph revenoit au palais de Belem, avec son valet de chambre Texeira, ministre de ses plaisirs, sa voiture fut assaillie par trois hommes à cheval; l'un d'eux tira sur le cocher avec une carabine qui ne fit pas feu, les deux autres tirèrent sur la voiture, et le roi fut blessé au bras droit. Les assassins prirent la fuite, et pendant quelques mois on crut que la police n'avoit aucun indice sur les auteurs de l'attentat. (1).

Joseph, qui avoit eu une grande frayeur, s'enferma pendant trois mois sans laisser parvenir d'autre personne jusqu'à lui que son chirurgien et son ministre Pombal. Ce ministre avoit feint, après quelque temps, d'abandonner des recherches infructueuses. Tout à coup il fit arrêter, dans un même jour, le duc d'Aveyro, ses affidés,

(1) Lacretelle, T. IV, p. 13. — Siècle de Louis XV, T. II, p. 36. — Frédéric II, Guerre de sept ans, T. I, ch. 9, p. 344. — *Annual Register, for the year* 1759, p. 210. — *History of Spain and Portugal*, Cabinet cyclopedia, T. V, p. 257. — Raumer dit n'avoir rien trouvé dans les archives de France et d'Angleterre qui éclaircisse le mystère de cette conspiration, p. 25-28.

ses domestiques et tous les membres de la famille Tavora. Les jésuites furent en même temps gardés à vue dans leur monastère. Le procès fut aussitôt instruit par un tribunal extraordinaire dans les formes les plus terribles. Tous les accusés furent soumis à d'effroyables tortures; un seul, le duc d'Aveyro, se laissa arracher par la douleur des confessions qu'il révoqua ensuite. L'arrêt qui dictoit la vengeance de la part de Joseph fut enfin prononcé le 13 janvier 1759. Le duc d'Aveyro, le marquis de Tavora, ses deux fils, Don Louis et Don Joseph, ses deux gendres, le comte d'Atonguya et don Joseph Romeiro, et plusieurs domestiques de ces seigneurs, en tout onze personnes, furent rompus vifs, brûlés, et leurs cendres jetées au vent. La marquise de Tavora eut la tête tranchée; elle passa de la prison à l'échafaud, sans avoir été interrogée. Quant à la jeune femme qui avoit attiré ce désastre sur l'illustre et malheureuse famille à laquelle elle venoit de s'allier, elle ne fut pas même nommée dans le procès; toutefois elle fut pour la vie enfermée dans un couvent. Les trois jésuites, Malagrida, Alexandre Sousa et Mathos furent dénoncés comme complices de l'attentat; mais le pape ayant refusé un bref pour autoriser leur supplice, ils furent déférés à l'inquisition pour de prétendues hérésies ou actes de magie, et Malagrida fut brûlé le 20 septembre 1761; les deux autres moururent en prison. Mais sans attendre le jugement de son procès, le roi avoit donné un édit le 3 septembre 1759, pour chasser tous les jésuites du Portugal. Tous leurs biens avoient été confisqués, et leurs personnes ayant été embarquées, on les jeta, dépourvus de tout, au nombre de plus de six cents, sur les côtes d'Italie. (1)

L'atrocité des procédures de Lisbonne, l'invraisemblance ou l'absurdité des accusations intentées contre Malagrida, et la dureté avec laquelle avoit été exécutée la déportation de cette foule de jésuites, parmi lesquels il y avoit beaucoup de vieillards et de malades, comme aussi plusieurs hommes qui ont acquis un grand nom dans les lettres, semblèrent faire moins d'impression sur l'Europe, que l'accusation portée contre ces religieux de favoriser le régicide. La violence despotique de Pombal, qu'on savoit être leur ennemi, la cruauté impitoyable et la poltronerie de Joseph n'empêchèrent pas les ennemis de l'ordre de donner créance à des

---

(1) Biogr. univ., art. *Aveiro*, T. III, p. 106; art. *Joseph I*, T. XXII, p. 26; art. *Pombal*, T. XXXV, p. 265; art. *Malagrida*, T. XXVI, p. 316. — Mercure historique et politique pour novembre 1761, p. 295. — Débarquemens de jésuites à Civitta-Vecchia, Mercure historique, 1760, p. 6-10-100-162.

accusations que les parlemens de France avoient, de leur côté, portées contre lui, dès le temps de Henri IV.

Il étoit vrai qu'à cette époque, déjà reculée, quelques jésuites casuistes, fidèles à leur politique de mettre à l'aise la conscience des rois qui leur étoient favorables, avoient rassemblé dans l'histoire sacrée et profane des exemples de tyrannicide, avec leur justification, pour servir d'apologie aux conspirations que Philippe II provoquoit partout contre les ennemis de l'Église. Il s'agissoit de prouver que c'étoit bien fait de faire assassiner Élisabeth, le prince d'Orange ou le roi de Navarre; car c'étoit pour servir les passions et la politique d'un roi, jamais la vengeance des peuples, que les jésuites avoient quelquefois justifié le régicide. Mais la magistrature de France regardoit l'ordre des jésuites comme un ancien ennemi qu'elle vouloit écraser : accoutumée à chercher des crimes et à les établir sur des preuves légales qui ne satisfaisoient point la conscience, elle sembloit renoncer à toute bonne foi, lorsqu'elle prenoit la tâche de charger un prévenu. Les parlementaires, d'accord avec les jansénistes, employoient toute la subtilité de leur esprit à démêler, dans toutes les conspirations découvertes contre tous les rois, l'influence des jésuites. En voyant ce qui se passoit en Portugal, il n'y avoit plus à douter, disoient-ils, qu'ils n'eussent été les instigateurs de Damiens. Les philosophes qui, chaque jour, devenoient plus nombreux et acquéroient plus de pouvoir dans l'état, prétendoient être plus impartiaux et tenir la balance égale entre les jésuites et les jansénistes; mais ils en profitoient pour accueillir toutes les accusations contre les uns comme contre les autres, et les flétrir tous également (1). Dans des écrits plus sérieux, ils s'attachoient en même temps à faire ressortir la fatale influence sur les affaires publiques du fanatisme et de la superstition; et ils applaudissoient à tous les projets pour abolir le plus puissant et le plus habile des ordres religieux, se croyant assurés qu'après celui-là les autres ne tarderoient pas à tomber. (2)

Le duc de Choiseul, le seul homme brillant du nouveau ministère, marchoit rapidement vers la place de premier ministre; au département de la guerre il avoit d'abord réuni celui des affaires étrangères, puis il l'avoit cédé au duc de Praslin, son docile parent, mais, à la place, il avoit pris celui de la marine et il tenoit le contrôleur-général dans sa dépendance. Il s'étoit en même temps assuré des parlemens, en sorte qu'il pouvoit tourner

---

(1) Voyez les Facéties de Voltaire, T. LXI, *passim*.
(2) Voyez Bachaumont, Mém. secrets, T. I, p. 30-33 et *passim*.

tous les pouvoirs de l'État contre les jésuites. Il avoit lui-même été élevé dans leurs colléges. Voltaire leur devoit aussi sa première éducation; car, on remarque avec étonnement que c'étoit par leurs leçons que s'étoient formés tous ceux qui contribuèrent le plus à renverser cette Église que les jésuites avoient pour mission spéciale de défendre. Le duc de Choiseul, secondé par Mme de Pompadour, eut peu de peine à faire entrer dans ses vues Louis XV, toujours troublé de l'attentat de Damiens, et, quant au dauphin, Choiseul s'étoit mis au-dessus de son opposition; il s'étoit brouillé ouvertement avec lui, jusqu'à lui dire : « Peut-être, Monsieur, serai-je un « jour assez malheureux pour être votre sujet, « mais, certainement, je ne serai jamais à votre « service. » (1)

Comme la fermentation s'accroissoit en France contre les jésuites, un incident fournit au parlement de Paris l'occasion qu'il cherchoit de procéder contre cet ordre. Les établissemens des missions, où les convertis Indiens travailloient pour un fonds commun administré par les pères, avoient amené ces religieux à se charger d'une immense administration économique; c'étoit leur affaire de nourrir et de vêtir tout un peuple, de pourvoir enfin à tous ses besoins. Ils

(1) Besenval, T. I, p. 253.

faisoient donc en réalité le commerce. Le père La Valette, jésuite français, procureur des missions à la Martinique, y étoit chargé de ces vastes intérêts mercantiles; mais plusieurs de ses vaisseaux furent capturés par les Anglais, en 1755, avant toute déclaration de guerre, lorsqu'ils s'emparèrent, par surprise, de toute la marine marchande de France. Le père La Valette ne put faire face à une perte si énorme, et l'ordre, par un calcul sordide, prit le parti de l'abandonner, au lieu de payer ses dettes. Le sieur Lioncy, marchand de Lyon, le seul qui osât entrer en cause avec un corps religieux si puissant, actionna l'ordre entier pour 1,500,000 livres de lettres de change de La Valette, protestées, et le père fut contraint de déclarer une faillite de plus de trois millions. Il y eut, dans tout le commerce, un mouvement d'indignation et de scandale lorsqu'on apprit qu'un jésuite avoit fait banqueroute. Les chefs de l'ordre dans cette occasion, bien loin de faire preuve de cette prudence et de cette adresse qu'on s'étoit accoutumé à nommer *jésuitiques*, déclarèrent qu'ils ne pouvoient se reconnoître comme solidaires du le père La Valette, puisque ce religieux avoit transgressé les constitutions de leur ordre, par lesquelles le commerce leur étoit interdit. (1)

(1) Mercure historique et politique de La Haye, 1761,

1760. La grand'chambre du parlement de Paris, devant laquelle ce procès avoit été porté, trouva dans cette allégation, si contraire à des faits bien connus, un motif légitime pour demander communication de ces constitutions; les jésuites, après beaucoup de difficultés, livrèrent un exemplaire en deux volumes in-folio, d'une édition de ces constitutions faite à Prague en 1757. Quatre commissaires furent nommés pour examiner ce recueil, qui ne pouvoit pas tomber entre les mains d'ennemis plus ardents de tout l'ordre. Et comme tous les parlemens du royaume étoient animés d'un même esprit, d'une même curiosité, chacun d'eux trouva à son tour quelque prétexte pour obtenir la même communication.

1761. L'ordre fut condamné par la grand'chambre, le 8 mai 1761, son général, et tous ses membres solidairement, à satisfaire les créanciers du père La Valette; mais il n'en fut pas quitte à ce prix; tous ses actes les plus mystérieux étoient livrés à l'inspection d'un corps de judicature acharné à le perdre. D'une extrémité à l'autre de la France, les parlementaires s'étudioient à faire ressortir des institutions d'Ignace Loyola et de Laynez une conjuration contre l'ordre civil et le pouvoir politique des sociétés.

Extrait du jugement de la grand'chambre du 8 mai, p. 317 et p. 382.

L'abbé de Chauvelin, conseiller au parlement
de Paris, Montclar, procureur-général du parlement d'Aix, et La Chalotais procureur-général au parlement de Rennes, se distinguèrent
surtout dans cette polémique, où ils montrèrent plus d'esprit que de bonne foi; tandis que
l'ordre qui passoit pour pouvoir donner des leçons de la politique la plus astucieuse ne montra, pour sa défense, que foiblesse, que trouble
et qu'incapacité. Il est vrai que bien peu
d'hommes ont assez de force dans le caractère
pour rester dignes d'eux-mêmes quand le torrent de l'opinion publique se déchaîne contre
eux. Le concert d'accusation, et le plus souvent
de calomnies que nous trouvons contre les jésuites dans tous les écrits du temps, a quelque
chose d'effrayant. Tout l'ordre judiciaire, tous
ces vieux jansénistes si récemment persécutés à
l'occasion des billets de confession, et si respectés pour leur piété; une grande partie du
clergé séculier et des autres ordres monastiques, jaloux de celui qui les avoit si longtemps
primés, tous les philosophes et ceux qui se prétendoient esprits forts, tous les libertins qui ne
vouloient plus de frein pour les mœurs, s'étoient réunis pour dénoncer les jésuites, et pour
proclamer leur abaissement, comme un triomphe de la raison humaine (1). En même temps

1761.

(1) Lacretelle, T. IV, p. 28. — Siècle de Louis XV, T. II,

tous les souverains sembloient se déclarer contre eux. Les républiques de Venise et de Gênes venoient de limiter leurs priviléges; à Vienne une commission impériale les avoit privés des chaires de théologie et de philosophie; à Turin le roi venoit de sévir contre l'un d'eux; tous les princes de la maison de Bourbon à Madrid, à Naples, à Parme, se rangeoient parmi leurs ennemis, et cependant on voyoit arriver les uns après les autres à Civitta-Vecchia des vaisseaux chargés de ces pères. En 1759 c'étoient ceux du Portugal; en 1760, ceux de l'Amérique Portugaise; en 1761, ceux de Goa et des Indes-Orientales. Ces derniers, au nombre de cinquante-neuf, à leur entrée dans la Méditerranée, eurent le malheur de tomber aux mains des Algériens, qui cependant se laissèrent toucher de compassion et les relâchèrent (1). Lorsque l'univers entier semble ainsi conjuré contre quelques hommes, ils peuvent encore trouver le courage de la résignation; mais où chercheroient-ils l'espérance sans laquelle on n'a plus ni prudence ni adresse?

Mme de Pompadour aspiroit surtout à se don-

---

p. 40. — Hist. des parlemens de Paris, ch. 58, p. 406. — De la destruction des jésuites en France, à la suite de Mme Du Hausset, p. 247. — Bachaumont, Mém. secrets, *passim*.

(1) Mercure historique, août et septembre 1761, p. 75 et 148.

ner une réputation d'énergie dans le caractère, et elle croyoit en avoir trouvé l'occasion en montrant qu'elle savoit frapper un coup d'État. La même petitesse d'esprit avoit aussi de l'influence sur le duc de Choiseul; de plus tous deux étoient bien aise de détourner l'attention publique des funestes événemens de la guerre. Ils espéroient acquérir de la popularité en flattant à la fois les philosophes et les jansénistes, et couvrir les dépenses de la guerre par la confiscation des biens d'un ordre fort riche, au lieu d'être réduits à des réformes qui attristeroient le roi et aliéneroient la cour. Il falloit il est vrai triompher de l'opposition du monarque, qui au milieu de ses débauches conservoit les scrupules et les terreurs de la dévotion, et qui laissoit percer tour à tour son aversion contre les jansénistes et contre les philosophes; mais sa maîtresse étoit accoutumée à le faire céder. Le parlement de Paris, par un arrêt du 6 août 1761, avoit ajourné les jésuites à comparoître dans l'année, pour ouïr jugement sur leur constitution, et en attendant il avoit ordonné la clôture de leurs colléges (1). Le roi, dans son irrésolution accoutumée, imposa silence au parlement, et consulta une commission de qua-

---

(1) L'arrêt est rapporté dans le Mercure historique, août 1761, p. 97 et 101.

rante évêques. Ces prélats, après avoir examiné les constitutions des jésuites, se prononcèrent pour la conservation de cette société. Le roi accueillit leur décision avec plaisir, et rendit un édit qui laissoit subsister les jésuites, en modifiant leurs constitutions. Le parlement, secrètement encouragé par le duc de Choiseul, refusa d'enregistrer cet édit. Le roi montra d'abord quelque humeur de cette résistance, mais bientôt il oublia son édit. Quelques mois après il le retira, et le parlement ayant attendu le terme fixé par l'ajournement de l'ordre, prononça, le 6 août 1762, un arrêt par lequel il condamnoit l'institut des jésuites, les sécularisoit, et ordonnoit la vente de leurs biens (1). Ces biens se trouvèrent avoir été en grande partie consumés par des séquestres, ou détournés, en sorte que le ministre des finances n'y trouva point la ressource sur laquelle il avoit compté. On croyoit le roi fort agité, il montra au contraire l'indifférence la plus apathique; lorsque Choiseul lui demanda son consentement final : *soit*, répondit-il en riant, *je ne serai pas fâché de voir le père Desmarets* (son confesseur) *en abbé*. (2)

Le ministère avoit du moins réussi à faire di-

(1) Lacretelle, T. IV, p. 32. — Soulavie, T. IX, ch. 18, p. 297. — Mercure historique, août 1762, p. 94.
(2) Besenval, T. I, p. 288.

version aux plaintes et aux clameurs qu'excitoit la guerre. La France étoit humiliée par tous ses revers, mais elle sentoit en même temps qu'elle ne couroit pas de dangers : aussi elle détournoit ses regards le plus qu'elle pouvoit des événements militaires. Il n'y a peut-être aucune période de son histoire, où ceux qui exposoient leur vie dans les armées pour le service du pays aient moins cherché à assurer la mémoire de leurs actions. Le maréchal de Belle-Isle, le partisan le plus opiniâtre de cette guerre, étoit mort dans les premiers jours de l'année 1751; mais quoique, dès cette époque, quelques négociations pour la paix fussent entamées, le ministère n'avoit point abandonné ses projets belliqueux; non seulement le duc de Choiseul étoit lui-même attaché de cœur à la maison d'Autriche, mais il savoit que le moyen le plus sûr de plaire à la favorite, et par conséquent de s'affermir dans sa place, étoit de l'aider à montrer son dévouement à *son amée* Marie-Thérèse.

La mort de quelques uns des plus puissans souverains de l'Europe, du roi d'Espagne en 1759, du roi d'Angleterre en 1760, de l'impératrice de Russie en 1761, devoit amener cependant de nouvelles combinaisons dans la politique et des révolutions dans cette guerre si désastreuse pour l'Allemagne, si honteuse pour la coalition des plus grandes puissances contre le roi de Prusse. Ferdinand VI, prince indolent, vaporeux, s'étoit laissé gouverner par sa femme, Barbe de Portugal, qui ne lui étoit guère supérieure ; elle s'étoit laissé diriger par Farinelli le chanteur, ou par l'ambassadeur d'Angleterre, sir Benjamin Keene, homme de beaucoup de talent, et qui savoit tirer parti des foiblesses de la reine, et de son amour pour l'argent. Toutefois l'influence de l'Angleterre sur l'Espagne se bornant à l'empêcher de prendre part à la guerre, fut plutôt heureuse ; et quelques hommes de talent : Carvajal, Ensenada, le général Wall, et le duc d'Huescar, étant successivement entrés dans le ministère, le règne de Ferdinand VI fut, à tout prendre, pour l'Espagne une époque de prospérité. Mais la reine Barbe mourut le 27 août 1758, à la suite d'une longue maladie, et dès lors il ne fut plus possible de dissimuler que la mélancolie du roi étoit devenue une vrai folie, qui éclatoit quelquefois par des accès de fureur. Il mourut enfin le 10 août 1759 à l'âge de quarante-six ans. Par son testament, il appeloit à lui succéder son frère Charles IV, roi de Naples, et jusqu'à l'arrivée de ce prince, sa mère, la turbulente Élisabeth Farnèse, fut rappelée de Saint-Ildephonse pour gouverner comme régente. (1)

---

(1) Coxe, L'Espagne sous les Bourbons, ch. 58, p. 263.

Le nouveau roi qui fut nommé en Espagne, Charles III, s'étoit fait aimer et estimer à Naples; il ne manquoit ni de talens ni de vertus, et d'ailleurs il avoit donné sa confiance à un homme habile, Bernardo Tanucci, qui avoit rétabli l'ordre dans les finances, dans l'administration, et dans les tribunaux des Deux-Siciles. Seulement Tanucci, qui étoit plébéien de naissance, et originairement avocat et professeur de droit à Pise, ne sut rien faire de mieux que de substituer le pouvoir des gens de loi à celui des nobles et du clergé, contre lesquels il ressentoit beaucoup de jalousie. Il dut l'estime et la réputation dont il jouit alors, non seulement dans les Deux-Siciles, mais en Europe, au courage avec lequel il mit des bornes à la puissance de la cour de Rome, et aux juridictions féodales qui opprimoient les sujets de Charles IV, tandis qu'on n'observa point assez qu'il élevoit seulement le pouvoir absolu à la place de la féodalité, et que, n'avançant dans le tiers-état que les gens de loi, il donnoit à l'administration du royaume le caractère qui leur étoit propre, le manque de vérité, de dignité, de fidélité dans les promesses, et l'habitude de déguiser la pensée sous les paroles. (1)

(1) *Pietro Colletta, Storia del Reame di Napoli*, L. I, ch. 57-60, p. 146-155.

Le roi de Naples, appelé à régner en Espagne, avoit six fils et deux filles, mais tous en bas âge, et le fils aîné, Philippe, âgé de douze ans, atteint par cette débilité mentale qui s'étoit déjà manifestée comme héréditaire dans la famille, étoit affecté de folie ou d'imbécillité, et reconnu par les médecins comme incurable. Charles montra du courage et du patriotisme en reconnoissant et proclamant lui-même, le 6 octobre 1759, cette incapacité de son fils, dans une assemblée des ambassadeurs, des ministres, des membres de la régence et des magistrats de la ville. Il y publia un édit par lequel il excluoit son fils aîné de tout droit à ses couronnes; il appeloit le second, Charles, à lui succéder comme prince des Asturies, dans la monarchie d'Espagne, et le troisième, Ferdinand, qu'il émancipa, quoiqu'il ne fût âgé que de huit ans, à régner sur les Deux-Siciles avec une régence dont le seul membre influent étoit Bernard Tanucci, ayant réglé pour tous les cas à venir la succession au trône, et ayant poussé jusqu'au scrupule le soin de laisser à Naples tous les joyaux et toutes les appartenances de la couronne; il s'embarqua le même jour sur une flotte espagnole qui, en quatre jours, avec un vent favorable, le porta à Barcelone. Sur sa route, il accorda des grâces à la Catalogne et à l'Aragon; le 9 décembre seulement, il arriva à Madrid où son premier acte, de concert avec sa mère, fut d'exiler Farinelli. (1)

Le nouveau roi, Charles III, arrivoit donc précédé d'une réputation favorable comme ayant montré dans les Deux-Siciles des talens, de l'activité et du zèle pour le bien public. D'autre part, on pouvoit croire qu'il écarteroit la faction anti-française qui dominoit alors dans les conseils de Madrid : il l'accusoit de la défaveur et de l'espèce d'exil dans lequel sa mère avoit toujours été tenue depuis la mort de Philippe V. Il n'avoit point oublié l'insulte que lui avoit faite la flotte anglaise en le menaçant de bombarder Naples, s'il ne renonçoit pas à l'alliance de son père : il en garda le ressentiment toute sa vie ; un autre motif encore devoit influer sur ses alliances. Par le traité d'Aix-la-Chapelle, il avoit été réglé que si Charles venoit à succéder à Ferdinand VI, Don Philippe succéderoit à Charles dans les Deux-Siciles; qu'alors les duchés de Parme et de Guastalla reviendroient à l'Autriche, et le duché de Plaisance au Piémont. Charles, qui vouloit assurer les Deux-Siciles à son troisième fils, n'avoit point donné son consentement à ce traité, mais il auroit eu lieu de craindre l'Autriche et la Sardaigne si la pre-

---

(1) *Colletta*, L. I, ch. 593, p. 15. — Coxe, L'Espagne sous les Bourbons, T. IV, ch. 59, p. 414.

mière ne s'étoit pas trouvée à cette époque alliée avec la France, et n'avoit pas consenti à maintenir Don Philippe dans les États de Parme et de Plaisance, et à imposer silence au roi de Sardaigne. (1)

Se fondant sur les dispositions et les intérêts du nouveau souverain, Choiseul travailla immédiatement à l'attirer dans l'alliance de la France et de l'Autriche, et à lui faire resserrer les liens qui unissoient les membres divers de la maison de Bourbon. Il auroit voulu que les royaumes de France, d'Espagne, des Deux-Siciles, et le duché de Parme, s'unissent par un nouveau pacte de famille, et s'engageassent à se garantir réciproquement leurs États. Il exposa au souverain espagnol la détresse à laquelle le trésor de France étoit réduit, la perte des colonies, la prépondérance de l'Angleterre, et il lui demanda avec instance une avance de 20 millions qu'il déclaroit lui être nécessaire pour éviter la banqueroute. Charles étoit ébranlé; toutefois il ne voulut prendre aucun engagement avant de connoître mieux l'état du pays qu'il étoit appelé à gouverner. Il offrit seulement sa médiation; mais l'arrogance de M. Pitt, qui ne vouloit point de paix jusqu'à ce que la France fût plus humiliée et plus affoiblie, indisposa

---

(1) Coxe, ch. 59, p. 415.

toujours plus le nouveau roi d'Espagne. Pendant ce temps, le commerce espagnol renouveloit ses plaintes contre les Anglais. Ceux-ci continuoient leur commerce de contrebande sur toutes les côtes de l'Amérique espagnole, unissant la violence à la fraude pour écarter les vaisseaux gardes-côtes : ils continuoient aussi, les armes à la main, à venir couper le bois de campêche sur le territoire espagnol, et ils pourchassoient les vaisseaux espagnols qui venoient prendre part à la pêche de la morue sur le banc de Terre-Neuve, selon le droit qui lui étoit réservé par le traité d'Utrecht. Des négociations directes ayant été ouvertes entre la France et l'Angleterre, Choiseul eut l'art de joindre les réclamations de l'Espagne sur ces trois objets aux demandes de la France. M. Pitt montra une grande indignation de ce qu'une puissance en guerre avec l'Angleterre prétendoit lui adresser des demandes en faveur d'une puissance en paix avec elle. Ces discussions s'aigrirent de plus en plus, et elles amenèrent enfin Charles III à signer, le 15 août 1761, le traité qui porte le nom de *pacte de famille*. (1)

Par le pacte de famille, les rois de France, d'Espagne, des Deux-Siciles et l'infant duc de

---

(1) Flassan, Diplomatie, T. VI, p. 281. — Coxe, ch. 60, p. 450.

Parme s'unissaient en alliance perpétuelle, promettant que chacun d'eux auroit pour ennemie toute puissance ennemie de l'un d'eux; quiconque attaqueroit l'une des couronnes étoit censé attaquer toutes les autres, en sorte que les secours, limités d'abord à vingt-quatre mille hommes de la part de la France et de l'Espagne, devoient s'étendre ensuite à toutes les forces des deux monarchies. Les deux puissances étoient convenues de se confier toutes les alliances qu'elles formeroient dans la suite, ainsi que les négociations dans lesquelles elles s'engageroient; article qui attira plus d'une fois dans la suite les reproches de l'Espagne à la France. Charles III stipuloit pour son fils, le nouveau roi des Deux-Siciles, et pour son frère Don Philippe. Ces deux souverains ne donnèrent cependant point alors leur accession au traité. Le pacte de famille n'étoit que provisionnel, et ne s'appliquoit pas à la guerre actuelle; mais le même jour une convention particulière et secrète fut signée aussi entre la France et l'Espagne, par laquelle la dernière s'engageoit à déclarer la guerre à l'Angleterre le 1ᵉʳ mai 1762, si, avant cette époque, la paix n'étoit pas conclue entre les deux couronnes; et, le même jour, la France devoit consigner aux Espagnols l'île de Minorque qu'elle avoit conquise. (1)

(1) Flassan, Diplomatie, T. VI, p. 288-326.

Avant la signature de ce traité, George II étoit mort en Angleterre, le 25 octobre 1760, à l'âge de soixante-dix-sept ans, et son petit-fils George III étoit monté sur le trône. Le nouveau roi accordoit toute sa confiance au comte de Bute, son confident, qui avoit été son gouverneur, et la toute puissance de M. Pitt, qui avoit conduit les affaires de la guerre avec tant de talens, mais tant de hauteur, en étoit ébranlée. Lord Bute étoit loin d'avoir ou des talens ou un caractère à comparer à ceux de ce grand homme d'État. Il désiroit la paix, ne fût-ce que pour se débarrasser d'un collègue dont la réputation éclipsoit la sienne, et il soutenoit l'opinion, assez générale parmi les Anglais, que c'étoit pour eux une mauvaise politique de se mêler des affaires du continent, et qu'ils y prodiguoient vainement leur sang et leur trésor. Cette opinion étoit fondée, sans doute; mais il falloit l'adopter avant de se plonger dans la guerre; car il n'étoit pas loyal de contracter des alliances, de bouleverser les États, de s'emparer du premier rôle dans toutes les délibérations sur la paix ou la guerre, puis de s'en retirer tout-à-coup en déclarant que les Anglais avoient reconnu que ce n'étoient pas leurs affaires. Ce fut pourtant ainsi qu'en agit la nouvelle administration. Quoique George III, dans le premier discours qu'il tint à son parlement, eût solennellement promis de tenir tous les engagemens pris envers les alliés, Bute ne voulut plus entendre parler de subsides à la Prusse, il commença par user de faux-fuyans et de subterfuges, et enfin il refusa nettement de les payer. (1)

Cet abandon de l'Angleterre, dans l'état d'épuisement où étoit la monarchie prussienne, après dix-neuf batailles rangées, dans onze desquelles Frédéric II ou ses généraux avoient été défaits (2), après la dévastation de sa capitale et de ses provinces, l'incendie de ses magasins, la destruction de ses armées et d'une partie considérable de la population de son pays, cette cessation des subsides sur lesquels il avoit dû compter, fut comme un dernier coup porté à sa puissance, et sous lequel il s'attendoit lui-même à succomber. Dans l'état de foiblesse auquel il étoit réduit, n'ayant au commencement de la campagne que cinquante mille hommes à opposer à soixante-dix mille Russes et soixante mille Autrichiens, il prit pour la première fois le parti de se renfermer dans la défensive; il

---

(1) *Annual Register*, février 1760, ch. 10, p. 50. — *Archenholtz*, p. 272. — Frédéric II, Hist. de la guerre de sept ans, ch. 35, p. 284. — *Cormick, Hist. of England*, ch. 1, § 4, p. 10; § 16, p. 23.

(2) Le roi avoit gagné lui-même sept victoires, ses généraux une seule, il avoit été battu trois fois en personne. — *Annual Register*, 1761, ch. 6, p. 31.

occupa un camp retranché à Buntzelwitz, non
loin de Schweiduitz, et il y lassa la patience des
Russes, qui, après avoir souffert de grandes
privations, se retirèrent enfin le 13 septembre.
Le roi se croyoit délivré d'un grand danger;
mais tout le nerf de son état militaire étoit dans
ses armées; il ne formoit ses garnisons que de
transfuges et de convalescens, et, pendant qu'il
suivoit les Russes, Laudon, avec l'armée autrichienne, surprit Schweiduitz, le 1er octobre, et
lui enleva dans cette ville ses magasins, ses arsenaux, sa caisse militaire, tous les objets les
plus importans pour continuer la guerre. Après
cette conquête, pour la première fois les Autrichiens purent prendre leurs cantonnemens
dans la Silésie, dont ils occupoient près de la
moitié. Dans le même temps, une autre armée
russe avoit assiégé Colberg; elle contraignit par
la famine cette ville à capituler le 16 décembre,
après quatre mois de siége, et cette armée vic-
torieuse prit ses quartiers d'hiver dans la Poméranie. Le prince Henri de Prusse, enfin, qui
défendoit la Saxe contre le maréchal Daun,
n'en avoit pu préserver qu'une partie; et, soit
l'armée autrichienne, soit l'armée des Cercles,
avoient pris leurs quartiers d'hiver en Saxe.
Toutes les parties de la monarchie prussienne
étoient dévastées et envahies; il devenoit désormais impossible de tirer d'aucune d'elles des re-

crues, des chevaux, des vivres, de l'argent. Frédéric II n'avoit pas désormais plus de quarante mille hommes sous les armes, et il se croyoit lui-même bien près du terme de son existence. (1)

La condition du prince Ferdinand de Brunswick, qui, avec les Anglais et les Hanovriens, tenoit tête aux Français, n'étoit pas tout-à-fait aussi déplorable, quoiqu'il eût à peine cinquante mille hommes à opposer sur le Bas-Rhin au prince de Soubise qui en commandoit cent mille, tandis que le prince héréditaire, avec moins de monde encore, devoit arrêter le maréchal de Broglie qui en avoit cinquante mille sur le Mein; ils réussirent à les empêcher de faire aucun progrès important, par une suite de petits combats où les succès furent assez balancés. Le maréchal de Broglie, ou plutôt le comte son frère, plus intrigant et plus ambitieux que lui, engagea le ministère à ordonner la réunion des deux armées françaises; Broglie avoit pour lui l'opinion des militaires et du public, Soubise celle de la favorite; aussi l'arrivée du maréchal fut-elle saluée par les acclamations et les applaudissemens des soldats de Soubise. Cependant il justifia mal leur enthousiasme; le 15 juillet il atta-

---

(1) *Archenholtz*, p. 273-298.—Frédéric II, ch. 14, p. 201. — *Annual Register*, 1761, ch. 6, p. 31.

qua le prince Ferdinand à Fillingshausen, quoiqu'il fût convenu avec le prince de Soubise que ce seroit le lendemain seulement que l'action auroit lieu. On crut qu'il avoit voulu le devancer pour avoir seul l'honneur de la victoire. De son côté il prétendit que, forcé par l'ennemi à engager le combat plutôt qu'il n'auroit voulu, il devoit s'attendre à ce que Soubise, averti par une effroyable canonnade, marcheroit à son secours sans attendre de nouveaux avis. Soubise n'arriva que le lendemain, entre neuf et dix heures du matin; mais comme ses colonnes commençoient à s'engager, Broglie lui fit dire qu'il étoit battu et qu'il faisoit sa retraite. Soubise fit aussi la sienne.

La campagne continua avec des succès balancés, et les armées françaises furent, comme l'année précédente, mises en quartiers dans la Hesse. Mais Broglie, dans l'hiver, à la suggestion de son frère, publia un mémoire très-offensant pour Soubise qu'il accusoit de lui avoir fait perdre la bataille; celui-ci répondit en rétorquant les accusations; ces mémoires furent jugés en plein conseil; la favorite se déclara pour Soubise; Broglie fut privé du commandement des armées, du gouvernement de l'Alsace, et exilé à Broglie; le comte son frère fut puni avec plus de rigueur encore; mais le public s'étoit déjà accoutumé à renverser les jugemens de la cour. On jouoit *Tancrède*, au Théâtre-Français, le jour où l'on apprit l'exil de Broglie, et les applaudissemens fanatiques donnés à ces vers :

> On dépouille Tancrède, on l'exile, on l'outrage;
> C'est le sort d'un héros d'être persécuté,

montrèrent assez que tout le public lui en faisoit l'application. (1)

Le manque de vigueur ou de concert des généraux français, en permettant aux deux princes de Brunswick de leur tenir tête avec des forces très-inférieures, ne servoit qu'à prolonger l'agonie de l'Allemagne; de même que le roi de Prusse ne recevoit plus de subsides de l'Angleterre, on s'attendoit d'un moment à l'autre à ce que le Hanovre et la Hesse fussent également abandonnés. On ne pouvoit dire que la nation anglaise désirât la paix, mais elle paroissoit décidée à ne plus s'occuper que de ses propres affaires, à pousser ses succès maritimes et ses conquêtes de colonies, et à laisser ses alliés d'Allemagne s'arranger comme ils pourroient. Le roi de Prusse montroit toujours au dehors le même courage, mais il se croyoit désormais perdu sans espoir. Tout à coup il fut retiré de

(1) Mém. de Rochambeau, T. I, p. 176-192. — Besenval, T. I, p. 54. — Lacretelle, T. III, p. 384. — Bachaumont, Mém. secrets, T. I, p. 34, 20 février 1762.

l'abîme par la mort de l'impératrice de Russie, Élisabeth Pétrowna, survenue à la fin de décembre 1761 (1). Cette princesse voluptueuse, qui chaque jour s'abandonnoit à de nouveaux amans, étoit parvenue à l'âge de cinquante-un ans; depuis long-temps sa santé étoit chancelante, un crachement de sang l'emporta. Les Russes lui conservent un sentiment d'affection à cause de sa clémence; elle ne voulut, pendant son règne, permettre aucun supplice capital; mais elle se montra bien plus sanguinaire par sa haine contre le roi de Prusse qu'elle n'auroit fait par les supplices les plus nombreux et les plus sévères infligés à des criminels. Ses armées faisoient la guerre sans pitié; le meurtre, l'incendie, le pillage marquoient partout leur passage, et à cent mille soldats qui périrent pour obéir à ses ordres dans les combats il faut ajouter au moins cent mille paysans qui périrent par tous les genres de souffrances qu'infligeoient ses armées. Son successeur, Pierre III, fils de sa sœur et d'un duc de Holstein-Gottorp, magnanime jusqu'au délire, rendoit un culte à Frédéric II, en qui il voyoit le premier général et le plus grand héros des temps modernes. A peine monté sur le trône, il lui témoigna combien

---

(1) *Archenholtz* dit le 25 décembre, Frédéric II, le 8 janvier, d'autres le 29, d'autres le 5.

il désiroit son amitié. Frédéric ne montra pas moins d'empressement pour la paix ; il n'y avoit, disoit-il aucun motif de querelle entre les deux monarchies ; il n'étoit pas cependant sans inquiétude : les Russes étoient en possession de tout le royaume de Prusse, et les cours de Versailles et de Vienne leur en avoient garanti la souveraineté : lord Bute, de son côté, avoit annoncé au prince Galitzin, ministre russe à Londres, qu'il se faisoit fort d'en obtenir la cession par Frédéric, tout comme celle de diverses provinces de la monarchie prussienne à la cour d'Autriche, pourvu que Pierre III ne se pressât point de faire une paix séparée (1). L'empereur russe indigné envoya la dépêche de Galitzin à Frédéric, lui demanda son amitié, et ayant évacué tout ce qu'il possédoit dans les États prussiens, signa son traité de paix le 5 mai, et bientôt après ordonna au général Czernicheff de joindre l'armée prussienne avec vingt mille Russes, et d'obéir sans restriction aux ordres de Frédéric.

Cette surprenante révolution rétablit les af-

---

(1) Frédéric II, Hist. de la guerre de sept ans, ch. 15, p. 290. — Raumer, d'après les lettres du baron de Breteuil, ambassadeur français à Pétersbourg, fait ressortir les vices et l'incapacité de Pierre III qui n'avoit de recommandable que son admiration pour Frédéric II, IIIe partie, T. I, ch. VI, p. 299.

faires du roi de Prusse, lorsqu'elles paroissoient le plus désespérées. Tous les États de Frédéric, depuis Breslaw jusqu'aux frontières de Russie, étoient délivrés d'ennemis ; les Suédois, redoutant les suites du changement survenu à Pétersbourg, avoient, de leur côté, demandé et obtenu la paix (22 mai) en rétablissant toutes choses entre les deux monarchies sur le pied où elles étoient avant la guerre. Il ne restoit plus à Frédéric d'ennemis que l'électeur de Saxe, roi de Pologne, qui, dépouillé de ses États d'Allemagne et ruiné, désiroit ardemment la paix, et Marie-Thérèse qui commençoit enfin à sentir le fardeau accablant de cette guerre atroce(1). La France étoit bien aussi, nominalement, au nombre de ses ennemis; mais, depuis qu'elle avoit entamé des négociations avec l'Angleterre, elle étoit convenue avec cette puissance de séparer la guerre maritime de la guerre continentale. Lord Bute y mettoit de l'importance, pour que l'Angleterre, qui avoit tant gagné dans la guerre pendant que son allié avoit tant perdu, ne fût pas appelée à admettre des compensations entre eux ; et Choiseul, tout occupé de son alliance d'Espagne, croyoit de son côté

---

(1) *Archenholtz*, p. 309. — Frédéric II, Guerre de sept ans, ch. 15, p. 273-300. — *Annual Register*, 1762, ch. 3, p. 11. — Mercure historique et politique, février 1762, p. 127.

trouver son intérêt à isoler la France de l'Allemagne.

Dès le 26 mars 1761, la cour de France avoit publié une déclaration, tant en son nom qu'en celui des cours de Vienne, de Pétersbourg, de Stockholm et de Varsovie, par laquelle ces puissances invitoient les cours de Londres et de Berlin à renouer les négociations, et proposoient la ville d'Augsbourg pour siége d'un congrès; mais, en même temps, Choiseul, pour gagner du temps, avoit ouvert une négociation directe avec la cour de Londres dans laquelle il proposoit, comme point convenu, la séparation de la guerre maritime d'avec la guerre d'Allemagne, et il offroit d'entrer en négociation sur la première, tout en témoignant le désir que la paix particulière de la France fût unie à la paix générale. D'après ce mémoire, les deux couronnes devoient rester en possession de ce qu'elles avoient conquis l'une sur l'autre, et la situation où elles se trouveroient au 1er septembre 1761 aux Indes orientales, au 1er juillet en Afrique et en Amérique, au 1er mai en Europe, devroit servir de base au traité à négocier entre les deux puissances (1). Cette proposition étoit très défavorable à la France, car elle avoit perdu presque toutes ses colonies, et, pour les recou-

(1) Flassan, Diplomatie, T. VI, p. 383.

vrer, elle n'avoit à offrir en échange qu'une seule conquête, celle de l'île de Minorque, et l'évacuation du Hanovre ; cependant, M. Pitt voulut rendre cette condition plus défavorable encore, en retardant l'époque fixée pour justifier de la possession, parce qu'il espéroit dans l'intervalle accomplir quelques autres conquêtes. Sur ces entrefaites arrivèrent les demandes que la France faisoit en faveur de l'Espagne ; Pitt en prit occasion de faire rompre la négociation le 21 septembre 1761, après qu'elle eut traîné quelques mois. Il annonça à ses collègues qu'il ne doutoit point que l'Espagne ne fût secrètement déterminée à s'unir à la France, et il leur proposa de la prévenir, en s'emparant de ses flottes et de ses colonies, par une attaque subite, avant qu'elle fût sur ses gardes. Lord Bute s'opposa à cette agression violente qui lui paroissoit une perfidie. Pitt alors donna sa démission le 6 octobre, et lord Bute fut son successeur à la tête du ministère.

La conquête sur laquelle Pitt avoit compté pour compenser celle de Minorque, étoit déjà accomplie avant sa retraite. C'étoit celle de Belle-Isle, que le commodore Keppel attaqua le 7 avril 1761. Cette île, sur la côte de Bretagne, qui n'a que douze lieues de tour, qui ne compte que cinq mille habitans, pour la plupart misérables pêcheurs, et qui n'a que trois mauvais ports, sans profondeur, exposés aux tempêtes, avoit peu de valeur et d'importance et pour la France et pour l'Angleterre ; mais à cause de son voisinage des côtes, Pitt estimoit que sa perte humilieroit les Français, qu'ils seroient contraints de l'accepter ensuite en échange de Minorque, et que n'ayant rien autre à offrir en retour de toutes les colonies perdues, ils seroient réduits à les abandonner à l'Angleterre. Toutefois, la descente tentée au sud-est de l'île, près de la pointe de Lochmaria ne réussit point; les Anglais furent repoussés avec perte de cinq cents hommes. Une autre tentative, le 25 avril, au pied de la côte la plus escarpée de l'île, et par conséquent la moins gardée, fut couronnée de plus de succès. Les Anglais l'ayant escaladée, contraignirent le chevalier de Sainte-Croix, qui commandoit dans l'île, à se retirer dans la petite ville, puis dans la citadelle de Palais. Il y fit une honorable défense ; mais comme, malgré la proximité du continent, les Français, dépourvus de marine, ne purent lui faire passer aucun secours, il fut, le 7 juin, réduit à capituler (1). Dans l'année, les Anglais se rendirent maîtres aussi de la Dominique, dans le golfe du Mexique ; et aux Grandes-Indes, où M. de Lally

---

(1) *Annual Register*, T. IV, ch. 3, p. 15.

avoit eu d'abord des succès, les revers avoient commencé pour lui. Il avoit été défait à Wandewach; la ville d'Arcot, les forteresses de Chitteput et Carrical lui avoient été enlevées; il avoit été bloqué à Pondichéry, et il avoit enfin été contraint de livrer cette ville aux Anglais le 15 janvier 1761. (1)

Le ministère de M. de Choiseul, qui sentoit de plus en plus la nécessité de la paix, et qui reconnoissoit d'autre part que sa condition étoit toujours plus défavorable pour la faire, se détermina à profiter de l'influence qu'il avoit acquise sur le roi d'Espagne, afin de lui faire tenter une conquête qu'il supposoit devoir alarmer l'Angleterre et la déterminer à des concessions : c'étoit celle du Portugal. Le 2 janvier 1762, Charles III déclara la guerre aux Anglais, et, conjointement avec la cour de France, il somma la cour de Portugal de renoncer à une neutralité qui, disoit-il, étoit trop favorable au commerce anglais, et qui donnoit à cette nation les moyens d'étendre sa tyrannie sur toutes les mers. Il n'y avoit pas d'exemple d'une attaque plus injuste et moins provoquée; mais aux yeux de Choiseul ce n'étoit qu'un moyen de contraindre le ministère anglais à la paix; et il ne doutoit pas qu'il ne fût efficace. L'incapacité et les vices

---

(1) *Annual Register*, ch. 10, p. 54.

du roi Joseph, la tyrannie effroyable du marquis de Pombal, qu'on disoit être en horreur à toute la nation, et les conséquences du tremblement de terre qui, en renversant Lisbonne, avoit ruiné les finances portugaises et entr'ouvert les fortifications des villes frontières, faisoient croire que le Portugal tout entier seroit une conquête facile pour l'armée espagnole, que le prince de Beauvau vint joindre devant Almeida, avec douze bataillons français. En effet, ils prirent d'abord Miranda, Bragance et Chaves; mais la haine des paysans portugais contre les Espagnols leur fit trouver des moyens de résistance inattendus; la fierté du marquis de Pombal s'étoit révoltée de l'injustice qu'il éprouvoit, et lui avoit fait déployer une nouvelle énergie; les Anglais lui avoient accordé un subside de deux cent mille livres sterling, et l'on pouvoit déjà reconnoître que l'attaque du Portugal seroit aussi peu profitable qu'elle étoit peu honorable. (1)

Mais Choiseul n'avoit point assez calculé qu'en entraînant l'Espagne dans la guerre, c'étoit ce royaume qu'il exposoit à de grandes calamités, et qu'il livreroit aux Anglais de nouvelles conquêtes qui rendoient la paix plus désavanta-

(1) Flassan, Diplomatie, T. VI, p. 466-467. — Coxe, L'Espagne sous les Bourbons, ch. 81, p. 493. — *Annual Register*, T. V, 1762, ch. 2, p. 6.

geuse encore. En effet, la marine anglaise avoit accueilli avec des transports de joie la déclaration de guerre de l'Espagne, qui livroit à ses déprédations les galions toujours si mal défendus et si chargés d'or et de marchandises précieuses. Les Espagnols étoient depuis long-temps le peuple de prédilection des corsaires. Bientôt le grand vaisseau d'Acapulco, qui tomba entre les mains des Anglais, rapporta seul trois millions de piastres. Mais les expéditions contre les colonies, pour lesquelles la cupidité privée s'unissoit de même au patriotisme, eurent des résultats plus effrayans encore pour la monarchie espagnole. Depuis le ministère de Pitt, toutes les parties de l'administration étoient dans un si bel ordre, les flottes, les soldats, les arsenaux, tout étoit si prêt pour l'action, que la volonté du gouvernement étoit exécutée presque aussitôt qu'énoncée. Six semaines après que la nouvelle de la déclaration de guerre fut parvenue aux Indes orientales, l'amiral Pococke, avec vingt-neuf bâtimens et quatorze mille hommes, attaqua la Havane le 2 juin. C'étoit le grand dépôt du commerce, du trésor et des forces des Espagnols en Amérique. Ils comptoient sur la bonté des fortifications, sur la force de la garnison, sur la valeur et le patriotisme des deux chefs qui la commandoient, et qui tous deux se firent tuer ; enfin, sur le climat qui devoit exercer sur les Anglais son influence pernicieuse. Cependant, après un siége meurtrier de deux mois et dix jours, la Havane fut prise; elle fut traitée avec l'âpre cupidité qui caractérise les expéditions maritimes; les vainqueurs y gagnèrent quinze millions de piastres, sans compter une quantité immense de munitions militaires et navales, neuf vaisseaux de ligne et trois frégates. Un second coup non moins funeste vint bientôt après frapper les Espagnols aux antipodes. Le général Draper, parti de Madras avec deux mille trois cents hommes, vint tenter la conquête des Philippines, il débarqua devant Manille, dans l'île de Luçon, le 24 septembre, avant qu'on y eût reçu la nouvelle de la déclaration de guerre; l'archevêque et le commandant s'enfermèrent dans la citadelle; la ville, abandonnée aux Anglais, éprouva plusieurs jours de pillage et de violences, et quand la citadelle fut contrainte de se rendre à son tour, elle dut se racheter par une rançon de quatre millions de piastres. (1)

La France, qui avoit attiré de si promptes et de si cruelles calamités sur son alliée, n'y échappoit point elle-même. Elle venoit de perdre la Martinique. L'expédition contre cette île, qui

---

(1) Coxe, Bourbons d'Espagne, ch. 61, p. 482-493. — *Annual Register*, 1762, ch. 8, p. 36.

aux yeux des Français étoit la forteresse des Antilles, avoit été résolue dans la prévision d'une guerre avec l'Espagne, et pour qu'une flotte anglaise fût toute portée dans le golfe du Mexique lorsqu'elle commenceroit. L'amiral Rodney, secondé par le général Monkton, parut devant la Martinique le 7 janvier 1762. Malgré la vaillante résistance des Français, il réussit à effectuer son débarquement; par une attaque vigoureuse il s'empara des deux mornes qui commandent la ville de Fort-Royal; cette ville fut alors contrainte à capituler le 4 février, et la ville de Saint-Pierre le 12. La Grenade, Saint-Louis et Saint-Vincent se rendirent ensuite, et de toutes leurs colonies du golfe du Mexique, il ne restoit plus aux Français que Saint-Domingue. (1)

Les armées de terre ne remportoient aucun succès qui pût compenser tant de désastres maritimes, et cependant les Anglais abandonnoient toujours plus leurs alliés du continent. Leur armée de vingt-cinq mille hommes se trouvoit réduite à dix-sept mille, et à la réserve d'un régiment écossais, elle n'avoit reçu d'autre renfort pour cette campagne que des recrues inexpérimentées (2). Les Français avoient toujours

---

(1) *Annual Register*, 1762, ch. 7, p. 33.
(2) *Archenholtz*, p. 330.

la même supériorité de forces, mais leur grande armée avoit été mise sous les ordres des maréchaux d'Estrées et de Soubise, dont le premier étoit vieux et malade, et le second très-incapable ; le prince de Condé devoit commander sous leurs ordres une réserve sur le Bas-Rhin. Tous trois avoient reçu du ministère l'ordre de se tenir sur la défensive. Le prince Ferdinand et le prince héréditaire de Brunswick s'en aperçurent bientôt, aussi ne cessèrent-ils d'attaquer les Français qui ne ripostoient point, et dans ces actions les alliés avoient presque toujours l'avantage. Le prince Ferdinand ayant passé la Dimel, dans la nuit du 23 au 24 juin, surprit les Français à Wilhelmsthal, les repoussa jusque sous les murs de Cassel, et leur tua ou leur prit quatre mille hommes. Peu de jours après, le général Rochambeau fut contraint d'abandonner, après une défense opiniâtre, des hauteurs qu'on lui avoit fait occuper avec trop peu de monde, et les magasins français de Rothembourg tombèrent au pouvoir de l'ennemi. De nouveau, Ferdinand remporta le 23 juillet, à Luttemberg, une victoire sur le prince Xavier de Saxe qui servoit dans l'armée française. Puis le 1er septembre le prince héréditaire attaqua le prince de Condé près de Johannisberg ; la fortune parut d'abord se déclarer pour lui, mais la supériorité de nombre des Français, la force de leur position, et surtout une blessure dangereuse que reçut le prince de Brunswick, changèrent le sort du combat. De toute cette campagne Condé fut le seul général français qui remporta la victoire. Les alliés perdirent au Johannisberg deux mille quatre cents hommes. Cela n'empêcha pas le prince Ferdinand d'assiéger Cassel, place à la défense de laquelle étoit attachée la possession de tout le landgraviat : elle se rendit le 1er novembre après douze jours de tranchée ouverte. (1)

Quoique la révolution de Russie qui avoit sauvé le roi de Prusse eût été bientôt suivie d'une contre-révolution, avant que les troupes russes qu'il avoit unies à son armée eussent brûlé une seule amorce en sa faveur, que l'impératrice Catherine II eût détrôné son mari Pierre III, le 9 juillet, et l'eût privé de la vie six jours après, qu'elle eût rappelé Czernicheff, et qu'elle eût paru un moment sur le point de recommencer la guerre contre Frédéric II, celui-ci ne redoutoit déjà plus ses ennemis, l'armée autrichienne avoit été ruinée par les maladies, toutes les ressources de Marie-Thérèse étoient épuisées, et malgré sa haine elle commençoit à désirer sincèrement la paix. Le

---

(1) Mém. de Rochambeau, T. I, p. 193-211. — *Archenholtz*, p. 330.

20 juillet Frédéric II avoit forcé les positions du maréchal Daun, sur les hauteurs retranchées de Burkersdorff, et lui avoit tué ou fait prisonniers deux mille hommes. Il avoit ensuite assiégé Schweidnitz qui s'étoit rendue à lui le 9 octobre, après soixante-trois jours de tranchée ouverte. Le 29 octobre le prince Henri remporta une victoire à Freiberg, en Saxe, sur les Autrichiens réunis à l'armée des cercles; et tandis qu'une trêve fut conclue peu après pour la Saxe et la Silésie seulement, le général Kleist entra dans la Franconie pour lever des contributions sur les États de l'Empire qui avoient fait la guerre aux Prussiens, et les contraindre à renoncer à des hostilités si désastreuses pour l'Allemagne. (1)

Le moment étoit enfin arrivé où le désir ardent, le besoin de la paix dans toute l'Europe, l'emportoit sur les passions aveugles qui pendant sept ans avoient fait répandre tant de sang. Choiseul avoit vu tromper l'espérance que lui avoit inspirée le pacte de famille. Lord Bute avoit eu des succès, mais il savoit qu'on les attribuoit dans le public aux mesures prises avant lui par M. Pitt, tandis que c'étoit lui qu'on rendroit responsable des nouvelles charges que

---

(1) *Archenholtz*, p. 314-344. — Frédéric II, Guerre de sept ans, ch. 16, p. 304.

l'embarras des finances le forceroit à mettre sur le peuple : tous deux résolurent d'entrer sérieusement dans la négociation qui traînoit depuis quelque temps, et de conclure. Le duc de Nivernois arriva, au nom de la France, à Londres, le 17 septembre, accompagné par le chevalier d'Eon qui lui servoit de secrétaire d'ambassade. En même temps le duc de Bedford arriva à Paris pour traiter directement avec le duc de Choiseul. Tous deux apportèrent à leur négociation de la franchise et une ferme résolution de mettre fin aux calamités de la guerre. Ils furent bientôt d'accord sur les conditions principales. La France s'étoit résolue à renoncer à ses possessions continentales en Amérique, et elle insistoit seulement pour conserver les îles de Saint-Pierre et de Miquelon, près du banc de Terre-Neuve, afin de protéger ses pêcheries de morue. Le chevalier Grimaldi, ambassadeur d'Espagne, retarda la signature des préliminaires. On ne connoissoit point encore l'issue de l'attaque des Anglais contre la Havane, et il étoit persuadé qu'elle amèneroit quelque grand désastre sur les armes britanniques. Lorsqu'il apprit au contraire que la Havane avoit capitulé le 12 août 1762, il dut se soumettre à des conditions plus dures que celles qu'il auroit pu obtenir auparavant. Les préliminaires furent enfin signés à Fontainebleau le 5 novembre 1762 : ils furent ensuite convertis en un traité définitif signé à Paris le 10 février 1763. Par ce traité, la France abandonnoit à l'Angleterre toutes ses prétentions sur l'Acadie, le Canada, et l'île du cap Breton. Elle recouvroit la Martinique, la Guadeloupe et les petites îles du golfe du Mexique qu'elle avoit perdues, aussi bien que ses comptoirs en Afrique et dans les Indes Orientales. Elle échangeoit Minorque contre Belle-Isle, et elle évacuoit tout ce qu'elle occupoit dans le Hanovre ou la Westphalie des États du roi d'Angleterre et de ses alliés. L'Espagne reconnoissoit aux Anglais le droit de couper du bois de campêche dans la baie de Honduras ; elle leur cédoit la Floride et la baie de Pensacola, et elle recouvroit la Havane et les Philippines. Mais en compensation des pertes auxquelles la France l'avoit entraînée, cette puissance, par une convention secrète, signée en même temps que les préliminaires, cédoit à l'Espagne la vaste et riche colonie de la Louisiane, qui étoit, il est vrai, presque déserte à cette époque. (1)

Les intérêts de l'Allemagne n'étoient entrés qu'accessoirement dans ces négociations; les puissances contractantes s'étoient obligées seu-

(1) Flassan, T. VI, p. 472. — Mercure historique et politique, novembre 1762, p. 314. — Texte des articles préliminaires, décembre, p. 388. — Texte du traité de paix, avril 1763, p. 224.

lement à retirer leurs armées respectives du territoire de l'Empire, et à ne donner plus aucun secours à leurs alliés d'Allemagne ; mais les puissances allemandes sembloient reconnoître qu'il leur étoit impossible de combattre quand la France et l'Angleterre ne les soudoyoient plus. Le 15 février 1763, un traité de paix fut signé à Hubertsbourg en Saxe, entre le roi de Prusse, l'Impératrice et le roi de Pologne. Toutes les conquêtes qui avoient été faites de part ou d'autre furent restituées. Marie-Thérèse, qui disputa quelque temps pour conserver la forteresse de Glatz, qu'elle déclaroit nécessaire à couvrir la Bohême, finit par la rendre, et la Prusse, qui avoit soutenu la guerre à la fois contre l'Autriche et l'empire Germanique, la Russie, la Suède, le roi de Pologne et la France, en sortit sans avoir perdu la moindre parcelle de son territoire. Mais cette guerre, entreprise avec tant de démence et soutenue avec tant de fureur, avoit, selon le calcul de Frédéric II, coûté à la Prusse la vie de cent quatre-vingt mille soldats, à la Russie cent vingt mille, à l'Autriche cent quarante mille, à la France deux cent mille, à l'Angleterre, y compris les alliés à sa solde, cent soixante mille, à la Suède vingt-cinq mille, aux troupes des cercles vingt-huit mille. Et de même que cette effroyable boucherie n'avoit eu sur le continent de l'Europe pour résultat aucune conquête, elle n'avoit non plus établi aucun principe ou politique ou religieux, d'autant qu'il n'y en avoit aucun qui fût en jeu ; la vengeance et une cupidité insensée l'avoient allumée ; chacun avoit voulu gagner, chacun s'aperçut enfin qu'il n'avoit pu que perdre. (1)

(1) Frédéric II, Guerre de sept ans, ch. 17, p. 387-421. — *Archenholtz*, p. 334. — *Annual Register*, T. V, 1762, ch. 9, p. 45. — Texte du traité d'Hubertsbourg.—Mercure historique et politique, mars 1763, p. 172.

CHAPITRE LV.

Une nouvelle lutte s'engage entre le Roi et les Parlemens. — Remontrances hardies. — Décrets contre les commandans de province. — Férocité des juges. — Dernières persécutions. — Supplices de Calas, de La Barre, de Lally. — Diplomatie secrète. — La Corse vendue à la France. — Aspect de la cour. — Mort de Mme de Pompadour, du Dauphin, de la Dauphine et de la Reine.

Depuis le traité de Bretigny, la France n'avoit point conclu de paix aussi humiliante que celle qu'elle venoit de signer à Paris, pour terminer la guerre de sept ans. Aujourd'hui que nous connoissons mieux les vastes et riches pays qu'elle venoit d'abandonner en Amérique, que nous y voyons naître et grandir des nations puissantes, que ses enfants qui se sont maintenus et qui ont prospéré à Québec, à Montréal et à la Nouvelle-Orléans, attestent l'importance des colonies auxquelles elle renonçoit, cet abandon d'un pays appelé à de si hautes destinées paroît plus désastreux encore. Toutefois ce n'est point une raison pour blâmer les ministres qui négocièrent ou qui signèrent la paix de 1763. Elle étoit sage, elle étoit nécessaire, elle étoit aussi avantageuse que les circonstances pouvoient le permettre. Les Français n'avoient réussi dans rien de ce qu'ils s'étoient proposé par la guerre de sept ans; ils avoient éprouvé les plus sanglantes défaites, et s'ils s'obstinoient à la guerre, ils avoient tout lieu de s'attendre à des revers plus accablans encore; jamais leurs généraux n'avoient paru plus universellement dépourvus de talens; jamais leurs soldats, toujours également braves, n'avoient été plus pauvres, plus mal tenus, plus souffrans, n'avoient eu moins de confiance en leurs chefs, et, en raison de leur mauvaise discipline, moins de confiance en eux-mêmes; jamais la France n'avoit inspiré moins de crainte à ses ennemis. En implorant l'assistance de l'Espagne, elle n'avoit fait que l'entraîner dans sa ruine, et une campagne de plus pouvoit faire perdre à son alliée ses plus importantes colonies.

Quelque désastreuse que fût la paix, on n'entrevoit point dans les mémoires du temps, que la France se sentît humiliée; Bachaumont semble n'y voir autre chose que le sujet qu'elle fournit aux poëtes pour des vers de félicitation et des divertissemens pour les théâtres. A chaque page on sent, en lisant ses mémoires, à quel point la France étoit devenue indifférente à sa politique, à sa puissance, à sa gloire. Ceux mêmes qui prenoient plus d'intérêt aux affaires publiques, oublioient les Français du Canada et de la Louisiane qui multiplioient en silence dans les bois, qui s'associoient avec les sauvages, mais qui ne fournissoient ni impôts au fisc, ni soldats aux armées, ni marchandises coloniales au commerce. Les petits établissemens pour la pêche de la morue, à Saint-Pierre et à Miquelon, les petites îles de Grenade, de Saint-Vincent, de la Dominique, de Tabago, cédées à l'Angleterre, paroissoient, aux yeux des armateurs de Saint-Malo, de Nantes et de Bordeaux, beaucoup plus importantes que tout le Canada et toute l'Acadie. (1)

D'ailleurs la nation s'étoit accoutumée à se séparer toujours de plus en plus de son gouvernement, en raison même de ce que ses écrivains avoient commencé à aborder les études politiques. C'étoit l'époque où la secte des économistes se donnoit le plus de mouvement, depuis que le marquis de Mirabeau avoit publié, en 1755, son *Ami des hommes;* la secte des encyclopédistes se montroit plus puissante encore, et la

---

(1) Bachaumont, Mémoires secrets, T. I, p. 133-143, et *passim*.

publication de son immense ouvrage étoit devenue une affaire d'État; enfin J.-J. Rousseau, qui déjà en 1753 avoit touché aux bases mêmes de la société humaine dans son *Discours sur l'origine de l'inégalité parmi les hommes*, publioit alors l'*Émile* et le *Contrat Social*; tous les esprits étoient en mouvement sur les plus hautes questions de l'organisation publique; mais les Français n'avoient pu s'en occuper sans être frappés de la déraison, de l'absurdité de leur propre administration dans toutes ses parties; de l'exclusion donnée au tiers-état à tous les grades de l'armée, qui ôtoit aux soldats toute émulation; des fardeaux accablans de la taille et de la corvée, qui ruinoient les campagnes et empêchoient tout progrès de l'agriculture; de la tyrannie des intendans et des subdélégués dans les provinces; de la cruauté de la justice criminelle, procédant par le secret et la torture, et se terminant par des supplices atroces, souvent non mérités; du désordre enfin et de la confusion des finances, où personne ne pouvoit plus se reconnoître. C'est ainsi que tous les Français capables de réfléchir et de sentir, tous ceux qui formoient l'opinion publique s'étoient accoutumés à se nourrir de l'espérance d'une réforme fondamentale; ils prenoient pour la France l'honneur de ses nobles inspirations, et ils laissoient à son gouvernement, ou plutôt au roi, toute la honte de ses revers, conséquence inévitable des fautes dont elle avoit à gémir, des vices de l'homme insouciant, sans honneur et sans désir du bien, qui ne régnoit que pour satisfaire ses appétits grossiers et ceux de ses maîtresses. (1)

C'étoit une circonstance bizarre, qu'en même temps que les Français se détachoient de leur gouvernement, leur roi s'en détachoit, s'en isoloit de son côté. Il avoit bien nommé ses ministres, mais il ne les aimoit pas, il ne leur donnoit pas sa confiance. Le duc de Choiseul en particulier étoit pour lui trop brillant, trop spirituel, trop plein de projets et d'audace, trop novateur, trop imbu de la nouvelle philosophie. Louis XV redoutoit une conversation avec des gens éminens par l'esprit, et c'étoit un rapport qu'il avoit avec Louis XIV. Il semble qu'il étoit doué d'un sens droit, qu'il n'étoit pas dépourvu d'un certain sel épigrammatique, et l'on rapportoit plusieurs mots de lui qui étoient assez piquans ; mais il étoit timide et paresseux, il parloit très peu, si ce n'est avec ses familiers les plus intimes qu'il accabloit de ses histoires de chasses cent fois répétées. D'ailleurs

---

(1) On ne peut qu'être frappé ici, écrivoit le 21 février 1765 le ministre anglais à Paris, du désordre visible des affaires publiques, et du déclin de l'autorité royale. — *Raumer, Bertraye*, etc., etc., IVe partie, IIe vol., p. 7.

habituellement livré à l'intempérance, son esprit s'étoit affoibli ; il étoit incapable d'attention et il n'avoit mis aucune suite dans ses études. Il sentoit donc son infériorité et redoutoit de la laisser paroître ; il le craignoit d'autant plus que ceux qui auroient pu lui être présentés jouissoient de plus de réputation. Esclave de ses penchans, jamais il n'avoit su mettre sa conduite en accord avec ses principes, qui étoient d'autant plus tenaces que, ne réfléchissant point, ne raisonnant point, il les conservoit tels qu'il les avoit reçus dès sa première jeunesse, et ne les compromettoit par aucune discussion. Il étoit croyant, il étoit dévot, surtout il avoit une très grande peur du diable et de l'enfer ; aussi étoit-il gêné par l'incrédulité de Mme de Pompadour et du maréchal de Richelieu qui lui étoit à charge ; toutefois, par foiblesse, il s'étoit conduit d'après leur conseil, et il avoit laissé proscrire l'ordre des jésuites contre ses propres affections. Il s'étoit accoutumé à regarder les jansénistes comme des sectaires et des rebelles, aussi n'entendoit-il point leur donner la victoire ; mais la peur étoit toujours un des principaux mobiles de ses actions, et on avoit tant répété que les jésuites excusoient le régicide, qu'il s'étoit accoutumé à le croire.

Le dogme de la puissance absolue du monarque étoit pour lui un principe tout aussi fondamental qu'aucun de ceux de sa croyance religieuse, et quoique aucun roi n'eût moins de volonté et ne gouvernât moins par lui-même, toute tentative pour limiter son pouvoir l'offensoit cruellement. Aussi aucun événement public n'avoit-il paru l'affecter autant que les remontrances du parlement, il y voyoit un affront et un danger, et M. de Choiseul lui déplaisoit doublement, en cherchant à capter l'opinion publique, et en affectant une considération distinguée pour ces grands corps judiciaires, que lui-même il méprisoit comme des robins. Il laissoit quelquefois percer sa désapprobation par un mot qui exprimoit sa mauvaise humeur, il donnoit même à entendre que la monarchie couroit à sa ruine, mais qu'après tout peu lui importoit, puisqu'elle dureroit bien autant que lui ; et il se gardoit de contrarier les projets de son ministre, pour ne pas assumer sur lui-même la responsabilité des événemens.

Bien peu après avoir réjoui ses sujets par la publication de la paix et avoir fait naître en eux l'espérance que les impôts dont ils étoient accablés alloient être allégés, Louis XV fut au contraire obligé d'en demander de nouveaux, et il entra ainsi dans une de ces luttes avec les parlemens qui lui étoient si odieuses. En effet, la guerre de sept ans avoit ajouté plus de trente-quatre millions de rentes annuelles à la dette publique ; elle avoit laissé l'État sans vaisseaux, et Choiseul faisoit des efforts gigantesques pour en faire construire de toutes parts. L'opulence du clergé, celle de la noblesse qui s'enrichissoit par des mariages avec la haute finance, la richesse du commerce qui s'étoit réveillée avec énergie, et qui donnoit aux ports de mer un mouvement inaccoutumé, sembloient offrir des ressources à l'État, mais tous les préjugés s'armoient contre toutes les réformes possibles. Le clergé, la noblesse et les parlemens défendoient à l'envi l'immunité d'impôt des privilégiés ; les économistes, avec leur grand axiôme, *laissez faire et laissez passer*, repoussoient toute idée d'un impôt sur le commerce ou sur l'industrie, et quoique leur système fût essentiellement fondé sur la protection de l'agriculture, c'étoit sur elle cependant que retomboit tout nouveau fardeau, parce que l'on ignoroit l'art d'atteindre les autres sources de richesses. Au moment de la paix il falloit pourtant songer à rétablir quelque équilibre dans les finances, et Bertin le contrôleur général, qui suivoit les directions de Choiseul, prépara deux édits bursaux qu'il jugea bien ne pouvoir être acceptés librement par le parlement, en sorte qu'il les fit connoître seulement le 31 mai 1763, dans un lit de justice que Louis XV vint tenir à Paris, où il ne s'étoit pas montré depuis plusieurs années, et où il arriva avec le plus formidable appareil militaire. Les gardes française et suisse formoient une double haie sur son passage de l'extrémité du quai des Tuileries par les quais et le Pont-Neuf jusqu'au Palais-de-Justice. Six princes du sang, trois pairs ecclésiastiques, vingt-un pairs laïques et quatre maréchaux de France prirent séance au parlement. (1)

Par le premier des édits dont le chancelier donna lecture, le roi déclaroit ses regrets de ne pouvoir soulager son peuple ni renoncer aux taxes de guerre dont le terme étoit expiré. Il prolongeoit pour six années la perception du premier et du second vingtième, ainsi que des deux sols pour livre sur le dixième; il prorogeoit aussi les dons gratuits des villes et bourgs du royaume. De plus, pour régulariser la perception de ces impôts sur le revenu, il ordonnoit un dénombrement de tous les biens-fonds du royaume, même de ceux de la couronne, des princes du sang, ecclésiastiques, nobles et privilégiés « voulant que les impositions soient « réparties proportionnellement sur tous ces « biens également. » L'autre édit fixoit les conditions auxquelles l'État pourroit racheter toutes les rentes constituées sur le trésor royal, à un

(1) Mercure historique, juin 1763, p. 371.

prix avantageux au débiteur, quelles que fussent les conditions du contrat (1). Selon les usages du parlement, les magistrats reçurent à genoux ces lois, et les enregistrèrent en silence. Le cérémonial reçu ne permettoit point de délibération en présence du roi. Mais le parlement ne comptoit point se soumettre. Ainsi, le 18 juin, il arrêta, toutes les chambres assemblées, des remontrances dont le ton digne et ferme atteste en même temps et les progrès qu'avoient fait dans les esprits les doctrines sur les libertés publiques, et la connoissance plus approfondie qu'avoient acquise les magistrats des principes de la finance. Ils commençoient par réclamer, au nom de l'autorité royale elle-même, qui ne pouvoit qu'être compromise par les actes violens et arbitraires de ceux qui substituoient des coups d'État aux formes antiques et légitimes. « Cet auguste dépôt, disoient-ils,
« plus assuré sous la garde du respect et de
« l'amour que sous celle de la force et de la
« contrainte, redoute toute commotion vio-
« lente, souffre de tout usage indiscret de ses
« propres forces, s'altère facilement au mi-
« lieu de son propre appareil, au milieu des
« coups d'autorité les plus éclatans, et se répare
« très difficilement..... Méconnoître, disoient-

---

(1) Mercure historique, juin 1763, p. 373.

« ils plus loin, la force irréfragable de lois im-
« muables par leur nature, constitutives de
« l'économie de l'État, ce seroit ébranler la
« solidité du trône même. » Ils affirmoient
que « la vérification des lois au parlement est
« une de ces ordonnances du royaume qui sont
« immuables ; une de ces lois qui ne peuvent
« être violées, sans violer celle par laquelle
« les rois mêmes sont, sans révoquer en doute
« la puissance et la souveraineté dudit seigneur
« roi..... Le lit de justice même, nonobstant
« l'étrange interversion de ses anciens usages,
« dépose encore, par le langage muet de toutes
« ses formes, de la nécessité de la vérification
« des lois en parlement, avant qu'elles puissent
« avoir autorité. Son parlement supplie ledit
« seigneur roi de tirer lui-même les consé-
« quences, et de juger de l'autorité que peut
« donner à un édit une publication semblable
« à celle qui s'est faite le 31 mai dernier. Il
« répugne à la raison même de supposer une
« vérification, sans délibération du tribu-
« nal. » (1)

« Si les instigateurs de cet acte de pouvoir
« absolu, poursuivoient-ils, ont compromis
« l'autorité dudit seigneur roi avec la constitu-

---

(1) Mercure historique et politique de La Haye pour juillet 1763, p. 27-38.

« tion la plus essentielle et la plus sacrée de la
« monarchie, ou plutôt s'ils ont compromis le
« nom et la présence dudit seigneur roi, avec
« son autorité réelle, toujours protectrice des
« lois ; un triomphe de cette nature étoit le seul
« qui pût convenir à des projets enfantés pour
« la consternation publique, contraires aux
« intérêts dudit seigneur roi, accablans pour
« l'État, et déjà rejetés par le vœu de son par-
« lement. » Après ce langage, qui ne le cède
en hardiesse à celui d'aucune assemblée représentative, les remontrances passoient à l'examen détaillé des édits que les ministres avoient
voulu imposer au parlement. « Dans l'assem-
« blée la plus auguste de la nation, disoient-
« elles, en présence d'étrangers réunis par
« l'éclat du spectacle, le chancelier de France
« annonce avec justice et dignité l'inébranlable
« fidélité que ledit seigneur roi veut toujours
« se prescrire sur tous ses engagemens, et dans
« l'instant, il fait publier, au nom dudit seigneur
« roi, nombre de dispositions qui sont des in-
« fractions manifestes des engagemens les plus
« authentiquement contractés, des paroles les
« plus solennellement données, sur la foi des-
« quelles s'est suspendu le progrès de la dépo-
« pulation, sur la foi desquelles son parlement
« a concouru à l'établissement de contributions
« éteintes par avance à l'expiration d'un délai,

« et déclarées inexigibles au delà de ce terme,
« sans pouvoir être prorogées sous quelque
« prétexte que ce soit; sur la foi desquelles,
« dans les temps passés, les créanciers de l'État
« ont fourni au roi leurs fonds, liquidés aujour-
« d'hui à moitié perte, ou soumis à des rem-
« boursemens contraires à la foi des traités et
« ruineux. »

Le parlement passoit ensuite en revue tous les points qui, dans les édits nouveaux, violoient les engagemens anciens, le danger et la destruction du crédit, la surcharge des peuples qui supporteroient les impositions nouvelles sept mois avant que les anciennes impositions de guerre fussent expirées; les dépenses énormes que nécessiteroit la confection d'un cadastre, et l'arbitraire auquel l'évaluation de toutes les propriétés soumettroit les contribuables; le manque de foi avec lequel étoit détourné le vingtième spécialement affecté à la caisse d'amortissement; le désordre dans toutes les fortunes qu'introduiroit la perception du centième denier; la banqueroute cachée sous le nom de liquidation des dettes. Il finissoit en renouvelant ses instances auprès du roi, « pour rechercher d'autres moyens que
« tous ceux contenus dans les édits publiés le
« 31 mai, pour rétablir les affaires.... Car, au-
« cun des sujets dudit seigneur roi ne peut se

« persuader que la réforme des abus multipliés
« qui régnent dans toutes les branches de l'ad-
« ministration des finances ne présente pas à
« l'État des ressources plus étendues que celles
« qui résulteroient des édits. » (1)

Ces remontrances furent présentées au roi, le 24 juin; il répondit brièvement et sèchement, qu'il connoissoit les besoins et les efforts de ses peuples, qu'il avoit pesé les raisons de son parlement, mais qu'il ne pouvoit rien changer au plan qu'il s'étoit proposé. Le parlement ne se soumit point; le 10 juillet, il fit faire au roi d'itératives remontrances, puis, de troisièmes encore; mais Louis XV, qui n'entroit dans aucune discussion, s'en débarrassoit en peu de mots. « Je veux bien, dit-il au premier prési-
« dent, prendre en bonne part les remontrances
« de mon parlement; mais je vous charge de
« lui dire que son zèle doit avoir des bor-
« nes. » (2)

L'opposition ne se manifestoit pas seulement dans le parlement de Paris; la cour des aides, et tous les parlemens de province suivirent son exemple; toujours plus attachés au système qui les représentoit comme formant un seul corps étendu sur tout le royaume, et divisé seule-

(1) Seconde partie des Remontrances. — Mercure historique, août 1768, p. 79-95.
(2) Mercure historique pour septembre 1763, p. 156.

ment en classes, ils secondoient avec ardeur le parlement de Paris qui leur donnoit l'exemple; ils ne montroient ni moins de courage, ni moins d'attachement aux principes, ni moins de désir de la liberté, ni moins d'éloquence; seulement ils étoient disposés à outre-passer ceux qu'ils prenoient pour modèles, et leurs remontrances, plus vigoureuses, étoient quelquefois plus inconsidérées, tandis que Louis XV supportoit avec plus d'impatience encore l'intervention des robins provinciaux que de ceux de la capitale, et se montroit plus enclin à les punir par des coups d'État. Les remontrances du parlement de Rouen surtout, du 5 août 1763, étoient des plus hardies (1). Celles des parlemens de Toulouse, de Grenoble, de Besançon, de Bordeaux, ne l'étoient guère moins. Les commandans de province furent envoyés à ces divers parlemens, pour faire enregistrer d'autorité les édits du 31 mai; le duc d'Harcourt se rendit dans ce but à Rouen; le duc de Fitzjames à Toulouse, le duc de Richelieu à Bordeaux, et le marquis du Mesnil à Grenoble; mais les cours protestèrent contre toute transcription illégale qui serait faite sur leurs registres. Celle de Rouen réitéra en présence du duc d'Harcourt cette pro-

---

(1) Voyez leur texte dans le Mercure historique et politique de septembre 1763, p. 157-178.

testation : « A l'effet, dit-elle, de s'opposer de « tout son pouvoir aux actes de violence que « l'on renouvelle en toutes occasions pour pri- « ver les magistrats qui la composent de la li- « berté de leurs délibérations, elle déclare « qu'elle reclamera sans cesse l'autorité des lois « fondamentales du royaume, suivant lesquelles « le parlement, associé au ministère de la légis- « lation, n'est point appelé à la vérification « des actes royaux pour les approuver aveu- « glément. » Le premier président rappela au duc d'Harcourt « que l'obligation étroite du « serment qu'il a prêté en qualité de pair de « France et de membre du parlement auroit « dû l'empêcher de se charger d'ordres con- « traires au bien du service dudit seigneur roi « et à ses vrais intérêts. » Tous les membres quittèrent ensuite l'assemblée, à l'exception du premier président et du greffier, qui reçurent ordre exprès de ne point sortir de leurs places. L'enregistrement fut alors effectué d'autorité ; mais, dès que les magistrats furent rentrés en séance, ils déclarèrent cet enregistrement nul, et défendirent l'exécution de l'édit. Un arrêt du conseil cassa l'arrêt du parlement de Rouen, et le fit biffer de ses registres, et, en retour, tous les membres du parlement donnèrent leur démission. Les choses se passoient à peu près de même à Bordeaux, à Toulouse, à Grenoble, à Aix en

Provence, à Besançon où le duc de Randon avoit été envoyé. Les parlemens s'enflammoient par l'exemple les uns des autres, et la résistance de la magistrature devenoit universelle. Au mois de décembre, le parlement de Toulouse rendit un arrêt ordonnant que le duc de Fitz-James seroit appréhendé au corps, et conduit dans les prisons de la cour, pour rendre compte de ce qu'il venoit de faire comme gouverneur de la province, et par les ordres immédiats de la couronne. Les parlemens de Rouen et de Grenoble imitèrent cet exemple, à l'égard du duc d'Harcourt et de M. Dumesnil. (1)

Il est probable que le roi ou Mme de Pompadour, dans leur humeur contre tout l'ordre judiciaire, voulurent rendre le chancelier Lamoignon responsable de l'opposition qu'ils rencontroient dans les parlemens. On lui demanda sa démission qu'il refusa; alors la cour l'exila, et nomma, pour le remplacer, le premier président Maupeou, homme aussi faible de talens que de caractère, mais qui avoit fait preuve de servilité, qualité que Louis XV jugeoit alors nécessaire. Comme de Brou étoit alors garde-des-sceaux et qu'on ne vouloit pas le destituer (2),

(1) *Annual Register for* 1764, T. VII, ch. 2, p. 5. — Mercure historique et politique, 1763, p. 183; octobre, 1763, p. 243 et 212, et décembre 1763, p. 272.

(2) Il donna pourtant sa démission le 11 octobre 1763. — Mém. secrets, T. I, p. 228.

le roi donna à Maupeou le titre inusité de vice-chancelier, que le parlement refusa de reconnoître. On s'aperçut bientôt cependant de sa foiblesse dans les conseils, ou plutôt de sa nullité, et il ne seroit pas demeuré long-temps en place, s'il n'eût pas été soutenu par son fils, plus studieux et moins ignorant que lui, qui, plus tard, fut chancelier, et frappa d'un grand coup d'État la magistrature. (1)

Cependant le roi avoit sacrifié le contrôleur-général Bertin à la clameur publique, et l'avoit remplacé par M. de L'Averdy, conseiller au parlement de Paris, qui avoit une grande réputation de probité, qui annonça des réformes et des économies, et qui prétendit avoir découvert de grandes concussions de la part des fermiers-généraux. Des lettres-patentes du roi, du 21 novembre 1763, explication de celles du 31 mai, indiquèrent de sa part un désir de rapprochement (2). Puis d'autres lettres du 20 janvier 1764 imposèrent un silence absolu sur ce qui s'étoit passé jusqu'alors, annoncèrent des réformes et des économies, et surtout une enquête sur les moyens les moins onéreux de remédier au désordre des finances. « Si des « voies, disoit le roi, qui n'ont été occasionnées

(1) Biogr. univ., art. *Lamoignon*, T. XXIII p. 304; art. *Maupeou*, T. XXVII, p. 513.

(2) Mercure historique, janvier 1764, p. 17.

« que par des circonstances fâcheuses du be-
« soin le plus pressant des finances, ont pu
« donner lieu à des alarmes, nous n'avions jamais
« d'autres intentions que de régner par l'obser-
« vation des lois et des formes sagement établies
« dans notre royaume, et de conserver à ceux
« qui en sont les dépositaires et les ministres, la
« liberté des fonctions qu'elles leur assurent. »(1)

Ainsi le roi cédoit, mais comme c'étoit en imposant silence, il n'est pas facile de se faire une idée claire du compromis entre lui et le parlement, et c'est ainsi que beaucoup de querelles se sont terminées en France; dès que la passion publique ne s'en mêle plus, elles s'évanouissent en quelque sorte dans l'ombre. Ce mouvement si vif de liberté qui agitoit la France, qui se manifestoit dans les salons de Paris et de la cour, dans les livres qui occupoient le public, dans les remontrances qui émanoient de tous les corps judiciaires, faisoit illusion au dehors, et l'on se figuroit en Angleterre qu'il étoit le précurseur d'une révolution immédiate (2). L'on se trompoit, car il n'avoit encore aucune profondeur; il n'y avoit qu'une classe peu nombreuse qui songeât à une réforme radicale; chez elle tous les abus étoient ébranlés, tous les pré-

(1) *Mercure historique*, février 1764, p. 100.
(2) *Edmond Burke*, *Annual Register for* 1764, ch. 2, p. 10.

jugés tournés en ridicule, et beaucoup de vérités salutaires et fondamentales étoient entraînées dans la ruine commune. Mais dans ce temps-là même les provinces étoient toujours plongées dans une barbarie réelle, le pouvoir des intendans y étoit toujours brutalement despotique, le système financier y étoit au même degré vexatoire, injuste et ruineux; la misère des paysans y étoit toujours extrême, et l'ignorance y maintenoit tous les préjugés les plus absurdes, toutes les haines les plus destructives de toute équité, de tout sentiment national.

« Si l'on persuade au seigneur roi, disoit le
« parlement de Paris dans ses remontrances,
« que son parlement exagère la misère des
« peuples et le déplorable état des campagnes,
« on surprend sa religion. Il ne faut que s'éloi-
« gner de la capitale pour ne plus apercevoir
« que dépérissement, que traces d'émigrations,
« que misère et impuissance dans ceux qui
« restent. On voit journellement des malheu-
« reux contraints au payement d'impôts par la
« vente de leurs grains, de leurs bestiaux,
« même de leurs outils. Si ces malheureux
« meurent d'indigence, si leurs enfans exténués
« par le défaut de subsistance périssent de ma-
« ladie, si leurs terres restent incultes, ce sont
« des hommes, ce sont des productions que
« l'État perd journellement, et c'est sur le sei-

« gneur roi, c'est sur son cœur paternel, c'est
« sur son intérêt même pécuniaire, que retombe
« le contre-coup d'aussi funestes exactions. » (1)

Le tableau de la misère du peuple que fait le
parlement de Normandie n'est pas moins sombre. « Votre peuple, sire, est malheureux, tout
« annonce cette affligeante vérité; vos cours de
« parlement, seules organes de la nation, ne
« cessent point de le dire. Seroit-il possible que
« le corps entier de la magistrature s'unît sans
« intérêt, pour présenter à Votre Majesté un
« fantôme de misère? Non, sire, il n'est que
« trop vrai et nous ne saurions assez le répéter,
« votre peuple est malheureux..... Il éprouve
« depuis longtemps le traitement le plus dur;
« un déluge d'impôts et de servitude ravage
« impitoyablement nos villes et nos campagnes.
« Les biens, l'industrie, la personne des ci-
« toyens, tout est en proie à la bursalité; la
« pauvreté même et la pitié qui l'assiste sont
« devenues ses tributaires et ses victimes. La
« ferme des aides, dont les règlemens attaquent
« toutes les conditions et le commerce en géné-
« ral, pèse sur le pauvre en particulier de la
« manière la plus inhumaine. Celui à qui ses
« facultés ne permettent pas de pourvoir de

(1) Remontrances du 18 juin. — Mercure historique,
août 1763, p. 86.

« loin à sa subsistance est obligé d'y subvenir « chaque jour à plus grand frais, à cause des « impôts mis sur le détail. Il est vexé à raison « de son impuissance. Si la charité fait offrir à « un malheureux un secours quelconque dont « la nature soit du ressort des aides, l'aumône « est un crime aux yeux du traitant. Sous un « roi très chrétien, c'est une contravention pu- « nissable d'amende. La ferme des gabelles ne « présente pas un spectacle moins révoltant. « Chaque paroisse est obligée de lever une quan- « tité de sel relative au nombre de ses habitans; « elle y satisfait. Le traitant qui a lui-même dé- « terminé cette quantité, n'a plus d'intérêt légi- « time à exercer. Cependant si les collecteurs « ou syndics épargnent dans la répartition un « indigent qui peut à peine se procurer du « pain, cet indigent épargné est exposé aux « poursuites les plus rigoureuses; il est con- « traint, avec la dernière dureté, à lever un « prétendu supplément de sel, qu'il ne peut « payer qu'aux dépens du premier nécessaire, « et dont sa communauté s'est d'avance chargée « pour lui. » (1)

(1) Remontrances du parlement de Rouen du 5 août 1763. — Mercure historique, septembre, p. 260. — Voyez encore sur la misère du peuple, les efforts de Turgot dans l'intendance de Limoges. Œuvres de Turgot, T. I, p. 54, et ceux du marquis de Mirabeau dans ses terres du Limousin. Mém. de Mirabeau, T. I, appendice au L. III, p. 387-439.

Dans cette défense du peuple, dans cette résistance aux vexations dont on l'accabloit, les parlemens se montroient de courageux et loyaux représentans de la nation; mais c'étoit surtout parce qu'ils n'avoient pas le pouvoir et qu'ils ne jouoient qu'un rôle d'opposition. Au contraire, dans les fonctions qui leur étoient dévolues sans partage, ils se montroient accessibles à tous les préjugés, haineux, désireux d'exercer leur autorité, jaloux de prouver leur impartialité en punissant en même temps les opinions opposées, cherchant à faire excuser leur acharnement contre les jésuites, en ne sévissant pas avec moins de violence contre les incrédules que contre les huguenots. Ce fut probablement en partie par humeur contre Voltaire, qui avoit le premier apporté d'Angleterre la pratique de l'inoculation, que le parlement l'interdit provisoirement le 5 juin 1763, tout en requérant les Facultés de médecine et de théologie de donner un avis précis sur l'avantage physique qu'on pouvoit en attendre tout comme sur le péché qu'elle pourroit faire encourir (1). Cet arrêt, comme on devoit s'y attendre, attira sur le parlement tous les sarcasmes ainsi que toute l'indignation de Voltaire.

(1) Extrait des registres du 8 juin 1763, Mercure historique, juillet 1763, p. 12. — Bachaumont, Mém. secrets, T. I, p. 176. — M. de Lauraguais se fit exiler pour avoir tourné cet arrêt en ridicule.

Mais c'étoit surtout comme juges criminels que les parlemens aggravoient la dure condition du peuple, et qu'ils lui faisoient éprouver la pire des tyrannies, celle de la férocité des tribunaux. Des procès criminels, tous empreints de fanatisme et de fureur, se succédèrent avec rapidité et épouvantèrent la France. Le premier fut celui de François Rochette, prédicateur protestant, âgé de vingt-six ans, qui depuis vingt mois seulement avoit été agrégé au saint ministère. Il étoit malade, et il se rendoit avec deux guides de Montauban aux eaux de Saint-Antonnin, lorsque la garde bourgeoise du bourg de Caussade, qui cherchoit des voleurs, les arrête par erreur le 13 septembre 1761. Le ministre se nomma et ne cacha point son caractère, et la magistrature consulaire de Caussade, joyeuse de cette capture inattendue, résolut de le livrer aux conséquences terribles des édits contre les prédicans; le bruit de cette arrestation cependant se répandit parmi les protestans, et tandis qu'ils accouroient pour solliciter en faveur de leur ministre, des malveillans répandirent parmi les catholiques qu'ils prenoient les armes; le tocsin sonna, les catholiques forcenés arborèrent des cocardes et des croix blanches, et s'excitèrent à se défaire une fois pour toutes des protestans. Parmi ceux contre lesquels ils lancèrent des dogues et qu'ils arrêtèrent enfin, après les avoir maltraités, se trouvoient trois gentils-hommes verriers, jeunes, ardens, et réformés, pleins de zèle, les frères Grenier, qui, dans ce tumulte, étoient sortis armés, mais qui n'avoient fait aucun usage de leurs armes. Lorsqu'on se fut aperçu que la crainte d'un soulèvement des protestans n'étoit que le rêve d'une frénésie inquiète, on relâcha une foule de prisonniers, mais on en retint onze qui furent transférés à Cahors, puis à Montauban. Tous les protestans se mirent en mouvement pour intercéder en faveur de leurs frères captifs; ils s'adressèrent à Mme Adélaïde de France, fille aînée de Louis XV, au duc de Richelieu, au duc de Fitz-James, à M. de Manibam, premier président du parlement de Toulouse. Ce fut en vain; ce parlement, toujours fanatique, ne cherchoit que l'occasion de faire un exemple sur les protestans. Il évoqua le procès, d'abord traduit devant le grand-prévôt de Montauban, juge il est vrai non moins redoutable par ses relations dévotes avec les jésuites et avec l'évêque. Les prisonniers furent transférés à Toulouse. Rochette, dans son interrogatoire, répondit sans déguisement qu'il étoit ministre, qu'il en avoit exercé les fonctions, qu'il avoit prêché la parole de Dieu, qu'il avoit béni des mariages. Il n'en falloit pas davantage pour le faire condamner. La grand'chambre de Toulouse, le 18 février 1762, condamna François Rochette,

« convaincu d'avoir fait les fonctions de ministre « de la religion prétendue réformée », à être pendu, tête et pieds nus, en chemise, ayant écriteaux devant et derrière, portant ces mots : *Ministre de la religion prétendue réformée;* les trois frères Grenier à avoir la tête tranchée comme coupables de rébellion; les deux guides aux galères, un autre détenu au bannissement, et quatre ministres qui avoient signé des attestations dont Rochette étoit porteur, à être pris et saisis au corps, partout où ils seront trouvés, pour ester à droit. Le lendemain cette odieuse sentence fut exécutée : les quatre martyrs marchèrent au supplice avec le courage des héros et la résignation des saints, et la foule attendrie laissa voir par sa consternation que ses sentiments ne répondoient pas à la férocité des juges. (1)

Peu de semaines après le supplice de Rochette, le 9 mars 1762, un négociant respectable de Toulouse, protestant du diocèse de Castres, Jean Calas, âgé de soixante-quatre ans, subit le supplice de la roue. Il avoit été condamné par le parlement de Toulouse sur l'accusation absurde d'avoir tué son fils aîné qu'on avoit trouvé pendu, le 13 octobre précédent, dans la maison paternelle, et qui, tourmenté d'une noire mélancolie,

---

(1) Coquerel, Hist. des églises du Désert, L. V, ch. 1, p. 267-298.

avoit probablement mis fin lui-même à ses jours.
La populace de cette ville, ignorante et fanatique,
dont la haine contre les protestans étoit sans cesse
alimentée par des confréries de pénitens, accusa
Calas d'avoir fait périr son fils pour l'empêcher
de se faire catholique. Elle prétendit que cet
acte barbare n'étoit autre que l'accomplissement
d'un vœu répété par tous les protestans dans les
assemblées du désert, et les juges accueillirent
ces accusations populaires qui n'étoient garanties par aucun témoin ; ils procédèrent par l'inquisition et la torture; toute la famille Calas, le
jeune Lavaysse, âgé de vingt ans, fils d'un célèbre
avocat de Bordeaux, qui, pour son malheur,
avoit été ce jour-là retenu à souper par les Calas,
furent soumis à cette effroyable forme de procédure avec cet acharnement, cette soif de supplice, ce désir ardent de trouver des coupables
qui à cette époque entroient dans le caractère de
presque tous les juges français ; et le parlement
de Toulouse ajouta cette condamnation éclatante à tant d'autres condamnations non moins
iniques, mais qui avoient eu moins de retentis-
sement. (1)

Après le supplice de Calas, sa veuve et ses

(1) Coquerel, L. IV, ch. 2, p. 304-341. — Biogr. univ.,
T. VI, p. 503, art. *Calas*. — Les pièces originales con-
cernant la mort des sieurs Calas, OEuvres de Voltaire,
T. XXXVIII. — Politique et Législation, T. I, p. 316.

enfans vinrent chercher un refuge à Genève, d'où ils allèrent à Ferney implorer la commisération et les secours de Voltaire, dont la bienfaisance s'étendoit presque aussi loin que la renommée. Cette atrocité souleva l'indignation de Voltaire; toutes ses affections étoient pour le duc de Choiseul, l'ami et le protecteur des parlemens; il souhaitoit alors même le succès de ces corps judiciaires dans la guerre qu'ils avoient déclarée aux jésuites et aux ordres monastiques; il voyoit à quel point leurs remontrances les rendoient populaires, tandis qu'il étoit lui-même en disgrâce auprès de la cour, et comme exilé dans sa terre aux derniers confins du pays de Gex. En butte à l'inimitié ardente de tout le clergé et de tous les fanatiques, il lui falloit du courage pour se brouiller aussi avec l'ordre judiciaire. Il n'hésita pas, il souleva par ses écrits l'indignation de l'Europe contre le parlement de Toulouse; il s'adressa en même temps aux avocats les plus fameux de Paris, à Élie de Beaumont, à Loiseau de Mauléon, dont il excita le zèle; et il travailla avec tant de persévérance, qu'enfin l'arrêt du parlement de Toulouse fut cassé; un tribunal de cinquante maîtres des requêtes réhabilita le 9 mars 1765 la mémoire de Calas, et le trésor public indemnisa sa famille, dont les biens avoient été confisqués. Mais encore de nos jours nous avons entendu des parlementaires, plus jaloux de la solidarité de réputation de l'ordre judiciaire que de la justice, condamner la mémoire de Calas, et accuser Voltaire d'avoir détruit le prestige de *la chose jugée*. (1)

Peu de temps après la mort de Calas, une jeune fille de la même province, enlevée à ses parens et mise dans un couvent pour la forcer à changer de religion, se lassa des mauvais traitemens qu'elle y éprouvoit, s'échappa, et fut retrouvée noyée dans un puits. Les fanatiques du Languedoc essayèrent de faire retomber sur son père, nommé Sirven, les mêmes accusations qui avoient perdu Calas; mais Sirven réussit à s'échapper à pied, au travers des neiges. Sa femme, qu'il conduisoit avec lui, succomba à la fatigue et à la douleur, elle mourut en route. Sirven, cependant, arrivé à Genève, implora l'aide de Voltaire, qui étoit devenu le recours des opprimés et le modérateur des opinions en France. Les esprits avoient été puissamment remués, par ce qu'il avoit écrit lui-même ou fait écrire pour les Calas. Le parlement de Toulouse lui-même sentit la nécessité de faire

---

(1) Lacretelle. T. IV, p. 99. — Condorcet, Vie de Voltaire, T. I, p. 123. — Correspondance générale de Voltaire, T. VI, p. 488. — Voltaire, Traité sur la tolérance à l'occasion du meurtre de Jean Calas, T. XXXVIII, p. 129. — Mercure historique, mars 1765, p. 207.

oublier son précédent crime; et Sirven, admis à purger sa contumace, fut déclaré innocent. (1)

Le supplice de Rochette fut en effet le dernier infligé par un tribunal français à un ministre, pour avoir prêché la parole de Dieu, et celui de Calas le dernier infligé à un huguenot, sous prétexte d'un autre crime, mais en haine seulement de sa religion. Dès lors, la réaction de l'opinion publique contre l'intolérance pénétra jusque dans les provinces les plus fanatiques; les assemblées du désert ne furent plus pourchassées par les soldats, elles commencèrent à se tenir avec une certaine publicité. Il est vrai que les prêtres ayant accusé les huguenots d'avoir *poussé le scandale* jusqu'à porter des chaises et des bancs sur les champs où ils se rassembloient pour prier, les commandans militaires en Languedoc commencèrent par le leur interdire; puis, deux ans après, ils fermèrent les yeux sur les acquisitions qu'ils faisoient de maisons ou de granges pour leur servir de lieux d'oraison. L'évêque de Mirepoix fit encore enlever des

(1) Condorcet, Vie de Voltaire, T. I, p. 128. — Ce fut le nouveau parlement institué à Toulouse après le coup d'État de Maupeou contre la magistrature qui, en 1772, reconnut l'innocence de Sirven, sa femme et sa fille, condamnés depuis dix ans comme parricides; Mercure historique de février 1772, p. 180. — Coquerel, Hist. des Églises du Désert, L. IV, T. II, ch. 6, p. 472. — L'arrêt du conseil en faveur des Sirven est de mars 1768.

enfans dans une famille protestante, en même temps que le commandant militaire refusa de prêter main-forte à un curé, qui vouloit pénétrer auprès d'une agonisante, avec l'intention de la faire traîner sur la claie si elle ne faisoit pas abjuration. On n'envoya plus pour cause de religion des protestans aux galères ou des femmes à la tour de Constance; mais on ne rendit point la liberté à ceux qui y étoient détenus : de toutes parts on s'apercevoit que l'ancien système de persécution tomboit en désuétude, mais le gouvernement manquoit d'énergie pour le corriger, et tous les ministres de la justice s'obstinoient à ne pas lâcher prise sur ceux qu'on leur avoit abandonnés à tourmenter. (1)

Ce n'étoit pas seulement contre les huguenots que la justice se montroit barbare; partout où la populace se laissoit enflammer par le fanatisme, partout où les prêtres demandoient des victimes, les juges s'empressoient de leur accorder des sacrifices sanglans. Il y avoit peu de mois que l'arrêt des Calas avoit été cassé, quand deux jeunes militaires âgés de dix-huit ans, les chevaliers de La Barre et d'Étallonde furent accusés d'avoir brisé la nuit un crucifix de bois placé sur un pont d'Abbeville. L'évêque d'Amiens demanda vengeance; il n'y avoit

(1) Coquerel, L. IV, ch. 3, p. 342-373.

pas de témoins du fait imputé; mais on prouva seulement que dans un repas de corps ces deux jeunes gens avoient chanté des chansons impies ou obscènes. D'Étallonde eut le bonheur de s'échapper; La Barre, arrêté et traduit devant les juges d'Abbeville, fut condamné à être brûlé vif, après avoir eu la langue et la main droite coupées. Le parlement de Paris, dans lequel La Barre avoit beaucoup de parens, confirma cette sentence, en y apportant cette seule modification, que le malheureux jeune homme, dont les membres étoient déjà horriblement disloqués par la torture, auroit la tête tranchée avant d'être jeté dans les flammes. Des prêtres avoient persuadé aux parens de La Barre qu'ils se rendroient complices de son impiété s'ils empêchoient par leur crédit un châtiment qui devoit venger le ciel. Cette horrible sentence fut exécutée le 1er juillet 1766. Voltaire fit de vains efforts pour adoucir le parlement, pour réveiller l'opinion publique, pour faire sentir la coupable absurdité de peines aussi disproportionnées avec les fautes. Le parlement s'étoit effrayé du débordement d'écrits irréligieux qui inondoient la nation. Il venoit de condamner les jésuites; il voulut prouver que ce n'étoit pas pour faire cause commune avec les libertins et les esprits forts; il voulut avertir la jeunesse, dès son entrée dans le monde, par un supplice

qui la glaçât d'effroi. L'appui de Voltaire profita 1763-1766.
du moins à d'Étallonde, qui, soutenu de ses re-
commandations, fut bien reçu de Frédéric II,
et s'avança dans l'armée prussienne. (1)

Au reste, c'est peut-être encore faire trop
d'honneur aux juges que d'attribuer leur cruauté
au désir d'agir sur la morale publique; indépendamment d'une passion que l'habitude avoit
nourrie en eux et qu'on pourroit nommer
celle de la chasse aux crimes, de ce sentiment
de succès qu'ils attachoient à une conviction
inattendue, ils sembloient chercher bassement
la popularité en secondant les préventions publiques. C'est la seule explication que puisse
admettre ce que Voltaire a nommé *la méprise
d'Arras :* un nommé Montbailly à Saint-Omer,
le 19 novembre 1770, s'étoit vu accuser de
parricide avec sa femme, parce que sa mère,
sujette à s'enivrer d'eau-de-vie et étouffée par
l'embonpoint, avoit été trouvée morte auprès
de son lit, frappée sans doute d'apoplexie;
une clameur sans preuves, sans indices, avoit
été soulevée dans la populace contre les enfans

---

(1) Condorcet, Vie de Voltaire, T. I, p. 138. — Lacretelle, T. IV, p. 100. — Biogr. univ.; art. *La Barre,* T. III,
p. 414. — Mercure historique pour juillet 1766, p. 49. —
Les écrits de Voltaire relatifs au chevalier de La Barre sont
insérés au T. II des écrits politiques et législatifs, T. XXXIX
des OEuvres, p. 100.

de cette femme, qui la veille leur avoit fait une scène violente; les juges du lieu l'avoient méprisée, le conseil supérieur d'Artois ne voulut pas refuser à la rumeur publique le supplice qu'elle demandoit. (1)

Une cause plus retentissante occupa le parlement de Paris, peu après celle du chevalier de la Barre. Le lieutenant-général comte de Lally eut la tête tranchée le 9 mai 1766, devant l'Hôtel-de-ville, avec un bâillon dans la bouche, d'après un arrêt rendu le 6, qui le déclaroit *convaincu d'avoir trahi les intérêts du roi et de la compagnie des Indes.* Lally Tullendally, ou Tollendal, Jacobite irlandais, né en 1702, avoit été capitaine dans un régiment irlandais dès 1709 ; soldat dès sa naissance, toute son éducation avoit été militaire, ses talens étoient du premier ordre ; il avoit servi avec distinction dans toutes les guerres de la France, tout comme dans l'armée du Prétendant, auquel il avoit voué une affection héréditaire et enthousiaste. Mais l'impétuosité de son caractère ne pouvoit manquer d'offenser ceux qui servoient avec lui ou sous lui. « C'est du feu que son activité », répondit M. d'Argenson, à la Compagnie des Indes qui le demandoit en 1756, pour commander une

---

(1) Mém. secrets, T. III, p. 380. — Voltaire, La méprise d'Arras, T. III. — Politique et Législation, OEuvres complètes, T. XL, p. 21.

expédition dont il avoit lui-même fourni le projet. « Il ne transige pas sur la discipline, a en
« horreur tout ce qui ne marche pas droit, se
« dépite contre tout ce qui ne va pas vite, ne
« tait rien de ce qu'il sent, et l'exprime en termes
« qui ne s'oublient pas..... A la première négli-
« gence qui compromettra les armes du roi, à la
« première apparence d'insubordination ou de
« friponnerie, M. de Lally tonnera s'il ne sévit
« pas. On fera manquer ses opérations pour se
« venger de lui. » Les députés de la Compagnie,
malgré cet avertissement, persistèrent. Cette
activité prodigieuse, cette sévérité de discipline, cette franchise de caractère étoient précisément, disoient-ils, ce dont la Compagnie
avoit besoin pour faire disparoître les vices contraires dont elle étoit depuis si longtemps victime. Le comte de Lally fut nommé en 1756
commandant général de tous les établissemens
français aux Indes Orientales, et tout ce que le
comte d'Argenson avoit prévu arriva, pour le
malheur de la Compagnie et pour celui de M. de
Lally son ami.

Nous n'avons point essayé de rendre compte
de la guerre des Indes sous l'administration de
M. de Lally. Dans ce Monde nouveau, où les
événemens sont si grands et les causes qui les
produisent souvent si petites, on se perd dans
une étude approfondie ; la géographie et la poli-

tique, les noms des lieux et ceux des hommes échappent à la mémoire; et à moins d'une exposition qui seroit sans fin, des mœurs, des intérêts, des hommes et des choses, un tableau des événemens seroit inintelligible. Lally, retardé par tous les contre-temps imaginables, arriva dans l'Inde seulement le 28 avril 1758, avec des ressources insuffisantes, et ayant à réparer deux défaites du comte d'Aché, commandant de la flotte. Il commença par obtenir des succès brillans, dus à son activité et à son courage, mais il lui fallut bientôt lutter avec désavantage contre la supériorité de forces et de richesses des Anglais, et contre les ennemis qu'il se suscitoit parmi les Français par les défauts de son caractère. Dans la disette où il se trouvoit, il eut recours aux mesures les plus énergiques, mais les plus dures, pour soutenir la guerre avec l'argent et les ressources qu'il pouvoit se procurer aux dépens de qui que ce fût. Durant le siége et le blocus de Pondichéry, il avoit souffert et fait souffrir aux habitans toutes les horreurs de la famine, avant de se rendre prisonnier de guerre. Toute son administration excita les ressentimens les plus violens; les administrateurs de la Compagnie des Indes et les militaires qui avoient servi sous lui avoient tous quelque injure personnelle à venger, qu'ils s'efforçoient de confondre avec les calamités publiques. Son lieutenant, le marquis de Bussy-Castelnau, avoit déclaré qu'il falloit que la tête de Lally tombât, ou la sienne.

Le 23 septembre 1761, Lally arrivé prisonnier en Angleterre apprit qu'un orage se formoit à Paris contre lui par la réunion de tous ses ennemis. Il demanda et obtint du ministère anglais d'être renvoyé prisonnier sur parole pour venir le conjurer. Le 5 novembre il fut mis à la Bastille, et il y resta dix-neuf mois sans être interrogé. Ses ennemis étoient en crédit; Bussy avoit épousé une Choiseul; d'Aché étoit protégé par le grand-amiral; tous ceux qui avoient éprouvé des pertes avec la Compagnie des Indes aigrissoient l'opinion publique. Choiseul la flatta lâchement en laissant le parlement de Paris se saisir de ce grand procès. Un conseil de guerre ou un tribunal des maréchaux de France pouvoient seuls prononcer sur un long enchaînement d'opérations militaires, navales, politiques et administratives. Il étoit par trop absurde de voir les conseillers de la grand'chambre examiner dans quel temps et par quels moyens le gouverneur de l'Inde auroit dû assiéger les forts de la côte de Coromandel; quelles fautes le comte de Lally avoit commises dans l'expédition du Carnate et dans celle de Madras; comment il avoit pourvu à la défense de Pondichéry, et quel effet avoient dû produire sur ces opérations les trois batailles navales perdues par le comte d'Aché dans la mer des Indes. Lally avoit été accusé de concussion et de trahison, crimes dont il étoit impossible de le convaincre; par une lâche équivoque le parlement le déclara coupable d'avoir *trahi les intérêts du roi*, c'est-à-dire de les avoir mal servis, crime dont ce tribunal n'étoit pas juge, et qui, de plus, n'emportoit point la peine qu'il prononçoit. C'étoit de sa part un acte scandaleux d'ignorance et de présomption, c'étoit une satisfaction donnée à la haine que ressentoit alors tout l'ordre judiciaire contre les commandans militaires, et qui se manifestoit par les procès du parlement de Rouen contre le duc d'Harcourt, de celui de Rennes contre le duc d'Aiguillon, de celui de Toulouse contre le duc de Fitz-James, de celui de Grenoble contre le marquis du Ménil; c'étoit enfin une offrande à la plus lâche de toutes les politiques, celle qui emploie la hache des bourreaux à flatter les passions populaires. (1)

Voltaire, qui en avoit appelé à l'opinion publique de chacune des erreurs ou des fautes des tribunaux, n'abandonna pas non plus Lally,

---

(1) Biogr. univ., art. *Lally* fourni par son fils, T. XXIII, p. 238-254. — Lacretelle, T. IV, p. 102. — *Annual Register, for the year* 1766. (*Characters.*) p. 80. — Mercure historique, mai 1766, p. 307.

encore qu'il se soulevât lui-même contre les propos violens, les actes inhumains qu'on lui reprochoit, et que pour le défendre il dût braver en même temps l'animosité des Parlemens, le mécontentement du roi qui ne pouvoit souffrir aucune espèce d'opposition; et l'aigreur du duc de Choiseul, son protecteur et son ami, rien ne le rebuta, et il consacra son activité, pendant le reste de sa vie, à défendre la mémoire de Lally. Ce ne fut qu'au moment de la mort de Voltaire, et après celle de Louis XV, que, grâce à la constance et à l'éloquence du fils de cette illustre victime, l'arrêt de condamnation fut enfin cassé le 21 mai 1778, après quoi un nouvel arrêt, du mois d'août 1779, réhabilita entièrement la mémoire de Thomas Arthur de Lally-Tollendal. (1)

Louis XV, qui n'aimoit ni son ministère, ni son clergé, ni ses Parlemens, demeuroit à peu près neutre entre eux, autant par dédain que par indolence. Il ne renonçoit pourtant pas entièrement à toutes les affaires d'État; et tandis qu'il détournoit autant qu'il pouvoit ses regards des remontrances de ses Parlemens, de leurs querelles avec les commandans de province et de leur administration de la justice; qu'au lieu de

---

(1) Condorcet, Vie de Voltaire, T. I, p. 140. — Fragmens historiques sur l'Inde, Siècle de Louis XV, T. II, p. 157.

tâcher d'arranger des affaires qui lui paroissoient désagréablement embrouillées, il se contentoit d'imposer silence à tous les partis, il montroit du moins plus de curiosité pour les affaires étrangères. L'établissement de sa diplomatie secrète, alors en pleine activité, étoit tout à la fois une preuve de l'intérêt qu'excitoient encore en lui les relations extérieures de la France, et de la défiance que lui inspiroit son propre ministère.

Cette diplomatie secrète datoit de 1745, époque où le prince de Conti, qui avoit plus de goût pour les affaires et plus d'activité que les autres princes du sang, avoit commencé à travailler avec le roi à l'insu des ministres. Des offres secrètes avoient été faites à ce prince pour l'élever au trône de Pologne, et elles lui avoient donné occasion de demander la permission d'établir à l'étranger une correspondance qui seroit dérobée à la connoissance des ministres. Le but que se proposoit alors Conti étoit de séparer l'Autriche d'avec la Russie, et de maintenir l'indépendance de l'Allemagne en attachant plus intimement à la France la Prusse, la Suède, la Turquie et les puissances du second ordre. Il paroît que Louis XV trouva une sorte d'amusement dans cette activité sans résultat, dans cet espionnage dont il entouroit ses ministres. Il portoit ainsi au dehors cette même curiosité et cette même défiance qui l'avoient engagé à donner l'ordre à l'intendant des postes de lui apporter chaque dimanche un extrait de la correspondance qui passoit par ses mains. Six ou sept commis de l'hôtel des postes étoient sans cesse occupés à décacheter les lettres sans gâter l'empreinte des cachets et à en faire des extraits ; et le roi croyoit travailler aux affaires de son royaume, quand il s'occupoit des intrigues galantes qu'il découvroit ainsi, ou qu'il passoit une partie de sa matinée à écrire au roi d'Espagne, au cardinal de Tencin, à l'abbé ou au comte de Broglie. (1)

Louis XV continua pendant douze ans, par l'intermédiaire du prince de Conti, cette correspondance avec les cours de Constantinople, de Varsovie, de Stockholm et de Berlin, et il avoit donné de sa main un ordre à ses ambassadeurs de préférer les instructions qu'il leur feroit passer par ce prince à celles qui leur viendroient directement des ministres ; mais le traité de Vienne de 1756 ayant changé tout le système des alliances de la France, le prince de Conti, d'après le désir du roi, remit tous les papiers et chiffres de sa correspondance à M. Février, premier commis des affaires étrangères ; Conti

---

(1) Flassan, T. VI, p. 368. — Mme Du Hausset, p. 63-68. — Besenval, T. I, p. 280.

avoit demandé le commandement d'une armée, mais Mme de Pompadour le lui fit refuser ; alors il se piqua, et renonça absolument aux affaires. Ce fut l'occasion que prit Louis XV pour mettre le comte de Broglie, conjointement avec M. Février, à la tête de cette correspondance secrète. Elle continua, avec un redoublement d'activité, pendant tout le ministère de M. de Choiseul, qui ne la soupçonnoit pas d'abord, et n'en fut averti qu'assez tard. La politique secrète du roi se trouva dès lors plusieurs fois en opposition avec celle du ministre ; il en résulta des longueurs, des contradictions et un relâchement dans la discipline et l'obéissance ; mais comme le secret étoit soigneusement enjoint aux ambassadeurs, dans les cours où ils étoient chargés de la double correspondance, comme dans les autres ils ne connoissoient point leurs surveillans, ce bizarre système d'espionnage ne produisit autre chose qu'une anarchie diplomatique à peine remarquée au milieu de tant d'autres désordres. (1)

La diplomatie française ne fut point, il est vrai, occupée à cette époque de négociations importantes. Dans le nord, la mort du roi de Pologne et celle de l'empereur donnèrent lieu de réaliser les prévisions du traité de Vienne ;

(1) Flassan, T. VI, p. 371.

Auguste III, roi de Pologne, après le traité d'Hubertsbourg, put rentrer dans son électorat de Saxe, le seul pays où il se sentît vraiment souverain; car, en Pologne, indépendamment des limites constitutionnelles de son autorité, la foiblesse de son caractère et son manque de talens, aussi bien que la pusillanimité avec laquelle il se laissoit conduire par son favori, le comte de Bruhl, avoient développé des factions qui ne lui laissoient plus de part dans l'État. Celle des princes Czartoriski, soutenue par la Russie, ne songeoit alors qu'à ôter à Bruhl la qualité de gentilhomme polonais. Auguste III croyoit qu'il ne se retrouveroit libre qu'à Dresde. Mais pendant six ans que la Saxe avoit été occupée par les Prussiens, elle avoit été ravagée et ruinée; sa femme étoit morte de douleur, et, de ses fils, l'aîné ne lui survécut que peu de mois, un second avoit été chassé du duché de Courlande, un autre exclu de l'évêché de Liége auquel il prétendoit, et lui-même étoit de retour depuis peu de temps dans son palais, lorsqu'il y mourut le 5 octobre 1763, à l'âge de soixante-seize ans. (1)

Le marquis de Paulmy, alors ambassadeur français à Varsovie, annonça le 15 mars 1764 au prince primat, que sa cour verroit avec

---

(1) *Annual Register*, T. VI, ch. 8, p. 43.

plaisir monter sur le trône de Pologne le prince Xavier de Saxe, frère de la dauphine, qui avoit combattu avec honneur dans les armées françaises, mais qu'elle reconnoissoit le droit de la nation polonaise de se donner un chef avec la plus parfaite indépendance, et que, quel qu'il fût, soit Piast, soit prince étranger, il seroit l'allié de la France (1). Il s'en falloit beaucoup que l'impératrice Catherine II montrât le même respect pour l'indépendance polonaise. Elle mettoit alors sa vanité et sa politique à placer son amant, le prince Stanislas Poniatowski, sur le trône de Pologne, et cette malheureuse république, dont les puissans citoyens s'occupoient bien plus de s'assurer à chacun d'eux l'indépendance que de conserver la dignité de leur patrie, se trouvant alors sans gouvernement, sans armée et sans trésor, une armée russe put s'avancer sans obstacle jusqu'à Varsovie, pour y protéger, disoit-elle, l'élection. Le marquis de Paulmy crut contraire à la dignité du roi de France de demeurer en Pologne pour être témoin d'une scène de violence. Il prit congé du primat, le 7 juin 1764; l'ambassadeur d'Autriche et le résident d'Espagne se retirèrent peu après, abandonnant le champ libre à leurs adversaires, tandis que les ministres de Russie

---

(1) Flassan, T. VI, p. 519.

et de Prusse, dans une conférence publique avec les sénateurs et les nonces, le 8 août 1764, recommandèrent le comte Stanislas Poniatowski au choix des électeurs, et, en effet, il fut proclamé roi de Pologne le 7 septembre 1754. Dès lors, et jusqu'en 1787, la France n'eut plus aussi d'ambassadeur, ni même de résident à Varsovie. (1)

De même que la France s'étoit engagée envers l'Autriche à favoriser l'élection d'un prince de Saxe en Pologne, elle lui avoit promis aussi de seconder l'élection de Joseph, fils de Marie-Thérèse, pour roi des Romains; mais, dans l'une et l'autre élection, elle se contenta d'une adhésion de forme, et laissa faire. L'impératrice, par le traité d'Hubertsbourg, s'étoit assuré la coopération du roi de Prusse, qui étoit tout autrement efficace. En effet, l'archiduc Joseph fut nommé, sans opposition, roi des Romains, par le collége des électeurs, à Francfort, le 27 mai 1764. Cette nomination écartoit toute chance de trouble dans l'Empire, à la mort de l'empereur François, qui succomba, le 18 août 1765, à une attaque d'apoplexie. Son

---

(1) Flassan, T. VI, p. 524. — Rulhière, Hist. de l'anarchie de Pologne, T. II, L. V et VI. — Mercure historique et politique de septembre 1764, p. 188. — *Annual Register for* 1764, ch. 3, p. 11. — Frédéric II, OEuvres posthumes, T. V, ch. 1.

fils aîné, Joseph, alors âgé de vingt-quatre ans, lui succéda aussi paisiblement dans le titre d'empereur que si la monarchie eût été héréditaire; et le second, Pierre-Léopold, qui n'avait que dix-huit ans, prit le titre de grand-duc de Toscane. L'impératrice-reine avoit un grand talent de représentation; elle jouoit admirablement le rôle de reine, celui d'épouse, celui de mère : elle fut très-convenablement affligée, elle tint des propos de nature à être répétés sur « son « compagnon, son ami, la joie de son cœur « durant quarante-deux ans (1). Élevés ensem- « ble, disoit-elle, nous avons toujours eu les « mêmes sentimens, et il a adouci mes chagrins « en les partageant. » Mais elle avoit eu soin de ne pas partager aussi le pouvoir avec lui. Elle suivoit une ligne politique opposée à celle qu'il auroit préférée, et, s'il n'avoit pas été d'un caractère enjoué, doux et facile, il n'auroit pas pu supporter l'affectation avec laquelle il étoit exclu de toute autorité, de tout crédit. Le prince de Kaunitz continua, après sa mort comme auparavant, à être l'unique conseil de l'impératrice, et le nouvel empereur Joseph II dut se contenter de la dépendance dans laquelle avoit toujours été tenu son père. (2)

---

(1) Elle n'en avoit alors que quarante-huit.
(2) Coxe, Maison d'Autriche, T. V, ch. 118, p. 337. —

Au midi, la diplomatie française fut occupée, surtout en Espagne, à resserrer les liens entre les cours de Versailles et de Madrid. Choiseul se vantoit d'avoir autant d'influence sur l'une que sur l'autre. Il avoit réussi à faire écarter du ministère le général Wall, qui étoit tout Anglais de cœur, et à le remplacer par Grimaldi qui avoit été ambassadeur à Paris, et qui étoit tout dévoué à la France. D'ailleurs, Charles III avoit lui-même un vif attachement pour la patrie et pour la famille de ses pères, et, s'il n'avoit pas été entraîné par sa passion désordonnée pour la chasse, à laquelle il consacroit beaucoup trop de temps, l'Espagne auroit eu plus à se louer de sa capacité. Il voyoit bien que ce royaume étoit épuisé et réduit à l'impuissance. Toutefois, il s'entretenoit avec Choiseul de sa rancune contre les Anglais qui l'offensoient journellement par leur audacieuse contrebande à la baie de Honduras et sur toutes les côtes d'Amérique, et comme, dans le même temps, le ministère anglais se brouilloit toujours de plus en plus avec ses colonies, Choiseul et Grimaldi attendoient avec impatience le moment où ils pourroient se venger des humiliations de la dernière paix. (1)

Annual Register, T. VIII, ch. 1, p. 2. — Mercure historique pour septembre 1765, p. 199, et pour octobre, p. 277.
(1) Coxe, Bourbons d'Espagne, T. IV, ch. 62, p. 507.

En Italie, c'étoit aussi par une politique de famille que Choiseul cherchoit à relever l'influence de la France. Il resserroit l'alliance entre les diverses branches de la maison de Bourbon, et il s'attachoit en même temps à les unir par des mariages aux maisons d'Autriche et de Savoie. Le nouveau grand-duc de Toscane, Léopold, épousa en 1765 Marie-Louise, fille du roi d'Espagne ; le prince des Asturies épousa une sœur du duc de Parme ; c'étoit désormais Don Ferdinand, qui, le 18 juillet 1765, avoit succédé à son père Don Philippe. Le mariage de ce Ferdinand et de l'autre Ferdinand son cousin, roi de Naples, fut arrangé avec deux archiduchesses, filles de Marie-Thérèse ; et l'on parloit aussi de marier deux des petits-fils de Louis XV, comme on le fit plus tard, avec deux princesses de Sardaigne. On croyoit toujours, quoiqu'on eût eu si souvent occasion d'être détrompé, à la puissance des alliances matrimoniales, et la maison de Bourbon se flattoit par tous ces mariages d'unir les divers États d'Italie dans un seul intérêt.

La jalousie qu'avoit inspirée l'Angleterre entroit dans tous ces arrangemens ; cette jalousie fut aussi le motif d'un nouveau traité que M. de Choiseul conclut avec la république de Gênes, le 7 août 1764, relativement à la Corse. Cette île, que les armées françaises avoient déjà une première fois soumise aux Génois, n'étoit pas demeurée en leur puissance. Il y avoit entre les Corses et les Génois une haine si acharnée, que l'un de ces peuples ne pouvoit demeurer soumis à l'autre; par quelques conventions qu'ils fussent liés, jamais ils n'y restoient fidèles; la défiance, la vengeance éclatoient tout à coup par le crime d'un individu que tous ses compatriotes adoptoient bientôt. En 1755, les Corses appelèrent Pasquale Paoli, fils de ce Giacinto, qui avoit été leur chef dans la précédente guerre, et qui, en 1739, s'étoit retiré à Naples, où il avoit pris du service. Pasquale Paoli avoit profité de son séjour à Naples pour recommencer son éducation; il joignoit une connoissance approfondie de l'antiquité à l'étude de la philosophie, de la législation, de l'art de la guerre; il aimoit avec enthousiasme la liberté, c'étoit sa seule passion, et il n'en laissoit aucune autre influer sur sa conduite; son caractère étoit calme et ferme, et la petite, mais énergique nation qui l'appeloit, n'auroit pu choisir un plus digne chef(1). Cependant Paoli passoit pour avoir de la prédilection pour l'Angleterre; on sut bientôt qu'il correspondoit avec Londres, et l'on eut lieu de croire que le gouvernement anglais, qui venoit de perdre Port-Mahon, songeoit à trouver une

---

(1) *Botta, Storia d'Italia*, T. IX., L. XLVI, p. 300.

compensation dans la souveraineté de l'île de Corse. Pour se tenir en garde contre ce projet, le marquis de Castries avoit amené trois mille Français en Corse, qui, introduits avec le consentement du gouvernement génois, demeurèrent neutres cependant entre les Génois et les Corses. (1)

Malgré la présence des Français en Corse, Paoli, pendant la guerre de sept ans, avoit réussi à donner une organisation sage et libre à sa patrie. Il portoit le titre de général du royaume et chef de la magistrature suprême de Corse. Cette magistrature se composoit de neuf membres, et elle étoit secondée par une diète qui s'assembloit au mois de mai de chaque année; elle étoit composée des représentans de toutes les communautés de l'île. Le siége du gouvernement de Paoli étoit à Corte, au milieu des montagnes, celui des Génois à Bastia. Après deux ans de séjour, le marquis de Castries s'étoit retiré avec les troupes françaises; de temps en temps il survenoit quelques petits faits d'armes entre les Génois et les Corses, mais en général la domination génoise s'étendoit fort peu au delà de Bastia, tandis que tout le reste de l'île obéissoit à Paoli. Ce fut dans ces circonstances, que par le traité de Compiègne du 7 août 1764, la

---

(1) *Botta, Storia d'Italia*, T. IX, L. XLVI, p. 313.

France s'engagea à envoyer en Corse sept bataillons français qui devoient tenir garnison à Bastia, Ajaccio, Calvi et San-Fiorenzo.

Le marquis de Marbeuf arriva avec ces troupes nouvelles ; il ne devoit point faire la guerre aux Corses, au contraire, il s'interposa de nouveau pour les réconcilier avec les Génois ; la négociation fut aussi tentée à Versailles, où le colonel Buttafuoco fut envoyé par les Corses. Ils demandoient l'indépendance et offroient en retour un tribut annuel à la république, égal au revenu que lui avoit rapporté l'île dans les meilleurs temps, et c'étoit seulement 40,000 fr. Les Génois ne vouloient, sous aucune condition, reconnoître les Corses pour indépendans. Sur ces entrefaites, l'arrivée de plusieurs colonies de jésuites renvoyés d'Espagne, et auxquels la république de Gênes accorda un asile dans les ports qu'elle possédoit en Corse, fut sur le point de brouiller la France avec le sénat de Gênes. Choiseul donna ordre aux soldats français d'évacuer toute place où entreroient les jésuites. En effet, M. de Marbeuf se retira successivement à l'arrivée de ces religieux, d'Algonola, de Calvi et d'Ajaccio. De ces trois places, deux furent bientôt occupées par les Corses indépendans. La brouillerie entre les Génois et les Français avoit relevé leurs espérances. Le sénat de Gênes, qui, après une guerre de quarante ans, n'avoit pu soumettre l'île de Corse, qui se trouvoit plus loin que jamais d'y parvenir, qui, en renonçant à sa conquête, ne vouloit pas éprouver la mortification de voir ceux qu'il nommoit des rebelles arriver enfin à l'indépendance, se détermina à signer à Versailles, le 15 mai 1768, un nouveau traité par lequel il cédoit le royaume de Corse, avec ses forteresses, son artillerie et tous ses équipages de guerre à la France. Cette concession étoit faite, il est vrai, sous prétexte de servir de nantissement pour les dettes que la république avoit contractées envers la France, mais on savoit bien que ce n'étoit là qu'un voile pour empêcher les autres puissances, et l'Angleterre en particulier, de se plaindre de cette acquisition. L'Angleterre se plaignit en effet, mais elle se contenta de fournir secrètement des secours à Pasquale Paoli pour l'aider à résister aux attaques de la France sans se déclarer plus ouvertement. (1)

Louis XV avoit établi dans l'administration intérieure le même conflit abject et mystérieux, par lequel il prétendoit contrôler la diplomatie. L'abbé de Broglie s'étoit chargé de cette branche de l'espionnage royal. Il entroit en rela-

(1) *Carlo Botta*, T. IX, L. XLVI, p. 368. — Flassan, T. VII, p. 21-26.

tions secrètes avec tous ceux que des motifs de rivalité ou d'inimitié engageoient à scruter d'un œil sévère la conduite du duc de Choiseul. Ceux qui avoient montré de l'affection pour les jésuites, les amis du dauphin, ceux du duc d'Aiguillon, commandant de Bretagne, étoient recherchés avec empressement par l'abbé de Broglie.

Le duc d'Aiguillon étoit neveu du maréchal de Richelieu, et héritier de cette marquise de Combalet, nièce favorite du cardinal de Richelieu, pour laquelle il avoit acheté le duché d'Aiguillon. Il étoit regardé comme le chef du parti du dauphin, de celui des jésuites et des défenseurs du pouvoir absolu. Ce n'étoit pas qu'il fût animé d'un grand zèle religieux ; au contraire on lui attribuoit un recueil des pièces les plus obscènes et les plus impies qui eussent circulé à la cour, mais c'étoit un courtisan brillant, plein d'esprit et de dextérité, que le maréchal de Richelieu mettoit en avant pour rabaisser Choiseul dont il étoit jaloux. Dans son commandement de Bretagne il dénota, dit Besenval, « un caractère entier, ambitieux, méchant, et « surtout vindicatif. La guerre s'étant rallumée, « les Anglais tentèrent une descente en Breta- « gne, à Saint-Cast. M. d'Aiguillon averti à « temps de cette irruption, s'y porta; mais au « lieu de se mettre à la tête des troupes, il monta

« dans un moulin, d'où il vit l'action, et les « Anglais repoussés. M. de La Chalotais, procu-« reur-général du Parlement de Rennes, eut « l'imprudence de mander dans une lettre : *No-« tre commandant a vu l'action d'un moulin, où « il s'est couvert de farine en guise de lauriers.* « Cela revint à M. d'Aiguillon, qui, dès ce mo-« ment, jura la perte de M. de La Chalotais, et « il ne fut plus occupé que d'en trouver l'occa-« sion. Elle se présenta, ou il la fit naître. » (1)

Aucune province du royaume n'étoit aussi jalouse de ses priviléges que la Bretagne; elle se refusa avec courage à enregistrer les édits bursaux, et ce ne fut qu'avec beaucoup de peine que le duc d'Aiguillon la décida à offrir en équivalent un don gratuit de sept cent mille livres (2). Pendant ces discussions, La Chalotais se montra parmi les plus ardens adversaires du duc d'Aiguillon. Déjà ce magistrat avoit établi sa renommée dans l'examen de la constitution des jésuites. Aucun autre n'avoit montré plus de zèle contre cet ordre; aucun aussi n'étoit plus en butte à leur haine.

La Chalotais s'étoit illustré par des écrits sur

(1) Mém. de Besenval, T. I, p. 362.
(2) Mercure historique de mars 1765, p. 166; avril 1765, p. 251, et mai 316. — Le parlement, humilié par la manière dont le roi avoit reçu ses remontrances, donna en masse sa démission le 6 avril 1765.

l'éducation publique, auxquels la suppression de cet ordre avoit donné lieu. Il étoit regardé comme un des premiers ornemens de la magistrature française, mais il ne savoit pas modérer ses paroles, et il offensoit mortellement ses ennemis par sa véhémence ou par ses épigrammes. Tandis qu'il reprochoit au duc d'Aiguillon son fait, ses exactions, ses infidélités, et qu'il déterminoit le parlement de Rennes à informer contre lui, il l'accabloit aussi de ses sarcasmes. Deux lettres anonymes ayant été adressées au roi sur les troubles de Bretagne, un jeune maître des requêtes, Calonne, qui les vit chez M. de La Vrillière, prétendit qu'il y reconnoissoit l'écriture de M. de La Chalotais. Il fut arrêté le 11 novembre 1765, avec son fils Cavadens, aussi procureur-général, et trois conseillers du parlement de Rennes. On les accusa, non-seulement d'avoir écrit ces billets séditieux, mais encore d'avoir voulu réunir tous les parlemens. Ils ne devoient être considérés, disoient-ils, que comme un seul pour toute la France, divisé en classes pour rendre la justice dans les provinces, mais ne formant qu'un seul corps, participant de la puissance législative par l'enregistrement des édits. Le projet étoit dénoncé comme criminel, parce qu'il tendoit à mettre des bornes à l'autorité royale. Tous les parlemens s'animèrent d'un même zèle pour la dé-

défense d'un magistrat dont ils s'honoroient. Pour la première fois l'opinion publique s'émut vivement sur ce point. La Chalotais fut regardé comme une victime que les grands, les jésuites et l'autorité militaire vouloient sacrifier à l'établissement du despotisme, et l'on s'aperçut que la France, désormais remuée par les questions de liberté et de réforme, se partageoit en deux grands partis, l'un progressif, l'autre réactionnaire, dont les chefs sembloient être les ducs de Choiseul et d'Aiguillon. (1)

La lutte entre ces deux partis prenoit chaque jour le caractère plus prononcé des grandes querelles politiques. Les parlemens faisoient à leur tour explosion, et ceux qui, par leur éloignement ou le peu d'étendue de leur ressort, couroient risque d'être oubliés, comme celui de Pau, par exemple (2), sembloient prendre d'autant plus à tâche de réveiller le public par la

---

(1) Soulavie a publié sous le titre de Mémoires du ministère du duc d'Aiguillon, 1 vol. in-8°, 1792, des notes informes que d'après leur mauvaise rédaction même nous devons supposer originales. Il est fort difficile de comprendre ce qu'elles contiennent sur La Chalotais, L. I, p. 1-34. — Besenval, T. I, p. 362. — Lacretelle, T. IV, p. 118. — Biogr. univ., art. *Aiguillon*, T. I, p. 344; art. *La Chalotais*, T. VII, p. 738.

(2) Mercure historique et politique pour juillet 1765, p. 41.

vigueur de leurs remontrances; c'étoient ceux que la cour choisissait pour faire l'essai d'une sévérité qu'elle n'auroit osé exercer à Paris. Ces écrits politiques étoient lus d'autant plus avidement, ils faisoient d'autant plus de bruit que c'étoient les seuls qu'on pût publier en France sur ces graves matières, et qu'ils éclatoient au milieu du silence universel. Dans cette désorganisation de la société, on pouvoit douter si la France avoit encore un système de gouvernement qu'elle se proposât de suivre, un avenir vers lequel on fût résolu de marcher, une religion de l'État qu'on voulût défendre, tandis que l'opinion l'attaquoit avec acharnement, que la cour la bravoit avec scandale, et que le clergé même qui ne vivoit que par elle étoit prêt à la désavouer. Le trône restait seul à la nation, et le trône n'inspiroit plus ni amour, ni respect, ni confiance.

Versailles avoit conservé toute sa magnificence; mais, après la signature de la paix, un sentiment de tristesse et de honte perçoit à travers cette représentation. Louis XV, dont le regard avoit toute la fierté qui manquoit à son caractère, paroissoit déconcerté lorsqu'un Anglais ou un Prussien lui étoit présenté. Même avec les Français, s'ils étoient étrangers à ses habitudes intimes, son air de contrainte et d'ennui, son silence glacial, arrêtoient toute expansion de sentimens. Les courtisans, compagnons ou ministres de ses plaisirs et de ses dérégle-mens, obtenoient seuls de lui un gracieux accueil, en échangeant les confidences du libertinage. Les railleries qu'il leur adressoit étoient quelquefois amères; mais, si celui qu'il avoit blessé se permettoit une repartie spirituelle, le roi la supportoit sans humeur; il élevoit le jeu de ses parties à un taux ruineux pour celui qu'il y admettoit; mais aussi lorsqu'il renversoit la fortune de ses adversaires, il les en dédommageoit quelquefois par des gouvernemens ou des pensions. Il consacroit trois ou quatre heures de la journée à ce qu'il regardoit comme son travail de roi, et qui n'étoit guère cependant que l'exercice de sa curiosité; car il s'attachoit à connoître toutes les intrigues de toutes les cours de l'Europe aussi bien que de la sienne. Il montroit aussi de l'intérêt pour les découvertes dans les sciences ou dans les arts mécaniques; mais sa froideur pour les lettres étoit invincible; il sembloit avoir peur de ceux qui les cultivoient. Jamais il ne parloit sans humeur ou sans dédain affecté des philosophes, des encyclopédistes, et surtout de Voltaire. « Ces « hommes-là, disoit-il, perdront la monarchie. « Je crois bien que tant que je vivrai, je res-« terai toujours à peu près le maître de faire « ce que je voudrai; mais, ma foi, après moi,

« M. le duc de Bourgogne n'a qu'à se bien
« tenir » (1).

Mme de Pompadour avoit conservé sur le roi un empire qu'on ne pouvoit comparer qu'à celui qu'avoit exercé avant elle le cardinal de Fleury. Elle prenoit avec lui le ton d'une amitié respectueuse et courageuse. Malgré la perte de sa fraîcheur, sa beauté avoit conservé quelque chose d'imposant, et, par la dignité de ses manières, elle réussissoit à faire oublier tout ce que son rôle avoit de honteux. Elle savoit intimider jusqu'au maréchal de Richelieu, tandis que le prince de Soubise et d'autres grands seigneurs s'honoroient du titre de ses amis. Elle montroit de la vénération pour la reine; mais, irritée de n'avoir pu vaincre les mépris du dauphin, elle tenoit la cour éveillée sur ses ridicules, parloit de sa haire, de sa discipline, de ses retraites secrètes pour réciter son bréviaire en habit de jésuite. Quant aux princesses, filles du roi, elle les avoit accoutumées à respecter extérieurement en elle le choix du monarque.

L'aptitude qu'elle avoit à éprouver ou à jouer l'enthousiasme lui avoit donné de grands moyens de captiver les gens de lettres et les artistes, dont elle flattoit la vanité. Elle n'aimoit guère

---

(1) Souvenirs du cardinal de Brienne à la suite de Mme Du Hausset, p. 312. — Lacretelle, T. VI, p. 38.

des philosophes que l'indulgence qu'ils montroient alors pour les foiblesses de l'amour; du reste, elle craignoit leurs leçons, et elle cherchoit à les détourner de leurs attaques contre la religion. Elle montroit beaucoup d'amitié au docteur Quesnay, et elle se déclaroit convertie à la doctrine des économistes, dont il étoit le fondateur; mais elle n'en mettoit pas moins de chaleur à demander pour elle ou pour les siens des acquits du comptant, ou à plaider au nom de l'humanité contre toute réforme du contrôleur des finances, qui tendoit à diminuer le luxe de la cour et attrister ainsi le monarque. Toujours comédienne, toujours occupée de jouer son rôle, elle vivoit dans une agitation continuelle; elle se désoloit d'être l'objet de la haine de la nation, ce qu'elle ne pouvoit se dissimuler, et ce chagrin accéléroit les progrès d'une maladie propre à son sexe, dont elle étoit atteinte.

Un homme qu'elle avoit élevé au pouvoir, et qu'on soupçonnoit d'avoir été son amant, le duc de Choiseul, étoit aisément parvenu à cette popularité qu'elle ne pouvoit obtenir. C'étoit elle qu'on accusoit de la guerre, tandis qu'au duc de Choiseul on croyoit avoir obligation de la paix. Ce duc, plus courtisan de l'opinion publique que de celle de son maître, en caressoit les différens partis, et avoit l'air de se présenter comme leur arbitre. Les philosophes démêloient en lui un secret penchant à favoriser les réformes et les changemens ; les magistrats voyoient avec plaisir qu'il cherchoit son appui dans le parlement. Les seigneurs reconnoissoient qu'il avoit consolidé à la cour leurs prétentions aristocratiques. Il prétendoit être le réformateur de l'armée, et, pendant son séjour à Vienne, il s'étoit montré grand admirateur de la discipline et de l'organisation allemande dans les régimens. Il voulut l'introduire en France, au risque d'étouffer les qualités propres au soldat français, sans pouvoir lui communiquer celles de ses voisins d'au delà du Rhin ; mais trop léger, trop occupé, trop pressé pour étudier lui-même, il se confioit à des écrivains, qui compilèrent pour lui, entre divers projets, l'ordonnance provisoire de 1764, sur l'organisation de l'armée, ordonnance souvent obscure, incomplète, contradictoire, qu'il n'avoit probablement jamais lue, et qu'il tenoit cependant à faire exécuter aussitôt, avec la promptitude et la fougue de son caractère. Les troupes y furent en effet soumises, tant bien que mal. Un changement dans leur organisation entraîna dans de grandes dépenses ; mais Choiseul se prêtoit à toutes avec une main prodigue ; aucun ministre n'avoit plus négligé toute économie dans l'administration de l'État (1). Il portoit dans ses

---

(1) Mém. du prince de Montbarey, T. I, p. 260.

affaires privées le même désordre. On assuroit que sa femme lui avoit apporté, de la fortune du financier Crosat, son oncle, un million de livres de revenus; non-seulement il les dépensoit avec magnificence; mais il étoit encore accablé de dettes. Sa sœur, la duchesse de Grammont, qui lui ressembloit beaucoup par l'esprit et le caractère et qui exerçoit sur lui un grand pouvoir, travailloit à lui faire des partisans, mais souvent elle lui faisoit plus d'ennemis encore par sa hauteur et ses manières tranchantes.

Le dauphin, la dauphine et la reine n'obtenoient à la cour que de froids respects. L'archevêque de Paris, le clergé moliniste et les jésuites avoient formé au dauphin une cabale dévote, qui avoit inspiré d'abord la crainte, puis le dédain, enfin la pitié. Ce prince supportoit avec peine d'être si nul à la cour. Dans sa jeunesse l'amour du travail et celui du bien public lui avoient inspiré une noble activité; mais chaque tentative qu'il avoit faite dès lors pour que son père lui confiât quelque partie de son pouvoir avoit été marquée par une disgrâce; il n'avoit pu obtenir la permission de se montrer aux armées; lorsqu'il essaya, pour sauver les jésuites, de remettre à son père un mémoire où il accusoit le duc de Choiseul d'avoir préparé leur ruine, il s'attira, de la part de ce ministre, le propos insolent que nous avons déjà rapporté. Vers 1762 sa santé

commença à éprouver une altération visible : 1763-1766.
son visage, jusqu'alors vermeil, se décolora; la
gaîté qu'il avoit conservée malgré ses principes
austères fit place à une sombre mélancolie :
ses courtisans pouvoient remarquer les progrès
de sa maigreur, de sa pâleur, et commençoient
à le croire menacé d'une maladie de poitrine;
l'espoir de le voir monter sur le trône s'évanouissoit, et le dévouement de ceux qui en attendoient leur fortune se refroidissoit. La tendresse
et les vertus de sa femme furent alors les plus
précieuses de ses consolations. Tous les plaisirs
de cette princesse étoient renfermés dans ses
devoirs. Son esprit avoit de la justesse et de la
sagacité; sa modestie et son sens exquis avoient
plu à Louis XV, qui ne trouvoit dans ses vertus ni pruderie ni pédanterie; il la chargeoit de
consoler la reine dans son isolement, et d'adoucir
les caprices hautains des princesses ses filles.
En 1761 elle avoit perdu son fils aîné qui portoit le titre de duc de Bourgogne; lorsqu'elle
commençoit à trembler aussi pour son mari,
elle le vit précédé au tombeau par l'altière
favorite, qu'on accusoit de tous les vices de
Louis XV, pour se dispenser de le condamner
lui-même. (1)

La maladie secrète qui minoit les forces de

(1) Lacretelle, T. IV, p. 40-57. — Bésenval, T. I, p. 248

Mme de Pompadour avoit fait explosion au printemps de 1764, par de vives douleurs. La cour étoit alors à Choisy ; mais malgré l'étiquette qui ne souffroit point qu'aucun individu, s'il n'étoit pas prince, mourût dans le palais du roi, Louis XV la fit conduire à Versailles : déjà elle connoissoit son danger, et elle ne songeoit plus qu'à mourir en reine. Aussi elle continuoit à faire discuter devant elle les intérêts de l'État, et à faire nommer à divers emplois les personnes auxquelles elle accordoit les derniers restes de sa faveur. Elle tenoit trop à la considération pour ne pas satisfaire, dans ses derniers momens, aux devoirs de l'Église, en même temps qu'elle vouloit conserver jusqu'à la fin l'approbation des philosophes. Son orgueil se refusa aux pleurs de la pénitence ; toutefois le clergé se montra respectueux pour la favorite expirante. Elle eut plusieurs entretiens avec son curé ; et comme il vouloit se retirer après le dernier : « Attendez, monsieur le curé, lui dit-elle, nous « nous en irons ensemble. » Elle mourut en effet ce jour-là même, 15 avril 1764. On assure que Louis ne versa pas une larme, ne parut point rêveur, ne chercha point la solitude. On raconte même qu'étant à sa fenêtre, comme les restes de Mme de Pompadour sortoient des cours du château, on lui entendit prononcer ces mots : « Madame la marquise aura aujourd'hui un

« mauvais temps pour son voyage. » Mme de
Pompadour avoit alors quarante-quatre ans ;
elle laissa tout son bien à son frère, le marquis
de Marigny ; le mari qu'elle avoit abandonné
dédaigna de recueillir la moindre partie de cette
riche succession. (1)

Le dauphin suivit de près la favorite, à laquelle il avoit trop clairement laissé voir son mépris. Il expira le 20 décembre 1765 à l'âge de trente-six ans. Malgré le déclin de sa santé, il avoit voulu commander les manœuvres d'un camp de plaisance formé à Compiègne, et l'on attribua aux fatigues qu'il y avoit éprouvées l'accélération de sa maladie. Le fils qui huit ans plus tard devoit parvenir à la couronne sous le nom de Louis XVI n'avoit alors que onze ans. On recueillit comme une marque de sensibilité de la part d'un homme qui n'en donnait guère, l'exclamation de Louis XV lorsque cet enfant, entrant dans sa chambre, fut pour la première fois annoncé sous le nom de monseigneur le dauphin. « Pauvre France ! un roi âgé
« de cinquante-cinq ans, et un dauphin de

---

(1) Lacretelle, T. IV, p. 60. — Biogr. univ., T. XXXV, p. 283-290. — Bachaumont, Mém. secrets, T. I, p. 276. — Mercure historique pour mai 1764, p. 309, et mai 1765 pour son testament, p. 326. — Il est étrange que Lacretelle se soit trompé d'une année sur l'époque de sa mort qu'il place en 1765.

« onze ! » Du reste, pendant la maladie de son fils, il lui avoit rendu des soins assidus, sans qu'on remarquât en lui beaucoup de douleur. Le roi s'enferma ensuite, plus par bienséance que par affection, et ne voulut voir personne. « Cependant, dit M. de Besenval, le duc de « Choiseul lui ayant écrit pour lui demander à « le voir, il le lui avoit permis, et s'exprimant « avec franchise il lui avoit avoué que la perte « de son fils affectoit peu son cœur; qu'il le re- « grettoit cependant beaucoup, par la peur « qu'en avoient les parlemens, qui désormais « n'ayant plus de frein ne pourroient plus être « contenus. » C'étoit le protecteur des jésuites, que la magistrature redoutoit de voir régner avec le dauphin. Le reste de la nation, quoiqu'elle n'aimât pas les religieux et qu'elle craignît l'ascendant qu'ils auroient pu prendre sur un prince dévot, regretta cependant le dauphin, comme un homme vertueux, qui rétabliroit l'ordre, l'économie et les bonnes mœurs. (1)

(1) Besenval, T. I, p. 365, note.—Essai de M. de Meilhan sur le dauphin, à la suite de Mme Du Hausset, p. 277.—Lacretelle, T. IV, p. 65.—Biogr. univ., T. XXV, p. 241.— L'académicien Thomas écrivit l'éloge du dauphin. On y lit ces paroles qui fournirent à Voltaire l'occasion d'un commentaire contre l'intolérance. « Le dauphin lisoit avec plaisir ces « livres où la douce humanité lui peignoit tous les hommes, « et même ceux qui s'égarent, comme un peuple de frères. « Auroit-il donc été persécuteur ou cruel? Auroit-il adopté

Ces deux morts avoient troublé l'imagination de Louis XV; d'autant plus que les excès de table et de libertinage auxquels il se livroit le portoient à la mélancolie, dans l'intervalle entre ses débauches. Il n'avoit plus de maîtresse déclarée, et quoiqu'il n'eût pas renoncé à ses habitudes vicieuses, le Parc-aux-Cerfs étoit fermé; il avoit de longs entretiens avec la dauphine, qui évidemment gagnoit sur lui de l'influence; il laissoit voir plus de complaisance aux princesses ses filles; surtout il sembloit prêt à se livrer à des pratiques de dévotion, un sermon le faisoit tomber dans une profonde rêverie, et même les gens sages, même les jansénistes, tout scandalisés qu'ils étoient par sa vie précédente, s'alarmèrent de ces symptômes de conversion. Un caractère aussi foible, aussi lâche que celui de Louis XV ne pouvoit secouer le joug des maîtresses que pour tomber sous celui des confesseurs; et quelles vengeances, quelles rigueurs ne devoit-on pas craindre des jésuites, s'ils redevenoient les maîtres, s'ils s'emparoient du roi pécheur, et s'ils lui indiquoient, comme moyens de pénitence, la persécution des jansé-

_____

« la férocité de ceux qui comptent l'erreur parmi les crimes,
« et veulent tourmenter pour instruire? *Ah!* dit-il plus d'une
« fois, *ne persécutons point.* » — Petit commentaire sur l'éloge du dauphin de France. Voltaire, Mélanges littéraires, T. I, p. 222; OEuvres complètes, p. 18.

nistes, celle des huguenots et de tous les rebelles de l'Église !

Les deuils se succédoient désormais rapidement dans la maison royale; la reine, pour éviter à son père la fatigue du voyage qu'il avoit coutume de faire, chaque année, à Versailles, et qui ne convenoit plus à son âge fort avancé, étoit allée le voir, au mois d'août 1765, en Lorraine, et avoit passé plusieurs jours avec lui; elle fut alarmée, au commencement de l'année suivante, par la nouvelle d'un accident qui devoit lui coûter la vie. Stanislas s'étant levé de bonne heure, selon sa coutume, le 5 février 1766, et s'approchant trop de la cheminée, le feu prit à sa robe de chambre; il sonna, mais aucun valet ne se trouva à portée; en s'efforçant d'éteindre lui-même le feu, il tomba sur la cheminée, la main dans les charbons ardens, et la douleur le fit évanouir; un garde-du-corps averti par l'odeur, et croyant contraire à sa consigne d'entrer dans la chambre, appela les valets qui arrivèrent enfin, et retirèrent leur maître du feu. Les plaies du malheureux vieillard étoient effroyables, ses souffrances furent cruelles : cependant, quoiqu'il eût déjà quatre-vingt-huit ans, il ne succomba que le 23 février. La douleur des Lorrains fut extrême; une foule pressée remplissoit les avenues de Lunéville, où le monarque bienfaisant, comme on l'appeloit, étoit mourant. Sa mort fut suivie de la réunion définitive des duchés de Lorraine et de Bar à la France ; mais en réalité, cette réunion étoit déjà effectuée dès l'année 1738. Stanislas ne s'étoit presque réservé dans le gouvernement qu'un rôle de protection et de bienfaisance ; la Lorraine étoit soumise à toutes les lois françaises, et Stanislas avoit été contraint de lutter avec les cours souveraines de ses États, pour leur faire enregistrer l'édit du vingtième auquel les parlemens de France avoient opposé tant de résistance. Il essaya aussi de suspendre l'arrêt pour la suppression des jésuites, et il obtint en effet de son gendre que cet arrêt ne seroit point exécuté, tant qu'il vivroit, dans les duchés de Lorraine et de Bar. La réunion de ces duchés fit au reste si peu de sensation qu'il n'en est pas même fait mention dans les deux publications, sur les événemens de l'année, faites en Hollande et en Angleterre. (1)

La mort de la dauphine, survenue le 13 mars 1767, à la suite d'une maladie de poitrine qui s'étoit développée à la même époque où l'on avoit remarqué le déclin de la santé de son mari, rompit les habitudes pieuses que Louis XV

(1) Le Mercure historique de La Haye pour 1766, et *the Annual Register for* 1766. — Biogr. univ., art. *Stanislas*, T. XLIII, p. 439-454. — Art de vérifier les dates, T. XIII, p. 425. — Mercure historique pour mars 1766, p. 196.

commençoit à prendre avec cette princesse, et enleva au parti des jésuites ses plus chères espérances. La rapidité des coups qui avoient frappé successivement la maison royale fit aussi circuler ces bruits de poison que la malignité publique semble toujours empressée d'adopter à la mort de tous les grands personnages. Rien ne ressembloit moins à des empoisonnemens que les longues maladies auxquelles Mme de Pompadour, le duc de Bourgogne, la fille du roi, infante de Parme, morte le 6 décembre 1759, le dauphin et la dauphine avoient succombé. Cependant on s'alarma, ou l'on prétendit s'alarmer, comme on avoit fait à la fin du règne de Louis XIV, de l'existence d'un complot pour détruire toute la maison royale. Les trois menins du dauphin, le comte de Périgord, le chevalier de Muy, et le marquis depuis duc de la Vauguyon, qui avoient un grand crédit sur son esprit, qui partageoient ses sentimens religieux, et qui avoient dû espérer de parvenir sous son règne à un grand pouvoir, éprouvoient des regrets trop amers de sa mort pour n'en pas accuser quelqu'un. La Vauguyon avoit bien plus de haine dans le caractère et d'intrigue dans l'esprit que de dévotion ; c'étoit celui qui avoit su le mieux capter la confiance du dauphin, qui l'avoit présenté à Louis XV pour être le gouverneur des trois princes ses fils ; et cette nomination avoit été enlevée aux ministres et à la favorite, malgré leur répugnance. Le duc d'Aiguillon, qui avoit épousé la nièce et l'héritière du duc de la Vrillière, et qui entraînoit ce ministre dans son parti, s'étoit déclaré l'antagoniste du duc de Choiseul. Ce fut lui qui, secondé par tout le parti jésuitique, dont le duc de la Vauguyon étoit en quelque sorte le chef, se chargea de faire inventer ces bruits d'empoisonnement, en accusant Choiseul. Richelieu et tous ces courtisans qui ne reconnoissent les lois de la morale ni pour les autres, ni pour eux-mêmes, les accueillirent et les accréditèrent. La Vauguyon en nourrit l'âme de son élève, depuis Louis XVI, qui n'en fut jamais entièrement détrompé, et, malgré l'extrême invraisemblance de ces soupçons, cette calomnie a laissé des traces profondes dans tous les Mémoires du siècle. (1)

(1) Mém. du prince de Montbarey, T. I, p. 322.— Lacretelle, T. IV. p. 70.—Soulavie, Mém. de Richelieu, T. IX, ch. 22, p. 400. —*Id.*, Mém. du règne de Louis XVI, T. I, ch. 3, p. 40.—Les *Mémoires du ministère du duc d'Aiguillon* sont peut-être la plus informe, la plus indigne de foi des compilations pseudonymes de Soulavie, et cependant, parmi les matériaux qu'il y mettait en œuvre, il y en avôit de précieux, surtout un recueil indigeste, mais plein de vues profondes, de morceaux écrits par Mirabeau, qui vouloit peut-être en tirer plus tard des mélanges historiques. L'auteur des *Mémoires de Mirabeau* a retrouvé, dans les papiers qui lui sont restés de son père adoptif, non point le texte, mais les frag-

1767.

La reine étoit malade depuis long-temps, et, à l'époque où le public fut averti pour la première fois de la maladie de la dauphine, on paroissoit plus inquiet pour sa vie que pour celle de sa belle-fille (1). Sa maladie ressembloit à la plupart de celles qui sont causées par de longs et cuisans chagrins. Les facultés de son âme s'arrêtoient ; on eût dit qu'elle tomboit dans un sommeil prolongé, mais très inquiet ; plus tard, des douleurs vives succédèrent à cet en-

1768.

gourdissement. Elle mourut le 25 juin 1768. Soit que Louis fût moins préparé à cette mort qu'à celle de son fils, soit que les torts qu'il avoit eus envers sa compagne excitassent en lui un repentir momentané, il montra la plus vive émotion en recevant ce nouveau coup. Il entra dans la chambre où la reine venoit d'expirer, il embrassa ses restes inanimés, et, pendant plu-

mens d'un ouvrage écrit par ce grand orateur, dont il accuse Soulavie d'avoir fait un assemblage mal lié, et il attribue au dernier l'invention des sixième et septième livres. Mais je suis fort porté à croire que cette interpolation et d'autres encore sont empruntées aux manuscrits d'Aiguillon et de Richelieu que Soulavie avoit entre les mains, et que c'est à eux qu'il faut attribuer cette haine fertile en calomnies contre Choiseul, que le compilateur mercenaire, travaillant sans réflexion et sans critique, n'avoit aucune raison de ressentir. — Voyez Mémoires biographiques, littéraires et politiques de Mirabeau, écrits par lui-même, par son père, son oncle et son fils adoptif. Paris, 1834, 8 vol. in-8°, T. IV, p. 84 et suiv.

(1) Mercure historique, avril 1766, p. 271.

sieurs jours, il pleura la reine, environné de
ses filles, et parut absorbé dans des pensées funèbres. Mais le réveil, après cet abattement, fut
honteux. Il venoit d'épuiser ce qui lui restoit
de sensibilité. Il laissa entendre à ceux qui l'approchoient qu'il vouloit se distraire, qu'il vouloit se consoler, et le Parc-aux-Cerfs fut rouvert. Ce débauché, presque sexagénaire, pour
réveiller ses sens, se livra plus que jamais à
l'intempérance. Il s'abandonna aussi à son penchant à l'avarice, et, tandis qu'il laissoit s'accroître le désordre dans les finances publiques,
il recourut aux moyens les plus sordides pour
grossir ses honteuses épargnes. Desséché par
le vice, il acheva de se rendre étranger à son
peuple et à sa famille. (1)

(1) Lacretelle, T. IV, p. 77. — Mercure historique et politique, juillet 1768, p. 36. — La reine, née le 23 juin 1703,
étoit âgée de soixante-cinq ans.

CHAPITRE LVI.

La querelle entre le roi et les parlemens s'aigrit de plus en plus. — Projets belliqueux de Choiseul. — D'Aiguillon, Maupeou et Terray, ses ennemis, s'allient avec une nouvelle maîtresse, Mme Du Barry. — Mariage du dauphin avec une archiduchesse. — Disgrâce de Choiseul. — Tous les anciens parlemens supprimés. — Parlement Maupeou. — 1763-1771.

1768. Lorsque la génération qui avoit vu la révolution française, la chute du trône, les horreurs du terrorisme, et les sanglantes convulsions auxquelles l'Europe entière fut livrée, portoit en arrière ses regards sur le long règne de Louis XV, sa première impression étoit de regretter le calme et la prospérité dont il lui sembloit que la France avoit joui pendant soixante ans, et qui lui paroissoient attestés par l'opulence de la capitale, par les plaisirs dont on y jouissoit, par ce prodigieux développement de l'esprit qui se manifestoit et dans les livres et dans la conversation, par cette gaîté enfin qui semblait être devenue le caractère de la nation, et qui demeure empreinte presque uniquement sur les souvenirs qui nous restent de cette époque. Aujourd'hui que les passions se sont calmées, que les souffrances de la révolution et de la guerre universelle sont oubliées, peut-être même trop oubliées, il nous appartient de porter un regard plus philosophique sur les temps qui précédèrent, et de reconnoître à quel point ils préparoient l'avenir, combien cette révolution qui surprit les hommes, comme l'éclat du tonnerre, étoit nécessairement amenée par tous ses antécédens, combien cette société antique, qui imposoit encore aux regards par sa grandeur, étoit vermoulue depuis long-temps, et privée de toute espèce de vigueur, lorsqu'on la vit tomber tout à coup, et se dissiper en poussière.

Nous avons cru nécessaire, pour préparer ce jugement, de remettre sous les yeux du lecteur la cour de France à cette époque, et ce monarque vers lequel les Français ne pouvoient tourner leurs regards sans rougir. Ses habitudes crapuleuses, l'effronterie de ses courtisans, l'abandon parmi eux de tout frein et de tout sentiment du devoir avoient préparé les esprits à croire à tous les vices et à tous les crimes : aussi les malheurs qui avoient frappé la famille du roi, dans les dernières années, quoiqu'ils fussent dans l'ordre de la nature, étoient-ils attribués, par ceux qui se croyoient habiles, à des actes de scélératesse, uniquement parce qu'ils ne vouloient pas croire que les dépositaires du pouvoir se refusassent à aucun crime, s'il leur étoit utile. Dans un portrait du duc de Choiseul qu'on a trouvé parmi les papiers de Louis XVI, écrit de sa main, et qu'on lui attribue, quoiqu'il soit peut-être du duc de la Vauguyon, il disoit de lui : « Le duc « de Choiseul tenoit de la nature ce que les « courtisans en reçoivent rarement, *un carac-* « *tère*. Hardi, entreprenant, décidé, il avoit un « fonds d'énergie dans l'âme qui le rendoit capa- « ble d'orgueil. Il avoit assez de talens pour « passer pour un génie, et assez de moyens pour « s'en faire supposer davantage. Il avoit de la « force dans l'âme, de l'amour de la gloire, et « une telle fermeté en se décidant, qu'il bravoit « les obstacles et franchissoit les écueils, croyant « les affaires possibles parce qu'il les avoit con- « çues. Le duc de Choiseul avoit un caractère « atroce; rien ne lui coûtoit pour réussir dans le « plan qu'il s'étoit proposé. Il avoit aussi le ca- « ractère des gens foibles, lorsqu'il employoit la « main d'autrui, pour se cacher et pour agir. » Puis après avoir détaillé les fautes de son ministère, l'auteur ajoutoit : « On reproche au duc « de Choiseul des opérations d'une autre na- « ture; on les lui reproche même assez publi-

« quement. Lorsqu'un ou plusieurs crimes énor-
« mes sont problématiques pour la multitude,
« la nature de ces forfaits défend elle seule d'en
« parler. Il faut se contenter de gémir en se-
« cret sur la perversité du temps et des hom-
« mes. » (1)

Tandis que tant de mépris rejaillissoit sur le roi, que des soupçons si effroyables se répandoient contre le ministre qu'on croyoit encore tout-puissant, et qu'on disoit même que Choiseul les laissoit circuler pour inspirer à ses ennemis plus de crainte, la puissance militaire, à l'aide de laquelle un gouvernement même méprisé se maintient encore, avoit été profondément ébranlée par la guerre de sept ans; les Français n'avoient connu que des revers, et sur terre et sur mer; la discipline avoit été trouvée si relâchée qu'on travailloit à donner aux armées une organisation toute différente, et pendant le passage de l'une à l'autre elles n'en avoient, à vrai dire, plus aucune. Les soldats avoient perdu toute confiance et dans leurs chefs et en eux-mêmes; un traité, dont le public étoit chaque jour plus honteux, avoit mis fin à la guerre de sept ans; mais les complications de la politique appeloient la France à exercer son

---

(1) Soulavie, Mém. du règne de Louis XVI, T. I, ch. 6, p. 86.

influence sur le reste du monde, et son gouvernement ne tarda pas à y porter la même inconséquence, la même étourderie pour entreprendre, la même foiblesse pour soutenir, en sorte que les dernières années du règne de Louis XV ajoutèrent encore à sa déconsidération.

Cependant la partie du gouvernement où l'on voyoit se manifester le plus clairement la désorganisation de la monarchie est surtout la querelle de l'autorité royale avec tous les parlemens du royaume; nous croyons devoir la reprendre, avec quelque détail, et en présenter la suite dès l'année 1763.

Nous avons vu que le 11 décembre 1763 le parlement de Toulouse avoit rendu contre le duc de Fitz-James, commandant de la province, et exécutant les ordres du roi, un arrêt bien extraordinaire, et qui donnoit à la responsabilité ministérielle autant d'étendue qu'elle en ait jamais reçue dans les États constitutionnels les plus libres. « La cour, toutes les chambres assem-
« blées, disoit ce parlement, considérant les ou-
« trages multipliés et les violences inouïes dont
« le duc de Fitz-James, au mépris du serment
« qu'il a prêté en la cour des pairs de France,
« s'est rendu coupable envers la justice souve-
« raine du roi, par l'abus qu'il a fait et du nom
« dudit seigneur roi, et de la force qu'il a en
« main; notamment en ce qu'ayant investi de

« gens de guerre le sanctuaire des lois, il auroit
« menacé les ministres de la justice dans le tem-
« ple de la justice même, où la majesté royale
« réside habituellement, et qu'ajoutant l'artifice
« à la violence...... il auroit entrepris de sa seule
« autorité d'en écarter successivement tous les
« membres......... En ce que parvenu aux der-
« niers excès de l'audace et du délire, oubliant
« sa qualité de sujet, il auroit osé parler en sou-
« verain aux membres de la cour, mettre à leur
« liberté des conditions insensées, la faire dé-
« pendre de l'impunité de tant de violences........
« a ordonné que ledit duc de Fitz-James sera
« pris et saisi au corps, en la part où il sera
« trouvé dans le royaume, conduit et amené
« sous bonne et sûre garde dans les prisons de la
« conciergerie de la cour; et ne pouvant être
« appréhendé, ses biens seront saisis, etc. »

La cour de Toulouse cependant, considérant que la cour du parlement séant à Paris est éminemment la cour des pairs, le siége ordinaire de la pairie, et plus à portée de convoquer lesdits pairs, avoit ordonné que le duc de Fitz-James, s'il pouvoit être appréhendé, fût envoyé au parlement de Paris, accompagné de toutes les copies collationnées des pièces du procès. Le parlement de Paris prit connoissance de ces pièces le 29 décembre. Il invita le roi à venir présider la chambre des pairs, mais Louis XV s'y refusa. Cependant le parlement de Paris ne voulut point permettre au parlement de Toulouse d'usurper une prérogative qu'il croyoit lui appartenir exclusivement ; il déclara nul le décret du parlement de Toulouse, parce que le duc de Fitz-James, comme pair de France, étoit justiciable de la cour des pairs seulement ; en même temps il décida de porter aux pieds du trône des remontrances très énergiques sur le traitement fait aux membres du parlement de Toulouse. (1)

Dans ces remontrances qui furent présentées au roi le 19 janvier 1764, la cour suffisamment garnie de pairs lui disoit : « Que son parlement « a eu plusieurs fois à gémir des coups d'auto- « rité dont on a voulu l'accabler, mais qu'il n'a « jamais eu à rougir de la main qui les lui por- « toit. Qu'il étoit réservé à nos jours de voir des « sujets se placer entre le roi et les ministres « essentiels de la justice souveraine, ceindre « pour ainsi dire le bandeau royal, et s'appro- « prier la puissance du monarque. » Considérant ensuite tous les services que les parlemens avoient rendus à l'autorité royale dès le commencement de la monarchie, les magistrats se déclaroient toujours dévoués à cette autorité

---

(1) L'arrêt du parlement de Toulouse et les remontrances de celui de Paris sont insérés au Mercure historique et politique de janvier 1764, p. 22-37.

appuyée sur les lois, toujours contraires à l'autorité despotique que les ministres vouloient y substituer, et qui ne reposoit que sur la force. Le roi fut ébranlé par ces remontrances réitérées, il recula, il donna le 20 janvier, à Versailles, des lettres-patentes par lesquelles il déclaroit *qu'il n'avoit jamais eu d'autre intention que de régner par l'observation des lois et des formes sagement établies dans son royaume, et de conserver à ceux qui en sont les dépositaires et les ministres la liberté des fonctions qu'elles leur assurent.* Puis, confirmant sa déclaration du 21 novembre, sur les recherches qu'il ordonnoit de faire pour la réforme des finances, il imposa un silence absolu sur tout ce qui s'étoit passé jusqu'alors relativement aux objets qui avoient donné lieu à cette déclaration. (1)

Le duc de Fitz-James et le marquis du Mesnil furent rappelés ; on attribua à un accès d'hypocondrie la conduite du premier, et les membres des parlemens de Grenoble et de Rouen furent invités, comme ceux de Toulouse, à reprendre leurs fonctions.

Il étoit toutefois au-dessus de la puissance royale d'imposer silence à des discussions qui touchoient aux bases mêmes de la constitution de la société. Les princes du sang et les pairs

(1) Voyez les secondes remontrances et les lettres-patentes, Mercure historique, février 1764, p. 81-102.

de France avoient intérêt à bien faire constater de quel tribunal ils étoient réellement justiciables. Des commissaires furent nommés pour examiner la question : « Si toutes les classes du « parlement ont droit de juger les pairs du « royaume, ou si ce droit appartient exclusi- « vement à la cour souveraine de Paris. » Le prince de Conti, fidèle à la politique de ses pères, recherchoit l'amitié du parlement, et faisoit une étude suivie de la loi, ce qui le faisoit surnommer par Louis XV *mon cousin l'avocat*. Il prit une part assez active à cette discussion, et les 28 et 29 mai, vingt et un princes du sang et ducs et pairs, s'étant rendus au parlement, il y fut prononcé que, par la constitution fondamentale de l'État, cette cour étoit uniquement et essentiellement celle des pairs. (1)

Mais, autant le parlement de Paris étoit jaloux de sa prérogative, autant il regardoit comme devant être la base de sa politique de se maintenir en bonne harmonie avec tous les autres parlemens du royaume, afin de former de tout l'ordre judiciaire un corps compacte, qui pût tenir tête aux ministres et partager avec le roi la puissance législative. Robert de Saint-Vincent, conseiller de la troisième chambre des

(1) Mercure historique de juin 1764, p. 372.

enquêtes, rendit compte, le 7 juin, des inquiétudes qui agitoient les diverses classes du parlement (c'est-à-dire les parlemens de province), à l'occasion de l'arrêté qui venoit d'être rendu; à leurs yeux, il portoit atteinte à l'unité du parlement dont elles sont nécessairement des parties; aussi se préparoient-elles, à la cessation des vacances, à réclamer le partage du droit de juger ce qui concerne les pairs et la pairie. En conséquence, le même jour, la cour rendit un nouvel arrêt portant : « Qu'elle maintien-
« droit toujours le principe de l'unité du par-
« lement, quoique divisé en différentes classes,
« principe fondé sur la nature du parlement,
« sur son essence et sa constitution, principe
« consacré par les lois du royaume; et en con-
« séquence... les membres des différentes classes
« du parlement auront séance en la cour pre-
« mière, capitale et métropolitaine, unique
« siége de la cour des pairs, pour y exercer les
« fonctions qui leur appartiennent. » (1)

Il paroît que l'intention du parlement de Paris étoit d'admettre, dans les séances où il seroit question de la pairie, deux membres de chacun des autres parlemens du royaume, députés à cet effet. On comptoit alors dix-huit parlemens dans tout le royaume. Mais le nombre

(1) Mercure historique de juillet 1764, p. 17.

de leurs membres, leur crédit et l'étendue de leur ressort étoient fort inégaux. C'étoit là cependant une bien grave innovation dans la constitution du royaume, et le roi témoigna avec raison son étonnement au premier président, de ce que sa cour avoit pris une détermination si importante sans le consulter (1). Mais si le roi trouvoit que le parlement de Paris accordoit trop aux cours souveraines du reste du royaume, les parlemens de province trouvoient qu'il ne leur en accordoit pas assez. Celui de Rouen prit l'initiative; il prit, le 10 août, un arrêté dont nous croyons devoir transcrire les passages les plus essentiels : « Suivant les lois fondamentales de la monarchie, « le parlement de France, seul et unique conseil public, légal et nécessaire du souverain, « est essentiellement UN comme le souverain « dont il est le conseil et l'organe, et comme « la constitution politique de l'État, de laquelle « il est gardien et dépositaire. Les différentes « classes du parlement, ayant également le roi « pour chef, et étant également chargées du « maintien de la constitution monarchique, sont « toutes le même parlement. La distinction des « territoires assignés pour être l'objet immédiat « de la vigilance de chacune desdites classes

---

(1) Mercure d'août 1764, p. 89.

« ne fait entre elles aucune distinction de rang,
« de fonctions ni d'autorité. Ne composant tou-
« tes ensemble qu'un même parlement indivi-
« sible, aucune d'elles ne peut être dite la pre-
« mière..... Le parlement est également, dans
« chacune desdites classes, la cour plénière
« universelle, capitale, métropolitaine et sou-
« veraine de France..... Dans cette cour réside
« inséparablement et dans toute sa plénitude la
« majesté de la justice souveraine dudit sei-
« gneur roi à l'autorité de laquelle, en chacune
« desdites classes du parlement, dans l'étendue
« du ressort, tous les sujets dudit seigneur roi,
« sans distinction de naissance, de rang, d'ordre
« et de dignité, et sans aucun en excepter, sont
« également soumis. » (1)

Le roi répondit au parlement de Rouen, presque dans les mêmes termes qu'à celui de Paris. « Mon parlement n'auroit pas dû
« s'expliquer sur des matières de si grande im-
« portance, sans s'être préalablement adressé
« à ma personne. Je suis le vrai et le souve-
« rain conservateur des lois et des règles
« fondamentales des ordres publics de mon
« royaume, et je veux que tout ce que l'on
« pourroit entreprendre, dans des affaires de
« cette nature, sans notre approbation, soit ré-
« puté comme nul et non avenu. »

(1) Mercure historique, octobre 1764, p. 243.

1764.

Cependant, les parlemens de province sembloient sur le point de se brouiller avec celui de Paris, sur le rang auquel il prétendoit, et que les autres ne vouloient pas reconnoître, lorsqu'une nouvelle querelle entre les parlemens et les commandans de province fut une occasion, pour tout l'ordre judiciaire, de se réunir contre ce qu'il nommoit le despotisme ministériel. Le parlement de Toulouse y donna lieu en refusant d'enregistrer les lettres-patentes par lesquelles le roi établissoit le duc de Fitz-James commandant-général de la province du Languedoc, et le roi lui fit écrire : « qu'il dés-
« approuvoit le ressentiment que ce parlement
« continuoit à montrer contre M. le duc de
« Fitz-James, qui, dans tout ce qu'il a fait à
« Toulouse, n'a agi que suivant les ordres dont
« S. M. l'avoit chargé. » (1)

Mais une dispute bien plus envenimée éclatoit en même temps entre les États de Bretagne qui embrassoient la cause du parlement de Rennes et le duc d'Aiguillon. Les États réclamoient les franchises et les immunités de la province que le parlement qui en étoit le gardien n'avoit pu voir violées sans avoir recours à la justice du roi. « Les députés des États de

---

(1) Mercure historique, novembre 1764, p. 306, et décembre, p. 377.

Bretagne, présentés le 2 novembre au Roi, lui portèrent les remontrances votées, le 11 août, par le parlement de Rennes : « Le zèle de vos « cours, disoit celui-ci, leur a souvent attiré « des disgrâces ; mais il n'en fut jamais d'aussi « accablantes que celles qu'éprouve aujour- « d'hui votre parlement. On a attaqué la fidé- « lité qu'il vous a jurée et dont il ne s'est ja- « mais écarté. On ose l'accuser d'avoir jeté des « nuages sur une administration dont Votre « Majesté est aussi satisfaite que la province. » Et, pour répondre à cette inculpation, les remontrances exposent les souffrances réelles du peuple. Ce tableau authentique de ce qui se passoit dans les provinces, présenté au roi par les députés de la plus indépendante de ces provinces, mérite qu'on en conserve les principaux traits. Ces vexations éprouvées en Bretagne, et toutes attribuées au duc d'Aiguillon, étoient en même temps le fondement de l'accusation dirigée contre lui.

« Il étoit du devoir de votre parlement, « Sire, de présenter à un roi, père de ses su- « jets, les malheurs d'un peuple écrasé sous « le poids de corvées excessives et multipliées. « Tandis que les conventions arrêtées entre les « États de la province et vos commissaires, « concernant les chemins, ont été exécutées, « votre parlement a gardé le silence. Ces con-

« ventions contiennent plusieurs dispositions,
« notamment celles qui fixent à chaque cor-
« véieur la distance de son atelier et la quan-
« tité de toises de chemin qui lui incombe. Il
« ne doit aller qu'à deux lieues de son clocher;
« il ne doit faire qu'une toise courante, à rai-
« son de 20 sous de capitation. Cette tâche,
« une fois faite, il n'est tenu qu'à l'entretenir, et
« il doit être à jamais déchargé de toutes autres
« corvées pour les grands chemins. Ces dispo-
« sitions, quelque onéreuses qu'elles soient,
« mettoient le corvéieur dans le cas de travail-
« ler avec activité, dans l'espérance de finir
« ses travaux ; mais il est bien éloigné de voir
« effectuer les promesses qui lui ont été faites.
« Tout est devenu arbitraire ; il est transporté
« d'une route sur une autre ; il doute encore si
« lorsqu'il aura fini sa tâche, on ne lui en des-
« tine pas une nouvelle ; on n'a plus d'égard à
« la distance de l'atelier auquel on l'attache, et
« par des distinctions d'aplanissement, d'em-
« pierrement, de construction, d'entretien, on
« le charge de faire en pierre des ponceaux que
« des maçons seuls pouvoient construire. Ainsi,
« on ne se contente pas de son temps et de son
« travail, on l'oblige encore à fournir, à prix
« d'argent, le travail d'autrui. De là le décou-
« ragement qui suit toujours l'arbitraire ; de
« là les peines et les garnisons fréquentes, dont

« votre parlement, Sire, vous a porté les plain-
« tes, avec autant de justice que de nécessité....
« Un malheureux corvéieur qui paie 40 sous
« de capitation, et qui n'a pour vivre que ce
« qu'il peut gagner dans la journée, sera tenu
« d'entretenir environ six toises courantes de
« chemin. Cet entretien ne peut être évalué à
« moins de 9 livres par année, c'est-à-dire le
« quadruple de la capitation. Comment la classe
« la plus pauvre des citoyens, et la plus néces-
« saire de la nation, pourroit-elle soutenir une
« surtaxe aussi accablante d'un impôt déjà ex-
« cessif?....

« Il étoit encore, Sire, du devoir de votre
« parlement de vous représenter que ce n'étoit
« pas dans le temps où l'État avoit besoin d'aussi
« puissans secours qu'on devoit faire des dépenses
« superflues pour l'embellissement des villes de
« la province..... Elles sont obligées de recou-
« rir à des emprunts pour satisfaire à leurs
« charges ordinaires et aux arrérages des nou-
« velles dettes qu'on leur a fait contracter.
« C'est cependant, Sire, ce temps malheureux
« qu'on a saisi pour achever de les écraser par
« des travaux qu'elles n'eussent pu entrepren-
« dre que difficilement, si elles avoient été dans
« la plus grande opulence.....

« Mais, Sire, on vous assure que personne
« ne se plaint. Ne serait-il pas plus vrai de dire

« que personne n'ose se plaindre? Tous les par-
« ticuliers sont dans la dépendance, leur voix
« est étouffée par la crainte. Il n'y a qu'un corps
« libre, toujours subsistant, tel que votre par-
« lement, qui puisse se faire entendre, et por-
« ter aux pieds du trône le cri que la nation y
« porteroit elle-même, si votre parlement fai-
« soit une information juridique des faits dont
« il se plaint à Votre Majesté. » (1)

Le roi ne vouloit pas permettre qu'on lui parlât avec une telle indépendance; il ordonna au parlement de Rennes de se rendre à Versailles, au milieu de mars 1765; plusieurs mois s'écoulèrent presque toujours entre chaque communication du monarque avec ses parlemens de province. La lenteur des formes judiciaires sembloit s'étendre au cabinet qui correspondoit avec les juges. Quatre-vingt-cinq membres du parlement de Rennes parurent, le 18 mars, devant le roi; son premier accueil fut sec et dédaigneux; la réponse qu'il leur donna par écrit, le surlendemain, ne le fut pas moins. « J'ai lu vos remontrances, leur dit-il; elles sont
« dressées avec une véhémence que je désap-
« prouve, et je vous fais défense de les faire
« imprimer. Vous y dites que je n'ai pas été

---

(1) Remontrances du parlement de Bretagne du 11 août, Mercure historique, décembre 1764, p. 378-389.

« instruit ; rien n'est plus contraire à la vérité.
« J'ai lu tout ce que vous avez fait, et on ne
« vous a adressé que ce que j'avais prescrit.
« Retournez incessamment à Rennes ; reprenez
« vos fonctions dès votre retour ; je vous l'or-
« donne expressément. Je ne répondrai sur le
« reste qu'après que vous m'aurez obéi. C'est
« le seul moyen de regagner ma bienveil-
« lance. » (1)

Loin de se soumettre, les magistrats bretons, de retour à Rennes, prirent, le 5 avril, un arrêté par lequel ils déclaroient que : « la cour,
« vivement touchée d'avoir perdu la bienveil-
« lance du seigneur roi, par les moyens qu'elle
« a cru les plus capables de la mériter, péné-
« trée de douleur, en voyant que sa conduite
« a paru si irrégulière à S. M. ; qu'elle s'est
« portée à en faire les plus vifs reproches à
« son parlement, avant même d'avoir lu les
« remontrances qu'il lui présentoit ; considé-
« rant que, des magistrats traités aux yeux de
« toute la France comme coupables de dés-
« obéissance et de manquement de respect à
« l'autorité royale, et auxquels S. M. a imputé
« d'avoir ruiné une province confiée à leurs
« soins, ne peuvent plus porter avec décence
« le nom de magistrats....., arrête que ledit

(1) Mercure historique d'avril 1765, p. 251-252.

« seigneur roi sera très humblement supplié de
« trouver bon qu'elle lui remette des pouvoirs
« dont il l'a jugée indigne..... Et cependant, la
« dite cour a repris, dès ce jour, son service
« ordinaire, pour le continuer jusqu'à ce qu'il
« ait été autrement ordonné par S. M., et
« pourvoir à l'administration de la justice sou-
« veraine dans la province. » (1)

Il est dans la nature des querelles de s'envenimer tous les jours davantage ; l'opinion publique réserve des couronnes aux membres les plus audacieux, et il s'établit ainsi une émulation à se dépasser les uns les autres. Le parlement de Paris, par des remontrances adressées au roi témoignoit vivement sa sympathie pour celui de Rennes. Le parlement de Pau, en Béarn, donnoit en même temps sa démission : la noblesse bretonne embrassoit avec chaleur la cause de ses magistrats, et elle montroit tant de zèle que le roi jugea à propos d'exiler une femme, la marquise de la Roche, accusée d'avoir écrit des vers patriotiques à l'honneur du parlement. Un arrêt du conseil d'État qui cassoit deux arrêts du parlement échauffa encore les esprits, et le 22 mai le parlement de Rennes donna de nouveau sa démission, et cessa cette fois ses fonctions. (2)

(1) Mercure historique, mai 1765, p. 316.
(2) Mercure historique, juin 1765, p. 389.

Le roi avoit nommé quinze commissaires, conseillers d'État et maîtres des requêtes, pour administrer la justice en Bretagne à défaut du parlement, mais tous les avocats et même tous les procureurs ayant refusé d'exercer leurs fonctions devant eux, ils durent s'en tenir à l'exercice de la justice criminelle, et toutes les causes civiles furent suspendues; tous les autres parlemens déclaroient vivement, à leur tour, leur sympathie pour ceux qui étoient en souffrance, et celui de Dijon, qui n'avoit point encore fait parler de lui, adressa au roi, le 7 mai 1765, des remontrances très fortes en faveur de celui de Pau. (1)

Au commencement de l'année suivante, les parlemens se flattèrent qu'il y avoit un adoucissement à leur égard dans les dispositions du roi; la mort du dauphin, la tristesse de la cour semblèrent déterminer les esprits à laisser dormir les anciennes querelles; mais l'autorité se disposoit dans le plus grand secret à agir contre tous les parlemens. Le dimanche 2 mars, à onze heures du soir, les gardes-du-corps du roi eurent ordre de se rendre le lendemain de Versailles à Paris, et de prendre leur poste au palais où siége le parlement, suivant l'usage, lorsque le roi doit tenir son lit de justice; et le 3 mars le roi arriva

---

(1) Mercure historique, août 1765, p. 103.

en habit et manteau violet, à dix heures et demie du matin, dans la cour du palais, au bas de l'escalier de la Sainte-Chapelle : le comte de Saint-Florentin et quatre conseillers d'État l'accompagnoient, les princesses du sang l'avoient précédé, ainsi que plusieurs pairs ecclésiastiques et laïcs. Les chambres ayant pris leur séance ordinaire, le roi en se découvrant, puis remettant son chapeau, dit : « Messieurs, je suis « venu pour répondre moi-même à toutes vos « remontrances. » Il remit aussitôt sa réponse au comte de Saint-Florentin qui la fit lire par le dernier des conseillers d'État.

« Ce qui s'est passé, y étoit-il dit, dans nos « parlemens de Pau et de Rennes, ne regarde « pas mes autres parlemens. J'en ai usé, à l'égard « de ces deux cours, comme il importoit à mon « autorité, et je n'en dois compte à personne. Je « n'aurois pas d'autre réponse à faire à tant de « remontrances qui m'ont été faites à ce sujet, « si leur réunion, l'indécence du style, la témé- « rité des principes les plus erronés, et l'affec- « tation d'expressions nouvelles pour les ca- « ractériser ne manifestoient les conséquences « pernicieuses de ce système d'*unité* que j'ai déjà « proscrit, et qu'on voudroit établir en principe, « en même temps qu'on ose le mettre en pra- « tique.

« Je ne souffrirai pas qu'il se forme, dans mon

« royaume une association qui feroit dégéné-
« rer en une association de résistance le lien na-
« turel des mêmes devoirs et des obligations
« communes, ni qu'il s'introduise dans la mo-
« narchie un corps imaginaire qui ne pour-
« roit qu'en troubler l'harmonie. La magis-
« trature ne forme point un corps ni un ordre
« séparé des trois ordres du royaume ; les ma-
« gistrats sont mes officiers, chargés de m'acquit-
« ter du devoir vraiment royal de rendre la jus-
« tice à mes sujets ; fonction qui les attache à
« ma personne, et qui les rendra toujours re-
« commandables à mes yeux ; je connois l'impor-
« tance de leurs services ; c'est donc une illusion
« qui ne tend qu'à ébranler la confiance que
« d'imaginer *un projet formé d'anéantir la magis-*
« *trature* et de lui supposer *des ennemis auprès*
« *du trône*. Ses seuls, ses vrais ennemis sont
« ceux qui, dans son propre sein, lui font tenir
« un langage opposé à ses principes, qui lui
« font dire : *Que tous les parlemens ne forment*
« *qu'un seul et même corps, distribué en plu-*
« *sieurs classes ; que ce corps nécessairement in-*
« *divisible est de l'essence de la monarchie et*
« *qu'il lui sert de base, qu'il est le siége, le tribu-*
« *nal, l'organe de la nation ; qu'il est le protec-*
« *teur et le dépositaire essentiel de sa liberté, de*
« *ses intérêts, de ses droits ; qu'il lui répond de*
« *ce dépôt et seroit criminel envers elle s'il l'aban-*

« donnoit; qu'il est comptable de toutes les par-
« ties du bien public, non-seulement au roi,
« mais aussi à la nation; qu'il est juge entre le
« roi et son peuple; que, gardien du lien respec-
« tif, il maintient l'équilibre du gouvernement,
« en réprimant également l'excès de la liberté et
« l'abus du pouvoir; que les parlemens coopè-
« rent avec la puissance souveraine dans l'éta-
« blissement des lois; qu'ils peuvent quelquefois
« par leur seul effort s'affranchir d'une loi enre-
« gistrée, et la regarder à juste titre comme non
« existante; qu'ils doivent opposer une barrière
« insurmontable, aux décisions qu'ils attribuent
« à l'autorité arbitraire et qu'ils appellent des
« actes illégaux, ainsi qu'aux ordres qu'ils pré-
« tendent surpris, et que s'il en résulte un combat
« d'autorité, il est de leur devoir d'abandonner
« leurs fonctions et de se démettre de leurs offices,
« sans que leurs démissions puissent être reçues.

« Entreprendre d'ériger en principes des nou-
« veautés si pernicieuses, c'est faire injure à la
« magistrature, démentir son institution, trahir
« ses intérêts, et méconnoître les véritables lois
« fondamentales de l'État, comme s'il étoit per-
« mis d'oublier que c'est en ma personne seule
« que réside la puissance souveraine, dont le
« caractère propre est l'esprit de conseil, de
« justice et de raison; que c'est de moi seul que
« mes cours tiennent leur existence et leur auto-

« rité; que la plénitude de cette autorité qu'elles
« n'exercent qu'en mon nom demeure toujours
« en moi, et que l'usage n'en peut jamais être
« tourné contre moi; que c'est à moi seul qu'ap-
« partient le pouvoir législatif, sans dépendance
« et sans partage; que c'est par ma seule auto-
« rité que les officiers de mes cours procèdent,
« non à la formation, mais à l'enregistrement, à
« la publication et à l'exécution de la loi, et qu'il
« leur est permis de me remontrer ce qui est du
« devoir de bons et fidèles conseillers; que l'ordre
« public tout entier émane de moi : que j'en
« suis le gardien suprême; que mon peuple
« n'est qu'un avec moi, et que les droits et les
« intérêts de *la nation*, dont on ose faire un
« corps séparé du monarque, sont nécessaire-
« ment unis avec les miens, et ne reposent qu'en
« mes mains. »

Le roi, dans cette réponse, exposoit ensuite quelle devoit être la nature des remontrances, comment elles devoient être tenues secrètes, et s'arrêter devant le *très exprès commandement du roi :* il recommandoit au parlement de Paris, comme cour des pairs, de donner l'exemple à toutes les autres cours du royaume. « Enfin, di-
« soit-il, ce spectacle scandaleux d'une contra-
« diction rivale de ma puissance souveraine
« me réduiroit à la triste nécessité d'employer
« tout le pouvoir que j'ai reçu de Dieu, pour

« préserver mes peuples des suites funestes de
« telles entreprises. » (1)

Ce discours si remarquable, qui met en présence les deux systèmes de l'autorité parlementaire et du pouvoir absolu, ne termina point la lutte entre eux. Le roi réprimanda tour à tour, d'une manière non moins hautaine, et en énonçant les mêmes principes, dans ce même mois de mars, le parlement de Rouen et celui de Grenoble ; un peu plus tard, celui de Besançon (2). Il pressa en même temps le jugement des cinq ou six magistrats de Rennes, La Chalotais, Caradeux et trois, puis quatre conseillers de ce parlement, qui étoient déférés devant les commissaires chargés de rendre justice à leur place et qui s'intituloient le nouveau parlement de Rennes. Cependant cette affaire personnelle prenoit, dans l'attention publique, la place de la question de principes. Les accusés qui protestoient n'avoir eu aucune part à la fabrication des billets anonymes, attribués par Calonne à La Chalotais, récusoient les juges qu'on leur avoit donnés, et en appeloient au parlement de Bordeaux ; les autres parlemens, malgré les prohibitions du roi, continuoient à intercéder pour

(1) Procès-verbal du lit de justice du 3 mars 1766. — Mercure historique de mars, p. 174-181.

(2) Mercure historique, mars 1766, p. 182; avril, p. 268, et juillet, p. 47.

eux. Calonne mettoit son amour-propre ou son ambition à les faire condamner, et l'on craignoit pour leur tête. Afin de mettre un terme aux récusations, le roi évoqua la cause à lui-même, séant en son conseil. Toutefois la procédure s'y prolongea plusieurs années encore. (1)

Le duc de Choiseul voyoit avec inquiétude s'engager cette lutte entre l'autorité royale et les parlemens ; il désiroit la popularité, il savoit qu'elle s'attachoit aux grands corps judiciaires et aux principes qu'ils travailloient à accréditer ; il savoit aussi que l'archevêque de Paris et tous ceux qui tenoient aux jésuites s'attaquoient aux parlemens avec l'espérance de l'entraîner dans leur chute ; enfin il sentoit que le roi étoit surtout excité par son ennemi personnel, le duc d'Aiguillon, qui faisoit agir son beau-père, le ministre Saint-Florentin, ou la Vrillière. Mais les affaires des parlemens n'étoient point dans les attributions de Choiseul, et léger comme il l'étoit, il n'avoit pas beaucoup de peine à oublier ce qu'il ne pouvoit empêcher ou qui lui étoit désagréable. C'étoit pour lui une pénible circonstance que de songer que son ministère avoit été marqué par le sacrifice de toutes les possessions françaises sur le continent de l'Amérique, et il cherchoit à compenser ces pertes

_1767._

---

(1) Mercure historique, décembre 1766, p. 378-391.

par quelques acquisitions. Ses amis prétendoient qu'il y avoit réussi par l'acquisition de l'État d'Avignon et de l'île de Corse ; son ambition étoit loin d'être satisfaite cependant, et il songeoit à entraîner de nouveau la France dans la guerre, pour y trouver l'occasion de nouvelles conquêtes. A l'époque où il étoit entré dans les affaires, M. de Bernis venoit de présenter un mémoire au roi, dans lequel il lui démontroit la nécessité de faire la paix, parce que la France n'avoit plus ni argent, ni généraux, ni vaisseaux. M. de Choiseul avoit vu ce mémoire, et toutes les fois que le neveu de Bernis, ou son ami, l'abbé des Haisses, partoient pour aller le voir à sa retraite de Vic-sur-Aisne, Choiseul, qui étoit resté avec lui sur un ton de plaisanterie, leur disoit : « Dites au cardinal que nous
« n'avons ni argent, ni généraux, ni vaisseaux,
« mais que cependant nous faisons et ferons en-
« core la guerre. » Bernis, impatienté, chargea enfin des Haisses de lui répondre : « Son Émi-
« nence sait comme vous que sans argent, sans
« généraux, sans vaisseaux, l'on peut toujours
« faire la guerre, mais non la bien faire » (1). Choiseul n'en paroissoit pas moins prêt à oublier cette leçon. Rempli d'idées et de projets, fier,

---

(1) Fragment de M. de Brienne à la suite de Mme Du Hausset, p. 310.

brillant, actif, spirituel, mais léger et inconsidéré, il étoit prêt à se lancer de nouveau dans les chances des batailles, avec un peu plus de vaisseaux, il est vrai, qu'au moment où il avoit terminé la dernière guerre, mais avec moins d'argent encore et moins de généraux.

Les deux acquisitions dont il se glorifioit avoient été faites sur des États qu'on ne pouvoit qualifier d'ennemis, et qui n'avoient aucun moyen de se mesurer avec la France. L'occupation d'Avignon et du Comtat-Venaissin étoit liée à l'expulsion des jésuites. Le pape Clément XIII (Ressonico) étoit vivement attaché à cet ordre, et pour le sauver il avoit fait usage de tous les moyens en son pouvoir, avec zèle, avec activité, mais non pas toujours avec prudence. L'argument qu'on avoit fait valoir d'abord auprès du roi, toujours facile à alarmer sur sa sûreté personnelle, puis sur le public, c'étoit l'accusation portée contre l'ordre de favoriser la doctrine du régicide ; cette accusation seroit bien vite tombée, pour peu qu'on eût apporté d'équité à son jugement ; mais les hommes d'État étoient plus alarmés de l'étendue du vœu d'obéissance imposé aux jésuites : ils affirmoient avec quelque raison que les jésuites, par leur serment, cessoient d'être Français, pour devenir uniquement sujets du pape, ou de leur général. Aussi dans les négociations ouvertes avec Rome, par le ministre des affaires étrangères, avoit-on voulu amener le général des jésuites Ricci, à nommer pour la France un vicaire français, et résidant en France, qui prêteroit serment d'observer les lois du royaume. Le père Ricci répondit avec une franchise et une roideur peu jésuitiques : « Qu'ils restent comme ils sont ou « qu'ils cessent d'être » (1). L'opinion continuoit à se déchaîner contre eux. Le parlement condamnoit journellement à être brûlés par la main du bourreau, tantôt des écrits des jésuites, tantôt des apologies de l'ordre, qui souvent étoient l'ouvrage des membres les plus éminens du clergé ; l'ordre fut condamné, et les jésuites qui ne voulurent pas se soumettre au serment qu'on leur imposoit furent réduits à quitter la France. (2)

Cependant, la persécution contre les jésuites s'étendoit de pays en pays avec une rapidité qu'on a peine à s'expliquer. Choiseul en faisoit désormais pour lui-même une affaire personnelle. Il s'attachoit surtout à les faire chasser de

(1) *Sint ut sunt, aut non sint.*
(2) Flassan, Diplomatie, T. VI, p. 484-510.—L'arrêt du parlement de Paris qui condamna l'ordre étoit du 6 août 1762. Il avoit été suivi d'un grand nombre d'autres arrêts, sur le séquestre de leurs biens, le serment qu'ils devoient prêter sous peine de quitter la France, et la condamnation infamante de tous les écrits faits pour les justifier. On peut les voir dans les Mercures historiques de 1763 et 1764.

tous les États de la maison de Bourbon, et il profita dans ce but de l'influence qu'il avoit acquise sur Charles III. Ce monarque, qui donnoit à la chasse la plus grande partie de son temps, avoit cependant la prétention d'être réformateur, peut-être même philosophe. Il regardoit avec quelque mépris les usages et les préjugés espagnols, et en arrivant de Naples il auroit volontiers donné à sa cour un aspect ou napolitain ou français. Deux Italiens, le Génois Grimaldi et le Napolitain Squillare avoient été ses ministres. Grimaldi, qui avoit le ministère des affaires étrangères, étoit tout dévoué à Choiseul; Squillare, chargé des finances et de la guerre, penchoit pour l'Angleterre. Il avoit commencé à se rendre odieux en soumettant Madrid aux taxes sur les comestibles qu'il avoit vu fructifier à Naples, mais il offensa bien plus profondément les Espagnols en voulant changer le costume national. Pour rétablir la sécurité dans les rues de Madrid, où les rencontres armées et les assassinats étoient très fréquens, il fit éclairer la ville par cinq mille réverbères; jusqu'alors on y avoit été plongé la nuit dans une obscurité profonde. Il interdit en même temps *la capa y el sombrero*, le grand manteau et le grand chapeau rabattu, sous lesquels les hommes n'étoient pas moins méconnoissables que s'ils eussent été masqués. Cette ordonnance excita dans Madrid, le 26 mars 1766, le plus violent soulèvement; une partie de la garde wallonne, qui, seule, résista aux insurgés, fut massacrée; le roi, contraint de paroître sur le balcon du palais, capitula avec le peuple; il abandonna le monopole des comestibles, il retira l'ordonnance funeste sur les chapeaux et les manteaux, il exila Squillare, et cependant il s'enfuit dans la nuit à Aranjuez, ne pouvant supporter la vue d'un peuple qui lui avoit désobéi. (1)

Charles III conservoit un profond ressentiment de l'insurrection de Madrid, il la croyoit l'ouvrage de quelque intrigue étrangère; on réussit à lui persuader qu'elle étoit l'œuvre des jésuites, et ce fut le commencement de leur ruine en Espagne. Des bruits de complot, des accusations calomnieuses, des lettres apocryphes destinées à être interceptées, et qui le furent en effet, achevèrent de décider le roi. Il s'entendit avec le comte d'Aranda, président de Castille, homme énergique et taciturne, qui avoit eu déjà avec Choiseul des relations secrètes. Ce fut lui qui, apportant à Charles III une écritoire de poche et du papier, lui fit écrire de sa propre main, sans témoins, dans son ca-

---

(1) W. Coxe, L'Espagne sous les Bourbons, T. IV, ch. 64, p. 556. — *Annual Register for* 1766, T. IX, ch. 3, p. 14.

binet, le décret pour la suppression des jésuites ; il envoya des circulaires aux gouverneurs de chaque province, avec ordre de les ouvrir à une certaine heure et dans un endroit déterminé. Le 31 mars 1757, à minuit, fut le moment choisi pour l'exécution des ordres qu'elles portoient. Les religieux, chers à l'Espagne, devoient être enlevés tous au même moment, soustraits aux regards d'un peuple fanatique, et déportés, non seulement sans accusation, sans jugement, mais sans que la cour de Madrid ait daigné depuis expliquer sa conduite. Les six colléges des jésuites à Madrid furent investis en même temps par des troupes. Les pères furent forcés d'entrer dans des voitures préparées pour eux avec le peu d'effets qu'il leur fut possible de rassembler dans ce moment de surprise. Avant le jour ils étoient déjà bien loin de Madrid ; les dragons qui les accompagnoient ne permettoient aucune communication entre les voitures. On les entraîna vers la côte sans leur accorder un jour de repos, on les embarqua aussitôt sur des vaisseaux de transport qui ne devoient plus communiquer avec le rivage ; et lorsqu'ils furent rassemblés, plusieurs frégates furent chargées de les escorter jusqu'à Civita-Vecchia. Charles III, par une lettre adressée au pape, le même jour 31 mars, les lui renvoyoit comme ayant cessé d'être Espagnols pour devenir ses sujets, leur promettant, toutefois, une petite pension alimentaire de deux pauli, ou un peu plus d'un franc par jour. Le gouverneur de Civita-Vecchia qui n'étoit point prévenu ne voulut pas les recevoir, et ces malheureux, parmi lesquels il y avoit beaucoup de vieillards et de malades, entassés comme des criminels à bord des bâtimens de transport, furent réduits pendant des semaines à courir des bordées en vue de la côte; beaucoup d'entre eux périrent. Enfin, la république de Gênes, touchée de compassion pour des religieux jusqu'alors l'objet de la vénération publique, et qui n'étoient accusés d'aucune offense, consentit qu'on débarquât les autres en Corse. Nous avons vu que Choiseul fut sur le point de se brouiller avec le sénat par ressentiment de cet acte d'humanité, et que ce fut par suite de cette querelle que la république céda la Corse à la France. La violente arrestation des jésuites qui s'étoit faite en un même jour dans l'Espagne d'Europe, se poursuivoit cependant avec le même secret et la même rigueur dans toutes les possessions de la monarchie espagnole. Au Mexique, au Pérou, au Chili, enfin aux Philippines, ils furent également investis dans leurs colléges le même jour, à la même heure, leurs papiers saisis, leurs personnes arrêtées et embarquées; on craignoit leur résistance dans les missions où ils étoient adorés par les nouveaux convertis, ils montrèrent au contraire une résignation et une humilité unies à un calme et à une fermeté vraiment héroïques. (1)

Clément XIII regardoit les jésuites comme les défenseurs les plus habiles et les plus constans de la religion et de l'Église, il avoit un tendre attachement pour leur ordre, leurs malheurs lui arrachoient sans cesse des larmes, il se reprochoit en particulier la mort des infortunés qui avoient péri en vue de Civita-Vecchia; il donna des ordres pour que tous ces déportés qui lui arrivoient successivement d'Europe et d'Amérique fussent distribués dans les États de l'Église, où plusieurs d'entre eux acquirent dans la suite une haute réputation littéraire. Mais en même temps il adressa les plus vives instances à Charles III pour le fléchir. Loin d'y réussir, loin de déterminer ce monarque à motiver sa barbarie autrement que par les généralités les plus vagues, il ne put empêcher que Charles III et le duc de Choiseul entraînassent dans le même système de persécution les deux autres branches des Bourbons en Italie. Ferdinand de Naples, qui, depuis dix mois étoit réputé majeur, mais qui abandonnoit toujours le gouvernement à son ministre Tarucci, lequel se

(1) W. Coxe, Bourbons d'Espagne, T. V, ch. 65, p. 1-15. — *Annual Register*, T. X, année 1767, ch. 5, p. 27. — Mercure historique de décembre 1767, p. 354.

conduisoit par les ordres d'Espagne, fit investir au milieu de la nuit du 3 novembre 1767, tous les couvens et les colléges des jésuites, dans tout le royaume des Deux-Siciles; toutes les portes furent enfoncées, tous les meubles séquestrés, et les moines, auxquels on ne laissa prendre que leurs seuls habits, furent entraînés vers la plage la plus voisine où on les embarqua aussitôt. On ne permit ni aux malades ni à ceux qu'accabloit la vieillesse de demeurer en arrière, et tout fut exécuté avec tant de précipitation, que ceux qu'on avoit enlevés à Naples à minuit, au point du jour faisoient déjà voile vers Terracina. (1)

Parme, dont le souverain, trop jeune pour gouverner, obéissoit à un Français, Guillaume du Tillot, qui agissoit comme premier ministre, avoit déjà attaqué de plusieurs manières les immunités ecclésiastiques et interdit les donations faites à l'Église par des séculiers. Lorsque Ferdinand de Parme supprima à son tour les jésuites et les chassa de ses États, ce fut pour le vieux pontife comme un affront qui lui étoit fait, non seulement par un prince plus foible que lui, mais encore par un feudataire de l'Église. Le 20 janvier 1768 il publia une sentence par laquelle il annulloit tout ce qui s'étoit

---

(1) *Général Colletta, Storia di Napoli*, T. I, L. II, § 8, p. 168. — Mercure historique de janvier 1768, p. 32.

fait contre l'autorité de l'Église dans *ses duchés* de Parme et de Plaisance, et il déclaroit que les administrateurs de ses États avoient par le fait même encouru l'excommunication prononcée dans la bulle *In cœnâ Domini*. (1)

Choiseul, qui attachoit sa gloire au pacte de famille, se hâta de prêter main-forte au plus foible des princes Bourbons qu'il prétendoit être opprimé par le pape. Quelque peu fondée que fût originairement la prétention de l'Église à la souveraineté de Parme et de Plaisance, c'étoit un fait établi depuis des siècles dans le droit public; et quoique les grandes puissances, en disposant de l'héritage des Farnèse par les divers traités du XVIIIe siècle, y eussent eu peu d'égard, elles n'avoient point, par leur silence, aboli un droit constamment invoqué et par le saint-siége qui le réclamoit, et par les habitans de Parme et Plaisance qui y trouvoient une garantie; mais le duc de Choiseul étoit charmé de trouver une occasion de querelle avec le saint-siége. Il n'avoit point pardonné à Clément XIII d'avoir confirmé les jésuites dans

---

(1) *Botta, Storia d'Italia*, T. IX, L. XLVII, p. 432-457. — Le texte de la bulle, dans le Mercure historique de mars 1768, p. 157. — D'après un ordre du roi de Naples, auquel le grand-maître Pinto crut devoir déférer, les jésuites furent aussi expulsés de Malte le 22 avril 1768, Mercure historique de juin, p. 383.

tous leurs priviléges par sa bulle dite *Apostolicam*, de les avoir justifiés sur tous les points, d'avoir fait dans cette bulle l'éloge le plus pompeux de leur zèle, de leurs services et de leurs talens, justement à l'époque où tous les parlemens du royaume les condamnoient, et où lui-même il sollicitoit à Rome la suppression de l'ordre. Il s'entendit avec le roi de Portugal, le roi d'Espagne, le roi de Naples, qui, tous, avoient montré, plus encore que lui, leur inimitié contre l'ordre des jésuites ; et il fit faire par le marquis d'Aubeterre, ambassadeur de France à Rome, les représentations les plus fortes ; mais il ne se donna pas même le temps d'en attendre l'effet : le 11 juin 1768, le marquis de Rochechouart prit possession d'Avignon et du Comtat-Venaissin, tandis que le ministre faisoit publier un écrit anonyme dans lequel il attaquoit les droits du pape sur ces petites provinces, car l'intention du ministre étoit de profiter de cette querelle pour les garder (1). De la même manière, le roi de Naples prenoit possession de Benevento et Pontecorvo, districts appartenant à l'Église et enclavés dans ses États. Le premier président, ainsi que neuf commissaires du parlement d'Aix avoient accompagné à Avignon le marquis de Rochechouart, et y

(1) Flassan, Diplomatie, T. VII, p. 99.

avoient fait publier un décret de ce parlement qui réunissoit la ville d'Avignon et le Comtat-Venaissin au domaine de la couronne, comme si c'étoit le prononcé d'une sentence juridique. A l'approche des deux régimens qui les escortoient, le vice-légat étoit parti immédiatement pour Nice; tous les biens des jésuites furent séquestrés, une garde fut établie à la porte de leur collége et de leur noviciat, et un économe fut chargé de fournir sur leurs revenus journellement à leur subsistance (1). Les quatre cours de la maison de Bourbon n'étoient point satisfaites encore de cette exécution militaire; de concert avec la maison de Bragance, elles revenoient à la charge auprès de Clément XIII pour obtenir la suppression de cet ordre religieux. Le vieux pontife, accablé de douleur, ne savoit plus comment résister. Déjà il avoit indiqué pour le 3 février 1769 un consistoire pour s'occuper de la suppression de l'ordre. Il mourut presque subitement, à l'âge de soixante-seize ans, dans la nuit même qui précédoit ce jour qui lui sembloit fatal, et qu'il désiroit ardemment ne point voir. (2)

L'autre conquête de Choiseul, quoique enlevée à un peuple bien plus foible, fut plus dis-

---

(1) Mercure historique, juillet 1768, p. 41.
(2) Biogr. univ., T. IX, p, 31.

putée. Pasquale Paoli, qui avoit réussi à donner une organisation libre et forte à la Corse indépendante, et qui, dans le peu d'années qu'avoit duré son gouvernement, lui avoit fait faire des progrès rapides vers la prospérité, se confioit pleinement dans la bonne volonté de la France qui ne s'étoit présentée aux Corses que comme médiatrice, et il croyoit toucher au moment où M. de Marbeuf, avec les régimens français, évacueroit les quatre places qui lui avoient été ouvertes par les Génois. Il apprit avec autant de surprise que d'indignation que Choiseul, en même temps qu'il l'endormoit par des négociations, venoit de signer, le 15 mai 1768, avec Gênes, le traité par lequel cette république vendoit sa patrie à la France. Il apprit en même temps que de nouveaux bataillons français se rassembloient en Provence, et que le marquis de Chauvelin devoit les conduire en Corse. Il rassembla aussitôt un parlement à Corte, pour communiquer à ses compatriotes les nouvelles qu'il avoit reçues. Ces généreux montagnards, lorsqu'ils apprirent qu'ils alloient être attaqués par toute la puissance de la France, sentirent bien qu'il ne restoit pour eux aucune espérance; mais ils ne voulurent pas succomber sans efforts, et abandonner à un souverain étranger une liberté et une indépendance pour lesquelles ils avoient combattu quarante ans avec une si héroïque valeur. Non seulement Paoli se déclara prêt à soutenir avec eux cette lutte désespérée, mais il releva leur confiance dans l'avenir; il laissa entrevoir des espérances de succès que peut-être il ne partageoit point lui-même, et il rassembla de l'argent et des troupes hardies de volontaires et de tirailleurs qui sembloient hors de toute proportion avec la population et l'étendue d'une île si pauvre. (1)

Les rares talens de Paoli pour la guerre et la bravoure obstinée des Corses eurent d'abord plus de succès qu'ils ne devoient en espérer, dans une lutte si inégale. Ce fut le 30 juillet que les hostilités commencèrent. Marbeuf vouloit ouvrir la communication entre Bastia et San Fiorenzo, coupant ainsi d'avec le reste de l'île la petite province du Cap-Corse. Des combats sanglans furent livrés dans la chaîne de montagnes qui sépare ces deux villes, l'une au levant, l'autre au couchant de la pointe septentrionale de la Corse; mais le terrain étoit trop étroit pour que les insurgés pussent s'y maintenir long-temps contre des troupes de ligne; après avoir causé aux Français assez de perte, Paoli évacua tout ce district. (2)

Chauvelin avoit été retenu en France par une

---

(1) *Carlo Botta, Storia d'Italia*, T. IX, L. XLVI, p. 369. — Biogr. univ., T. XXXII, p. 510.

(2) *Botta*, L. XLVI, p. 381.

maladie; quand enfin il débarqua dans l'île de Corse avec de nouveaux soldats, il chercha d'abord à se concilier les habitans par des proclamations pleines de bienveillance; il tenta ensuite de s'étendre de Bastia vers le midi, dans la partie orientale de l'île, où il eut d'abord quelques succès; au mois de septembre, les districts de Nebbio et de Casinca furent occupés par les Français; mais Paoli avec son frère et ses braves compagnons d'armes, les surveilloient du haut des montagnes. Tout à coup, ils se précipitèrent sur eux, et les attaquèrent de toutes parts; ils leur reprirent Loreto, après un assaut qui dura sept heures, ils leur coupèrent le passage au pont de Lago Beneditto, et les repoussèrent vers la rivière de Golo, alors grossie par les pluies, où des compagnies entières se noyèrent, en voulant se dérober aux Corses furieux. Ils leur reprirent enfin le Borgo de Mariana, sous les yeux mêmes de Chauvelin, qui, le 9 octobre, fut obligé de se retirer vers Bastia en pleine déroute (1). Le comte de Coigni, qui, avec huit cents soldats, vouloit reprendre Murato, y fut tué le 29 octobre, et sa troupe dissipée. Ainsi finit la première campagne.

Mais la lutte entre l'île de Corse, avec une

(1) *Botta*, L. XLVI, p. 385-394. — Mém. de Dumouriez, L. I, ch. 5, p. 105. — *Annual Register*, T. XI, ch. 9, p. 58.

population de moins de cent cinquante mille âmes, et la France, ne pouvoit pas se prolonger long-temps encore. Pendant l'hiver, les combats furent suspendus; Chauvelin qui étoit malade, demanda à être rappelé. Le lieutenant-général comte de Vaux, déjà âgé de soixante-quatre ans, et qui s'étoit distingué dans toutes les guerres de ce règne, fut envoyé en Corse avec une armée formidable. Quarante-deux bataillons étoient sous ses ordres; l'armée, jusqu'alors, s'étoit montrée indisciplinée et servoit mal; ce général avoit une réputation effrayante d'autorité; toutefois, son extérieur taciturne et rigide couvroit une âme sensible, juste, et même affectueuse. Il eut bientôt rétabli la discipline dans sa troupe; plus tard, il réussit aussi à inspirer aux Corses de l'affection et de la reconnoissance; il accorda sa confiance à Dumouriez, officier qui commençoit à établir sa réputation, et qui connoissoit bien la Corse, où il avoit long-temps servi. D'ailleurs, comme il disposoit de moyens très considérables, son plan d'attaque, qui embrassoit toute la Corse, devoit nécessairement réussir. Quatre corps d'armée partant du nord, du levant et du couchant, devoient se réunir sur Corte ; en même temps, de moindres détachemens devoient s'avancer aussi vers le centre de l'île, de Bonifacio à sa pointe méridionale, de Sartène au sud-ouest, de Aleria et Porto-Vecchio au sud-est. En effet, la Corse fut conquise en trois mois. La campagne avoit commencé le 5 mai 1769. Elle fut encore signalée par quelques beaux faits d'armes des Corses; l'un après avoir passé le pont du Golo, à la chapelle Saint-Pierre, point culminant des montagnes de Corse, dont Dumouriez s'étoit emparé, et que de Vaux lui fit abandonner par un malentendu; l'autre à Ponte-Nuovo, où les Corses surprirent les volontaires de l'armée, culbutèrent trois bataillons de grenadiers qui venoient les secourir, et furent enfin chassés par la supériorité du nombre et des armes. Ils n'étoient que quinze cents, dont plus du tiers se fit tuer.

Une dernière déroute des Corses, à Cassaveggio, décida du sort de l'île : Corte dut capituler, Pasquale Paoli se retira vers Porto-Vecchio, au sud-est de l'île; et, après de vains efforts pour rallier encore ses partisans, il s'embarqua, le 13 juin 1769, sur un vaisseau anglais qui le porta à Livourne. Le grand duc Pierre-Léopold lui fit l'accueil le plus distingué, ainsi qu'aux trois cent quarante généreux proscrits de l'île de Corse, qui se réunirent alors en Toscane. Bientôt après, Paoli se rendit en Angleterre où il reçut les hommages d'une nation qui voyoit en lui un des plus glorieux champions de la liberté. Il y mourut seulement en 1807, après avoir été rappelé en France en 1789, puis proscrit de nouveau durant la Terreur. Pendant ce temps, le comte de Vaux s'efforçoit de réconcilier les Corses à la domination de la France, par des règlemens justes et bienfaisans; Marbeuf ensuite, d'après les ordres du roi, convoqua à Bastia une consulte générale de la nation, pour le 15 septembre 1770 ; l'assemblée étoit composée des trois ordres : Marbeuf leur annonça que toutes les offenses de la guerre étoient pardonnées, que le roi désormais les adoptoit et les aimoit comme ses sujets, qu'il ne s'occuperoit plus qu'à leur faire du bien ; après quoi, il reçut, au nom de Louis XV, le serment de fidélité de la nation corse. (1)

Des deux conquêtes de Choiseul, la Corse resta à la France ; Avignon, au contraire, et le Comtat-Venaissin, ne tardèrent pas long-temps à être rendus à l'Église. Sur la nouvelle de la mort de Clément XIII, le cardinal de Bernis étoit parti pour Rome, chargé de défendre les intérêts de la France dans le futur conclave, et surtout de lui procurer un pape favorable aux prétentions des quatre cours, de Versailles, de

---

(1) Mém. de Dumouriez, L. I, ch. 6, p. 115-127. — *Botta, Storia d'Italia*, T. IX, L. XLVI, p. 395-423. — *Annual Register*, 1769, T. XII, ch. 7, p. 40. — Les combats ne cessèrent point avec cette soumission. La haine des Corses pour le jury fit souvent explosion par des insurrections et des assassinats, mais nous ne pouvons ici en suivre le détail.

Madrid, de Lisbonne et de Naples, pour la destruction de l'ordre des jésuites. Bernis arrêta son choix sur Laurent Ganganelli, moine cordelier, âgé de soixante-quatre ans, et fait cardinal par Clément XIII en 1759. On s'accordoit à louer son instruction, sa modération, sa connoissance de l'état actuel des esprits, et son équité. Après trois mois de conclave, les cardinaux du parti des Bourbons l'emportèrent, et Ganganelli fut élu le 19 mai 1769. Il prit le nom de Clément XIV. Il donna immédiatement des preuves de sa modération, en abandonnant la querelle entamée par son prédécesseur avec le duc de Parme, et en empêchant la lecture de la bulle *In cœná Domini*. Mais, lorsque Choiseul le fit requérir d'abolir l'ordre des jésuites, et de céder à la France et à Naples les enclaves d'Avignon et de Bénévent, il répondit qu'il ne pouvoit supprimer un ordre sanctionné par dix-neuf de ses prédécesseurs, sans enquête, sans jugement; que n'étant qu'administrateur des biens de l'Église, il ne pouvoit aliéner aucune partie de sa souveraineté; que toute cession qu'il feroit de ses provinces seroit nulle de plein droit; que toutefois il n'étoit point en état d'opposer la force à la force; le pût-il faire encore, il ne sacrifieroit la vie d'aucun chrétien pour maintenir une puissance purement temporelle. Toutefois, sa douceur et sa modération firent cesser l'aigreur avec laquelle la maison de Bourbon avoit agi jusqu'alors envers le saint-siége; des négociations furent ouvertes quant à la restitution des deux petites provinces annexées au domaine de Provence; une instruction approfondie fut entamée sur les motifs politiques qui avoient décidé les cours les plus puissantes de l'Europe catholique à demander la suppression d'un ordre religieux si accrédité; et ce fut seulement le 21 juillet 1773 que Clément XIV publia le bref par lequel il abolissoit cet ordre, non en punition d'aucun méfait, mais comme mesure politique, et pour la paix de la chrétienté. (1)

Nous avons dit que Choiseul ne vouloit point se borner à sa guerre contre les jésuites et à la conquête d'Avignon et de la Corse, qu'il épioit au contraire l'occasion d'entraîner la France dans une guerre générale, pour effacer la honte du traité de Paris de 1763. Les circonstances lui paroissoient favorables pour se venger de l'Angleterre. Cette puissance étoit, il est vrai, arrivée au plus haut degré de prospérité commerciale; l'activité de ses manufactures, le nombre prodigieux de ses vaisseaux, attestoient l'immense accumulation de capitaux qui s'étoit faite dans son sein : l'ordre et la publicité de ses

---

(1) Biogr. univ., T. IX. — Clément XIV, p. 33. — *Annual Register for* 1769, T. XII, ch. 5, p. 36.

finances, la régularité de ses paiemens lui donnoient les moyens de percevoir les contributions avec moins de frais, d'emprunter à un moindre intérêt qu'aucun autre État; mais elle en avoit abusé; elle se trouvoit chargée d'une dette prodigieuse, et obligée de pourvoir à l'acquittement de nouveaux intérêts; elle étoit embarrassée à trouver une nouvelle matière imposable, surtout après avoir augmenté le fardeau dont elle se sentoit assaillie, en partie pour fonder des établissemens dans le Nouveau-Monde, et y placer quelques-uns de ses enfans dans des circonstances où ils étoient assurés de prospérer; elle croyoit commettre une injustice si elle faisoit supporter aux seuls Anglais d'Europe tout le poids d'une dette dont les Anglais d'Amérique avoient tant profité. Ainsi commença, à l'occasion du bill du timbre, en 1764, cette lutte entre la métropole et les colonies, qui devoit, au bout de dix années, donner naissance aux républiques de l'Amérique septentrionale. Le parlement anglais vouloit forcer tous les sujets britanniques à supporter en commun des dépenses faites pour le bien de tous; et les colons répondoient que c'étoit le principe fondamental de la constitution britannique qu'aucun sujet ne payoit de taxes qu'autant qu'elles avoient été consenties par ses représentans. Le bill du timbre fut révoqué; mais le parlement lui substitua, en 1767, des impôts de consommation sur le thé et sur d'autres articles, qui, pas plus que le timbre, n'avoient été votés par les représentans des colonies. Quoique ces impôts fussent moins onéreux, ils n'en furent pas repoussés par les colons avec un consentement moins unanime ; tous s'engagèrent réciproquement à n'admettre dans leur consommation aucune des marchandises qui avoient payé les taxes en Angleterre. (1)

On assure que, dès cette époque, le duc de Choiseul avoit commencé à faire aux Américains la promesse que la France et l'Espagne les seconderoient dans leur résistance. Choiseul avoit inspiré à Charles III la plus entière confiance ; il étoit parfaitement d'accord avec ses deux ministres, Grimaldi et Aranda, qui, hommes de talent, et forts de toute l'action d'un gouvernement absolu, ne négligeoient aucun soin pour reformer sur un nouveau plan l'administration intérieure, et relever l'armée et la marine. Des améliorations importantes eurent lieu dans les finances, par le zèle et la coopération des deux ministres ; on introduisit dans l'armée cette tactique savante que les succès de Frédéric II avoient rendue l'admiration des autres nations, et l'ambassadeur

---

(1) *Annual Register for the years* 1764-1769.

anglais, dans ses dépêches, parloit avec autant d'étonnement que de douleur de la perfection extraordinaire de cette même tactique qu'adoptoit l'Espagne, et surtout de l'augmentation de son armée. Il annonçoit un accroissement pareil qui se faisoit remarquer dans la marine; il appeloit l'attention sur l'activité singulière qui animoit ses chantiers et ses arsenaux, dans l'Ancien comme dans le Nouveau-Monde. (1)

En voyant faire à Charles III des préparatifs militaires, on ne pouvoit guère douter que son but secret ne fût de les tourner un jour ou l'autre contre l'Angleterre. Il n'avoit jamais oublié l'injure que lui avoit faite le commodore Martin, lorsque, la montre sur la table, il étoit venu le menacer de le bombarder à Naples, s'il ne s'engageoit pas immédiatement à la neutralité. Les revers qu'il avoit éprouvés dans la dernière guerre, et la cupidité effrénée qu'avoient manifestée les vainqueurs dans le pillage de la Havane et dans celui de Manille, ajoutoient encore à ce ressentiment; et puis il ne se passoit pas d'année sans qu'une audacieuse entreprise des contrebandiers anglais, soutenue avec arrogance par les officiers de la marine royale, révoltât l'orgueil de la nation et celui du roi.

Choiseul ne se relâchoit pas, au contraire,

---

(1) Coxe, L'Espagne sous les Bourbons, d'après les dépêches de lord Rochefort, T. V, ch. 66, p. 78.

dans ses efforts pour plaire au monarque espagnol. Le 21 avril 1764, il avoit fait notifier aux habitans de la Louisiane qu'il les avoit cédés à l'Espagne. Les colons en avoient reçu la nouvelle avec une profonde douleur; ils avoient supplié le ministre de ne pas les séparer de la France, et, n'ayant pu l'ébranler, ils avoient annoncé le projet d'émigrer dans les colonies anglaises avec lesquelles l'Espagne leur interdisoit d'avoir aucun commerce. Le général espagnol O-'Reilly s'étant présenté à l'embouchure du Mississipi, en juin 1769, pour prendre possession de la colonie avec cinq mille hommes de troupes embarqués à la Havane, une insurrection avoit éclaté parmi les planteurs français résolus à repousser les Espagnols par la force. Les agens du gouvernement français eurent bien de la peine à les calmer et à les engager à se soumettre. Les Espagnols, selon leur usage, voulurent faire croire qu'ils étoient forts en se montrant cruels; ils firent saisir six des principaux planteurs, auxquels ils firent trancher la tête, et ils en envoyèrent plusieurs autres dans les cachots de la Havane. La colonie parut soumise; mais les plus riches planteurs émigrèrent. Le commerce abandonna la Nouvelle-Orléans, et l'Espagne se trouva n'avoir ajouté qu'un désert à son empire. (1)

(1) Coxe, Bourbons d'Espagne, ch. 66, p. 87.

La possession d'un autre désert fut sur le point de faire éclater les hostilités ; il s'agissoit des îles Falkland ou Malouines, situées non loin de l'entrée orientale du détroit de Magellan. Ces îles marécageuses, presque toujours couvertes de brouillards, sous un climat rigoureux, n'avoient de valeur que comme relâche pour la pêche au pôle antarctique, ou pour la contrebande dans l'Amérique du Sud. Les Français en 1764 y envoyèrent une colonie à Port-Louis, mais ils se hâtèrent, sur les réclamations de l'Espagne, qui prétendoit que la souveraineté de toute l'Amérique Méridionale lui appartenoit, de l'évacuer, et d'en livrer la possession au gouverneur de Buenos-Ayres. Les Anglais à leur tour en fondèrent une en 1766, au Port-Egmont, à l'autre extrémité de ce groupe d'îles. Le commandant espagnol de Port-Louis, devenu Puerto-Solidad, leur envoya ordre de se retirer ; ils répondirent avec hauteur ; alors le gouverneur de Buenos-Ayres envoya contre eux une expédition de seize cents hommes, qui n'eurent que quelques coups de canon à tirer pour reprendre possession de l'île. (1)

Les Anglais montrèrent une grande indignation ; le roi George III à l'ouverture de son parlement déclara que l'honneur de la nation et les

---

(1) Coxe, Maison de Bourbon, T. V, ch. 66, p. 92.

droits du trône avoient été grièvement blessés, et qu'il étoit résolu à employer la force pour obtenir justice ; les adresses du parlement contenoient les plus fortes assurances d'appui. En conséquence, le gouvernement espagnol fut sommé, en novembre 1770, de désavouer la conduite du gouverneur de Buenos-Ayres, et de restituer Port-Egmont. Charles III annonça à la France qu'il seroit probablement bientôt dans le cas de réclamer les secours promis par le pacte de famille. Il armoit en attendant avec activité, mais il chargeoit le prince de Masserano, son ambassadeur à Londres, de gagner du temps pour attendre la réponse de la France, qui, de son côté, avoit à se plaindre de l'arrogance anglaise. Lord Rochefort, qui venoit de passer de l'ambassade de Madrid à celle de Paris, avoit été chargé à son arrivée de demander l'évacuation immédiate de la Corse par les troupes françaises. Sans doute les Corses étoient dignes d'un vif intérêt, mais le droit public européen les considéroit toujours comme sujets de la république de Gênes à laquelle ils appartenoient depuis plusieurs siècles, et quand Gênes les cédoit volontairement à la France, les puissances étrangères n'avoient aucun droit de s'y opposer. Choiseul termina une de ses réponses à lord Rochefort en lui disant : « Nous remplirons scrupuleusement « les conditions du dernier traité ; mais vous

« vous tromperiez étrangement si vous vous
« imaginiez que les menaces peuvent nous em-
« pêcher d'exécuter des projets qui ne sont pas
« contraires à nos engagemens. Je ne ferois pas
« un seul pas dans ma chambre pour calmer
« vos alarmes. » (1)

Choiseul avoit profité de la paix pour faire construire soixante vaisseaux de ligne et un grand nombre de frégates ; il saisissoit toutes les occasions d'exercer ses équipages ; il cherchoit aussi à exciter la jalousie des Hollandais contre la puissance qui les avoit dépouillés de l'empire des mers ; toutefois, tout ce qu'il pouvoit espérer d'eux, c'étoit qu'ils demeureroient neutres comme dans la guerre de sept ans. En même temps, sa plus grande difficulté venoit de Louis XV lui-même auquel il devoit soigneusement cacher ses projets et ses espérances. Ce prince, élevé par Fleury dans la crainte de la puissance anglaise, frémissoit à la seule idée d'une troisième guerre maritime. (2)

D'ailleurs, la politique étoit alors même compliquée par les projets ambitieux d'autres puis-

---

(1) Dépêches de lord Rochfort à lord Skeburne du 9 juin et 14 septembre 1768. *Apud* Coxe, ch. 66, p. 91.

(2) Lacretelle, T. IV, p. 215. — M. de Besenval affirme au contraire que Choiseul, dont il étoit l'ami, malgré la fermeté de son langage, mettoit tous ses soins à éviter la guerre, Mém. de Besenval, T. I, p. 254.

sances, qui auroient dû engager l'Angleterre et la France à s'unir étroitement pour leur résister, bien loin de s'attaquer l'une l'autre.

En Prusse, Frédéric II étoit décidé à chercher le repos, à rétablir, comme administrateur, des États qu'il avoit si cruellement ruinés comme guerrier, à éviter de nouvelles chances, après s'être vu si près de tout perdre par celles qu'il avoit bravées, à ne plus se laisser enchaîner enfin par l'alliance et les subsides d'aucune puissance. Il conservoit surtout un profond ressentiment contre l'Angleterre de la manière dont elle l'avoit abandonné à la fin de la guerre de sept ans, et il nourrissoit moins de haine contre ses anciens ennemis que contre son ancienne alliée (1). En Autriche, l'empereur Joseph abandonnoit la politique et l'administration à sa mère et à l'habile ministre en qui elle se confioit, et il ne se réservoit qu'une influence un peu brusque parfois sur la discipline et la tactique des armées autrichiennes. Kaunitz sentoit que pour rétablir les finances, la population, l'administration intérieure, il n'avoit guère moins à réparer que le roi de Prusse, et il vouloit sincèrement la paix; il persistoit dans le système dont il avoit été le premier promoteur, de l'al-

---

(1) OEuvres posthumes de Frédéric II, T. V, Mémoires de 1763 jusqu'à 1775.

liance française, et il travailloit à la resserrer. Mais Catherine II avoit porté sur le trône des vues beaucoup plus ambitieuses ; elle savoit bien que les vieux Moscovites ne lui pardonnoient ni le meurtre de son époux Pierre III, ni celui d'Ivan Antonowitch, l'héritier légitime du trône, massacré en 1764 dans la prison où il étoit retenu dès son enfance (1). Le siècle étoit trop poli pour qu'on se permît de reprocher de grands crimes à une grande princesse, on s'efforçoit même de les ensevelir dans un silence absolu, mais ce silence ne suffisoit point pour en effacer la mémoire ; tous les rois se sentirent menacés par de tels exemples, et Louis XV n'y songeoit jamais sans éprouver de vives inquiétudes.

Plus Catherine II se sentoit exposée à cette réprobation, et plus elle étoit avide de renommée et de tous les hommages de l'opinion publique ; elle flattoit Voltaire, Diderot, d'Alembert, tous les philosophes français qu'elle regardoit comme les distributeurs de la gloire. En même temps elle vouloit étonner l'Europe par des conquêtes et leur donner le vernis trompeur d'une guerre entreprise pour le progrès de la civilisation. En 1768 elle avoit commencé les hostilités contre l'empire turc : elle s'étoit bien-

---

(1) Rulhière, T. II, L. VI, p. 281.

tôt emparée de la Moldavie et de la Valachie, elle avoit coupé la communication entre le khan des Tartares de Crimée et le grand seigneur son suzerain, et elle paroissoit sur le point d'accabler le premier. Les succès avoient été balancés de revers en 1769, mais dans la première bataille de Choczim, dans la seconde au même lieu, dans celle d'Oczacow, au passage du Niester par les Turcs, le carnage avoit été effroyable, et toute l'étendue des frontières de ces deux empires étoit dans la désolation. La troisième campagne, celle de 1770, fut plus cruelle encore pour l'humanité. Le comte Orlow et l'amiral Elphinstone, Anglais au service de Russie, étoient entrés dans la Méditerranée. Ils avoient poussé les Grecs à la révolte, tout le Péloponèse se souleva contre les musulmans ; les vengeances des opprimés qui pendant un temps se sentirent les maîtres, furent terribles. Mais les Russes les abandonnèrent ensuite aux Turcs qu'ils avoient provoqués, et la plus grande partie de la population grecque fut massacrée, dans le temps même où toute la flotte turque étoit brûlée par les Russes le 5 juillet 1770, près Tchezmé. (1)

En même temps la Pologne étoit abandonnée à l'ambition et aux intrigues de Catherine II. Depuis qu'elle avoit fait monter son amant,

(1) Rulhière, Anarchie de Pologne, T. II, L. VI, p. 272.

Stanislas-Auguste Poniatowski, en 1764, sur le trône de cette république, elle avoit oublié toute l'affection qu'elle avoit eue pour lui ; elle ne le traitoit plus que comme un vassal qu'elle se plaisoit à humilier, et le pays dont elle l'avoit fait roi étoit une conquête qu'elle vouloit ajouter à son empire ; après avoir seulement achevé de le diviser et de le ruiner, elle prit pour prétexte de son intervention dans les affaires de la république la condition des dissidens ; on nommoit ainsi en Pologne les chrétiens séparés de l'Église catholique, les réformés de toute dénomination, les Sociniens et les Grecs. Dans le temps où le reste de l'Europe étoit ensanglanté par des querelles religieuses, la Pologne avoit professé la plus entière liberté de culte. Le nom même de dissident étoit alors appliqué à toutes les sectes également, pour indiquer seulement le dissentiment des opinions ; ce n'étoit que dans ce siècle et à l'occasion des barbaries commises à Thorn, que les dissidens polonais avoient été privés de leurs droits politiques. Catherine II, par l'organe du prince Repnin, demanda avec hauteur et violence qu'ils leur fussent immédiatement restitués. Le parti soumis à l'influence russe s'unit par la confédération de Radom ; il fit enlever l'évêque de Cracovie et huit des principaux sénateurs qu'il croyoit opposés à la restitution des droits politiques aux dissidens. Cette brutale violation de l'indépendance d'un peuple libre força les Polonais à recourir aux armes ; l'évêque de Kaminiek se chargea de venger l'évêque de Cracovie, et la confédération de Bar, signée en 1768 par ceux qui vouloient maintenir l'exclusion, et plus encore l'indépendance de leur patrie, fut le signal d'une guerre contre les Russes qui devoit bientôt être marquée par d'horribles malheurs. (1)

Louis XV par attachement à la religion catholique étoit favorable à la confédération de Bar; le ministère anglais, pour protéger ses coreligionnaires, approuvoit au contraire la tolérance que revendiquoit Catherine II. Mais le sentiment religieux entroit pour peu de chose dans cette querelle. Une grande question de droit public étoit agitée, l'indépendance d'une des grandes nations de l'Europe étoit compromise; l'observateur le moins attentif pouvoit reconnoître que Catherine II vouloit s'emparer d'une vaste région, et que pour l'intérêt de toute l'Europe il convenoit de la soustraire à son ambition ; l'Angleterre auroit probablement bientôt compris que son intérêt à l'égard des

---

(1) Rulhière, T. II, L. VII, p. 314, L. VIII, p. 413. — *Annual Register for* 1768, T. XI, ch. 2, p. 8. — Ferrand, Hist. des trois démembremens de la Pologne, T. I, introd., p. 42. — *Friedrich von Raumer Beitrage zur neueren Geschichtz* IV, *Thel.*, 11-12 et 13, *Hauptstrück*, p. 42 et suiv.

Polonais étoit le même que celui de la France, si elle ne s'étoit pas déjà aigrie contre le gouvernement français, si elle ne s'étoit pas mise en défiance de toute la maison de Bourbon, si enfin l'inquiétude croissante que lui causoient ses colonies ne l'avoient pas retenue dans l'inaction.

Louis XV, presque dès le moment où il avoit pris connoissance des affaires de son royaume, avoit dirigé vers la Pologne sa diplomatie secrète, et de toutes les affaires de l'Europe c'étoient celles auxquelles il sembloit prendre le plus d'intérêt. Choiseul se proposoit d'unir les Turcs aux Polonais contre les Russes, d'obtenir de Marie-Thérèse passage pour une armée française à travers l'Autriche, de faire sentir au roi de Prusse et au roi de Suède que le moment étoit venu pour eux de secouer les chaînes que l'impératrice de Russie menaçoit de donner à tout le Nord, et d'appuyer le mouvement général sur l'élan d'un peuple qui combattroit pour sa liberté. Mais la correspondance mystérieuse que dirigeoit le comte de Broglie contrarioit souvent celle du ministre, et jetoit les patriotes polonais dans la perplexité. (1)

Il s'agissoit cependant des plus graves intérêts de l'humanité ; une guerre maritime et une guerre continentale sembloient sur le point de

(1) Rulhière, Hist. de l'anarchie de Pologne, T. II, L. VI. p. 174.

s'allumer en même temps. Le ministre à la tête du cabinet étoit animé par un sentiment vif de la dignité nationale ; mais, léger, inconsidéré, se reposant sur les hasards de l'avenir, il alloit peut-être engager son pays dans des entreprises au-dessus de ses forces. Ce ne furent point ces considérations qui arrêtèrent Louis XV ; des intrigues de cour, et les vices du monarque changèrent tout à coup la politique de la France ; un parti nombreux et redoutable commençoit à se prononcer contre le duc de Choiseul, les affiliés des jésuites le représentoient comme un ennemi de la religion ; les financiers comme un ennemi de l'autorité royale, contre laquelle il soutenoit, même en matière d'impôts, l'autorité du parlement. Le maréchal de Richelieu, qui ne mesuroit point son ambition sur ses talens, étoit jaloux de Choiseul, et cherchoit à le perdre par des calomnies ; le duc d'Aiguillon se présentoit plus ouvertement pour être son successeur ; c'étoit lui surtout qui accusoit le ministre de laisser humilier la dignité royale devant le parlement ; dur, hautain, opiniâtre, il auroit voulu que le roi ne régnât que par des coups d'État. Ses partisans, et surtout les femmes auprès desquelles il avoit eu de grands succès lorsqu'on le désignoit sous le nom du *beau duc d'Agénois*, répétoient à Louis XV que ce n'étoit qu'en lui qu'il pourroit trouver la vigueur que demandoient les circonstances et le caractère indomptable du cardinal de Richelieu son grand-oncle. L'archevêque de Paris annonçoit que la chute du duc de Choiseul seroit le signal du triomphe de la religion, et le duc de la Vauguyon, chargé de l'éducation du dauphin, lui avoit persuadé que le ministre avoit été l'empoisonneur de sa famille. Tous faisoient impression sur l'âme foible de Louis XV, mais tous aussi le faisoient trembler ; il ne pouvoit se résigner à se mettre sous la direction de cet homme si roide, et que les Bretons peignoient comme un tyran farouche ; il craignoit également l'ascendant de l'archevêque de Paris dont il avoit éprouvé l'obstination intraitable, lorsqu'il avoit répandu le trouble dans Paris, à l'occasion des billets de confession. (1)

Les ennemis de Choiseul redoutoient ou qu'il ne fît contracter à Louis un second mariage, et il paroît qu'il y avoit eu quelques négociations entamées dans ce but avec la maison d'Autriche, ou que sa sœur, la duchesse de Grammont, qui brilloit il est vrai plus par l'esprit que par la figure, ne s'abaissât jusqu'à accepter le poste de Mme de Pompadour. Pendant ce temps une courtisane, nommée alors Mlle Lange, née

---

(1) Soulavie, Mém. du règne de Louis XVI, ch. 5, p. 60. — Lacretelle, T. IV, p. 219.

en 1744 dans ce même village de Vaucouleurs d'où étoit sortie l'héroïque Jeanne d'Arc, fut conduite au monarque par le valet de chambre depuis long-temps chargé de lui trouver tous les jours de nouvelles maîtresses. Elle vivoit alors avec le comte Jean du Barry, l'un des hommes les plus corrompus de la capitale, qui s'en servoit pour attirer des joueurs au tripot sur lequel il fondoit toute la dépense de sa maison. Malgré la vie qu'elle avoit menée dès sa première jeunesse, sa beauté avoit conservé le plus grand éclat. Son dévergondage, sa familiarité, la hardiesse avec laquelle elle tutoyoit le roi en l'appelant *la France*, inspirèrent à ce vieux débauché une passion, une ivresse, qu'on ne le croyoit plus capable de ressentir.

Quoique Louis avouât sa honteuse passion à tous ses familiers, la plupart ne vouloient pas croire à sa durée. Un jour qu'il sentoit son abjection, il dit au duc de Noailles : « Je sais bien « que je succède à Sainte-Foy. — Sire, dit le « duc en s'inclinant, comme Votre Majesté suc- « cède à Pharamond » (1). Richelieu seul, en montrant pour la courtisane une admiration sans réserve, encouragea le monarque à la combler d'honneurs. Elle venoit de prendre le titre de comtesse du Barry, Guillaume, frère du

---

(1) Nouveaux Mélanges de Mme Necker, T. II, p. 39.

comte Jean dont elle avoit été la maîtresse, l'ayant épousée pour la livrer à son roi. Il falloit encore la faire présenter sous ce titre, pour que, reçue à la cour elle pût s'y trouver sur le même pied où avoit été Mme de Pompadour; mais les courtisans et les dames, même les plus déhontées, reculoient devant cette ignominie, et la présentation fut long-temps négociée comme une affaire d'État. Choiseul qui avoit voulu appuyer son pouvoir sur l'opinion publique, la duchesse de Grammont, qui se regardoit comme tenant le premier rang à la cour, repoussoient de toutes leurs forces une association aussi dégradante. Les chansons, les libelles qui racontoient toutes les précédentes aventures de la nouvelle favorite, qui nommoient les plus marquans dans la foule de ceux auxquels elle s'étoit livrée, se retrouvoient partout, non seulement à Paris et à Versailles, mais dans le palais même du roi, et l'on soupçonnoit Choiseul d'avoir contribué à les répandre. Le duc d'Aiguillon s'étoit pressé au contraire de se lier avec la nouvelle favorite. On assuroit que ce n'étoit pas pour lui une nouvelle connoissance. Mais le roi ne pouvoit être jaloux d'un homme qui, dans sa jeunesse, lui avoit sacrifié par ambition la belle duchesse de Châteauroux. (1)

(1) Soulavie, Mém. de Louis XVI, T. I, ch. 5, p. 68. — Lacretelle, T. IV, p. 248. — Biogr. univ., T. III, p. 431.

Choiseul croyoit pouvoir mépriser une intrigue si basse et qui s'appuyoit sur une telle femme, mais elle acquéroit de la puissance par les talens des hommes qui la dirigeoient, autant que par la foiblesse du monarque. Le chancelier Maupeou en étoit le chef. Il venoit, le 16 septembre 1768, de succéder à son père, qui avoit revêtu la simarre la veille, à la résignation du chancelier de Lamoignon, mais qui la lui avoit transmise après l'avoir gardée seulement vingt-quatre heures. L'un et l'autre avoient été accusés de concussion et de vénalité ; personne, dans le fils surtout, ne vouloit voir un honnête homme. La nature lui avoit refusé les avantages extérieurs de son père ; sa taille étoit petite, un œil vif et perçant, mais dur, un sourcil épais et très noir, un teint bilieux donnoient à sa physionomie un air de malveillance qu'il tâchoit pourtant d'adoucir par des manières affectueuses avec ses égaux, et familières avec ses inférieurs ; on ne lui croyoit qu'une demi-instruction, avec beaucoup de légèreté et de maladresse ; rien de la dignité d'un magistrat, mais beaucoup de manége de cour et d'art dans l'intrigue. Toutefois ses talens se développèrent dans une situation nouvelle. A une grande souplesse il unit une grande force de caractère ; une volonté inflexible de parvenir au pouvoir par tous les moyens, et la bassesse la plus honteuse pour s'y maintenir. Aucun homme ne fit plus lâchement sa cour à Mme du Barry, qu'il appeloit sa cousine, prétendant avoir quelque parenté avec son mari. (1)

A ce même parti se rattachoit le nouveau contrôleur des finances, l'abbé Terray. Il avoit remplacé, le 21 décembre 1769, Maynon d'Ynvan, successeur de L'Averdy qui avoit autant de probité mais aussi peu de talens que lui (2). Terray, au contraire, conseiller clerc au parlement dès 1736, s'y étoit fait remarquer par une incroyable facilité, une aptitude surprenante à saisir et à débrouiller les affaires les plus compliquées. Lors de la démission générale des parlementaires, en 1755, il fut le seul des enquêtes à ne pas donner la sienne, et il s'acquit la protection de Mme de Pompadour en abandonnant les intérêts de sa compagnie. Dès lors il se fit connoître de la cour; ce n'est pas qu'il fût doué d'aucun des avantages extérieurs qui pouvoient y rendre les succès faciles : sa taille élevée ne faisoit que mieux ressortir la gaucherie de son maintien; sa figure étoit ignoble et renfrognée, son regard en dessous; il n'avoit ni aisance ni grâce dans la conversation; mais il y suppléoit

(1) Besenval, T. I, p. 421. — Biogr. univ., T. XXVII, p. 516. — Lacretelle, T. IV, p. 229.

(2) Mercure historique de janvier 1770, p. 46.

par un cynisme d'actions et de paroles tout à fait en harmonie avec sa tournure de satyre; ce qui donnoit à sa personne un caractère d'originalité grotesque qu'il soutenoit par beaucoup d'esprit. Lorsqu'à l'âge de quarante ans il se sentit assez riche et assez protégé pour secouer impunément le joug des convenances ecclésiastiques, il se montra aussi insatiable que peu délicat dans ses plaisirs. L'abbé Terray s'étoit hâté de profiter de l'arrêt du conseil de 1764 qui permettoit l'exportation des grains à l'étranger (1). Cet arrêt, motivé sur les doctrines des économistes, n'avoit servi en effet qu'à ouvrir la porte au plus odieux monopole. Une compagnie, à la tête de laquelle se trouvoient l'abbé Terray et le premier commis des finances, accaparoit les grains, les faisoit passer dans les îles de Jersey et de Guernesey, puis les faisoit revenir pour les vendre avec profit, lorsque par des opérations faites sur une très grande échelle elle avoit causé une famine artificielle dans le royaume. Bientôt le roi s'associa pour son pécule particulier à ces scandaleuses opérations, et il montra pour ce commerce une activité cupide dont on ne le croyoit plus capable.

La réputation de l'abbé Terray étoit faite

(1) Voyez cet arrêt au Mercure historique pour août 1764, p. 84.

pour l'habileté, la promptitude et la clarté du travail, tout comme pour la dureté impitoyable et la volonté inflexible de trouver de l'argent, quoi qu'il pût coûter. C'est pour ces motifs qu'il fut fait contrôleur-général des finances, et presque aussitôt il se mit à l'œuvre pour établir l'équilibre entre la recette et la dépense, par les impôts les plus odieux, le monopole des grains et la banqueroute. (1)

Choiseul, en voyant dans quelles chaînes honteuses Louis XV étoit tombé, dut renoncer à lui faire contracter un second mariage. Ce fut alors qu'il songea à marier le dauphin, petit-fils du roi, et à lui faire épouser la plus jeune des archiduchesses d'Autriche, Marie-Antoinette, qui n'avoit encore que quatorze ans. Ce ministre, né sujet de la maison de Lorraine, conservoit pour elle beaucoup d'attachement, et il croyoit pouvoir compter, en retour, sur l'appui de Marie-Thérèse et du prince de Kaunitz. Il avoit adopté le système de ce dernier, celui d'une alliance entre les grandes puissances, et il croyoit par là se mettre en état de dominer les petites, et de contre-balancer l'influence croissante de l'Angleterre. Ses adversaires le désignoient comme le chef de la faction autrichienne dans

(1) Biogr. univ., art. *Terray*, T. XLV, p. 175-190. — Lacretelle, T. IV, p. 234.

les conseils de France. Le duc d'Aiguillon se faisoit au contraire un mérite d'être le chef de la faction anti-autrichienne, de celle qui étoit fidèle à la politique de son grand-oncle le cardinal de Richelieu, à la politique que lui avoient transmise François Ier et Henri IV. La maison de Bourbon, disoit-il, ne s'étoit agrandie que des dépouilles qu'elle avoit enlevées à la maison d'Autriche. L'alliance avec l'empereur maintiendroit pour un temps la paix du continent, mais elle ne seroit utile qu'à ce prince, car c'est à sa protection que tous les moindres États ne manqueroient pas de recourir, et quand ils seroient réduits à une sorte de vasselage, quand les grandes puissances se toucheroient de partout, la lutte entre elles ne pourroit manquer de se renouveler, mais alors elle seroit terrible, et la France qui auroit abandonné à l'ambition de l'Autriche tous les moindres États se trouveroit sans alliés. Malgré ces représentations qui sembloient chaque jour se faire mieux écouter du roi, le mariage fut conclu par l'activité du duc de Choiseul. On parloit avec admiration de l'éducation que Marie-Thérèse avoit donnée à ses filles, de son affection, de la gloire qu'elle sembloit mettre à en être toujours entourée, de la douce liberté, de la familiarité qui régnoit entre la mère et les filles. Marie-Antoinette, sans être d'une beauté éclatante, étoit faite pour plaire par la régularité de ses traits, leur expression, leur dignité, la blancheur de son teint, la grâce et la majesté de son maintien. Ce fut pour cette princesse, destinée à tant de malheurs, une première circonstance fâcheuse, que d'arriver en France précédée par les faux rapports qu'avoit accrédités sa mère sur une éducation toute d'apparences et de superficie ; c'en fut une plus fâcheuse encore d'avoir été choisie par un ministre chancelant au pouvoir, qui devoit bientôt être remplacé par des ennemis acharnés, et qui donneroit occasion de la représenter à la cour, aux princesses de France, à son mari lui-même, comme l'instrument d'une faction étrangère. (1)

Avant la célébration du mariage de son petit-fils, Louis XV avoit obtenu le succès qui lui paroissoit alors plus important que tout ce que pouvoit résoudre son ministère sur la politique ou intérieure ou étrangère. La comtesse du Barry avoit été présentée ; le roi avoit obtenu de cinq ou six dames de la cour qu'elles voulussent bien l'accompagner dans cette occasion (2). Le maréchal de Richelieu se fit

(1) Mém. de Mme Campan, T. I, p. 37.—Soulavie, Mém. du règne de Louis XVI, T. I, introd., p. 19 ; ch. 3, p. 49. et ch. 5, p. 71. — Lacretelle, T. IV, p. 236.

(2) D'après les extraits de correspondance diplomatique

l'ordonnateur de la fête, aussi orgueilleux d'introduire à la cour une prostituée qu'il l'avoit été d'y apporter les clefs de Mahon. L'une des filles du roi, Madame Louise, qui étoit petite et difforme, venoit de s'enfermer au couvent des carmélites ; les autres, de même que les princes du sang, cherchèrent peu à dissimuler leur désapprobation et leur répugnance. (1)

Ce fut au plus fort de ce scandale que le mariage du dauphin fut annoncé au public. Malheureusement ce fut aussi à une époque où la classe pauvre de la nation étoit souffrante et mécontente. Depuis l'année 1768, et peut-être surtout en raison des spéculations de l'abbé Terray, le prix du pain avoit sans cesse augmenté, la disette dès lors s'étoit accrue par des alarmes exagérées. Des assemblées de magistrats et de notables, réunies pour y porter remède, avoient au contraire fait songer aux gens craintifs qu'il leur convenoit de faire des provisions pour un temps qui pouvoit

---

recueillis par Raumer, Mme du Barry fut présentée au roi, et ensuite à Mesdames de France, le 22 avril 1769, *Beitrâge von Raumer*, T. IV, p. 335. — Le 10 mai suivant elle dîna pour la première fois avec le roi, avec Mmes de Mirepoix, de Flavacourt et de Béarn.

(1) Mém. de Mme Campan, ch. 1, p. 30. — Soulavie, Mém. de Louis XVI, T. I, ch. 5, p. 70. — Lacretelle, T. IV, p. 228. — Madame Louise prit le voile le 11 avril 1770, Mercure historique, mai 1770, p. 432.

devenir plus fâcheux, et augmenter d'autant la demande sur les marchés. Dans le même temps l'abbé Terray commençoit à faire paroître, chaque semaine, de nouveaux édits bursaux, qu'il appeloit lui-même des mercuriales, parce qu'il les publioit le mercredi, et qu'il s'étoit mis sur le pied de plaisanter le premier sur l'argent qu'il prenoit à chacun dans sa poche. C'est alors qu'on apprit que Louis XV vouloit que les fêtes de ce mariage fussent célébrées avec une magnificence dont on n'avoit point encore vu d'exemple, et qu'il y destinoit vingt millions.

Le roi et le dauphin étoient venus recevoir la princesse à Compiègne. Là, le duc de Choiseul lui fut présenté, et selon les instructions de sa mère elle lui fit tout l'accueil qu'elle devoit au ministre qui l'avoit appelée au trône de France; elle soupa au château de la Muette avec le roi et le dauphin; même les courtisans les plus corrompus remarquèrent avec scandale que parmi les dames de la cour que Louis XV invita à s'asseoir à la table de cette princesse, si jeune et si pure, étoit la comtesse du Barry. Deux jours après, le 16 mai 1770, le dauphin et la dauphine reçurent la bénédiction nuptiale dans la chapelle du roi (1). Les fêtes commencèrent aussitôt

(1) Mém. de Mme Campan, T. I, p. 49. — Mém. de Weber, T. I, p. 36.

à Paris et à Versailles ; elles furent attristées par l'aspect d'une foule de mendians qui erroient sans cesse autour du château ; on ne trouva point que leur éclat répondît aux sommes prodigieuses qu'elles coûtèrent. La fête que donna la ville de Paris, le 30 mai, fut signalée par une effroyable catastrophe. Un feu d'artifice qui avoit attiré un énorme concours de spectateurs fut tiré sur la place de Louis XV ; mais le principal débouché de cette place, la rue royale étoit alors en construction ; elle étoit encombrée de matériaux ; des fossés profonds étoient demeurés ouverts ; les parapets de la rivière étoient garnis de curieux ; on dit qu'on n'avoit point appelé un nombre suffisant de gardes françaises pour contenir la foule ; mais quand plus de cent mille spectateurs se pressent les uns sur les autres, aucune force n'est suffisante pour les contenir. Un mouvement de terreur fut imprimé à cette masse compacte par un accident arrivé au feu d'artifice. Les décorations en bois prirent feu. La foule applaudissoit, lorsque les cris des ouvriers, périssant au milieu des flammes, l'avertirent que ce qu'elle prenoit pour un jeu étoit une funeste réalité. Cette masse compacte qui entouroit les échafaudages voulut fuir, mais repoussée, écrasée par les voitures et les chevaux, troublée aussi par les cris d'alarme des filous qui vouloient augmenter le désordre, entassée, meurtrie, expirante, elle fut près d'une demi-heure sans pouvoir s'écouler. Sur le terrain qu'elle avoit occupé on trouva cent trente-trois cadavres, avec un grand nombre de blessés; et lorsqu'on eut recueilli tous ceux qui étoient tombés dans les fossés ou dans la rivière, tous ceux qui furent étouffés dans d'autres passages également encombrés, on porta à douze cents le nombre des victimes de cette fatale journée. Le trouble, la douleur du dauphin, de la dauphine furent extrêmes : le roi lui-même parut sensible à cette grande calamité; mais les secours apportés aux familles désolées ne furent point proportionnés à leur souffrance. (1)

Le ministre qui avoit donné une épouse à l'héritier de la couronne pouvoit se flatter que, sous un nouveau règne, elle deviendroit sa protectrice; mais il s'apercevoit chaque jour davantage qu'il perdoit l'affection du maître actuel, et que tandis qu'il obtenoit l'appui de l'opinion publique, que les grands, les magistrats, les gens de lettres se déclaroient pour lui, le monarque, offensé et humilié par cette opinion qui le flétrissoit, se laissoit séduire tous les jours davantage par le triumvirat de d'Aiguillon, de

---

(1) Lacretelle, T. IV, p. 242. — Mém. de Mme Campan, T. I, ch. 3, p. 55. — Mercure historique pour juin 1770, p. 520. — Mém. du prince de Montbarey, T. II, p. 5.

Maupeou et de Terray. Ces trois hommes, qui prétendoient que le premier mérite d'un gouvernement étoit l'énergie, sa première garantie l'emploi de la force, pressoient Louis XV d'adopter des mesures plus vigoureuses pour faire taire les censeurs qui l'importunoient. De son côté, Choiseul, inquiet de leur influence croissante, mettoit son espoir dans une guerre maritime pour se défendre contre eux, et celle-ci paroissoit imminente sans qu'il pût être accusé de l'avoir provoquée. Les Espagnols s'irritoient de la contrebande toujours plus active que les Anglais poussoient dans leurs possessions de l'Amérique méridionale. Ils déclaroient que Don Francisco Bussarelli, le gouverneur de Buenos-Ayres, qui avoit recouvré Port-Egmont, n'avoit point outre-passé les ordres de son roi; ils réclamoient de la cour de Versailles l'assistance promise par le pacte de famille, et Grimaldi recevoit de Choiseul les assurances de secours les plus positives et les plus confidentielles. Plusieurs mesures de guerre avoient déjà été adoptées par la cour de Madrid, et le secrétaire d'ambassade anglais, M. Harris, depuis célèbre comme lord Malmesbury, avoit déjà eu ordre de quitter Madrid, lorsque Charles III reçut une lettre de la propre main de Louis XV, qui portoit : « Mon ministre vouloit la guerre, je « ne la veux point. » Charles, intimement convaincu, ainsi que son ministre, que l'Espagne n'étoit pas en état de se mesurer seule avec l'Angleterre, changea immédiatement de conduite. M. Harris, qui n'étoit encore qu'à vingt lieues de Madrid, rebroussa chemin aussitôt; bientôt il fut joint par lord Grantham, nouvel ambassadeur, empressé de profiter de l'irritation des Espagnols contre la France, qui s'étoit dérobée aux obligations du pacte de famille dans la première occasion où on lui en demandoit l'accomplissement. Les Espagnols rendirent Port-Egmont aux Anglais, qui ne tardèrent pas à l'évacuer comme un établissement improfitable qui pouvoit troubler l'harmonie de bons voisins, et la paix fut rétablie entre l'Angleterre et l'Espagne, à qui les îles Falkland demeurèrent. (1)

Aiguillon, Maupeou et Terray n'avoient pas voulu laisser au ministre leur ennemi le crédit qui pouvoit s'attacher à une guerre heureuse. Ils ne vouloient pas davantage compliquer leur position par l'embarras qu'elle jetteroit dans les finances ou par l'aliment qu'elle fourniroit aux mécontens; ils avoient donc jugé que le moment étoit venu de porter les derniers coups au duc de Choiseul, et ils avoient associé à leur

(1) Coxe, L'Espagne sous les Bourbons, ch. 66, p. 95-102. — La restitution du Port-Egmont fut annoncée à Londres par une note de Masserano, ambassadeur d'Espagne, du 22 janvier 1771; Flassan, Diplomatie, T. VII, p. 53.

complot la courtisane qui, après avoir fait en vain des avances à Choiseul et en avoir été rejetée, montroit pour le rôle politique auquel on l'appeloit une dextérité qu'on n'auroit pas attendue d'elle. Il semble qu'elle avoit compris que pour dominer le roi il falloit à cet être usé « une Roxelane d'une gaîté familière, sans res- « pect pour la dignité du souverain. Mme du « Barry porta l'oubli des convenances jusqu'à « vouloir un jour assister au conseil d'État. Le « roi eut la foiblesse d'y consentir, elle y resta « ridiculement perchée sur le bras de son fau- « teuil, et y fit toutes les petites singeries en- « fantines qui doivent plaire aux vieux sul- « tans » (1). Mais sa grande affaire, au milieu des jeux et des plaisanteries dont elle amusoit le monarque, c'étoit de lui rappeler sans cesse la nécessité de renvoyer ses deux ministres, Choiseul et Praslin, et d'abattre les Parlemens. Du Barry prétendoit être de la même famille que l'Ecossais Barrymore, page qui accompagna Charles Ier dans sa fuite. Maupeou, qui prétendoit aussi lui être allié, fit présent à la comtesse d'un superbe tableau de Charles Ier, par Van Dyck, représentant ce prince dans une forêt, fuyant ses persécuteurs. Ce tableau fut placé dans le boudoir de la comtesse, en face

---

(1) Mém. de Mme Campan, T. I, ch. 1, p. 31.

de l'ottomane où Louis XV avoit l'habitude de s'asseoir ; et quand ce prince fixoit sa vue sur ce tableau, la favorite lui disoit : « Eh bien, la « France, tu vois ce tableau ! Si tu laisses faire « ton parlement, il te fera couper la tête comme « le parlement d'Angleterre l'a fait couper à « Charles. » Le roi sourioit, mais ne se pressoit pas d'obéir. (1)

Ce fut, en effet, sur les parlemens que le triumvirat résolut de frapper les grands coups avant de faire chasser les deux ministres qui se sentoient déjà bien ébranlés dans la faveur du roi. Louis XV avoit cru pouvoir terminer les querelles du parlement de Bretagne en recourant à sa méthode accoutumée, celle d'abolir tous les actes antérieurs et d'imposer silence aux deux partis. Il avoit supprimé des commissaires, rétabli son parlement de Rennes, déclaré qu'il reconnoissoit l'innocence de MM. de La Chalotais, de Caradeuc et des quatre autres magistrats arrêtés, mais qu'il continuoit à les tenir éloignés de leurs fonctions, parce qu'ils n'avoient pas sa confiance. En même temps il avoit aboli toutes les procédures antérieures, et défendu de les poursuivre ou d'en faire

---

(1) Biogr. univ., art. *Barry*, par M. de Salaberry, T. III, p. 431. — Mém. de Dumouriez, L. I, ch. 7, p. 142. — Mme Campan, ch. 1, p. 33. — Mém. de Weber, ch. 1, p. 36. — Mém. secrets, T. III, p. 364.

mention (1). Mais le parlement de Rennes ne vouloit pas se soumettre à ce silence; La Chalotais et Caradeuc avoient réclamé le droit de se justifier, ils avoient recommencé des informations par lesquelles ils faisoient paroître que le duc d'Aiguillon et un nommé Andoard, son agent, avoient suborné de nombreux témoins contre ces magistrats; que, pour les engager à rendre un faux témoignage, ils avoient employé les sollicitations, les menaces et l'argent, qu'ils avoient également essayé de corrompre les juges. Le parlement de Bretagne, prétendant avoir été amené ainsi sur la trace d'un crime, poursuivoit des informations qui chargeoient toujours plus le duc d'Aiguillon. Tandis que le chancelier Maupeou lui donnoit, au nom du roi, ordre sur ordre, non seulement de suspendre la procédure, mais d'abolir toute celle qui avoit été commencée et de n'en laisser subsister aucune trace, d'Aiguillon, à son tour, prétendoit être en butte à un complot; il accusoit ses ennemis d'avoir suborné des témoins; mais les mémoires qu'il fit paroître furent, d'après les arrêts du parlement, lacérés et brûlés par le bourreau. (2)

(1) Le 9 juillet 1769, le duc de Duras étoit arrivé en Bretagne, chargé de pacifier la province en accordant ces diverses grâces. — *Annual Register,* T. XII, ch. 6, p. 47.

(2) Voyez dans le Mercure historique et politique la plu-

Nous ne devons point songer à nous engager dans cette volumineuse procédure, mais si d'Aiguillon y paroît comme un homme hautain, violent, décidé à des mesures despotiques, et qu'aucun scrupule ne pouvoit arrêter, non seulement le parlement de Rennes, mais tous les parlemens de France font évidemment de la cause de MM. de La Chalotais et Caradone leur cause propre, ils sont déterminés à n'accorder au duc d'Aiguillon aucune justice, et à profiter de tous les moyens pour le flétrir.

Il semble que Maupeou, qui nourrissoit une haine implacable contre le parlement de Paris qu'il avoit présidé, qui savoit qu'on y révoquoit en doute son intégrité, et qui vouloit le perdre, cherchoit l'occasion de le commettre directement avec le roi; il fit donc évoquer devant ce corps, comme cour des pairs, le procès intenté au duc d'Aiguillon par-devant le parlement de Bretagne. Tous les membres du parlement, ainsi que les pairs du royaume, se transportèrent, le 4 avril 1770, à Versailles, le roi voulant assister lui-même au jugement (1). Maupeou se flattoit que, dès les premières séances, les conseillers manifesteroient une violence qui indisposeroit Louis. Ils se contraignirent, et le

part des pièces de ce procès, entre autres, mai 1770, p. 419-423; juin 1770, p. 533; juillet, p. 40-45-51; août, p. 117.

(1) Mercure historique, avril 1770, p. 325.

roi se fatigua; il renonça à se trouver aux séances de la cour des pairs avec un dédain affecté, en même temps qu'il donna au duc d'Aiguillon des signes éclatans de faveur. Alors, le parlement s'irrita, et fit tourner contre l'accusé la liberté que l'absence du monarque rendoit à ses délibérations. Il condamna l'exil arbitraire de La Chalotais et de son fils, il discuta la valeur des lettres de cachet, il menaça les conseillers d'État qui avoient provoqué les mesures de la cour. La lutte commençoit à prendre un caractère inquiétant; le 26 juin le parlement reçut les ordres du roi de se rendre le lendemain à Versailles, parce que Sa Majesté vouloit y tenir un lit de justice. Avant d'obéir, le parlement fit les protestations d'usage contre les lits de justice, « comme ne pouvant, ne devant et n'en-
« tendant y délibérer. » A l'ouverture de la séance, le premier président d'Aligre déclara au roi que son parlement étoit justement alarmé du lieu, du jour et des circonstances dans lesquels il lui plaisoit de tenir son lit de justice. « En effet, Sire, disoit-il, votre parlement de-
« voit-il craindre que, dès les premiers pas
« d'une procédure commencée par ordre de
« Votre Majesté avec toutes les solennités re-
« quises en pareil cas, et indispensablement né-
« cessaires pour opérer la condamnation ou la
« justification d'un pair de France, le jour où on

« devoit rendre compte en votre cour des pairs, « en présence de Votre Majesté, des procédures « commencées pour y parvenir, dans le lieu « même où Votre Majesté devoit présider aux « séances ordinaires de la cour des pairs, elle « voudroit y déployer l'appareil de sa toute « puissance en y tenant son lit de justice, au « lieu de laisser le cours à une délibération libre, « dont les opinions seroient déterminées par les « charges, et dont le résultat devroit passer à « la pluralité après avoir compté les suffrages ? »
Maupeou répondit à ce discours, puis il lut des lettres-patentes, dans lesquelles il faisoit dire au roi, après un court historique de la cause : « Par le compte que nous nous sommes fait « rendre des informations, nous avons reconnu « qu'une partie des témoins ont déposé de faits « étrangers à la plainte rendue par notre pro- « cureur-général, que quelques-uns ont repré- « senté des arrêts de notre conseil, ont annexé « à leurs dépositions des ordres particuliers « émanés de nous, et tenté de compromettre « aucuns de nos ministres. Nous avons pensé « qu'il ne nous étoit pas possible de laisser con- « tinuer une procédure qui tendroit à soumettre « à l'inspection des tribunaux le secret de notre « administration, l'exécution de nos ordres, et « l'usage personnel d'une autorité dont nous ne « devons compte qu'à nous-même. Et, quel-

« que intéressant qu'il puisse être pour notre
« cousin le duc d'Aiguillon, et pour tous ceux
« qui ont été nommés avec lui dans les procé-
« dures, de produire leur justification dans les
« formes accoutumées, comme il est plus im-
« portant pour notre autorité de ne pas souffrir
« que les personnes que nous avons honorées de
« notre confiance et chargées de l'exécution de
« nos ordres puissent être compromises, recher-
« chées ou inquiétées pour raison desdits ordres,
« convaincu que la conduite de notre cousin le
« duc d'Aiguillon et de ceux dénommés dans
« lesdites informations est irréprochable, nous
« avons cru devoir faire usage de la plénitude
« de notre autorité souveraine. Et pour éteindre
« jusqu'au souvenir d'une instruction qui ne
« pourroit qu'entretenir une fermentation dan-
« gereuse et ranimer les divisions qui troublent
« depuis trop long-temps notre province de Bre-
« tagne, nous avons jugé qu'il étoit de notre
« sagesse d'anéantir toutes les procédures faites
« jusqu'à ce jour, même les plaintes présentées
« par notre cousin le duc d'Aiguillon, par nos
« procureurs-généraux en notre parlement de
« Bretagne et par le nommé Audouard. » (1)

Mais il étoit au-dessus de la puissance du roi

(1) Discours du premier président, p. 40, Lettres paten-
tes, 42, Mercure historique de juillet 1770. — Discours
du chancelier, *ibid.*, août, p. 115.

d'imposer silence à ses juges. Ceux-ci trouvoient toujours moyen, avec un respect apparent, avec les expressions de l'obéissance la plus complète, de faire tout le contraire de ce qui leur étoit commandé. Le roi avoit interdit aux princes et aux pairs de se trouver le lendemain à la séance du parlement; ils obéirent, tandis que les conseillers passèrent outre; ils se firent lire les informations déjà prises; ils déclarèrent qu'elles contenoient des commencemens de preuves graves et multipliées de plusieurs délits; que les lettres publiées à Versailles, le 27 juin, quelque couleur qu'on ait affecté de leur donner, étoient de véritables lettres d'abolition sous un nom déguisé, que ces lettres ne sont valables qu'autant qu'ayant été reconnues conformes aux charges, elles sont entérinées; que celles-ci ne s'y trouvoient point conformes, en sorte qu'il devoit être passé outre au jugement du procès. « Les charges qui en résultent, dirent-ils, sub« sistent dans toute leur force, contre ledit duc « d'Aiguillon, pair de France. Ainsi, le duc « d'Aiguillon se trouve gravement inculpé et « prévenu de soupçons, même de faits qui com« promettent son honneur. En conséquence, la « cour ordonne que le duc d'Aiguillon sera « averti de ne point prendre sa séance en icelle « cour, et de s'abstenir de faire aucune fonction « de pairie, jusqu'à ce que, par un jugement

« rendu en la cour des pairs, dans les formes et
« avec les solemnités prescrites par les lois et
« ordonnances que rien ne peut suppléer, il se
« soit pleinement purgé des soupçons et faits
« qui entachent son honneur » (1). Dès le lendemain, cet arrêt fut cassé par le conseil d'État, qui enjoignit au duc d'Aiguillon de continuer ses fonctions de pair de France.

L'opposition entre l'autorité royale et le parlement commençoit à porter le trouble dans la monarchie; tous les autres parlemens du royaume se montroient animés du même esprit que celui de Paris; ils recommençoient à se dire les classes diverses d'un parlement unique; ils s'animoient d'une même aigreur contre le duc d'Aiguillon, et ils applaudissoient à cet arrêt où la partialité étoit évidente, puisque ce pair du royaume étoit déclaré entaché dans son honneur, avant que la procédure fût assez avancée pour le juger. Pendant les vacances, aucunes propositions ne furent faites aux magistrats pour les adoucir. Ils rentrèrent comme en triomphe, plus obstinés que jamais dans leur opposition. Ils refusèrent d'enregistrer un édit qui leur interdisoit de s'intituler seul parlement, de correspondre

(1) Arrêt du parlement contre les chambres assemblées, du 2 juillet 1770. Mercure historique, p. 52. — Lacretelle, T. IV, p. 252. — Soulavie, Mém. historiques et politiques, ch. 5, p. 81.

entre eux, et qui proscrivoit le mot de *classes*, et, comme le roi ne punissoit point, ils crurent qu'il n'osoit point punir ; ils se reposèrent sur la protection de Choiseul qu'ils croyoient leur être secrètement favorable. Tout à coup, ils furent convoqués à Versailles pour le 7 décembre, à dix heures du matin. Ce devoit être un nouveau lit de justice, tenu avec tout cet appareil militaire qui devoit faire taire les juges. Dix princes du sang, un grand nombre de pairs, et, parmi eux, le duc d'Aiguillon, qui vint avec un froid dédain, prendre place au-dessus des juges qui avoient cru le flétrir, et les grands officiers de la couronne accompagnèrent le roi. Maupeou lut alors un édit, dans le préambule duquel le roi déclaroit « qu'il ne tenoit sa couronne que de Dieu, qu'à lui seul appartenoit, sans dépendance et sans partage, le droit de faire des lois par lesquelles ses sujets devoient être conduits et gouvernés, que les représentations de ses cours ont des bornes, tandis qu'elles n'en peuvent mettre aucune à son autorité. Puis il leur défendoit d'annoncer davantage cette unité, cette indivisibilité, ces classes, qui faisoient de tout l'ordre judiciaire un seul corps en opposition à la couronne. Il déclaroit cette doctrine séditieuse ; il interdisoit la correspondance entre les parlemens, les démissions données en corps, les arrêts pour retarder les en-

registremens, « le tout sous peine de perte
« et privation de leurs offices, et d'être pour-
« suivis comme pour désobéissance à nos or-
« dres. » Cette ordonnance fulminante fut, suivant l'usage des lits de justice, transcrite en
silence sur les registres. (1)

Mais le lendemain, tous les magistrats n'étant
plus contenus par la présence du roi, arrivèrent
au Palais transportés de colère. Ils avoient été,
disoient-ils, traités en criminels, la constitution
du royaume étoit violée, et on vouloit les rendre les organes de volontés despotiques. Ils eurent recours à ce qui toujours avoit été leur
grand moyen, celui de suspendre la justice.
Ils étoient persuadés que, dans un pays où do-
minoient les formes et les habitudes au lieu des
lois, il seroit impossible de les remplacer, de
trouver d'autres juges, de dresser un autre tribunal devant lequel les avocats consentissent à
plaider. Cet expédient leur avoit déjà réussi à
plusieurs reprises, et Louis XV trembloit lui-
même de l'effet qu'auroit sur le peuple la suspension des audiences. Ils rendirent un arrêt
par lequel ils déclaroient « que, dans leur dou-
« leur profonde, ils n'avoient point l'esprit assez

(1) Voyez les pièces officielles, Mercure historique pour
décembre 1770, p. 561, et pour janvier 1771, p. 52. —
Lois françaises, T. XXII, p. 501. — Lacretelle, T. IV,
p. 257. — Besenval, T. I, p. 367.

« libre pour décider des biens, de la vie et de « l'honneur des sujets du roi. » C'étoit précisément à quoi Maupeou avoit voulu les amener. Il étoit secrètement résolu à détruire, une fois pour toutes, le parlement; mais il vouloit lui laisser prononcer à lui-même sa propre déchéance : il étoit charmé de lui voir suspendre ses audiences, tandis que les prisons regorgeoient de prévenus qu'on ne jugeoit point, que des milliers de familles demandoient en vain les décisions de procès qu'on ne terminoit point. Il vouloit laisser aux magistrats la responsabilité du désordre qu'ils causoient, tandis qu'il réservoit pour l'autorité royale le rôle plus honorable de les solliciter de reprendre leurs fonctions.

Mais, tandis que Maupeou adressoit coup sur coup, aux membres du parlement, des lettres de jussion, pour les rappeler aux audiences, il jugea que le moment étoit venu de porter au duc de Choiseul le coup dont ce ministre étoit menacé depuis long-temps; d'accord avec le duc d'Aiguillon et l'abbé Terray, il accusa Choiseul d'avoir préparé en secret la guerre maritime que Louis XV redoutoit; d'avoir attiré à dessein l'attention des Anglais sur les îles Falkland, pour les abandonner ensuite; d'avoir excité l'Espagne à les ressaisir violemment; d'avoir prodigué les promesses à Charles III, pour qu'il réclamât les secours du pacte de famille (1). Louis XV fut indigné contre son ministre qui s'étoit autant avancé sans lui faire confidence de ses propres affaires, et, le 24 décembre, le duc de la Vrillière, secrétaire d'État, se rendit à onze heures du matin chez le duc de Choiseul, à Versailles, pour lui remettre une lettre de cachet qui l'exiloit à son château de Chanteloup près de Tours, lui ordonnoit de se démettre sur-le-champ de la charge de secrétaire d'État et de la surintendance des ports, et lui défendoit de donner aucun ordre dans son gouvernement de Touraine. Quoique Choiseul déclarât que depuis quinze jours il s'attendoit à cette disgrâce, il demanda deux ou trois jours de répit pour régler quelques affaires. Le roi répliqua par un ordre de vuider les barrières en vingt-quatre heures. Le duc de la Vrillère, le même jour, porta au duc de Praslin une autre lettre de cachet qui l'exiloit à sa terre de Vaux-Praslin, près de Melun. La duchesse de Grammont fut également exilée. Le marquis de Monteynard fut chargé du ministère de la guerre, Bertin reçut, par intérim, le ministère des

---

(1) L'abbé de La Ville, premier commis des affaires étrangères et autrefois jésuite, fut chargé, par le duc de la Vauguyon et Mme du Barry, qui lui avoient fait sa leçon, de porter à Louis XV cette dénonciation; Mém. de Besenval, T. I, p. 259. — Flassan, Diplomatie, T. VII, p. 45.

affaires étrangères, et l'abbé Terray celui de la marine. (1)

Débarrassé de Choiseul, Maupeou ne songea plus qu'à se défaire également du parlement. Celui-ci avoit dressé de nouvelles remontrances, et le roi avoit fait répondre au premier président par le duc de la Villière, qu'il n'entendroit aucune représentation de son parlement que celui-ci n'eût repris ses fonctions. Dès le 19 décembre, de troisièmes lettres de jussion avoient été adressées aux magistrats pour leur ordonner de reprendre l'administration de la justice, et ceux-ci avoient répondu qu'ils devoient à l'honneur de la justice, au bien du service du roi, et au maintien de la constitution de l'État, de ne point obtempérer (2). Le langage du roi devenoit cependant plus sévère. Les lettres de jussion du 4 janvier 1771 commençoient à se montrer menaçantes. Les magistrats, feignant de voir un retour du roi vers eux dans l'assurance qu'il donnoit de « son attention à maintenir les lois du royaume », arrêtèrent le 7 qu'ils reprendroient leurs fonctions, mais en renouvelant leurs protestations contre

(1) Mercure historique et politique, janvier 1771, p. 81. — Soulavie, Mém. historiques de Louis XVI, T. I, ch. 5, p. 82. — Mém. de Montbarey, T. II, p. 17. — Lacretelle, T. IV, p. 259.

(2) Mercure politique, janvier 1771, p. 72.

toute exécution de l'édit publié au lit de justice, qu'ils ne reconnoîtroient jamais comme loi de l'État. Et le roi ayant répliqué qu'il en maintiendroit toujours l'exécution, la cour cessa de nouveau ses fonctions (1). Le 16 et le 18 janvier il arriva au parquet de nouvelles lettres de jussion, toujours plus positives et plus menaçantes, auxquelles les magistrats répondoient : « Révoquez un édit qui attaque notre honneur « et les droits de la nation, ou nous ne remon- « terons plus sur des siéges avilis. » Ce n'étoit pas non plus l'intention de Maupeou qu'ils y remontassent. Tout à coup, dans la nuit du 19 au 20 janvier 1771, deux mousquetaires se présentèrent auprès du lit de chacun des membres du parlement, qu'ils firent éveiller, et leur remirent un ordre écrit du roi de reprendre leurs fonctions, en les sommant de répondre par les seuls mots de *oui* ou *non*, qu'ils devoient signer. La terreur de toutes les familles de la magistrature étoit extrême ; elles ne doutoient pas que des voitures ne les attendissent pour conduire les récalcitrans au Mont-Saint-Michel. Les magistrats, selon leur habitude, vouloient développer leur réponse, mais les mousquetaires avoient ordre de ne leur laisser écrire que le monosyllabe prescrit. Quarante seulement

(1) Mercure historique, février 1771, p. 170-177.

signèrent *oui*, et parmi ceux-là même, presque tous, en voyant la fermeté de leurs confrères, révoquèrent leurs signatures. Dans la nuit suivante des huissiers vinrent leur signifier un arrêt du grand conseil, qui déclaroit leurs charges confisquées, qui leur interdisoit d'en remplir les fonctions, et de prendre même la qualité de membres du parlement de Paris. Des mousquetaires succédèrent aux huissiers, et emmenèrent dès le lendemain les magistrats dans divers lieux d'exil très éloignés de la capitale. (1)

Alors le plan que le chancelier Maupeou avoit conçu, et dont il préparoit l'exécution, commença à se développer. Il vouloit abolir le parlement de Paris d'une manière définitive, écarter cet obstacle qui avoit si long-temps arrêté l'autorité royale, ôter aux juges les fonctions de législateurs et de dispensateurs de la bourse publique, auxquelles il faut convenir qu'ils n'avoient aucun titre rationnel, et qu'ils s'y montroient peu propres ; mais il vouloit, en même temps qu'il établissoit un nouveau corps judiciaire, réformer les abus contre lesquels l'opinion publique s'étoit depuis long-temps prononcée ; en particulier, il vouloit abolir la vénalité des offices, que tous les philosophes et tous les

---

(1) Mercure historique, février 1771, p. 182. — Arrêt du conseil du 20 janvier qui confisque les charges. Lois françaises, T. XXII, p. 510. — Lacretelle, T. IV, p. 263.

publicistes s'étoient accordés à attaquer, et qui étoit l'objet des sarcasmes sans cesse renouvelés de Voltaire. D'un même coup Maupeou vouloit ainsi détruire l'immense ressort du parlement de Paris, qui s'étendoit de l'Artois et de la Champagne jusqu'à l'Auvergne. Les plaideurs ne pouvoient suivre les audiences sans des déplacemens ruineux, tandis que Maupeou annonçoit qu'il leur feroit trouver la justice à leurs portes. A ces améliorations très réelles, Maupeou joignoit encore la promesse d'un meilleur Code de procédure civile et criminelle. (1)

Le 23 janvier des lettres-patentes commirent provisoirement les officiers du grand conseil pour tenir la cour du parlement, et en exercer toutes les fonctions civiles et criminelles. Le grand conseil étoit un corps de magistrats, en quelque sorte surnuméraire. Depuis long-temps, par esprit de rivalité contre le parlement de Paris, il s'étoit montré beaucoup plus soumis que lui à l'autorité royale; d'autre part, il s'en falloit beaucoup qu'on trouvât en lui les talens, la capacité, la haute réputation qui brilloient dans les membres du parlement de Paris; toutefois les conseillers avoient l'habitude des af-

---

(1) Mém. de Weber, T. I, ch. 2, p. 96. — Mém. de l'abbé Georget, T. I, p. 205. — Lacretelle, T. IV, p. 265. — Biographie univ., T. XXVII, p. 515.

faires, et ils auroient pu remplir la place du corps qu'on supprimoit, si leur nombre avoit suffi aux fonctions auxquelles ils étoient appelés. Mais outre les membres du grand conseil, il falloit encore trouver de nouveaux juges, et c'étoit là que se présentoit la grande difficulté. Presque tous les jurisconsultes qui tenoient à leur réputation avoient pris un engagement d'honneur de n'accepter aucune des fonctions éminentes que le roi pourroit leur offrir. Les avocats les plus considérés ne vouloient ni les remplir eux-mêmes, ni plaider devant ceux qui les rempliroient. Maupeou fut réduit à chercher parmi des hommes appartenant il est vrai par leurs familles à la magistrature, mais qui, par quelques écarts, par les désordres de leur jeunesse ou leur peu de talent, avoient compromis leur réputation. C'est ainsi qu'il recruta lentement et péniblement le corps qu'on nomma *le parlement Maupeou*. Le discrédit dans lequel étoient tombés plusieurs de ses membres fut le principal obstacle à ce que la magistrature nouvelle pût gagner le respect du public. (1)

Au mois de février un édit fut enregistré au

(1) Mém. de Besenval, T. I, p. 373. — Liste de MM. les conseillers d'État et maîtres des requêtes qui composent le nouveau parlement, au 24 janvier 1771, Mercure historique de mars, p. 268.

nouveau parlement, qui portoit création de six nouvelles cours souveraines, entre lesquelles se trouvoit réparti le ressort que Maupeou vouloit retrancher au parlement de Paris; il leur donnoit le nom de conseils supérieurs, et il les établissoit dans les villes d'Arras, Blois, Châlons-sur-Marne, Clermont, Lyon et Poitiers. La justice devoit y être rendue gratuitement, et les juges ne devoient recevoir d'autre rétribution que les gages attachés à leurs offices. Le préambule de cet édit, et de tous ceux qui parurent dans cette révolution judiciaire, étoit écrit avec noblesse; il en appeloit aux principes les plus sages en législation, et si l'on s'en tenoit à la lecture des pièces officielles, au lieu de consulter les mémoires du temps, qui nous révèlent l'esprit despotique des triumvirs, les basses intrigues des chanceliers, et les vices d'un grand nombre des nouveaux magistrats, on ne verroit dans la destruction de l'ancien parlement et la création du nouveau que le progrès heureux des saines doctrines et la réforme des plus graves abus. (1)

Cette réforme de l'ordre judiciaire fut complétée dans le lit de justice que Louis XV vint tenir le 15 avril 1771 au milieu de son nouveau

---

(1) Le discours du chancelier et le nouvel édit se trouvent dans le Mercure historique d'avril 1771, p. 358. — Anciennes lois Françaises, T. XXII, p. 512.

parlement. Maupeou lui promettoit que ce seroit le dernier auquel il seroit appelé ; après avoir pris sa place, le roi chargea son chancelier d'expliquer ses intentions ; et le discours que Maupeou adressa à cette assemblée fut une apologie courte mais nerveuse de ce coup d'État, le plus grand du règne de Lous XV. « Messieurs,
« leur dit-il, Sa Majesté, comptable à Dieu seul
« de l'administration de son royaume, pourroit
« renfermer dans son cœur les motifs qui ont
« déterminé sa conduite ; mais les vues de sa-
« gesse et de bien public qui ont présidé à ses
« opérations demandent un hommage éclairé,
« et c'est par la confiance la plus étendue qu'elle
« veut reconnoître un attachement aussi pur,
« et une fidélité aussi éprouvée que la vôtre.

« Les idées nouvelles qu'avoient adoptées
« quelques uns de ses parlemens, les principes
« qu'ils avoient hasardés sur la nature et les bor-
« nes du pouvoir qui leur étoit confié, leurs dé-
« marches dirigées par ces principes, forcèrent
« Sa Majesté à donner son édit du mois de dé-
« cembre dernier. Elle y rappela les faits qui
« l'avoient rendu nécessaire ; et ses officiers qui
« ont prétendu que le tableau de ces faits étoit
« avilissant pour eux, n'ont osé les contredire,
« et n'ont pu se résoudre à en avouer l'irrégula-
« rité. A ces principes, à ces faits, elle opposa
« les véritables maximes, des maximes que ses

« cours avoient respectées dans les temps les
« plus orageux, et que sous son règne même
« elles avoient vengées par les arrêts les plus so-
« lennels. Les dispositions de cet édit n'en fu-
« rent que l'application et la conséquence néces-
« saire.

« Mais au lieu de se soumettre à une loi qui
« étoit l'expression même des anciennes ordon-
« nances, la première démarche des officiers du
« parlement en fut l'infraction la plus caracté-
« risée. S'ils n'avoient manqué qu'au respect dû
« aux volontés du roi, Sa Majesté auroit pu
« n'apercevoir dans leur conduite qu'un écart
« momentané, mais ils sacrifioient l'intérêt des
« peuples à l'intérêt de leurs prétentions; et en
« leur refusant la justice qu'ils leur devoient,
« ils troubloient l'ordre public et en ébranloient
« les fondemens. Tout faisoit à Sa Majesté une
« loi de réprimer ce nouveau genre de résistance
« dont l'exemple étoit dangereux, et dont les
« conséquences pouvoient devenir funestes.

« Cependant, elle abandonna d'abord ses offi-
« ciers au sentiment de leur devoir, et attendit
« de leurs propres réflexions le désaveu de leur
« conduite. Obligée, enfin, de faire parler l'au-
« torité, elle employa les ménagemens les plus
« marqués. L'inutilité des premières lettres de
« jussion ne rebuta point sa patience, et en re-
« nouvelant les mêmes ordres, elle daigna en-

« core adoucir l'expression de ses volontés. Ren-
« dus pour un moment à leurs devoirs, elle
« agréa leur retour, quelque imparfait qu'il fût,
« et se contenta d'improuver des protestations
« qu'ils avoient osé lui présenter, et que peut-
« être il étoit de sa dignité de ne pas recevoir.
« Mais, enhardis par sa bonté même, ils abdi-
« quent une seconde fois leurs fonctions, ils
« avouent hautement des principes qu'ils n'a-
« voient encore hasardés que d'une manière
« obscure et équivoque. Ils prétendent élever
« une autorité rivale de l'autorité suprême, et
« établir un monstrueux équilibre dont l'effet
« seroit d'enchaîner l'administration et de plon-
« ger le royaume dans le désordre de l'anarchie.
« Car, enfin, que resteroit-il au roi si les magis-
« trats, liés par une association générale, for-
« moient un ordre nouveau qui pût opposer au
« souverain une résistance active et combinée?
« si, maîtres de suspendre ou d'abandonner à
« leur gré les fonctions de leur ministère, ils pou-
« voient intercepter tout à la fois et dans toutes
« les provinces le cours de la justice? si, enfin,
« le droit d'exercer une portion de l'autorité
« royale étoit dans leurs mains le droit de ne
« reconnoître aucune autorité? »

Le chancelier repoussoit ensuite la prétention des magistrats que leur système fût appuyé
sur les lois fondamentales de la monarchie. Il

rappeloit que le devoir de rendre la justice étant personnel à chaque magistrat en accomplissement de son serment, il ne pouvoit dépendre de la pluralité des voix ; et toutefois ceux qui s'étoient soumis un moment étoient bientôt venus, entraînés par l'exemple des autres, désavouer leur obéissance. Ainsi, le roi s'étoit vu forcé à punir cette défection générale. Mais, disoit-il en terminant : « Cette autorité qu'elle « venge avec éclat quand elle est méconnue, « elle aime à la communiquer à des magistrats « fidèles et respectueux, et elle n'est jalouse de « ses droits que pour assurer le bonheur de ses « peuples. »

Le premier président du nouveau parlement, voulant constater, selon les usages de l'ancien, que ce corps ne délibéroit point dans un lit de justice, se contenta de dire : « Sire, dans un « lieu, dans un jour où tout annonce l'usage le « plus absolu de votre puissance, nous ne pou-« vons remplir d'autre devoir que celui du si-« lence, du respect et de la soumission. » Mais les gens du roi, de l'ancien parlement, qui n'avoient pas pu faire accepter leur démission avant que la séance fût terminée, ayant au contraire été invités à parler, l'avocat-général Séguier, dans un discours énergique, exprima sa douleur de ne plus voir sur les bancs de la cour les magistrats qui composoient le premier tribunal du royaume, de ce qu'ils étoient remplacés par des étrangers, et il sollicita avec énergie la cessation des rigueurs auxquelles les premiers avoient été exposés, ainsi que leur rappel. Sans lui répondre, le chancelier fit lire un nouvel édit par lequel il supprimoit la cour des aides. Dans la procession du 22 mars, à laquelle les cours souveraines assistoient par députation pour y entendre une grand'messe, les députés de la chambre des comptes et de la cour des aides, ayant aperçu une députation des gens du conseil à la place du parlement, n'avoient pas voulu la reconnoître, ils n'avoient donc fait qu'entrer par une porte et sortir par l'autre, sans même rendre le salut ordinaire. Lamoignon de Malesherbes, président de la cour des aides sembloit impatient d'éprouver, avec sa compagnie, le même sort que le parlement de Paris, aux principes duquel il s'étoit associé de tout son cœur, et il l'avoit provoqué par des remontrances assidues et courageuses. L'avocat-général Séguier avoit de nouveau exprimé la douleur que lui causoit l'édit qui venoit d'être lu pour la suppression de la cour des aides, il en avoit toutefois requis l'enregistrement : « D'après le très exprès commandement de « S. M. que sa présence nous impose. » Mais il avoit ajouté : « C'est contre le témoignage de « notre conscience, dont nous déposons au pied

« du trône la réclamation authentique. » Aucune suite ne fut donnée à ces courageuses paroles; d'ailleurs dès le lendemain tout le parquet donna sa démission. Le roi fit lui-même la clôture du lit de justice en ces termes : « Vous
« venez d'entendre mes volontés. Je vous or-
« donne de vous y conformer, et de commencer
« vos fonctions dès lundi. Mon chancelier vous
« installera aujourd'hui. Je défends toute déli-
« bération contraire à mes édits, et toute dé-
« marche au sujet des anciens officiers de mon
« parlement. Je ne changerai jamais. » (1)

(1) Le texte des édits comme celui des discours est inséré dans le Mercure historique et politique de La Haye, mars 1771, p. 265; avril 1771, p. 358, et mai 1771, p. 397-443.

CHAPITRE LVII.

Gouvernement d'Aiguillon, Maupeou et Terray, ou du triumvirat. — Le pouvoir absolu ne peut lui donner de vigueur. — Résistance de l'opinion publique. — Mépris de l'étranger. — Premier partage de la Pologne. — Louis XV entraîné tour à tour vers la dévotion ou le libertinage. — Sa maladie, sa mort. — 1771-1774.

Le duc d'Aiguillon, le chancelier Maupeou et l'abbé Terray, contrôleur-général, croyoient être devenus maîtres de la monarchie par l'exil de Choiseul et l'abolition du parlement de Paris, et ce triumvirat annonçoit que la révolution qu'il avoit accomplie rendoit au roi l'autorité absolue, ou qu'elle retiroit, comme ils le disoient, son sceptre du greffe. Parmi ceux que la révolution de 1789 a poussés dans les opinions extrêmes de la réaction, plusieurs ont professé leur admiration pour l'autorité illimitée des rois, comme étant l'essence du gouvernement de la France, plusieurs ont prétendu que ces trois hommes avoient donné en effet une vigueur nouvelle à la monarchie, et que s'ils fussent demeurés au pouvoir, si la France fût restée soumise, pendant un temps plus long, aux mesures qu'ils avoient fait adopter, l'autorité royale se seroit affermie, et que cette révolution, dont on voyoit partout les germes, quoiqu'elle ne dût éclater que seize ans plus tard, pouvoit encore être prévenue.

Ces partisans de l'absolutisme oublient que pour fonder un despotisme, il faut un despote, un homme qui pense, qui sente, qui veuille, et une nation qui, soit par enthousiasme pour lui, soit par lâcheté et dégoût d'elle-même, renonce à ses propres pensées, à ses sentimens, à ses volontés. Lorsque le despotisme existe déjà depuis long-temps; lorsqu'il a réussi à corrompre complétement la nation, à la plonger dans un sommeil léthargique, à l'accoutumer à la souffrance, comme à une conséquence inévitable de l'existence, et à détruire en elle tout espoir, tout désir de changement, cet état de langueur peut n'être troublé par aucune convulsion, quand même un enfant, un idiot, un être souverainement méprisable occuperoit le trône; mais telle n'étoit point la condition de la France : l'esprit, le talent d'observation, la pensée, s'y étoient développés plus que dans aucun autre pays de l'Europe, et depuis un siècle et demi l'attention nationale s'étoit fixée toujours plus sur les affaires publiques. Les débats politiques de la Fronde avoient engagé tous les esprits élevés à s'occuper des bases fondamentales de la société; la frivolité de quelques chefs, la futilité des intrigues galantes avoient donné à toute cette période une apparence de mascarade, que les courtisans continuoient à couvrir d'un certain ridicule, mais ils ne déracinoient point des esprits sérieux ces principes de liberté virile, qui avoient été proclamés dans la chambre de saint Louis. La gloire et la puissance de Louis XIV en avoient bien détourné l'attention publique, mais c'étoit en confirmant, en gravant toujours plus profondément dans les cœurs l'attachement à la nationalité française. Les sujets de Louis XIV s'étoient enorgueillis de ses victoires, de l'ascendant qu'il leur avoit fait acquérir en Europe, de l'habileté qu'il avoit déployée, et de tous les talens français par lesquels il avoit été servi. Ils s'étoient empressés de lui rendre une aveugle obéissance, mais ils ne s'en associoient pas moins, de tout leur cœur, à ses projets, à son ambition, à ce qu'ils nommoient sa gloire. On se tromperoit fort si on se figuroit que l'action que la France exerçoit alors sur le monde ne fût pas la manifestation d'une volonté, d'une passion nationale.

Dès l'époque de la guerre contre la ligue

d'Augsbourg, malgré les victoires des armées, les souffrances commencèrent pour le peuple, et les plaintes et les accusations firent voir que la nation songeoit à ses affaires. L'ambition du monarque, le fardeau des impôts et des levées d'hommes, le désordre croissant dans l'administration, provoquèrent non seulement des lamentations, mais des idées de réforme, des aspirations vers un ordre social meilleur. Les écrits de Fénelon en rendent un éclatant témoignage. La guerre de la succession d'Espagne manifesta bien mieux cette opposition contre le gouvernement, qui éclatoit de toutes parts. Les conséquences funestes de toutes les guerres précédentes pesoient sur celle-ci; l'épuisement des arsenaux, la ruine des finances, la misère des provinces, l'irritation de leurs habitans contre la tyrannie des intendans, la perte de tous les grands capitaines moissonnés dans des combats sans cesse renouvelés, la haine et l'acharnement des peuples étrangers, multiplioient les revers; mais la cour, la capitale et la France accusoient le monarque ou Mme de Maintenon d'un enchaînement de circonstances dont ils n'étoient plus les maîtres, et l'esprit d'opposition étoit devenu universel durant les premières années du XVIIIe siècle.

On auroit pu croire que ce sentiment national étoit suspendu pendant les folies et le dévergondage de la régence. Au contraire, c'étoit l'opposition au gouvernement rigide et scrupuleux de Louis XIV qui se manifestoit en revêtant ce nouveau caractère : on avoit conçu tant de haine pour le joug auquel on avoit été soumis, qu'on protestoit contre son retour par des actions qui tenoient plus de l'ivresse que d'un mouvement rationnel. A cette même époque, pendant la régence, pendant le ministère du cardinal de Fleury, la France s'unit à l'Angleterre par une alliance intime, telle qu'elle n'avoit jamais existé entre les deux pays, et l'Angleterre avoit alors un gouvernement né d'une révolution qui avoit limité le pouvoir royal ; le chef du ministère anglais, sir Robert Walpole, son frère Horace, ambassadeur anglais en France, étoient les représentans du parti Whig ; aussi les principes du gouvernement anglais, de ce pouvoir populaire qui devoit tempérer celui de la couronne, commençoient à être compris, à être discutés en France ; et dans le moment où la philosophie spéculative acquéroit son plus grand développement, où elle s'attaquoit à tout ce qu'elle réputoit être des abus ou des préjugés, il falloit bien s'attendre à ce que le principe même du gouvernement fût discuté à son tour.

Louis XV avoit grandi cependant ; il avoit attiré d'abord les regards par sa noble figure, par ses manières distinguées, par sa galanterie complaisante et respectueuse envers les femmes. La nation avoit besoin d'aimer son roi, comme pour se justifier à ses propres yeux de ne s'être assuré d'autre garantie que ses vertus héréditaires. Lorsqu'il se rendit aux armées, elle se flatta qu'il alloit développer à ses yeux la qualité qui fait le plus d'effet sur le peuple, encore que ce soit la plus vulgaire, la bravoure ; en effet il ne montra point de trouble dans le danger, mais aussi, rien de brillant, aucune activité, aucune ardeur entraînante. Lorsqu'il fut malade elle se livra encore à une explosion d'amour pour lui ; toutefois ce fut la dernière. Le roi s'étoit fait enfin connoître pour ce qu'il étoit, et on auroit à peine trouvé dans toute la nation quelqu'un de plus dépourvu de vertus et de qualités. Égoïste, et uniquement occupé de lui-même, ne s'intéressant point assez à son propre gouvernement, à son propre royaume pour se donner la peine de faire prévaloir ses avis, et manifestant souvent sa désapprobation de ce qui se faisoit en son nom, par les propos les plus imprudens ; ne tenant aucun compte de ses promesses, et manquant de foi à ses amis, sans pudeur, sans ménagement pour leurs intérêts ; adonné à l'ivrognerie, à la gourmandise, au libertinage, au point de vivre dans une crapule habituelle ; n'épargnant ni à sa femme l'éclat de ses infidélités, ni à ses filles la compagnie la plus scandaleuse; avide au jeu, avare pour son pécule particulier, en même temps que prodigue du bien de l'État; père dur et injuste envers le dauphin; bravant tous les préceptes de la religion, et pourtant dévot avec crédulité et petitesse, troublé jusqu'au ridicule par l'approche du danger ou l'image de la mort, il sembloit avoir eu pour mission spéciale d'appeler sur la royauté le mépris et le dégoût de la France.

Comme les mœurs nationales étoient loin d'être sévères, comme ceux mêmes qui parloient de réformer l'État avoient d'abord voulu secouer le joug des prêtres, et avoient montré une extrême indulgence pour la recherche de tous les plaisirs, on rioit des vices du roi tout comme de ceux de la cour; mais ce rire n'empêchoit pas le mépris, qui alloit croissant, et se changeoit en un profond dégoût, depuis que l'âge du roi rendoit ses foiblesses plus honteuses. Le désir de garanties pour la société, l'étude des lois et des institutions qui mettoient d'autres peuples à l'abri d'abus aussi scandaleux, l'amour enfin de la liberté, se manifestoient sous toutes les formes. Les économistes invoquoient la liberté du commerce; les philosophes la liberté religieuse; les littérateurs la liberté de penser et d'écrire; tout le corps si puissant et si profondément offensé des parlemen-

taires, la liberté des personnes, la liberté de
la justice et la garantie des lois. Ce n'étoit
pas une nation chez laquelle fermentoient de
toutes parts de telles idées de réforme, qui
pouvoit se soumettre paisiblement au despotisme, lorsque c'étoit un tel monarque qui le
lui imposoit.

Cette résistance énergique de l'opinion se manifesta d'une manière dont la nation française
n'avoit point encore donné d'exemple, dès l'instant qu'on connut l'exil du duc de Choiseul;
les trois hommes sous les efforts combinés desquels il succomboit étoient représentés comme
durs, hautains, haineux, désireux de provoquer des ennemis pour les abattre par les
moyens les plus violens; toutefois il y avoit un
sentiment si universel de la foiblesse du monarque, de la désorganisation absolue de la société,
que cet appel à la tyrannie, au lieu d'inspirer la
terreur, ne provoqua que la résistance. Il y eut
solitude au château de Versailles, affluence sans
exemple à l'hôtel de Choiseul. Ce ministre avoit
fermé sa porte, étoit parti pour sa terre de
Chanteloup, mais son départ fut un vrai triomphe, car le public vit une calamité nationale
dans l'acte d'autorité qui le frappoit. « Pour la
« première fois, dit son biographe, des courti-
« sans encensèrent le malheur, insultèrent au
« parti victorieux et se plurent à braver les nou-

« veaux distributeurs des grâces. Une seule
« étoit universellement sollicitée avec un cou-
« rage jusque-là sans exemple, la permission
« d'aller à Chanteloup. Paris et les provinces
« montrèrent les mêmes sentimens et les mêmes
« regrets. Le portrait de l'illustre exilé fut sur
« toutes les tabatières ; et dès que le roi, fatigué
« d'importunités, n'eut trouvé d'autre moyen
« de s'y soustraire que de ne plus rien défendre,
« la route de Chanteloup fut couverte de voitu-
« res. Ces témoignages éclatans de la bienveil-
« lance générale accrurent, comme on devoit s'y
« attendre, la haine de ceux qui se trouvoient
« ainsi en état de guerre contre l'opinion publi-
« que. Le ministre si brillamment disgracié fut
« forcé de se démettre de la charge de colonel-gé-
« néral des Suisses, qu'on ne pouvoit lui ôter sans
« lui faire son procès, et il ne reçut pas tous les
« dédommagemens pécuniaires dont sa magnifi-
« cence, devenue pour lui une habitude diffi-
« cile à vaincre, lui faisoit éprouver le besoin.
« Il y suppléa par la vente de ses tableaux et
« des diamans de sa femme. Durant trois années
« l'heureux duc de Choiseul vécut dans le plus
« beau séjour, au sein d'une société brillante et
« choisie dont il faisoit le charme. » Son exil
finit à la mort de Louis XV, il ne vit pas les
malheurs de son successeur, car il mourut au
mois de mai 1785. Avec d'immenses dettes, et

ne laissant que de foibles débris de la fortune de sa femme. (1)

L'opposition au coup d'État que venoit de faire Louis XV se retrouvoit partout autour de lui, même chez les princes de son sang. Un seul d'entre eux, le comte de la Marche, fils méprisé du prince de Conti, qu'on disoit capable, si ce n'est souillé de tous les crimes, avoit suivi le roi au lit de justice, et se montroit disposé à servir le triumvirat. Tous les autres s'étoient réunis autour du lit de mort de l'abbé comte de Clermont, qui succomboit alors à une maladie de langueur, et qui sembloit vouloir faire oublier le souvenir de la bataille de Crevelt qu'il avoit perdue, en honorant les derniers jours de sa vie par un acte courageux d'opposition; ce fut chez lui que la protestation fut rédigée et signée le 4 avril; il mourut le 16 juin. Le duc d'Orléans et son fils, le prince de Condé et son fils, le comte de Clermont et le prince de Conti, signèrent cette protestation. Treize d'entre les trente-sept

---

(1) Biogr. univ., T. VIII, p. 430. — Cet article, qui ne porte pas de signature, est évidemment écrit par un des familiers du duc de Choiseul. — Lacretelle, T. IV, p. 260. — Mém. de Besenval, T. I, p. 264. — On peut juger de la haine de ses ennemis par cette phrase des Mémoires du duc d'Aiguillon : « L'exil, pour un ministre de son espèce est « une tache ineffaçable à la mémoire du roi. M. de Choiseul « devoit être juridiquement poursuivi. » L. VII, p. 172. — Mém. secrets de Bachaumont, T. III, p. 262.

ducs et pairs qu'il y avoit alors, y apposèrent ensuite leur signature. C'étoit, disoient les princes, comme gentilshommes, pour la conservation des droits de la noblesse; comme pairs de France, nés, pour celle des droits des pairs et pairies, et comme princes du sang, pour les droits essentiels de la nation, les leurs, ceux de leur postérité, pour le maintien des lois qui les assurent, qu'ils protestoient particulièrement contre les surprises faites au roi par les personnes qui l'entourent et surtout par son chancelier; contre les violences auxquelles les membres du parlement de Paris ont été exposés et contre la confiscation de leurs charges, tandis « que
« c'étoit le droit des Français, un des plus utiles
« au monarque, et des plus précieux aux Fran-
« çais que d'avoir des corps de citoyens, perpé-
« tuels et inamovibles, avoués dans tous les
« temps, par les rois et par la nation, qui, et en
« quelque forme et dénomination qu'ils aient
« existé, concentroient entre eux le droit géné-
« ral de tous les sujets d'invoquer la loi..... Que
« des fonctions si importantes exigent la plus
« grande sûreté dans leur exercice, pour qu'en
« rendant la justice au peuple, les membres qui
« composent ces corps n'eussent rien à redouter
« des protections, des haines, des vengeances de
« l'autorité...... Que cette sûreté nécessaire ne
« sauroit exister sans l'inamovibilité de droit......

« Que le droit des princes et pairs a de tous
« temps été de ne pouvoir être jugés que par le
« corps premier et indestructible de la nation,
« et par des juges inamovibles de droit. » Les
princes protestoient encore contre l'établissement des membres du conseil au lieu du parlement, contre l'érection de nouveaux tribunaux, contre la création d'un nouveau parlement, et contre la présence volontaire ou forcée d'aucun prince du sang ou pair de France à ce parlement nouveau. (1)

Les princes du sang avoient été animés par le sentiment national qui se réveilloit si vivement, par les idées sur les droits des différens ordres qui fermentoient dans toutes les têtes; mais ils n'avoient pas eux-mêmes assez d'énergie pour être long-temps fidèles à un système d'opposition, excepté Soissons qui sentoit qu'il alloit trouver un refuge dans la mort, et Conti qui se sentoit assuré, quoi qu'il pût faire, d'être mal avec Louis XV. Dès que Soissons eut expiré, les autres, auxquels le roi retrancha une partie de leurs émolumens, foiblirent. Le prince de Condé se hâta de faire son accommodement avec la cour, et celui du duc de Bourbon son fils, à peine sorti de l'enfance. « Le duc d'Or-

(1) Voyez ces protestations au Mercure historique de mai 1771, p. 440, et de juin, p. 509-522. — Besenval, T. I, p. 369.

« léans et le duc de Chartres ne furent pas fâ-
« chés de recevoir cet exemple de défection.
« Le premier sembloit avoir ordonné toute sa
« vie pour échapper à l'ambition et ne rien
« fournir à l'histoire. Ses goûts formoient un
« contraste parfait avec le zèle monastique
« qui avoit rendu son père ridicule. Il n'avoit
« rien non plus des qualités brillantes, ni de la
« fougue de son aïeul..... Après avoir signé la
« protestation des princes, il lui tardoit de re-
« prendre ses habitudes et de rouvrir son théâtre
« de société..... Son fils, le duc de Chartres,
« d'un esprit plus vif et d'un caractère plus impé-
« tueux, joignoit à un libertinage précoce un
« ton de mépris pour la religion, les mœurs et
« l'autorité. On prenoit en lui, pour l'impulsion
« d'une âme ardente et généreuse, un penchant
« indéfini pour toute espèce d'innovation. Il
« avoit mis dans son opposition plus d'emporte-
« ment que les autres princes ; on fut étonné de
« le voir solliciter son retour comme un enfant
« timide. Il manqua de fermeté pour des actes
« honorables, et depuis il en manqua même
« pour des actes criminels. » (1)

Le chancelier Maupeou avoit conduit son attaque contre les parlemens avec tant de secret

(1) Lacretelle, T. IV, L. XIII, p. 275. — Bachaumont, Mém. secrets, T. IV, décembre 1772, p. 93; mars 1773, p. 139; juin 1773, p. 183.

et d'habileté qu'on avoit dû reconnoître en lui des talens qu'on lui refusoit auparavant. Il avoit même à la promptitude de la décision joint plus de modération qu'on n'en attendoit de lui. Après avoir détruit les corps il s'étoit efforcé de réconcilier les individus; il leur avoit permis de se faire un honneur d'un peu d'opposition pourvu qu'ils cédassent enfin, et il avoit montré de l'empressement à racheter leurs charges et à les rappeler de l'exil, pourvu qu'ils donnassent leur démission. Tous les membres de l'ordre judiciaire avoient d'abord paru résignés aux mêmes sacrifices, ou même empressés à réclamer leur part de châtimens que le public regardoit comme des titres de gloire. Le châtelet avoit fait cause commune avec le parlement, il avoit été des premiers à protester; il fut aussi des premiers supprimé, non pas immédiatement toutefois, car Maupeou avoit besoin de temps pour recruter sa nouvelle magistrature (1). Le grand conseil, en faveur duquel la révolution sembloit faite, ne l'accepta pas tout entier; plusieurs membres ne voulurent pas devoir leur fortune à la ruine d'un ordre auquel ils tenoient par leurs familles et qui jouissoit de l'estime publique, ils refusèrent les places au

---

(1) Mercure historique de mai 1771, p. 435, et de juin, p. 532.

nouveau parlement qui leur étoient offertes et se firent exiler. Les avocats, les procureurs mêmes avoient commencé par ne point vouloir plaider devant le nouveau parlement. Ils se trouvoient aux audiences pour ne pas contrevenir à l'ordre formel qu'ils en avoient reçu; mais quand on appeloit leurs causes, ils répondoient ou qu'ils avoient cessé d'en être chargés, ou que les parties étoient en voie d'arrangemens, et au bout d'un quart-d'heure les juges étoient forcés d'abandonner le tribunal, où ils n'avoient rien à faire (1). Mais Maupeou ne montroit aucune impatience, il n'admettoit pas un doute sur le succès final, il affectoit d'être toujours de loisir, de plaisanter sur toute chose, et cependant la malignité de son caractère perçoit dans tous les détails; il avoit choisi avec soin les lieux d'exil de tous les magistrats, pour tourmenter avec plus de rigueur tous ceux qui lui avoient résisté avec plus d'énergie. (2)

Maupeou avoit réservé ses premières rigueurs aux cours établies à Paris, le parlement, la cour des aides, le châtelet, la chambre des comptes, à laquelle il fit porter des ordres rigoureux par le comte de La Marche (3). Il attendoit les hos-

(1) Mercure historique, mars, p. 273; mai, p. 436.
(2) Biogr. univ., art. *Maupeou*, T. XXVII, p. 523.
(3) Mercure de juillet 1771, p. 76.

tilités des parlemens de province au lieu de les provoquer, voulant se donner le temps de rassembler les recrues dont il avoit besoin pour former tant de nouveaux tribunaux; mais, non seulement ces parlemens éprouvoient pour celui de Paris une vive sympathie; mais ils avoient besoin d'éveiller l'imagination des peuples qui faisoit toute leur force. Des remontrances du parlement d'Aix, des protestations du parlement de Rouen, du parlement de Rennes, de ceux de Toulouse, de Dijon, arrivoient les unes après les autres : Maupeou commença par les faire condamner, feignant même de les considérer comme apocryphes, et de ne point croire que des magistrats eussent manqué si complétement à leur devoir que de les publier; mais dans le même temps, il prenoit secrètement ses mesures pour remplacer tous ces tribunaux, et, du mois d'août à celui de décembre 1771, il supprima les parlemens de Besançon, de Douai, de Toulouse, de Bordeaux, de Normandie, de Provence, et enfin tous les autres, les remplaçant par des corps qu'il composoit uniquement de ses créatures (1). La France ne pouvoit plus long-temps se passer de justice, ni toutes les affaires demeurer en suspens; au mois de décembre, on vit plusieurs des avocats

(1) Mercure historique de 1771, p. 81-85-273-375-459.

les plus célèbres, plaider devant le parlement de Maupeou, et dès lors, quoique le mécontentement fût toujours extrême, quoique les nouveaux magistrats fussent fréquemment livrés à la dérision du public, les affaires judiciaires reprirent un cours régulier.

Un homme de lettres d'un esprit brillant, mais d'une réputation équivoque, Beaumarchais, qui ne ressembloit pas mal au héros créé par son imagination, à son propre *Figaro*, poursuivit, contre le parlement Maupeou, cette guerre qui ne trouvoit plus à se faire jour dans les remontrances. Il demandoit aux héritiers de Pâris Duverney le paiement d'un reste de compte peu considérable. Les parties étoient le comte de la Blache, et le conseiller Goëzmann, membre du nouveau parlement. En exposant les faits avec la clarté convenable et discutant ses droits avec la dialectique pressante qui lui étoit propre, il auroit convaincu les juges et gagné son procès sans bruit. En s'adressant aux passions avec autant d'adresse que de courage, Beaumarchais perdit sa cause, mais il occupa de lui la France entière. Pour la première fois peut-être, la malignité trouva réunies, dans une discussion juridique, des scènes de comédies, des anecdotes de romans, tout le fiel de la satire la plus amère, toute la puissance de la logique la plus serrée. C'est ainsi que l'opinion publique continuoit à protester contre les nouvelles institutions, lors même que la résistance ouverte avoit cessé. (1)

Maupeou, qui ne pouvoit prétendre à la considération, n'étoit que médiocrement affecté de ce que son parlement n'en obtenoit aucune, quoiqu'il l'eût secrètement excité à présenter des remontrances sur quelques édits bursaux, et qu'il eût engagé le roi à y avoir égard (2); ce qui lui importoit bien plus que l'administration de la justice, c'étoit d'avoir délivré le gouvernement de la censure d'un corps qui se croyoit appelé à contrôler toutes ses lois. Aussi, sa victoire lui avoit-elle inspiré un orgueil qui le rendoit insupportable à ses collègues. Il s'annonçoit comme le sauveur de la monarchie; la cour, au contraire, ne vouloit voir en lui qu'un homme exercé à toutes les ruses du barreau, qui d'ailleurs avoit déjà accompli le service qu'on attendoit de lui. Le roi ne parloit plus des succès de Maupeou que comme d'une opération très simple, à laquelle il ne falloit pas attacher tant d'importance; et Mme du Barry, pour laquelle il se montroit moins obséquieux, se détachoit à son tour de lui, pour exalter le seul duc d'Aiguillon. De son côté, l'abbé Ter-

(1) Biogr. univ., art. *Beaumarchais*, T. III, p. 636. — Mém. secrets, septembre 1773, T. IV, p. 212.
(2) Mercure historique de 1771, août, p. 184.

ray aspiroit secrètement à faire ôter les sceaux au chancelier, pour se les attribuer à lui-même. (1)

L'abbé Terray se croyoit en effet l'homme essentiel du triumvirat, l'homme qui devoit trouver son avantage à décréditer ses collègues, pour demeurer premier ministre, et obtenir en même temps le chapeau de cardinal. Il avoit commencé par alarmer le roi et le conseil sur la situation où il trouvoit les finances ; il avoit montré que, dès l'année 1769, le déficit étoit de 35 millions par année, et que le banquier de la cour menaçoit de discontinuer son service. Il avoit accusé de profusion le duc de Choiseul, qui se justifia mieux qu'on ne s'y attendoit. Le duc montra en effet que, tout prodigue qu'il étoit de sa propre fortune, il avoit administré avec talent celle de l'État ; que les pensions accordées au grand nombre d'anciens officiers que son ordonnance du 10 décembre 1762, sur l'organisation de l'armée, avoit déterminés à la retraite, n'avoient pas tardé à être compensées par des économies bien entendues ; que, pendant son ministère, il avoit rendu à l'armée sa discipline et sa vigueur, qu'il avoit été le second fondateur des corps si distingués de l'artillerie et du génie, auxquels la France dut ses succès

(1) Lacretelle, T. IV, p. 300.

dans les guerres qui vinrent ensuite ; qu'en sept ans il avoit réparé les pertes de la marine, et fait construire soixante-quatre vaisseaux de ligne, et cinquante frégates ou corvettes, et qu'il avoit laissé tous les magasins de l'État abondamment pourvus. (1)

Mais, quoiqu'on ne pût plus reprocher à Choiseul des dépenses qui avoient remis l'état militaire de la France sur un pied respectable, il n'en restoit pas moins vrai que la recette étoit loin d'égaler la dépense, et, comme le roi ne vouloit consentir à aucune diminution sur les sommes destinées à son luxe ou à ses plaisirs, l'abbé Terray annonça qu'il n'y avoit qu'un seul moyen de rétablir l'équilibre, c'étoit de le faire aux dépens des créanciers de l'État. Dès l'année 1770, il commença, par ses édits, à faire la guerre aux divers contrats de rente ; il prenoit pour prétexte qu'ils avoient été conclus à des conditions trop onéreuses pour le trésor. Quelques uns qui étoient stipulés au cinq pour cent furent réduits au quatre, d'autres au deux et demi ; il réduisit dans des proportions analogues les rentes viagères ; il frappa diverses dettes d'une retenue d'un dixième d'amortissement, il en soumit d'autres à l'impôt des deux vingtièmes ;

---

(1) Biogr. univ., art. *Choiseul*, T. VIII, p. 434. — Flassan, Diplomatie, T. VII, p. 50.

il fit enfin une banqueroute partielle, car personne ne pouvoit donner un autre nom à toutes ces réductions. Mais, quoiqu'il cherchât, dans les préambules de ces édits qui se succédoient si rapidement, à colorer chaque retranchement de quelque motif spécieux, dans la conversation il ne se gênoit point pour qualifier lui-même ses mesures. Incapable de ressentiment comme de pitié, il faisoit relâcher les individus arrêtés pour des propos indiscrets tenus dans les lieux publics sur son compte. *Il faut au moins les laisser crier*, disoit-il, *puisqu'on les écorche.* Il passoit condamnation sur tout ce qu'on pouvoit lui dire en face de désobligeant sur ses opérations. Les agens du clergé lui représentèrent qu'une mesure prise à l'égard de leur ordre étoit injuste. Il répondit : *Qui vous dit que c'est juste? Suis-je fait pour autre chose?* Un autre jour, l'archevêque de Narbonne Dillon, lui disoit, dans une pareille occasion, *mais, monsieur, c'est prendre dans nos poches.* L'abbé Terray répondit froidement : *Où voulez-vous donc que je prenne?* Une de ses premières opérations atteignit les billets des fermes, qui tenoient alors lieu de banque publique. Ceux qui avoient des capitaux les confioient aux fermiers généraux, et, mettre la main sur les billets des fermes, c'étoit violer le dépôt sacré des propriétés particulières. Il en résulta des procès, des banqueroutes et des suicides, ce qui étoit alors une affreuse nouveauté. Voltaire perdit, dans cette opération, 300 000 francs, qu'il avoit déposés chez Magon et chez Laborde, banquiers de la cour ; il s'en vengea en vingt endroits de sa correspondance et de ses pièces fugitives, en jetant le ridicule sur l'administration du contrôleur général. Terray mit encore la main sur les tontines, où les artisans et les domestiques avoient placé leur pécule, et réduisit leurs rentes d'un dixième. Il appesantit son bras sur la compagnie des Indes à laquelle il porta les derniers coups. Par des opérations d'agiotage, il constitua cette société débitrice d'une somme de 15 millions envers le trésor royal, tandis qu'au contraire elle avoit à en réclamer 20 millions ; puis il finit par s'approprier tous les effets de la compagnie qui formoient un capital de 100 millions. (1)

L'abbé Terray estimoit que, plus on a pris aux créanciers de l'État, plus il convient de leur prendre encore, parce qu'en les ruinant on les forçoit à se disperser et à se cacher ; on leur enlevoit, avec la considération que donne la richesse, le moyen de se faire craindre, et ceux qui n'étoient pas atteints se consoloient par des épigrammes, d'un malheur qui ne les touchoit

(1) Biogr. univ., art. *Terray*, T. XLV, p. 181. — Lacretelle, T. IV, p. 290. — Voltaire, Correspondance générale, T. X.

pas. Mais, quoiqu'il eût diminué de 13 millions la dette annuelle de l'État, il étoit encore grevé de 63 millions pour l'intérêt des emprunts. A la fin de son ministère, en 1774, les dépenses montoient à 400 millions, les recettes à 375. Il restoit donc toujours un déficit de 25 millions ; car les prodigalités de la cour alloient croissant avec les retranchemens faits aux rentiers. Ainsi, malgré l'ordre admirable qu'il avoit établi au milieu des opérations les plus compliquées, et quoique l'on reconnût qu'aucun financier ne savoit à toute heure se rendre un compte plus net de la situation du trésor royal, le résultat de toutes ses spoliations étoit loin de répondre au but qu'il s'étoit proposé ; un emprunt de 31 millions qu'il fit ouvrir en Hollande, à un très gros intérêt, ne se remplit pas ; il le transporta ensuite à Paris, sans y obtenir plus de succès. Il dut ainsi apprendre que les gouvernemens portent la peine de la violation de la foi publique. (1)

Dans cette pénurie du trésor public, il y avoit du courage à charger la nation d'une dette nouvelle d'environ 100 millions, pour le remboursement de toutes les charges de judicature. Le

---

(1) Tous les Mercures historiques, depuis l'année 1770, donnent chaque mois la liste ou l'extrait des édits bursaux de l'abbé Terray. Si l'on est choqué de leur dureté et de leur injustice, on est forcé d'admirer aussi la prodigieuse activité du contrôleur-général.

roi avoit commencé par en prononcer la confiscation ; à mesure que le gouvernement conçut de la sécurité, il se rapprocha de la justice. Le contrôleur-général lui-même, malgré le plaisir qu'il sembloit prendre à passer pour un financier impitoyable, voulut user de modération et d'équité envers ses confrères du parlement. Il fut le premier à solliciter dans le conseil en leur faveur. D'autre part, on vit bientôt les membres du parlement de Paris descendre à des prières auprès du chancelier, pour obtenir la levée de leur exil et le remboursement de leurs charges. On fit de leur liquidation la récompense des autres membres du parlement qui consentiroient à donner leur démission ; peu d'entre eux la refusèrent. Ils eurent le chagrin, en revenant à Paris, d'y voir les audiences du nouveau parlement suivies, et les procès instruits avec célérité. (1)

Le troisième membre du triumvirat, le duc d'Aiguillon, auquel Louis XV avoit confié, au mois de mai 1771, le portefeuille des affaires étrangères, n'étoit pas plus propre que les deux autres à réconcilier la France avec la nouvelle

---

(1) Lacretelle, T. IV, L. XIII, p. 276. — On voit par les Mémoires secrets, Bachaumont, T. III, *passim*, que les conseillers et les avocats qui se soumettoient, avoient à braver les moqueries ou le dédain de la société, et surtout des femmes.

administration. Il s'étoit figuré qu'il feroit revivre son grand-oncle, le cardinal de Richelieu, parce qu'il étoit comme lui despote, dur et sans pitié; mais on ne reproduit point un grand homme, en lui ressemblant seulement par ses défauts ou ses vices; ce n'est pas que, sentant la défaveur du public, et combien la réputation de son prédécesseur lui étoit dangereuse, il ne tâchât de réparer, par une application excessive, ce qui pouvoit lui manquer en connoissances positives. Il n'apportoit point aux affaires étrangères un nouveau système, mais il se refroidissoit seulement sur les alliances que Choiseul avoit formées; il se déclaroit fidèle au pacte de famille avec toutes les branches de la maison de Bourbon; mais il répétoit avec affectation : « Dans le temps où Choiseul gouver-
« noit, les volontés espagnoles étoient des lois
« pour la France; moi, j'ai été forcé de leur
« dire que la France est l'alliée, non pas la su-
« jette du roi catholique. » Grimaldi, de son côté, n'épargnoit ni les plaintes, ni les invectives contre le nouveau ministère français. Il en résultoit, non point une rupture ouverte, mais un refroidissement entre les deux cours de Versailles et de Madrid qui diminuoit la considération de l'une et de l'autre (1); de même le duc

(1) Correspondance de lord Malmesbury, ap. Coxe, Bourbons d'Espagne, T. V, ch. 66, p. 107.

d'Aiguillon n'entendoit pas abandonner l'alliance contractée par Choiseul avec la maison d'Autriche; mais, avant de parvenir au pouvoir, il n'avoit cessé de déclamer contre elle; toutes ses affections et ses vues se tournoient du côté de la cour de Berlin, et les liaisons suivies qu'il entretenoit avec des émissaires prussiens choquèrent tellement l'Autriche que, pendant le cours de son ministère, elle suspendit ses rapports confidentiels avec la France (1). Surtout d'Aiguillon qui, pour perdre Choiseul, l'avoit représenté comme voulant allumer la guerre avec l'Angleterre, s'attachoit à ne donner aucune offense au gouvernement britannique, dont il rencontroit la rivalité en toute occasion, et à lui céder, même aux dépens de la dignité de la France. De leur côté, les Anglais n'étoient nullement en mesure de provoquer de nouvelles guerres; quoique leurs dissensions avec leurs colonies fussent pour le moment assoupies, ils sentoient que, d'un moment à l'autre, ils pouvoient voir éclater une guerre civile de l'autre côté de l'Atlantique, tandis que, chez eux-mêmes, les guerres de mécontentement n'avoient jamais paru plus actives et plus près de faire explosion. (2)

(1) Flassan, Diplomatie, T. VII, p. 116.
(2) *Annual Register for* 1771, T. XIV, ch. 2, p. 12 et suiv.

La nomination du duc d'Aiguillon au ministère avoit porté au comble l'irritation des Bretons, qui le regardoient comme leur ennemi personnel. Pour empêcher une révolte ouverte, le ministère avoit fait passer un grand nombre de troupes dans leur province, et le duc de la Vrillière les avoit menacés de dissoudre leurs États dans les vingt-quatre heures, s'ils continuoient à résister aux ordres du roi. Les États de Languedoc et de Bourgogne étoient également menacés; tous se soumirent en frémissant; mais ces assemblées, et tout le corps de la noblesse, et les commandans mêmes des provinces laissoient percer un esprit de résistance qui commençoit à être celui de toute la nation. Parmi ces derniers, le duc de Duras en Bretagne, le prince de Bauveau en Languedoc, donnèrent leur démission plutôt que de porter à leur province les ordres sévères du triumvirat. (1)

Ce ministère si décrié d'un roi qui jouissoit lui-même de si peu de considération ne pouvoit pas exercer au dehors une grande influence. C'est un grand malheur national que la guerre, c'est un grand crime de la part des ministres que de l'entreprendre légèrement; mais, d'autre part, c'est se priver de toute con-

(1) Lacretelle, T. IV, p. 279.

sidération que de laisser comprendre à ses voisins qu'on ne la fera dans aucun cas, et le triumvirat, méprisé et détesté des Français, ne tarda pas à donner à l'Europe l'impression qu'il étoit un ministère de paix à tout prix, et que, dans les projets politiques que l'ambition ou la cupidité pouvoient dicter, il n'étoit pas nécessaire de tenir compte des volontés de la France.

Le duc d'Aiguillon, qui s'apercevoit que cette opinion commençoit à prévaloir, essaya de relever son crédit par la part qu'il s'attribua dans la révolution de Suède. Depuis la mort de Charles XII, la Suède n'étoit plus qu'une aristocratie mal organisée, où le pouvoir monarchique étoit comme anéanti, et où le sénat qui gouvernoit se laissoit séduire par l'argent des puissances étrangères. C'est ainsi que les Russes et les Anglais s'y étoient assuré la majorité, par leurs libéralités à ceux qui composoient la faction des *bonnets*, tandis que la France avoit perdu presque toute influence sur son ancienne alliée, et que la faction des *chapeaux* qui lui étoit dévouée, quoiqu'elle comptât plusieurs des maisons les plus illustres de la noblesse, étoit sans crédit. Le duc de Choiseul, pour rendre à la France son ancienne prépondérance sur la Suède, avoit voulu aider le roi Adolphe-Frédéric II à recouvrer une partie des prérogatives qui lui avoient été enlevées : quelques changemens avantageux avoient été obtenus en effet, en 1768 ; mais la France avoit été rebutée par la foiblesse de caractère du roi régnant. Ce prince étant mort le 12 février 1771, tandis que le prince héréditaire son fils, Gustave III, se trouvoit à Paris, le gouvernement français encouragea ce jeune homme de vingt-cinq ans à tenter un coup plus décisif; Louis XV lui remit 400 000 écus, comme arrérages dus à la Suède depuis 1756, et le fit accompagner avec la qualité d'ambassadeur, par le comte de Vergennes, qui avoit donné, durant son ambassade à Constantinople, une assez haute opinion de ses talens et de sa prudence. (1)

Jamais prince en parvenant à la couronne ne fit profession de plus de respect pour les droits du peuple, de plus d'attachement à la constitution à laquelle il alloit prêter serment, de plus de répugnance pour le despotisme que Gustave III. Ce fut le 28 février 1772 qu'il signa les capitulations qui limitoient son pouvoir, et il y ajouta de sa main des articles qui sembloient le lier davantage encore ; le 22 mai il fut couronné en grande pompe, et peu de jours après il reçut le serment des États, auxquels il s'étoit de son côté lié par serment (2).

(1) Flassan, Diplomatie, T, VII, p. 55.
(2) *Annual Register*, 1772, T. XV, ch. 5, p. 52. — Mercure historique, 1772, février, p. 140.

Dès ce temps-là cependant il conspiroit avec activité contre toutes les lois de son pays. Il avoit envoyé un de ses frères, dans la province de Scanie, pour y faire éclater une insurrection militaire qu'il organisoit à Christianstadt, l'autre en Ostrogothie. Ces deux provinces les plus méridionales du royaume étoient aussi les plus garnies de troupes. L'insurrection de Christianstadt éclata en effet le 12 août 1772. Le manifeste des insurgés, les plaintes qu'ils articuloient contre le gouvernement étoient si vagues, qu'on n'auroit pu, d'après elles, deviner le but des auteurs de ce mouvement ; les deux princes, à ce qu'il sembloit, pour le réprimer, se mirent à la tête du reste des troupes des deux provinces ; le roi parut d'abord s'accorder avec le sénat sur les mesures de sûreté qu'il convenoit de prendre. Toutefois les sénateurs, ayant intercepté quelques lettres entre le roi et ses frères, étoient entrés en défiance. Le 19 août, comme il se rendoit à leur assemblée, il y fut question de l'arrêter ; s'échappant de leurs mains, il s'adressa avec chaleur et éloquence au régiment des gardes qui étoit en parade devant l'arsenal ; il entraîna environ deux cents officiers ou soldats qu'il décida à lui faire un nouveau serment d'obéissance, et à se signaler en mettant comme lui un mouchoir blanc autour de leur bras ; bientôt la cavalerie bourgeoise et le reste des troupes se réunirent à lui; leur commandant fut arrêté, le sénat fut retenu prisonnier dans la salle de ses assemblées; des proclamations, préparées d'avance, furent affichées et distribuées, dans lesquelles Gustave III persistait à dire qu'il tenoit à honneur d'être le premier citoyen d'un peuple libre, qu'il maintiendroit la constitution, mais qu'il avoit seulement voulu délivrer la Suède de l'usurpation d'une aristocratie oppressive.

Le 21 août la diète fut assemblée au *Plenum Plenorum*, mais aucun sénateur n'y fut admis. Des soldats entouroient de toutes parts le palais, des canons étoient braqués dans la cour, d'ailleurs on ne voyoit nulle part aucun signe de résistance; les Suédois étoient sans affection pour le sénat, ils avoient été humiliés sous son gouvernement et constamment dominés par une influence étrangère; la charte nouvelle, en cinquante-sept articles, que le roi fit lire, et qui fut aussitôt acceptée et jurée, conservoit à peu près les bases de l'ancienne constitution, ou d'une monarchie représentative avec ses quatre ordres, et la révolution fut accomplie sans effusion de sang, sans pillage et sans violence, mais avec un art, une dissimulation et une hypocrisie qu'on n'auroit pas attendus d'un si jeune roi. (1)

(1) *Annual Register*, T. XV, 1772, ch. 5, p. 46-70. —

Louis XV éprouva une vive satisfaction de la révolution de Suède; il nomma M. de Vergennes, à qui il en attribuoit le mérite, conseiller d'État d'épée, et lui fit écrire une lettre de félicitation par le duc d'Aiguillon. M. de Vergennes ne tarda pas à juger cependant que l'homme dont il avoit ainsi accru le pouvoir n'en feroit jamais un usage bien profitable ou à la France ou à lui-même. « Ce prince, « écrivoit-il au duc d'Aiguillon, n'a que le cou-« rage du moment, et la nature semble en avoir « fait un chef de conjurés plutôt qu'un souve-« rain. Il conçoit rapidement, mais les détails « d'une grande administration le rebutent. Il ne « sait pas assurer par la prudence les succès de « la force, et il n'a pas tardé à s'aliéner le cœur « de ses sujets en voulant introduire le luxe « d'une grande cour chez une nation condam-« née, par la rigueur du climat, à une pauvreté « perpétuelle. » (1)

1772.

Une révolution à la cour de Danemarck occupa peu la France ; elle étoit cependant dirigée contre son intérêt. Dans ce royaume gouverné despotiquement, le roi Christiern VII, âgé de vingt-quatre ans, étoit devenu fou,

---

Flassan, Diplomatie, T. VII, p. 60. — Mercure historique de septembre 1772, p. 229. — Frédéric II, OEuvres posthumes, T. V, ch. 1, p. 86.

(1) Flassan, Diplomatie, T. VII, p. 62 *note*.

par suite des excès de débauche auxquels il s'étoit livré. Sa femme, Caroline-Mathilde, sœur de George III, d'Angleterre, étoit légère, imprudente et galante; elle accorda toute sa confiance à un médecin nommé Struensée, aventurier qu'elle fit comte, ministre d'État, et bientôt maître du royaume comme d'elle-même. Struensée, imbu de la littérature et de la philosophie françaises, étoit tout dans les intérêts de la France; il fit disgracier ou exiler les ministres et conseillers danois, qui formoient à Copenhague le parti anglais ou russe. Ce parti se rallia autour de la reine-mère, princesse ambitieuse, jalouse de sa belle-fille, se prétendant dévote et se disant scandalisée par les mauvaises mœurs et les mauvais principes de Struensée, par la conduite de la reine régnante. Pendant un bal masqué donné à la cour la nuit du 16 janvier 1772, elle entra dans la chambre du roi son fils avec ses associés, le réveilla en sursaut, lui dit qu'il étoit trahi par sa femme qui songeoit à le contraindre d'abdiquer, et lui fit signer l'ordre d'arrêter la jeune reine, les comtes Struensée, Brandt et quelques autres. La reine reléguée au château de Zell, dans les États de son frère, en Hanovre, y mourut le 10 mai 1775; Struensée et son frère périrent sur l'échafaud. Le nouveau gouvernement se jeta entièrement entre les bras de la Russie, et la

France perdit toute l'influence qu'elle avoit jusqu'alors exercée en Danemarck. (1)

Louis XV s'efforçoit d'autant plus de trouver des motifs de se féliciter de la révolution que son ministre prétendoit avoir faite en Suède pour rendre à la France un de ses anciens alliés, qu'il se sentoit plus humilié de celle qui, alors même, s'opéroit en Pologne sans son concours. La France n'avoit pas alors d'ambassadeur en Pologne; depuis l'élection de Stanislas Poniatowski, qui s'étoit faite sous les baïonnettes des Russes, elle avoit protesté en quelque sorte contre cette violation de l'indépendance nationale, par l'interruption des relations diplomatiques ; elle étoit cependant engagée par honneur, par les promesses qu'elle avoit prodiguées aux patriotes les plus distingués, par les secours mêmes, quelque insignifians qu'ils fussent, qu'elle leur avoit fait passer, à maintenir l'indépendance polonaise. La France devoit également sa protection à la Pologne pour le maintien de l'équilibre de l'Europe, et pour mettre des bornes au pouvoir toujours plus menaçant de la Russie.

Le duc de Choiseul l'avoit senti ; il n'avoit point cessé de s'occuper des affaires de Pologne, se conformant en cela au goût de Louis XV, qui s'intéressoit plus vivement aux intrigues et aux

(1) *Annual Register for* 1772, T. XV, ch. 6.—Frédéric II, Mémoire de 1763 jusqu'à 1775, T. V, p. 89.

révolutions de ce pays qu'à aucun autre en Europe. Mais la Pologne, qui n'avoit aucune alliance avec la France, se trouvoit de plus entièrement hors de sa portée, les armes françaises n'y pouvoient arriver ni par terre ni par mer, et le gouvernement français ayant témoigné sa prédilection pour la confédération de Barr, formée en Podolie, au mois de mars 1768, pour réparer l'outrage fait le mois précédent à la diète, à laquelle le prince Repnin avoit arraché de vive force le rétablissement des dissidens dans tous leurs droits, la France n'avoit cependant appuyé cette confédération que par la promesse d'un subside de six mille ducats par mois, et par l'envoi de quelques militaires et de quelques aventuriers. Cette action foible et indirecte est indigne d'une grande nation ; elle trompe ceux qu'elle paroît protéger, en nourrissant en eux des espérances qu'elle ne réalisera point, et la nation se compromet elle-même, en acceptant des échecs qu'elle n'a point essayé de détourner par des forces suffisantes. L'Angleterre, la Suède, la Prusse et le Danemarck avoient de leur côté déclaré leur partialité pour la confédération de Radom, qui protégeoit les dissidens, mais elles s'en tenoient à leur donner de bonnes paroles. Au fait, c'étoit même plus qu'il ne leur en falloit. La confédération de Radom étoit soutenue par toutes les forces de la Russie, les armées russes occupoient les meilleures provinces de la Pologne, où elles vivoient à discrétion, et c'étoient les Russes, avec une poignée de dissidens confédérés à Radom, qui faisoient avec succès la guerre à la confédération de Barr, et à toute la Pologne.

Choiseul avoit cherché à faire sentir à la cour d'Autriche combien il étoit important pour elle de maintenir l'indépendance de la Pologne, mais cette cour louvoyoit et évitoit de se prononcer (1). Il avoit aussi essayé d'intéresser en faveur des Polonais les Turcs, anciens et fidèles alliés de la république, mais depuis les liaisons plus étroites que la France avoit contractées

(1) La cour de Vienne étoit au fond très alarmée; mais dans l'épuisement où elle étoit restée après la Guerre de sept ans, elle redoutoit fort de s'engager dans une nouvelle guerre; elle savoit que dès le mois de mars 1764 une alliance intime avoit été signée entre la Russie et le roi de Prusse, et que c'étoit grâce à cette alliance que Catherine avoit réussi à faire élire Stanislas Poniatowski roi de Pologne. Elle avoit voulu se rapprocher de la Prusse, mais Frédéric, quoique alarmé de son côté, avoit résolu de demeurer fidèle à cette alliance; le prince de Kaunitz armoit, il faisoit passer des régimens en Hongrie; dès que la guerre entre les Russes et les Turcs eut éclaté, il offrit sa médiation concurremment avec la Prusse, il se montra plus tenace pour les intérêts des Turcs que les Turcs eux-mêmes, mais le cabinet de Versailles lui inspiroit trop peu de confiance pour qu'il se hasardât à lui rien promettre. Frédéric II, OEuvres Posthumes, T. V, p. 19, 39, etc. (De la politique depuis 1763 jusqu'à 1775.)

avec l'Autriche, la première avoit perdu beaucoup de son crédit à Constantinople. Cependant Choiseul avoit envoyé trois millions à M. de Vergennes, alors ambassadeur à la Porte, pour qu'il exhortât le divan par des libéralités. L'ambassadeur répondit qu'il le feroit, mais que les Turcs seroient infailliblement battus. Le grand-seigneur à sa persuasion déclara la guerre à la Russie, le 30 octobre 1768, mais à ce moment même Vergennes fut rappelé. En se présentant au duc de Choiseul il lui dit, sans humeur comme sans importance : « La guerre « a été déclarée à la Russie, et telle étoit la vo- « lonté du roi, que j'ai exécutée dans tous ses « points ; mais je rapporte les trois millions « qu'on m'avoit envoyés pour cela ; je n'en ai « pas eu besoin. » (1)

Au reste les prévisions de Vergennes ne tardèrent pas à être justifiées. Les Turcs, arrivés en 1769 sur les bords du Dniester, avec une armée qu'on prétendoit être de trois cent mille hommes, le passèrent avec imprudence, pour se réunir aux Polonais de la confédération de Barr, et le repassèrent avec précipitation ; leur arrière-garde qu'ils avoient abandonnée sur l'autre bord fut presque toute massacrée par les Russes. En 1770, l'entrée d'une flotte russe

(1) Flassan, Diplomatie, T. VII, p. 83.

dans la Méditerranée, par le détroit de Gibraltar, augmenta les dangers de l'empire ottoman; les deux frères Théodore et Alexis Orloff, après avoir noué leurs intrigues dans les ports de l'Italie, soulevèrent le Péloponèse, tentative bien malheureuse, puisqu'elle n'eut d'autre résultat que de faire massacrer par les Turcs tous les habitans d'une moitié de la Grèce, qui s'étoient trop hâtés de se déclarer pour leurs prétendus libérateurs. Pendant ce temps l'Écossais Elphinstone, amiral des Russes, avoit incendié toute la flotte turque dans le petit golfe de Tchezmé. Il n'avoit toutefois pas su tirer parti de sa victoire, il ne s'étoit point assez pressé de forcer le passage des Dardanelles, qu'un ingénieur français, le baron de Tost, se chargea de défendre. Ce fut la seule assistance que donnât la France à l'empire turc qu'elle avoit entraîné dans une guerre imprudente; aussi les calamités de cet empire nuisoient à la considération du gouvernement français, qu'on savoit les avoir causées, tandis qu'il n'y apportoit ensuite aucun remède.

Les combats où se trouvoient engagés les confédérés de Barr avoient à peu près le même résultat. Leurs soulèvemens avoient éclaté dans des provinces éloignées les unes des autres, ils s'y étoient défendus avec une bravoure désespérée; mais ils ne réussissoient point à agir de concert, d'ailleurs ils ne vouloient reconnoître entre eux aucune subordination, aussi éprouvoient-ils des échecs répétés qui livroient aux dévastations d'un ennemi barbare leurs campagnes ouvertes à toutes les invasions. Choiseul leur fit bien passer, au mois de juillet 1770, le général Dumouriez avec un certain nombre d'officiers français ; mais les soldats, les aventuriers qui s'introduisoient avec eux en Pologne comme en contrebande, ne pouvoient être nombreux, il n'y en eut jamais plus de quinze à seize cents, et Dumouriez à son tour annonçoit au ministre que le nombre des confédérés polonais n'étoit que de seize mille hommes, et bientôt après, de huit mille seulement ; Dumouriez fut battu à Landskron par le général Suwarow, le 22 juillet 1771 ; peu après il se brouilla avec les confédérés, et il revint en France. (1)

Pendant ce temps le duc de Choiseul avoit fait place au duc d'Aiguillon, qui, ne voulant employer aucune des créatures de son prédécesseur, chargea le baron de Vioménil, alors maréchal de camp, de la conduite des affaires du roi de France en Pologne. Vioménil partit au mois d'août 1771, avec un certain nombre d'officiers français et les secours d'argent que la France destinoit aux confédérés. Dès sa première lettre

(1) Mém. de Dumouriez, T. I, L. I, ch. 7 et 8.

il annonçoit combien sa commission étoit aride et désagréable, et que son obéissance aveugle pour les ordres du roi avoit pu seule l'engager à l'accepter. « Il n'avoit trouvé, disoit-il, que des « troupes ruinées, indisciplinées, sans consis- « tance et sans ordre, la confédération n'ayant « pour toutes ressources, et même pour exis- « tence dans ce pays, que quelques maisons mal « fortifiées et mal approvisionnées, défendues « par de foibles garnisons ; les soldats point « payés, presque nus, mal nourris, mal armés, « et encore plus mal exercés » (1). Il ranima toutefois le courage des confédérés, en débutant par la surprise du château de Cracovie, dans lequel ceux-ci soutinrent un siége glorieux ; mais ayant été obligé d'évacuer cette place, ainsi que la plupart de celles qu'ils possédoient, la Pologne resta dès lors à la merci de la Russie et de la Prusse.

Ce fut en effet la Prusse qui, la première, forma le projet de démembrer la Pologne. Pendant la guerre de sept ans, Frédéric II avoit plusieurs fois pillé brutalement des provinces polonaises, malgré leur neutralité. Cette république étoit un voisin sans force, qui n'essayoit pas même de se défendre, et qui étoit riche cepen-

---

(1) Lettres du baron de Vioménil sur les affaires de Pologne, Paris, 1808, p. 63-150-155.

dant en produits ruraux propres à satisfaire les besoins des armées. Le roi de Prusse désiroit s'étendre du côté de la Baltique, s'emparer de la Prusse polonaise qui séparoit son royaume de Prusse du reste de ses États; s'y donner une marine, et il convoitoit surtout les places de Thorn et de Dantzick; il n'avoit sur ces provinces ni l'ombre d'un droit, ni l'ombre d'un grief contre les Polonais; mais les voyant abandonnées aux rapines des Russes, il vouloit y prendre sa part, plutôt que de laisser Catherine II disposer plus longtemps de toute la Pologne comme si elle en étoit seule souveraine. Dans un voyage que le prince Henri de Prusse fit à Pétersbourg en 1770, il parvint à faire goûter ce projet à l'impératrice, qui d'abord n'y avoit trouvé aucun avantage pour elle. (1)

D'autre part, il y avoit eu dès le mois d'août 1769, une entrevue à Neiss, entre le roi de Prusse et Joseph II, dans laquelle le jeune empereur sembloit recevoir avidement les leçons de ce grand maître dans l'art de la guerre. Il y en eut une seconde l'année suivante à Neustadt en Moravie, et le cabinet de Versailles se

---

(1) M. Ferrand expose avec beaucoup de détails nouveaux ces premières négociations. Histoire des trois démembremens de la Pologne, L. I. p. 59, 142. — Lettres de Vioménil, p. 104. (Souvenirs du comte ***.) — OEuvres Posthumes de Frédéric II, T. V, ch. 1, p. 59.

croyoit assuré que les deux monarques allemands s'y étoient occupés surtout des moyens de maintenir la barrière si essentielle à leur indépendance que la Pologne opposoit aux invasions de la Russie. Il paroît au contraire que ce fut alors que Frédéric II et Joseph II convinrent entre eux de demander leur part dans la dépouille d'un voisin qui ne savoit pas se défendre, et que jusqu'alors la Russie avoit seule volé impunément. Marie-Thérèse qui tenoit très-fort à sa réputation de religion et d'intégrité, trouva moyen de persuader, ou tout au moins de faire dire qu'elle avoit entendu avec une extrême répugnance la proposition de cette criante injustice, et qu'elle ne s'y étoit prêtée qu'à la dernière extrémité. Quoi qu'il en soit, ce fut son ambassadeur, le comte de Merci-Argenteau, qui donna à la France la première communication du traité de partage. Il vint annoncer au duc d'Aiguillon :
« Que le danger que les troupes autrichiennes
« couroient, en s'opposant seules aux armées
« russes et prussiennes, avoit déterminé son
« souverain à laisser consommer un démembre-
« ment qu'il ne pouvoit empêcher. L'ambassa-
« deur ajoutoit que son maître en reconnoissoit
« l'injustice, mais qu'il avoit cru devoir y par-
« ticiper, pour en diminuer les effets et y mettre
« de justes bornes. Il chercha à excuser le si-
« lence qui avoit été gardé par sa cour dans la

TOME XXIX.

« négociation pour le partage, sur le silence ob-
« servé par la France elle-même depuis la dis-
« grâce de M. de Choiseul. Il reprocha au duc
« d'Aiguillon ses liaisons mystérieuses avec les
« émissaires prussiens, et surtout la déclaration
« faite à M. de Sandoz (ministre de Prusse),
« *que la cour de Versailles verroit avec indiffé-*
« *rence tout ce qui se passeroit en Pologne.* Il
« prétendit même que le roi de Prusse avoit fait
« connoître à Vienne l'envie que la France avoit
« de se rapprocher de lui ; d'où il concluoit que
« sa cour, ne pouvant compter sur le concours de
« la France, avoit dû prendre des précautions
« contre un orage auquel elle n'étoit point en
« état de résister seule. » (1)

Les résolutions dont M. de Merci-Argenteau donnoit communication à la France se trouvoient contenues d'abord dans une convention du 17 février 1772, entre la Prusse et la Russie, à laquelle l'Autriche avoit accédé le 4 mars suivant ; puis dans une autre convention conclue à Pétersbourg, le 5 août suivant, entre la Russie l'Autriche et la Prusse, touchant le démembrement définitif de la Pologne. Par ce traité, le plus scandaleux et le plus coupable qui ait jamais été conclu entre des peuples civilisés, ces trois États limitrophes de la Pologne, en pleine paix

---

(1) Flassan, Diplomatie, T. VII, p. 87.

avec elle, n'ayant aucun grief à alléguer contre elle, aucun titre, aucune prétention sur les provinces qu'elles vouloient lui enlever; mais l'ayant déjà au contraire abreuvée de provocations et d'outrages, ayant fait vivre leurs armées à discrétion dans ses provinces, et ayant accablé de contributions ses villes et ses campagnes, convenoient de s'attribuer chacun la souveraineté des parties de son territoire le plus à leur discrétion, savoir : l'Autriche d'environ deux mille cinq cents lieues carrées de terrain sur la rive gauche de la Vistule; la Russie d'environ trois mille le long de ses frontières, et la Prusse d'environ neuf cents sur la mer Baltique (1). Cette dernière puissance ne put alors obtenir le consentement de la Russie à ce que Thorn et Dantzick entrassent dans son partage; mais Frédéric II regardoit déjà ces deux républiques comme une proie assurée qui ne pouvoit plus lui échapper.

Les puissances qui bordent l'Europe du côté des pays barbares de l'orient se sont mises depuis longtemps sur le pied de soustraire leur po-

---

(1) Le traité est publié avec les lettres du baron de Vioménil, p. 137. Dans ce traité les trois puissances alléguoient bien de prétendus droits qu'elles revendiquoient sur le territoire qu'elles s'attribuoient, mais ils étoient si dénués de toute espèce de fondement que leur mention sembloit plutôt une amère dérision.

litique aux lois de la morale et de l'opinion publique, et elles ont usé largement de ce privilége pour commettre des actions qui déshonoreroient des peuples policés, si l'histoire en avoit gardé de plus amples souvenirs. Plusieurs de ces forfaits, en Hongrie, en Transylvanie, et dans les contrées voisines étoient demeurés comme ignorés. Mais la Pologne avoit longtemps occupé une place trop glorieuse dans la chrétienté pour que tous les regards ne se fixassent pas sur elle, et pour que la spoliation à laquelle elle étoit exposée n'excitât pas une indignation générale, et ne fît pas trembler tous les États plus foibles sur les dangers auxquels pouvoit les exposer l'ambition de leurs voisins, si le droit et les traités ne comptoient plus pour rien ; à cette alarme se joignoit, pour les souverains de la maison de Bourbon, le sentiment de leur dignité insultée. La France en particulier, qui quarante ans auparavant avoit allumé une guerre générale en Europe pour l'élection de Pologne, qui dans ce moment même avoit envoyé des renforts aux Polonais, qui avoit négocié avec la Turquie, l'Autriche, la Suède, pour leur procurer des secours, se regardoit comme indignement jouée par les puissances copartageantes, qui avoient tout terminé sans seulement la consulter ; on assure que Louis XV, dans sa douleur s'écria : « Je n'aurois pas reçu cet affront, si

« Choiseul avoit toujours été ici », et que le duc
d'Aiguillon, inquiet de son ressentiment, lui proposa d'attaquer les Pays-Bas, si l'impératrice-
reine persistoit dans la résolution d'y concourir;
ce projet de vengeance flatta un moment la colère
du roi; cependant, lorsqu'il fut examiné dans le
conseil, on reconnut bientôt que dans l'état désastreux où étoient les finances, avec le mécontentement qui éclatoit de toutes parts dans le
royaume et la disette qui affligeoit plusieurs
provinces, il ne falloit pas songer à la guerre,
que cette agression ne porteroit d'ailleurs aucun
soulagement aux Polonais, auxquels les Français n'avoient pas de moyens de faire parvenir
des secours; qu'elle seroit seulement favorable
aux Russes et aux Prussiens qui se dispenseroient peut-être de laisser aux Autrichiens une
part dans leurs conquêtes. Il fut ensuite proposé
d'envoyer une flotte française dans la Baltique,
pour intimider les Prussiens et les Russes, et en
même temps de rassembler dans la Méditerranée une autre flotte assez puissante pour y retenir la flotte russe comme captive, en gage des
intentions de l'impératrice. Le roi d'Espagne
Charles III, qui partageoit le ressentiment de
Louis pour l'affront fait à sa maison, promit de
coopérer à la tentative qui seroit faite contre les
Russes. Déjà il avoit montré beaucoup de jalousie de l'introduction de leur flotte dans la Médi-

terranée, où l'on n'auroit point dû, disoit-il, leur permettre de pénétrer.

On apprit en effet, au commencement de l'année 1773, qu'on travailloit avec activité à des armemens dans tous les ports de France et d'Espagne, tant sur l'Océan que sur la Méditerranée. « Ces préparatifs », dit le célèbre auteur de l'*Annual Register*, Edmund Burke, « excitèrent
« la jalousie de notre cour, qui, en raison de
« son intime alliance avec la Russie, aussi bien
« que de son désir de préserver la tranquillité
« générale, ne pouvoit voir avec indifférence
« cette puissance exclue de la Méditerranée, et
« une nouvelle guerre allumée tant dans le midi
« que dans le nord de l'Europe. Elle adressa
« donc de fortes remontrances sur ce sujet, soit
« à Paris, soit à Madrid, et elle les accompagna
« de la déclaration, que si ces cours persistoient
« dans de telles mesures, la Grande-Bretagne se
« verroit contrainte à envoyer dans la Méditer-
« ranée une flotte d'observation suffisante pour
« pénétrer tout dessein qu'on pourroit avoir con-
« tre les Russes. En même temps une flotte
« puissante fut équipée, dont le rendez-vous
« fut fixé à Spithead. Ces préparatifs belliqueux
« furent continués quelque temps de part et
« d'autre. Enfin la rigueur de notre gouverne-
« ment, et le caractère pacifique du roi français
« et de ses ministres, calmèrent les dispositions

« hostiles qui paroissoient prévaloir à Ma-
« drid. » (1)

Ces paroles du grand orateur et du grand patriote sont remarquables, non-seulement comme établissant la participation indirecte, mais très-efficace, de l'Angleterre dans le démembrement de la Pologne, mais comme montrant aussi jusqu'à quel point, dans sa politique, elle mettoit en oubli ses notions du juste et de l'injuste, auprès de ce qu'elle regardoit comme son intérêt immédiat (2). Au reste, il faut convenir qu'en France même le sort de la Pologne n'excita point la sympathie qu'on auroit dû attendre d'une nation généreuse. Le public y songeoit à peine; tout occupé de sa haine et de son mépris pour son propre gouvernement, des sarcasmes et des libelles par lesquels il le poursuivoit, il se réjouissoit presque de ses revers dans

---

(1) *Annual Register for* 1773, T. XVI, ch. 5, p. 51.

(2) Lorsqu'au commencement d'octobre 1772 les trois cours copartageantes donnèrent communication à Londres du traité de partage, le ministère anglais répondit au nom de George III. « Le roi veut bien supposer que les trois cours sont convaincues de la justice de leurs prétentions respectives, quoique Sa Majesté ne soit pas informée des motifs de leur conduite.» *Raumer, Betraye,* T. IV, p. 501. — Les Anglais annoncèrent cependant avec assez de hauteur aux puissances copartageantes qu'ils se déclareroient contre elles, si le roi de Prusse gênoit leur commerce à Dantzick et à l'embouchure de la Vistule. Frédéric II, *Mémoires de* 1763 à 1775, T. V, ch. 1, p. 97.

la politique étrangère, comme d'une confirmation de son incapacité.

De plus, les Français ne vouloient alors voir dans la guerre d'Orient qu'une seule chose, la tentative faite par les Russes de rendre la Grèce à la libre profession de la religion chrétienne et à la civilisation. Le peuple, dans tout le midi de l'Europe, avoit été de tout temps nourri dans l'effroi et la haine des Turcs; tout le clergé soupiroit pour la délivrance des anciennes et primitives églises que les Musulmans tenoient dans l'oppression : tous les philosophes, tous ceux qui chérissoient des souvenirs classiques ressentoient une profonde pitié pour la misère à laquelle étoient réduits les descendants des instituteurs du genre humain : toutes les femmes, que révoltoit l'esclavage de leur sexe dans le Levant, faisoient des vœux en faveur des Russes. Catherine II, dans sa correspondance avec les hommes qui dirigeoient l'opinion publique, promettoit de rendre ces belles contrées, ce noble peuple grec à la religion chrétienne, à la civilisation et à la liberté. Sans doute, il y avoit bien de l'illusion dans de telles espérances. Ce n'étoient pas les Russes qui pouvoient apporter ou la civilisation ou la liberté; mais, entre deux États d'esclavage et de barbarie, tous deux déplorables, il faut pourtant reconnaître une différence. Sous le ciel rigoureux de la Russie, et sur une terre couverte de marécages, de sables et de forêts, la population et la richesse se sont augmentées avec une rapidité qui cause aujourd'hui de l'alarme à toute l'Europe. Tandis qu'au contraire, dans le plus heureux climat, et sur une terre capable de tout produire, la population et la richesse de l'empire turc décroissent dans une proportion effrayante. Pour des peuples aussi peu avancés qu'ils le sont l'un et l'autre, ces signes sont décisifs de la supériorité de l'un des deux gouvernemens. Ils sont loin en effet tous deux de se trouver dans la condition où la concurrence universelle nous a placés, et où la production des choses, tout comme celle des hommes, dépasse l'emploi que nous en pouvons faire. Il y a adoucissement pour la condition humaine à passer de l'esclavage des Turcs à l'esclavage des Russes, et l'enthousiasme du dix-huitième siècle pour les conquêtes de Catherine II étoit mieux raisonné que notre froide politique, à nous qui nous efforçons de maintenir les plus belles régions de la terre sous une tyrannie, où chaque famille, tremblant pour sa vie, pour son honneur ou pour ses biens, est portée par ses plus généreux sentimens à ne pas vouloir se perpétuer.

L'œuvre d'iniquité s'accomplit cependant. Le roi de Pologne convoqua le sénat à Varsovie pour le 8 février 1773. Les puissances copartageantes firent connoître aux diétines leurs prétentions respectives, pour qu'elles autorisassent leurs députés à consentir au démembrement. La grande diète fut convoquée par le sénat pour le 19 avril. Pendant qu'elle s'assembloit, tout le pays fut rempli de troupes étrangères qui vivoient à discrétion sur les malheureux habitans. Les ministres des puissances étrangères faisoient paroître coup sur coup des déclarations dans lesquelles ils menaçoient les Polonais des dernières calamités, s'ils n'accédoient pas au traité de partage. Entre toutes, celles de Benoît, ministre prussien à Varsovie, étoient les plus menaçantes et les plus outrageuses (1). Malgré le danger imminent où elles se trouvoient, plusieurs députations protestèrent avec courage contre tout ce qui pourroit se faire dans une diète sans liberté, et aussitôt des partis de cinquante à cent hussards autrichiens ou prussiens prirent possession des maisons de ceux qui avoient protesté. Pendant trois jours, toute la ville de Varsovie se crut à la veille d'un pillage universel. En même temps, les ministres des puissances copartageantes firent publier les réponses des cours de France, d'Angleterre, de Suède et de La Haye aux lettres du roi, par

---

(1) Souvenirs du comte de ***. — Lettres de Vioménil, p. 130.

lesquelles elles refusoient leur médiation et leur garantie, et déclaroient ne vouloir point se mêler des affaires de Pologne. Le 7 mai, une nouvelle sommation fut adressée par les trois puissances à la diète, exigeant d'elle son consentement avant huit jours, sous peine d'exécution militaire. C'est ainsi qu'il fut finalement extorqué par une majorité de cinquante-deux nonces contre cinquante. Les traités séparés de paix, d'alliance, de garantie et de partition, furent ensuite ratifiés par le roi de Pologne, le 19 septembre 1773. (1)

La guerre entre les Russes et les Turcs fut terminée peu après ce premier partage de la Pologne. Dans la campagne de 1774, le grand-visir, abandonné par ses troupes, dont les unes refusèrent de combattre, tandis que les autres désertèrent honteusement, se vit enfermé par les Russes dans son camp de Schumla. Toute résistance étoit devenue impossible, l'armée entière auroit pu être réduite à se rendre prisonnière. Le maréchal Romanzow et le prince Repnin lui accordèrent cependant, par le traité du 21 juillet 1772, des conditions moins dures que les Turcs n'auroient pu s'y attendre. Les principales étoient la cession du territoire entre le

---

(1) *Annual Register for* 1773, T. XVI, ch. 4, p. 35. — Rulhière, Anarchie de Pologne, T. IV, L. XV, p. 271. — Ferrand, Histoire des trois démembremens, T. II, L. V.

Bug et le Dniéper, et l'indépendance de la Crimée. (1)

Il sembloit que de toutes les parties de l'Europe on s'accordoit pour faire sentir au duc d'Aiguillon que la France étoit désormais sans pouvoir, sans influence ; qu'aucun cabinet ne se croyoit appelé à le consulter, à se conformer à ses désirs. De toutes les négociations entamées par le duc de Choiseul, et que le nouveau cabinet devoit suivre, une seule fut couronnée de succès, et c'étoit probablement celle à laquelle il mettoit le moins d'intérêt ; il obtint du pape Ganganelli, Clément XIV, un bref en date du 20 juillet 1773, qui supprimoit définitivement l'ordre des jésuites. Le triumvirat qui gouvernoit alors la France étoit favorable à cet ordre ; il avoit rallié tous ses partisans ; tous les anciens amis du dauphin. La haine que le duc d'Aiguillon portoit à Choiseul lui auroit fait trouver du plaisir à défaire ce qu'avoit fait ce ministre. Il craignit toutefois d'offenser ainsi les trois autres cours de la maison de Bourbon, et le roi de Portugal, qui mettoient tant d'acharnement à la destruction de cet ordre ; il craignit aussi de s'attirer de la part de toute l'Europe le reproche d'inconséquence, s'il refusoit, lorsque

(1) *Annual Register for* 1774, T. XVII, ch. 1, p. 7. — Mercure historique pour septembre 1774, p. 152. — Frédéric II, T. V, ch. 1, p. 111.

la conjoncture devenoit favorable, une décision que le ministère de France sollicitoit à Rome depuis dix ans. Un dernier motif qui avoit peut-être plus de poids que tous les autres, c'est que Louis XV commençoit à paroître tourmenté de scrupules pour une mésintelligence si prolongée avec le saint-siége, et qu'il étoit impatient de lui restituer Avignon et le comtat Venaissin. Le pape, dans sa bulle, paroissoit surtout s'être proposé d'établir que le saint-siége avoit le droit de supprimer les ordres monastiques, sans enquête, sans jugement, et d'après les seules convenances de l'Église. Puis, passant en revue toutes les querelles suscitées aux jésuites, toutes les accusations intentées contre eux, sans les vérifier, sans les admettre, il en concluoit que, pour le bien de la chrétienté, il valoit mieux que cet ordre cessât d'exister. Une pleine réconciliation entre le saint-siége et toute la maison de Bourbon fut la conséquence de cette bulle, et le Comtat-Venaissin, Avignon, Bénévent et Ponte-Corvo furent restitués au siége apostolique. (1)

Dans cette carrière diplomatique où il avoit si peu de succès, le duc d'Aiguillon s'aperçut encore avec inquiétude qu'il étoit l'objet de la

---

(1) Lacretelle, T. IV, p. 306. — *Annual Register*, T. XVI, ch. 5, p. 51.

part du roi d'une sorte de contre-police dirigée contre le ministère des affaires étrangères. Mme du Barry l'instruisit de cette correspondance secrète : elle prit dans le cabinet du roi une lettre qui y étoit relative, et la communiqua incontinent au duc d'Aiguillon, supercherie dont le roi s'aperçut aussitôt, mais dont il dissimula son ressentiment. Aiguillon avoit encore eu notion de cette correspondance par le baron de Bon, ministre du roi à Bruxelles, et par la saisie des lettres entre le comte de Broglie et Dumouriez qui étoit alors à Hambourg. Peut-être cette découverte auroit-elle amené plus tard la disgrâce du ministre ; mais Louis XV commença, suivant son usage, par sacrifier ses amis. Dumouriez fut mis à la Bastille, ainsi que les sieurs Favier, Ségur et Drouet, tous agens confidentiels de la diplomatie de Louis XV. Le comte de Broglie lui-même fut exilé à Ruffa, où il demeura jusqu'en 1775. Ce qu'il y eut de singulier, c'est qu'il ne laissa pas de suivre encore du lieu de son exil la correspondance secrète jusqu'à la mort du roi. (1)

Le triumvirat ne se maintenoit plus que péniblement au pouvoir. Les trois ministres, d'abord jaloux les uns des autres, s'étoient aigris

(1) Flassan, Diplomatie, T. VII, p. 106.— Lacretelle, T. IV, p. 330. — Mém. secrets, T. IV, p. 222. — Mém. de Dumouriez, T. I, L. I, ch. 10, p. 252, L. II, ch. 1.

toujours davantage, et l'on s'attendoit à voir éclater une rupture ouverte entre eux. En même temps, la réaction de l'opinion contre lui sembloit devenir tous les jours plus forte. On l'attribuoit en partie à la faction du duc de Choiseul, qui demeuroit parfaitement unie, et qui, ayant de nombreux adhérens dans toutes les administrations, faisoit circuler avec une extrême hardiesse, dans tout le royaume, dans toute l'Europe, des libelles et des nouvelles écrites à la main, qui dévoiloient les turpitudes du roi, les actes arbitraires et l'incapacité de ses ministres. Parmi les écrits innombrables que chaque jour voyoit éclore sur la politique, et qui avoient désormais remplacé dans l'intérêt des salons, ces nouveautés littéraires, ces vers, ces anecdotes galantes, dont peu d'années auparavant le public étoit uniquement occupé, on citoit la lettre écrite au roi, par la noblesse de Normandie, comme noble, ferme et respectueuse. Elle exposoit dans toute leur étendue l'infraction des lois de la province, l'excès du despotisme sous lequel elle gémissoit ; mais elle en rejetoit toutes les iniquités sur les abus d'un ministère oppressif, et sur l'obsession où il tenoit le monarque. « C'est contre un acte de liberté
« aussi naturel, disent les mémoires secrets, que
« l'on sévit de la façon la plus absolue et la plus
« méprisante. Un nommé Chenon, commissaire

« au Châtelet de Paris, et le sieur d'Hémery
« exempt de police, si fameux pour les captures,
« ont été envoyés seuls, et sans autre appareil
« de magistrats et de défense. Ils vont de château
« en château, et forcent chaque gentilhomme
« à se rétracter, ou lui signifient une lettre
« de cachet qui le dépayse et l'exile en un lieu
« qu'ils remplissent suivant leurs instructions.
« La douceur avec laquelle cette mesure s'exé-
« cuta, et l'existence de ces deux individus,
« qui, dans des temps plus orageux, auroient
« disparu pour toujours depuis longtemps, sont
« une preuve bien sensible de la soumission de
« cette noblesse qu'on punit comme turbu-
« lente. » (1)

Le ministère ne se sentoit pas seulement affoibli par la déconsidération qui s'attachoit aux mauvaises mœurs du roi; il étoit en même temps alarmé des progrès que faisoit en lui un sentiment religieux qui ne savoit prendre d'autre forme que celle de la bigoterie. D'Aiguillon, Maupeou, Terray, avoient bien pu s'unir aux prêtres pour perdre Choiseul, mais rien n'étoit plus éloigné de leurs sentimens que la dévotion. L'archevêque de Paris qui avoit si longtemps fatigué Louis XV de son zèle commençoit à reprendre du crédit. Le roi faisoit à sa

(1) Mém. secrets de Bachaumont, T. IV, p. 77.

fille Louise, qui s'étoit faite carmélite, de plus fréquentes visites dans son couvent, et celle-ci lui inspiroit du respect par l'austérité de sa sainte vie. L'âme foible et vacillante de Louis XV ne résistoit à aucun vice, mais elle s'ouvroit non moins facilement au remords; et s'il commençoit une fois à écouter les dévots, s'il essayoit de faire pénitence de toutes ses transgressions, on ne savoit où il s'arrêteroit dans ses humiliations, ses réparations et ses petitesses. On pressentoit seulement que ce seroit à l'esprit le plus étroit et le plus intolérant qu'il donneroit la préférence. Mme du Barry étoit extrêmement alarmée de ce penchant qu'elle voyoit se développer de plus en plus dans le cœur du roi : elle savoit bien qu'au moment où les prêtres se croiroient sûrs de leur triomphe elle seroit congédiée. Elle avoit développé beaucoup plus d'esprit, beaucoup plus d'intelligence des affaires, et même de capacité pour acquérir les manières du grand monde qu'on n'auroit dû en attendre de la bassesse crapuleuse de sa première vie, ou même des moyens auxquels elle avoit toujours recours pour captiver le roi et pour enivrer ses sens. Sa gaîté inépuisable, sa familiarité avec son royal amant qu'elle accoutumoit aux expressions les plus grossières, l'avoient d'abord amusé par leur nouveauté; mais il ne s'en lassoit point, non plus que de son langage cynique, et de ses contes orduriers. Loin d'affecter à son égard aucune jalousie, elle étoit aussi empressée que l'avoit été Mme de Pompadour à chercher, à trouver pour lui de nouvelles victimes, qu'elle sacrifioit à ses caresses; mais Louis revenoit à elle avec des transports d'amour qui faisoient un contraste étrange et dégoûtant avec son âge. Ce fut au milieu de cette vie de vices, de passions, de craintes et de repentir que la maladie vint tout à coup atteindre le monarque déjà sur les confins de la vieillesse. Affoibli par le libertinage et l'intempérance, il l'étoit aussi par la profonde mélancolie qui s'étoit emparée de lui, et qui, symptôme habituel de l'épuisement du vice, sembloit surtout l'accabler depuis une année, et se manifestoit souvent par la terreur. Il n'apprenoit jamais sans un trouble profond la mort des personnes qu'il avoit connues, et le 24 novembre 1773, le marquis de Chauvelin ayant été frappé, sous ses yeux, après souper, d'une apoplexie foudroyante, il en montra bien moins de douleur que d'épouvante. (1)

« Le 28 avril 1774, dit Besenval, le roi se
« trouva mal, au Petit-Trianon, dans un de ses
« voyages de deux ou trois jours, dont il es-

---

(1) Bachaumont, Mém. secrets, T. IV, p. 245. — Soulavie, Mém. de Richelieu, T. IX, p. 466. — Lacretelle, T. IV, p. 341.

« sayoit sans cesse de remplir l'inutilité de sa
« vie, pour chasser le désœuvrement et l'ennui
« qui le suivoient partout. Mᵐᵉ du Barry crai-
« gnant que la moindre inquiétude sur son état
« ne rappelât en lui cette terreur du diable qui
« se réveilloit au plus petit prétexte, et ne lui
« fît demander un confesseur, vouloit le déter-
« miner à rester à Trianon. Là, entouré de cette
« vile partie de courtisans qui s'étoit déclarée
« en sa faveur, elle n'avoit rien à craindre de la
« famille royale, ni des intrigues qu'on auroit
« pu faire contre elle. Mais M. d'Aiguillon,
« trouvant cette conduite trop hasardée, l'en-
« gagea à ramener le roi à Versailles, où il re-
« vint, d'après l'avis de La Martinière, premier
« chirurgien de S. M., qui opina pour ce retour,
« avec son honnêteté, sa franchise et sa bruta-
« lité ordinaires. » (1)

Le 29 avril le roi fut saigné; on ne soupçonnoit point alors la nature de sa maladie; depuis
on a dit qu'une jeune personne, fille d'un me-
nuisier des environs, ayant attiré les regards du
monarque, on avoit fait venir cette enfant encore
novice, et qui se sentant déjà malade, avoit eu
beaucoup de peine à se prêter à ce qu'on exigeoit d'elle. Elle ne s'étoit rendue qu'intimidée
par les menaces et entraînée par l'espoir d'une

(1) Besenval, T. I, p. 289.

grande fortune. On ignoroit qu'elle eût le germe de la petite vérole, qu'elle communiqua au roi, et dont elle mourut avant lui (1). D'autre part, Voltaire prétend que Louis dut sa maladie à la rencontre du convoi d'une variolée. La saignée faite au moment qui précédoit l'éruption pouvoit être fatale. Cette éruption se fit le jour même, elle fut abondante, et bientôt confluente; mais à la petite vérole se joignirent une maladie honteuse dont le roi portoit depuis quelque temps le germe, et une fièvre maligne qui éclata en même temps. Dès lors le danger devint extrême. Le roi consulta La Martinière sur la nature des pustules qu'il voyoit se multiplier d'une manière si effrayante. « Sire, ré-« pondit le chirurgien, ces boutons sont trois « jours à se former, trois jours à suppurer, et « trois jours à sécher. » Louis XV qui n'avoit point oublié les symptômes de la petite vérole, toujours si funeste à sa famille, le comprit. Il fit appeler Mme du Barry, et lui dit : « Ma mie, « j'ai la petite vérole, et mon mal est très dan-« gereux, à cause de mon âge, et de mes autres « maladies. Je ne dois pas oublier que je suis le « roi très chrétien, et le fils aîné de l'Église. « J'ai soixante-quatre ans, le temps approche « où il faudra peut-être nous séparer. Je veux

---

(1) Bachaumont, Mém. secrets, T. IV, p. 347.

« prévenir une scène semblable à celle de Metz;
« avertissez le duc d'Aiguillon de ce que je
« vous dis, afin qu'il s'arrange avec vous, si ma
« maladie empire, pour nous séparer sans
« éclat. » (1)

Ce n'étoit pas sans éclat que les jansénistes vouloient qu'ils se séparassent. Ils prétendoient que, selon les canons de l'Église, l'administration des sacremens ne pouvoit avoir lieu, *sans l'expulsion éclatante et antérieure de la concubine.* C'étoit ainsi qu'avoit agi, à Metz, Fitz-James, évêque de Soissons, c'étoit ainsi que l'évêque de Carcassonne demandoit qu'on agît encore; et tout le parti de Choiseul, qui se soucioit fort peu de la religion, appuyoit de tout son crédit les prêtres les plus rigoristes, pour embarrasser le duc d'Aiguillon. Celui-ci, au contraire, qui avoit employé Mme du Barry pour abattre les parlemens, pour exiler Choiseul et Praslin, ne vouloit pas l'offenser. Il pouvoit avoir encore besoin d'elle; il redoutoit ses vengeances s'il la chassoit honteusement, et que le roi, guérissant, la rappelât. Il s'alarmoit du danger du roi, car sa mort mettroit sur le trône un jeune prince et une jeune princesse, bravés par Mme du Barry, délaissés par M. d'Aiguillon pour cette maî-

---

(1) Soulavie, Mém. du règne de Louis XVI, T. I, ch. 14, p. 155.

tresse, et que ceux qui les entouroient prenoient soin d'aigrir sur les outrages qu'on leur faisoit et l'abandon où on les laissoit. (1)

Les ducs d'Aiguillon, de Richelieu et de Fronsac entouroient le roi, et ses ministres, Bertin, Maupeou et Terray, se soucioient peu de la religion, et vouloient seulement éviter au roi une secousse qu'ils croyoient suffisante pour le tuer; mais le parti moliniste et les prélats qui le dirigeoient, sur lesquels ils s'étoient jusqu'alors appuyés, se trouvoient dans une situation plus embarrassante. Le cardinal de la Roche-Aymon, grand-aumônier de France, moins religieux que courtisan, étoit d'accord avec les Richelieu et la maîtresse. Christophe de Beaumont, archevêque de Paris, avoit bien plus de zèle, mais d'autre part il avoit bien plus d'animosité contre Choiseul et contre le parlement de Paris; il savoit que Mme du Barry l'avoit délivré de l'un et de l'autre, et il redoutoit d'avoir à lui faire un affront. Lorsque le 1er mai, il se présenta pour la première fois, à onze heures et demie du matin, pour voir le roi malade, Richelieu l'arrêta, et le conjura de ne pas faire mourir Louis XV par une scène hors de propos. « Vou-« lez-vous donc persécuter votre amie au profit « de votre ennemi? Oui, monsieur, votre amie,

___

(1) Mém. de Besenval, T. I, p. 291.

« et elle l'est si bien qu'elle m'a dit hier : — Que
« M. l'archevêque nous laisse, il aura sa calotte
« de cardinal, c'est moi qui m'en charge et qui
« en réponds. » (1)

L'archevêque de Paris se trouva dans la chambre du roi, avec Mme Adélaïde, le duc d'Aumont, l'évêque de Senlis et le maréchal de Richelieu. Il convint avec eux de ne point parler ce jour-là de confession; cette circonspection satisfit tellement Louis XV, qu'à la sortie de l'archevêque il fit rappeler Mme du Barry, dont il baisa encore les belles mains avec attendrissement. Le 2 mai il se trouva un peu mieux, au point que Mme du Barry reprit avec lui ses airs libres, et s'efforça de le divertir avec ses gentillesses et ses propos accoutumés. Le 3 mai l'archevêque de Paris revint à Versailles, et s'établit dans la maison des Lazaristes, sans voir le roi. La lutte relative aux sacremens continuoit toujours. D'après les ordres du duc d'Aiguillon, le duc d'Aumont, premier gentilhomme de la chambre, avoit renoncé aux devoirs de sa charge, sous prétexte qu'il y avoit trop de monde dans la chambre du roi, et il les laissoit remplir par La Borde, le valet de chambre de quartier ; celui-ci refusoit l'entrée à tout le

(1) Soulavie, Mém. de Louis XVI, ch. 14, p. 153. — Mém. de Richelieu, T. IX, ch. 29, p. 467. — Besenval, T. I, p. 298. — Mém. de Mme Campan, ch. 4, p. 75.

monde, sans tenir compte des droits que les courtisans prétendoient avoir. Il vouloit empêcher que l'on dît un mot qui auroit pu faire rentrer le roi en lui-même, et le déterminer à faire cesser le scandale. (1)

« Dès que la petite vérole fut déclarée, toute
« communication fut interceptée entre le roi et
« la famille royale, dont aucun n'avoit eu cette
« maladie, à l'exception de Mme la dauphine.
« Il n'y eut que Mme Adélaïde, Mme Victoire et
« Mme Sophie, qui crurent devoir à leur père
« de s'enfermer avec lui. Ce courage et cette
« piété filiale ne firent pas grand effet, soit parce
« que l'objet de ce dévouement étoit plus qu'in-
« différent, soit parce que Mesdames n'étoient
« pas aimées. Elles avoient donné en trop d'oc-
« casions des preuves de la foiblesse de leur ca-
« ractère, et du peu de sincérité qui en est la
« suite, pour n'avoir pas cessé depuis long-temps
« d'être intéressantes.... Les princes se partagè-
« rent ; M. le duc d'Orléans, M. le prince de
« Condé et M. le comte de la Marche s'enfer-
« mèrent avec le roi ; M. le duc de Chartres et
« M. le duc de Bourbon restèrent avec le dau-
« phin. M. le prince de Conti avoit défense de
« paroître à la cour. » (2)

Avant la première visite de l'archevêque de

(1) Besenval, T. I, p. 295.
(2) Besenval, T. I, p. 293.

Paris, le duc d'Orléans crut de son devoir de
parler à Mme Adélaïde, comme à celle qui devoit donner l'ordre ; car, continue Besenval,
« M. le dauphin n'étoit compté pour rien, par
« qui que ce fût, et personne ne songeoit seu-
« lement qu'il étoit dans les possibles que sous
« peu de jours il devînt le maître. M. le duc
« d'Orléans demanda à cette princesse ce qu'elle
« pensoit sur les sacremens, et s'il n'étoit pas
« temps de s'en occuper ; elle lui répondit que
« c'étoit aux médecins à en décider, et sur-le-
« champ ils furent assemblés. Ils prononcèrent
« unanimement, que dès les premiers instans
« ils les avoient proposés aux grands officiers,
« mais que ces messieurs n'avoient pas osé le
« prendre sur eux. Que dans le moment présent
« de la suppuration, ce seroit causer une révo-
« lution, et donner le coup de la mort au roi....
« Mme Adélaïde saisit avec avidité le danger que
« l'on feroit courir à son père, et elle chargea
« Richelieu d'aller au-devant de l'archevêque,
« tandis que le duc d'Orléans ne devoit pas quit-
« ter le roi, pour que le prélat ne lui dît rien
« qui pût l'effrayer. » (1)

Quoique le roi allât de plus mal en plus mal,
les bulletins étoient toujours bons, et il n'y avoit
que les gens de l'intérieur, et leurs amis les plus
intimes, qui sussent la vérité. D'Aiguillon sentit

(1) Besenval, T. I, p. 296.

enfin qu'il falloit faire cesser le scandale. Il alla prendre les ordres du roi, relativement à Mme du Barry. « Il faut la mener sans bruit à votre cam-« pagne de Ruelle, lui dit le roi, je saurai gré à « Mme d'Aiguillon des soins qu'elle prendra pour « elle. » La Borde lui amena encore Mme du Barry le 4 au soir, et lorsqu'elle ressortit, le trouble qu'on vit sur sa figure annonça qu'elle avoit reçu son arrêt. Elle partit le lendemain 5 mai, à trois heures après midi, bien assurée que si le roi revenoit de sa maladie, M. d'Aiguillon la ramèneroit au chevet de son lit. Ce duc avoit habilement conduit les affaires, car dorénavant on étoit libre d'administrer les sacremens, sans même parler de la maîtresse, puisqu'elle n'étoit plus dans le même lieu.

A peine Mme du Barry fut-elle partie que le roi la demanda. Elle est partie, répondit-on à Louis XV. — Ah! elle est partie; il faut donc partir aussi; qu'on prie du moins à Sainte-Geneviève. — En effet, dans la nuit du 5 au 6, il demanda l'abbé Maudoux, son confesseur. On assure que celui-ci exigea que Mme du Barry s'éloignât à une plus grande distance, car Ruelle n'est qu'à deux lieues de Versailles, et que, par l'entremise du cardinal de la Roche-Aymon, il se contenta d'une déclaration qu'on publieroit en son nom, au moment où on lui administreroit la communion, et qui fut rédigée en ces termes : « Quoique le roi ne doive compte de « sa conduite qu'à Dieu seul, il déclare qu'il se « repent d'avoir causé du scandale à ses sujets, « et qu'il ne désire vivre que pour le soutien de « la religion et le bonheur de ses peuples. » Le roi fut communié le 6, à six heures du matin, par le cardinal de la Roche-Aymon, grand aumônier. On remarqua que, la cérémonie achevée, comme le cardinal se retournoit pour s'en aller, l'abbé Maudoux le tira par son rochet, et lui dit quelque chose à l'oreille ; le cardinal élevant sur-le-champ la voix, prononça la formule qui avoit été convenue. Il paroît qu'il avoit promis aux partisans de la maîtresse de la supprimer, mais qu'arrêté, pressé par le confesseur, il avoit eu honte de ne point tenir la parole donnée à ce dernier. Sur quoi le maréchal de Richelieu, d'une voix assez haute pour être entendu de tout le monde, gratifia le cardinal de l'épithète la plus insultante. (1)

Les choses demeurèrent à peu près dans cet état jusqu'au 9 au soir, qu'on crut que le roi ne passeroit pas la nuit, et qu'on lui donna l'extrême-onction. On se parloit à l'oreille de pourpre et de gangrène, et l'infection dans sa chambre étoit affreuse. Il passa encore la nuit cepen-

---

(1) Besenval, T. I, p. 304. — Soulavie, Mém. de Richelieu, T. IX, ch. 29, p. 468. — *Ibid.*, Mém. de Louis XVI, T. I, ch. 14, p. 158.

dant, et n'expira que le 10 mai 1774, à deux heures après midi. Dès qu'il fut mort, chacun s'enfuit de Versailles ; on se hâta d'enfermer le corps dans un double cercueil de plomb, qui n'empêchait qu'imparfaitement la puanteur de s'en exhaler. Plus de cinquante personnes gagnèrent la petite vérole, pour avoir seulement traversé la galerie de Versailles, et dix en moururent. Les trois filles du roi, Mesdames de France, en furent toutes trois atteintes, et dangereusement malades; tout le monde s'empressoit de fuir une contagion qu'aucun intérêt ne donnoit plus le courage de braver. Le corps fut transporté avec précipitation et presque sans pompe à Saint-Denis. Tous les Français sembloient également désirer de faire disparoître les restes d'un monarque qui avoit si honteusement terni le lustre de la France, et sur lequel il est juste de laisser peser la responsabilité de tous les malheurs qui attendoient son successeur. (1)

(1) Lacretelle, T. IV, p. 343. — Voltaire, Siècle de Louis XV, T. II, p. 79 et 409. — Soulavie, Mém. de Richelieu, T. IX, ch. 29, p. 471. — Mém. de Louis XVI, T. I, ch. 14, p. 160. — Mém. de Mme Campan, T. I, p. 76, 79 et *notes*, p. 340. — Mém. de Besenval, T. I, p. 307. — Bachaumont, Mém. secrets, T. IV, p. 342.

FIN DU TOME VINGT-NEUVIÈME.

MA CONCLUSION.

C'étoit mon intention, en commençant cette Histoire, de la poursuivre jusqu'à l'Assemblée des États-Généraux, en 1789. Elle auroit ainsi compris toutes les destinées de l'ancienne monarchie française, et elle se seroit arrêtée à l'entrée d'une ère nouvelle, au moment où tout changeoit en France, lorsque d'autres idées, d'autres passions devoient amener des événemens qui n'avoient plus de ressemblance avec ceux qui avoient précédé. C'est au milieu de l'enchaînement de ces événemens que nous nous trouvons aujourd'hui même, et ils sont tellement liés qu'à moins de s'arrêter à l'entrée de la Révolution, l'Histoire des Français ne pouvoit être considérée comme terminée, aussi long-temps que la nation conservoit son indépendance.

Ainsi un trentième et dernier volume devoit contenir l'histoire des seize premières années du règne de Louis XVI, et se terminer par un coup d'œil jeté en arrière sur l'ensemble des révolutions dont le peuple français avoit ressenti l'influence avant la chute de l'ancienne monarchie. J'aurois cherché à faire connoître comment elles avoient développé et fixé son caractère national, quelle part elles avoient laissé à un patriotisme qui ne se rattachoit pas aux institutions du pays, quelle fusion elles avoient opérée entre des races diverses, et quelles distinctions profondes elles avoient aussi laissé subsister entre elles; quel degré de bonheur enfin, et quel mélange de souffrances ce corps social qui alloit se dissoudre pour faire place à un nouveau, avoit assuré à ceux qui en étoient membres.

L'âge et la maladie en ont ordonné autrement. Depuis bientôt deux ans je n'ai plus joui d'un seul jour de santé. Chaque mois, chaque semaine j'ai pu reconnoître l'aggravation de mes maux, et la marche qui, pour être lente, n'en étoit pas moins sûre, par laquelle ils devoient arriver à leur terme. Dès lors il a fallu me proposer un but que j'eusse la possibilité d'atteindre. Avec une ferme volonté j'ai réussi, je suis arrivé à ce but auquel je me suis restreint ; j'ai conduit ma narration jusqu'à la mort de Louis XV. Ce ne sont pas des efforts ordinaires qu'il m'a fallu pour ne pas me détourner un seul jour de mon travail, pour lui consacrer tout ce qu'il me restoit de forces ; mais aussi je suis à bout, il me seroit impossible de faire un pas de plus.

Il est facile de comprendre que ce n'est pas sans d'amers regrets, qu'après vingt-quatre ans accomplis de travaux, un auteur s'arrête presque en vue du but, que dès le commencement il s'étoit proposé d'atteindre, lorsqu'il sent lui-même qu'encore quelques mois seulement des mêmes efforts l'y feroient parvenir. Aussi j'aime à me flatter que mes lecteurs, bien certains que la seule nécessité me contraint à prendre congé d'eux, accepteroient ce trentième volume auquel je renonce aujourd'hui, si, contre toute espérance, la force et la santé me revenoient pour l'écrire. Mais ce n'est pas sous le poids de la maladie, et déjà entré dans ma soixante-dixième année, que je dois accueillir les rêves d'un tel avenir. Plutôt, je l'espère, à la fin d'une si longue tâche, et placé en quelque sorte sur le seuil de cette porte qui sépare le temps de l'éternité, on me pardonnera de chercher quelque satisfaction dans la considération de ce que j'ai déjà accompli.

Des facultés diverses ont été départies à divers historiens; je connois celles qui me manquent, et qui sont échues en partage à quelques-uns de mes contemporains. Mais il est un témoignage que j'ose me rendre à moi-même, et j'ai la ferme confiance que la postérité le confirmera. L'ouvrage que je termine et que je présente au public est celui d'un écrivain consciencieux. J'ai toujours cherché la vérité, et je n'ai épargné ni travail ni dépense pour la découvrir. Je ne puis point me vanter d'avoir puisé dans des sources inconnues, d'avoir atteint des manuscrits qu'aucun autre n'a pu voir. Non : je m'en suis tenu aux livres imprimés; mais peu de gens se figurent quelle est leur masse effrayante, lorsqu'il s'agit de l'histoire, pendant quatorze siècles, d'une des plus puissantes et des plus actives nations de la terre. D'ailleurs, ce qui a ouvert pour moi de nouvelles sources de renseignements, ce qui a varié mon point de vue, c'est, qu'autant que je l'ai pu, j'ai toujours consulté le narrateur étranger, en même temps que le narrateur français, sur chaque événement, que les préjugés et la partialité de l'un m'ont servi à démêler les préjugés et la partialité de l'autre, et que, ne cherchant que la vérité, je ne me suis jamais proposé ou d'exalter un peuple aux dépens d'un autre peuple, ou d'orner mon histoire de ce qui avoit de l'éclat et du mouvement dramatique, lorsque j'ai eu lieu de croire que cette parure n'étoit qu'un faux clinquant.

Ce n'est pas qu'en écrivant l'histoire des Français un sentiment profond et constant d'affection pour le peuple que je voulois faire connoître fût étranger à mon cœur. Je ne suis pas français, mais ma famille qui s'éteint en moi, et dont le sort a été lié à celui de deux républiques, entre l'époque de l'extinction de la république de Pise, et celle de la naissance de la république de Genève, a trouvé pendant près d'un siècle un refuge en France ; même après l'avoir quittée, mes pères ont continué à combattre dans les armées françaises, et ils m'ont transmis avec le sang des sentimens français. D'ailleurs on aime ceux au service desquels on se consacre, et je n'ai pas travaillé vingt-quatre années à étudier la France de siècle en siècle, et sous tous les aspects, sans me lier plus intimement à elle, et sans faire des vœux pour sa gloire et pour son bonheur.

Mais il est à mes yeux, pour un historien, une mission plus haute que celle de travailler à étendre la renommée d'un peuple ; c'est celle de lui faire juger sans cesse tous les événemens, d'après la grande pierre de touche de l'histoire, d'après le sentiment profond des lois de la morale ; c'est celle de flétrir sans ménagemens la cruauté, la cupidité, la perfidie, de quelque côté qu'elles apparoissent ; celle d'arracher le masque dont trop souvent des écrivains officiels ont couvert des actions honteuses, s'efforçant de faire aux autres une illusion qu'ils ne se faisoient point à eux-mêmes. Beaucoup de haines nationales, profondément enracinées, beaucoup de préjugés hostiles, sont nés de ces fausses couleurs, et certes c'est une assez belle tâche que de travailler, en les détruisant, à rétablir la charité entre les nations. D'ailleurs la justice, la vérité, la moralité, sont les bases de la philosophie de l'histoire ; plus on la regarde de haut, et plus on se convainc que les fautes amènent les souffrances, que les crimes amènent les châtimens. Les peuples paient bien assez cher les conséquences de leurs erreurs pour que ce soit le devoir de leurs instructeurs de ne point leur permettre de fermer les yeux sur les leçons qu'elles laissent après elles.

Il faut donc le dire, beaucoup de vices, beaucoup de crimes sont révélés dans ce long récit. Il ne faut point se flatter de pouvoir apprendre l'histoire, et demeurer en même temps dans une heureuse ignorance du mal. Peut-être, au contraire, trouvera-t-on que nul avant moi n'avoit fait ressortir si fortement les funestes conséquences qu'entraînent toujours les mœurs licencieuses des rois ou celles des peuples. Mais je l'espère, jamais dans mes écrits on ne trouvera le vice indiqué autrement qu'avec le dégoût qu'il mérite ; jamais on ne le verra entouré de tableaux séduisans, ou il ne fournira des sujets à une dangereuse plaisanterie ; et j'aime à me dire que la jeune fille la plus modeste pourra lire à haute voix quelque partie que ce soit de ces vingt-neuf volumes, sans avoir jamais à rougir.

Je suis protestant ; mais j'espère qu'on ne me trouvera étranger à aucun sentiment religieux, d'amour, de foi, d'espérance, de charité, sous quelque étendard qu'il se manifeste. J'ai démasqué, j'ai combattu sans relâche, sans ménagement l'esprit d'intolérance et de persécution, sans épargner les prêtres qui en étoient entachés, quelque grands qu'ils fussent par leurs talens ou leurs vertus, et à quelque secte qu'ils appartinssent. Mais en le faisant j'ai cru servir la religion elle-même, en séparant bien son esprit tout céleste d'amour et de charité, de la passion toute mondaine qui a si souvent égaré ses ministres : j'ai cru me montrer ainsi vrai serviteur de cette grande Église universelle du christianisme, qui réunit toutes les Églises dissidentes, dans une seule adoration et un seul culte ; qui ne leur demande point compte de ce qu'elles croient, sur ce qui est par delà l'intelligence humaine, mais qui donne le nom de frères à tous ceux qui veulent se réunir pour rendre un culte à une divinité toute parfaite, et pour s'aimer les uns les autres.

Je suis républicain ; mais en conservant dans mon cœur l'amour ardent de la liberté que m'ont transmis mes pères, et l'aversion pour toute tyrannie, j'espère ne m'être jamais montré insensible, ni à ce culte pour d'antiques et illustres souvenirs, qui conserve la vertu dans de nobles races, ni à ce dévouement sublime aux chefs des nations qui a souvent illustré les sujets. Je n'ai pas dû oublier que le cri de guerre qui nous fut long-temps cher, et qui s'éteint avec moi « *Cara fè m'è la vostra* », fut donné par un empereur de la maison de Souabe à l'un des miens, lorsqu'il se précipita devant le poignard d'un assassin, et couvrit Henri VI de son corps.

Ma vie s'est partagée entre l'étude de l'économie politique et celle de l'histoire ; aussi l'économiste doit se montrer souvent dans ce long récit à côté de l'historien. J'ai tâché de ne point laisser perdre les leçons que donne l'expérience, sur ce qui contribue à créer, à maintenir la prospérité des nations. Mais surtout j'ai toujours considéré la richesse comme un moyen, non comme un but ; je lui ai toujours demandé si elle contribuoit réellement à répandre l'aisance dans toutes les classes; et j'espère qu'on reconnoîtra, à ma constante sollicitude pour le cultivateur, pour l'artisan, pour le pauvre qui gagne son pain à la sueur de son front, que toutes mes sympathies sont pour les classes pauvres et souffrantes. D'ailleurs ma famille proscrite, ruinée, trois fois forcée de s'expatrier, est rentrée dans l'obscurité; elle est redevenue peuple, et je m'honore d'être aussi du peuple.

Ce fut au mois de mai 1818 que je commençai sérieusement à travailler à l'Histoire des Français. C'est au mois de mai 1842 que je pose la plume, après avoir été aussi loin que mes forces m'ont permis d'aller. En livrant au public cet ouvrage terminé, avec les avantages que je viens d'exposer, avec les défauts que je ne me dissimule point, je me repose dans le sentiment que j'ai rendu service à la nation française. Je lui ai donné ce qu'elle n'avoit point, un tableau complet de son existence, un tableau consciencieux, dans lequel l'amour ou la haine, la crainte ou la flatterie ne m'ont jamais porté à déguiser aucune vérité; un tableau moral où elle pourra toujours reconnoître quels fruits amers a portés le vice, quels fruits excellens a portés la vertu, et où, sans s'enfler d'une vaine gloire, elle apprendra et pourra enseigner à ses enfans à s'estimer et à se respecter.

J. C. L. DE SISMONDI.

Chênes, près Genève, 9 mai 1842.

NOTE DES ÉDITEURS.

C'est presqu'au terme du vaste monument qu'il avait élevé à la France avec une si ferme et si noble persévérance, que la mort est venue frapper l'illustre historien. M. de Sismondi a vu la plume tomber trop tôt de ses mains, et cette idée de laisser incomplet son grand ouvrage a attristé sa dernière heure. La France, dont il a si dignement reconstruit les annales, le regrettera avec lui.

Mais il restait un devoir aux éditeurs, c'était en demeurant fidèle à la pensée de M. de Sismondi de donner un complément à son livre le plus considérable, à l'œuvre qui consacrera définitivement sa mémoire. Un écrivain déjà connu par plusieurs travaux sérieux, et que son active collaboration à nos meilleurs recueils littéraires et à la presse politique, a fait distinguer, M. Amédée Renée a bien voulu se charger de cette difficile entreprise. La continuation à laquelle il attachera son nom embrassera le règne de Louis XVI jusqu'en 1789, terme que M. de Sismondi s'était à lui-même assigné. Les remarquables morceaux publiés dans l'*Encyclopédie des Gens du monde* sur plusieurs des plus grands personnages de l'histoire moderne, semblaient désigner M. Amédée Renée aux éditeurs de l'*Histoire des Français*. Le même patriotisme, le même amour de la vérité, guideront, nous n'en doutons pas, le jeune écrivain dans cette tâche laborieuse, et le vœu du public, comme le nôtre, sera rempli si M. de Sismondi trouve en lui un digne continuateur.

TABLE CHRONOLOGIQUE

ET ANALYTIQUE

DU TOME VINGT-NEUVIEME.

SUITE DE LA HUITIÈME PARTIE,

ou

LA FRANCE SOUS LES BOURBONS.

CHAPITRE LII. *Anarchie dans l'État. — Querelle des billets de confession. — Le roi exile tour à tour le parlement, puis l'archevêque de Paris. — Marie-Thérèse recherche l'alliance de la France, et fait des avances à M*^{me} *de Pompadour. — Guerre contre l'Angleterre au sujet de l'Acadie. — Alliance avec l'Autriche. — 1750-1756.*

1750. État de la France au moment où la désorganisation s'étend chaque jour.......... *Page*	1
Il n'y avoit encore d'opposition nulle part, mais le roi étoit sans volonté...............	3
Le roi ne veut ni connoître ses affaires, ni faire son métier de roi; Mme de Pompadour.....	4
Mme de Pompadour prie son mari de la reprendre, et celui-ci est averti de bien s'en garder.	5
1750-1756. Mme de Pompadour réconciliée à l'Église et dame du palais de la reine; ses efforts pour amuser le roi......	8

1750-1756. Le roi élève lui-même des jeunes filles comme un maître de pension; établissement du Parc-aux-Cerfs.................. *Page* 10

Dépenses prodigieuses du Parc-aux-Cerfs; inutilité de la vie du roi; ses habitudes domestiques................................. 11

Visite du matin du roi chez sa fille aînée; arrivée des princesses le soir au *débotter*..... 13

Les mœurs des courtisans accroissent le désordre et l'aliénation du peuple........... 14

Les dépenses de la cour jettent le désordre dans les finances, et précipitent la crise inévitable. 15

Édit du vingtième; la noblesse fait peu d'opposition; remontrances du parlement; emprunts. 16

Nouvelles remontrances du parlement contre les emprunts; opposition des pays d'État...... 19

Machault songe à saisir les biens du clergé; édit sur les établissemens des gens de main-morte. 20

Édit pour enjoindre de déclarer les biens du clergé; hostilité générale contre le clergé.... 21

Réponses du clergé, il tente une diversion en attaquant le jansénisme................. 23

Beaumont, archevêque de Paris, n'accorde l'extrême-onction qu'à ceux qui produisent des billets de confession................... 25

Violence des curés en refusant les sacremens; le parlement veut limiter leur pouvoir..... 26

Le conseil casse les arrêts du parlement; refus des sacremens au duc d'Orléans.......... 29

Nouvelle collision entre le parlement, le conseil et l'archevêque; destitution à l'Hôpital..... 30

Les violences plus grandes encore dans les provinces; la cour demeure indécise........... 31

1750-1756. Les tribunaux et les curés suspendent en même temps tous leur ministère; saisie du temporel de l'archevêque............ *Page* 32

Arrestation de la sœur Perpétue; le parlement délibère des remontrances sur les lettres de cachet................................... 34

Arrestation de quatre magistrats, 4 mai 1753; la grand' chambre exilée à Pontoise....... 36

23 août 1754. Naissance de Louis XVI; le parlement est rappelé; Machault passe à la marine.................................... 37

Édit sur la querelle religieuse; désobéissance de l'archevêque; il est exilé............... 39

Les huguenots dénoncés par les évêques du midi; Saint-Florentin renouvelle la persécution..................................... 41

Activité pour surprendre les assemblées du désert, pour punir les mariages et baptêmes.. 43

Épreuves imposées par les curés aux protestans à marier; avril 1751, les enfans rebaptisés par force................................ 44

Le roi veut forcer les ministres à émigrer; héroïsme de leur résistance................ 45

Supplice de Bénezet, 1752; abjuration et repentir de Molines; les dragons envoyés pour faire baptiser................................ 46

Résistance dans la Gardonenque, trois curés blessés; le roi arrête l'effusion du sang..... 48

La persécution suspendue en 1753, le maréchal de Richelieu la renouvelle en 1754........ 49

Supplice du pasteur Lafage, 14 août 1754; arrestation de Jean Fabre, l'*honnête criminel*, 1er janvier 1756......................... 51

1750-1756. Les persécutions ralenties par l'approche de la guerre; fatale influence de Mme de Pompadour.................................... Page 53

Ambassade de Kaunitz à Paris; son projet d'alliance entre la France et l'Autriche; hauteur de l'Autriche............................... 54

Offensée par les protestans, Marie-Thérèse veut subjuguer l'Allemagne avec l'aide de la France.................................... 56

Cette alliance confiée aux passions des femmes, Marie-Thérèse, Mme de Pompadour, l'impératrice Élisabeth et la reine de Pologne..... 57

Les ministres trouvent de bonnes raisons pour les mauvaises résolutions; changemens dans les ministres............................... 59

Discussions toujours plus aigres avec l'Angleterre sur les limites de l'Acadie et du Canada. 60

Impossibilité de s'entendre sur le pays que les Anglais nommoient Nouvelle-Écosse; les Français, Acadie............................ 62

Chaîne de postes français par l'Ohio, entre le Canada et la Louisiane; premières hostilités, 23 mai 1754............................... 63

10 juin 1755. Deux vaisseaux de guerre français pris par l'amiral Boscawen; surprise des vaisseaux marchands......................... 66

Talens; perfidies et conquêtes de Dupleix aux Indes; il est rappelé en 1754 et ruiné...... 67

Fléaux qui terminent l'année 1755; 1er novembre, tremblement de terre de Lisbonne......... 68

Armement des Français; le maréchal de Belle-Isle sur les côtes de Bretagne; alarme en Angleterre................................ 70

1756. Dessein sur Minorque, Richelieu chargé de
l'exécuter; 17 avril, il débarque dans l'île. P. 72
20 mai. L'amiral Byng repoussé; 28 juin, le
fort Saint-Philippe à Mahon pris d'assaut.. 74
18 mai. Déclaration de guerre de l'Angleterre. 75
Négociations à Babiole avec le ministre d'Autriche; ses offres séduisantes d'abord repoussées.................................. 77
La France propose une alliance pour le maintien
de la paix; 16 janvier, traité de la Prusse
avec l'Angleterre........................... 79
L'Angleterre et la France recherchoient en
même temps la Prusse, colère de la France
contre elle................................. 81
1er mai. Traité d'alliance de la France avec
l'Autriche; irrégularité des conditions pour
la France.................................. 82
La France dépasse encore les obligations qu'elle
a contractées; causes de ses revers........ 83

CHAPITRE LIII. *Les parlemens se mettent en opposition avec le gouvernement du roi. — Attentat de Damiens contre Louis XV. — Guerre de sept ans. — Premiers succès des Français dans le Hanovre. — Convention de Closter Seven. — Défaite des Français à Rosbach et à Crevelt. — Obstination de Mme de Pompadour à ne point vouloir la paix.* —1756-1758.

1756. La nation sans confiance dans son gouvernement; instabilité du ministère............ 85
Ministres étrangers à la politique; la feuille
des bénéfices; Boyer, La Rochefoucauld, Jarente...................................... 86

1756. — Les sceaux, Lamoignon chancelier, garde des sceaux, Machault, Berryer, Feydeau, Maupeou.................................. *Page* 87

La maison du roi, Saint-Florentin y demeure seul cinquante ans; affaires étrangères, Rouillé, Bernis, Choiseul............................... 89

Ministère de la guerre, d'Argenson, Paulmy son fils, Belle-Isle, Crémille, Choiseul et Monteynard................................... 92

Ministère de la marine, Machault, Moras, Massias, Mesi, Berryer, Choiseul.......... 93

Finances, Moreau de Séchelles, Moreau, Boulogne, Silhouette, Bertin, L'Averdy....... 94

Les philosophes attaquent la religion plus que le gouvernement; Encyclopédie; le peuple obéit... 95

Le roi, le clergé et le parlement en opposition; billets de confession demandés de nouveau.. 97

Second exil de l'archevêque de Paris; le grand conseil élevé en opposition au parlement; plaintes de celui-ci........................... 98

Les princes, les pairs, les parlemens de province aussi agités; les classes; refus des impôts... 100

Remontrances, le roi les repousse; 21 août, lit de justice pour les nouveaux impôts........ 102

Hostilités de l'archevêque contre le parlement; inquiétude du roi; son mépris pour les robins. 103

13 décembre. Second lit de justice; coup d'État contre le parlement; suppression de plusieurs chambres....................................... 105

Fermentation du peuple; décision des magistrats; consternation du roi qui néanmoins persiste... 106

1757. 5 janvier, le roi frappé d'un canif en montant en voiture; Louis se croit mourant... *Page* 107

L'assassin Damiens agit et parle comme un fou; ses tortures, accusation incohérente....... 109

Les partis s'accusent réciproquement de ce crime; émulation entre eux pour punir Damiens; son supplice 28 mars............. 111

Dépit du roi contre ceux devant qui il a montré sa foiblesse; sa colère contre d'Argenson... 114

Exil des deux ministres, d'Argenson et Machault; besoin d'un ministère habile....... 115

1756. Traité de partage de la monarchie prussienne; Frédéric II attaque la Saxe............. 116

Prise de Dresde; victoire de Lowositz; prise du camp de Pirna; oppression des Saxons..... 117

1757. La France oublie la guerre qu'elle soutenoit au Canada; elle attaque les Prussiens sur le Weser................................. 120

Le duc de Cumberland se charge d'arrêter d'Estrées et Soubise; excellente armée de Frédéric II............................ 121

6 mai. Bataille de Prague, Brown tué; boucherie effroyable; les Autrichiens réfugiés dans Prague........................... 123

19 juin. Frédéric II attaque Daun à Kolin, il est repoussé et lève le siége de Prague...... 124

Mme de Pompadour envoie une armée en Allemagne sous d'Estrées et Maillebois........ 127

Le comte de Saint-Germain sous leurs ordres; d'Estrées passe le Rhin et pousse Cumberland devant lui............................. 128

26 juillet. D'Estrées gagne la bataille d'Hastenbeck sur Cumberland au delà du Weser.... 129

1757. Défiance excitée par la conduite de Maillebois ;
2 août, Richelieu relève d'Estrées.... *Page* 130
Licence et pillage de l'armée de Richelieu ;
8 septembre, Cumberland capitule à Closter
Seven.................................... 132
Mécontentement que cause la convention de
Closter Seven ; incapacité et rapines de Richelieu................................... 133
Frédéric II attaqué de toutes parts, son courage ; Berlin mis à contribution ; il marche
contre Soubise............................ 137
Soubise, l'ami du roi ; l'armée des cercles qui
agit avec lui mal disposée et mal conduite.. 138
3 novembre. Bataille de Rosbach, fuite des
Français ; Frédéric marche à d'autres combats. 140
22 novembre. Bevern battu à Breslaw ; 5 décembre, Frédéric bat Daun à Lissa, et le chasse
de la Silésie.............................. 142
29 août. Bataille de Jaegerndorf perdue par les
Prussiens contre les Russes ; enthousiasme
qu'excite Frédéric........................ 143
Pitt, nouveau ministre anglais, soutient le roi de
Prusse ; fièvres des hôpitaux pendant l'hiver. 144
1758. Pensées de paix à Vienne bientôt abandonnées ;
accord des trois femmes contre le roi de
Prusse.................................... 146
Acharnement de Mme de Pompadour ; discus-
sions sur la convention de Closter Seven... 147
Les Anglais déclarent la convention annulée ;
Ferdinand de Brunswick vient commander
les Hanovriens............................ 149
Le comte Clermont remplace Richelieu ; il est
chassé jusqu'au Rhin ; 23 juin, il est battu à
Crefeldt.................................. 150

1758. Mémoire de Saint-Germain sur la mauvaise
organisation de l'armée; son indiscipline;
son luxe....................... *Page* 152
Nombre prodigieux de chevaux et voitures qui
la suivent; Soubise entre dans la Hesse..... 154
23 juillet. Combat de Sangenhausen; 10 juillet,
Ferdinand repasse le Rhin; 10 octobre, combat de Lutternberg...................... 156
Supériorité des Français; manque de discipline,
de confiance dans les chefs; dérision qui les
avilit................................. 158
Détresse du roi de Prusse; son infériorité dans
les siéges; il entre en Moravie; commencement de mai........................... 159
1er juillet. Il échoue au siége d'Olmutz; 25 août,
il bat les Russes à Zorndorff, près de Custrin. 161
Frédéric délivre le prince Henri en danger devant Dresde; Frédéric et Daun cherchent à
se surprendre.......................... 163
14 octobre. Daun surprend Frédéric à Hochkirchen; fin de la campagne; obstination de
Mme de Pompadour...................... 164
Descentes des Anglais sur les côtes; incendies
à Saint-Malo, à Cherbourg; ils sont battus
à Saint-Cast........................... 165

Chapitre LIV. *Perte des flottes et des colonies. — Ministère du duc de Choiseul. — Accusations intentées aux Jésuites. — Haine des parlemens contre eux. — Leur suppression. — Pacte de famille avec l'Espagne. — Fin de la guerre de sept ans. — Traités de Paris et d'Huberstbourg. —* 1758-1763.

1758. Contrastes dans l'état de la France; misère des provinces; prospérité de Paris...... *Page* 167

Grandes richesses réunies dans la capitale; ignorance des provinces; activité de l'esprit à Paris............................ 169

L'attention de la France fixée sur la littérature; elle oublie la guerre dont le théâtre est fort éloigné............................ 170

Population française du Canada, elle gagne l'amitié des sauvages, leur union à la guerre. 172

Population plus industrieuse des colonies anglaises; les Vaudreuil et Montcalm gouverneurs du Canada...................... 173

La France oublie le Canada que Pitt attaque avec vigueur; 8 juin, 26 juillet, prise de Louisbourg........................... 175

8 juillet. Les Anglais repoussés à Ticondéroga; 24 novembre, ils prennent le fort Duquesne. 176

1759. Triple attaque simultanée des Anglais; juillet, leur succès sur le lac Champlain et à Niagara. 178

26 juin. Attaque de Québec par la flotte anglaise; beauté du port et force de la ville de Québec............................. 180

Camp retranché de Montcalm; le général Wolfe l'attaque en vain le 30 juillet............ 182

1759. 13 septembre. Victoire de Wolfe, sa mort et celle de Montcalm; prise de Québec; capitulation de Montréal.............. *Page* 183

Le Sénégal et Gorée enlevés aux Français; les Anglais repoussés à la Martinique; ils prennent la Guadeloupe.................. 185

Incendie de la Guadeloupe; ruine du commerce; Bernis désire la paix, le dauphin l'appuie... 186

Le roi n'écoute pas le dauphin; ce qu'il pensoit de lui; Stainville à Vienne porte des paroles de paix........................... 188

Stainville et Bernis, celui-ci nommé cardinal, 2 octobre 1758, et Stainville le remplace au ministère............................ 189

Stainville fait duc de Choiseul; son caractère, sa femme; il se forme un parti puissant à la cour............................... 190

Son talent de persuasion; sa légèreté; 30 décembre 1758, nouveau traité avec l'Autriche où la France est sacrifiée............ 193

Ouverture de la campagne en Allemagne; 13 avril, combat de Berghen; Ferdinand repoussé par Broglie................. 194

Les Français victorieux s'avancent vers le Weser; 1er août, bataille de Minden; Contades battu........................... 195

Le commandant de la cavalerie anglaise sauve les Français en refusant de charger........ 197

Conséquences de la bataille; pendant ce temps le roi de Prusse étoit réduit à l'extrémité... 199

23. Bataille de Zullichau perdue par les Prussiens contre les Russes; 12 août, bataille de Kunersdorff........................ 202

1759. La monarchie prussienne parut un instant perdue; le nom seul de Frédéric II arrête les Russes .... *Page* 202

21 novembre. Capitulation de Finck à Maxen; les Français projettent une triple invasion en Angleterre 203

18 août. La flotte de Toulon détruite devant Lagos; 14 novembre, Conflans sort de Brest. 205

20 novembre. Défaite de Conflans dans la baie de Quiberon au milieu de la tempête....... 207

1760. Grandes armées en Allemagne; la guerre languit et la France ne s'y intéresse plus.......... 208

La guerre en Prusse devient chaque année plus féroce et plus monotone................. 210

14-22 juillet. Siége de Dresde, ruine et incendie de cette ville; batailles de Landshut et Liegnitz................................ 211

Ruines de Berlin, de Francfort sur l'Oder, de Leipsik; 3 novembre, terrible bataille de Torgau................................. 212

Petite guerre du maréchal de Broglie; combats de Corbach, d'Empsdorft, de Clostercamp, chevalier d'Assas....................... 214

Alliance de Choiseul avec les parlemens qu'il voit soutenus par l'opinion publique........ 216

Choiseul brouillé avec les jésuites; le roi se défie d'eux, et Mme de Pompadour l'y excite..... 217

Les jésuites devenus rigoristes pour plaire au dauphin; ils sont attaqués partout à la fois. 218

Succès admirables des jésuites dans les missions pour civiliser les Indiens; querelle au Paraguai................................. 219

Conjuration du Portugal; vues de don Joseph; tyrannie de Pombal; tentative d'assassinat.. 221

1760. Les conjurés consultent des jésuites; procès fait
aux conjurés et aux jésuites........ *Page* 223

Supplice atroce des conjurés; expulsion des jésuites du Portugal; créance donnée aux accusations.................................... 225

Les jésuites autrefois justifioient le régicide au profit de Philippe II; injustice des parlemens à leur égard........................... 226

Attaques des philosophes; puissance croissante de Choiseul leur ennemi; sa querelle avec le dauphin................................ 227

Commerce des jésuites; faillite du père La Valette; l'ordre veut l'abandonner........... 228

1761. 8 mai. L'ordre condamné à payer pour La Valette; acharnement des parlemens contre l'ordre.................................... 230

Déchaînement dans toute la chrétienté contre les jésuites; Mme de Pompadour désire un coup d'État............................. 231

6. août. Les jésuites ajournés à un an par le parlement; suppression de l'ordre au bout de l'an.. 233

La suppression des jésuites occupe l'opinion plus que la guerre; mort de plusieurs souverains..................................... 235

Folie de Ferdinand VI, sa mort le 10 août 1759; règne prospère de son frère Charles IV à Naples................................... 236

6 octobre 1759. Charles déclare la folie de son fils aîné; il laisse le troisième roi de Naples et part pour l'Espagne...................... 238

Charles III en Espagne, son ressentiment contre les Anglais; avances que lui fait le duc de Choiseul................................... 239

1761. 15 août. Charles III améné à signer le pacte de famille; secours mutuels promis..... *Page* 241

Mort de George II en Angleterre; 25 octobre 1760, George III retire au roi de Prusse ses subsides............................... 243

Le roi réduit à la défensive; camp de Buntzelwitz; perte de Schweidnitz et de Colberg... 245

Campagne de Broglie et Soubise contre les princes de Brunswick; 15 juillet, combat de Fillingshausen........................ 246

Disgrâce du maréchal de Broglie, vengé par le public; les alliés abandonnés par l'Angleterre............................... 247

25 décembre. Mort d'Élisabeth de Russie. Son successeur fait la paix avec le roi de Prusse. 249

1762. Les affaires du roi de Prusse se rétablissent; négociations ouvertes entre l'Angleterre et la France.................................. 250

Rupture des négociations, 21 septembre 1761; conquête de Belle-Isle du 7 avril au 7 juin 1761................................ 253

Perte de la Dominique et de Pondichéry; le roi d'Espagne déclare la guerre aux Anglais et au Portugal............................ 254

Invasion du Portugal tentée avec peu de succès; le commerce espagnol ruiné par les Anglais. 256

2 juin–12 août. Attaque et prise de la Havane par les Anglais; 24 septembre, prise de Manille................................ 258

7 janvier–12 février. Les Anglais prennent la Martinique; en Allemagne, les Français sur la défensive............................ 259

Revers des maréchaux d'Estrées et de Soubise en Hesse; 9 juillet, Pierre III détrôné en Russie. 260

1762. Succès du roi de Prusse contre les Autrichiens;
17 septembre, négociations de paix renou-
velées........................... *Page* 262
5 novembre. Préliminaires de Fontainebleau;
traité de paix de Paris du 10 février 1763.. 263
1763. 15 février. Paix d'Hubertsbourg, entre la
Prusse, l'Autriche et le roi de Pologne..... 265

CHAPITRE LV. *Une nouvelle lutte s'engage entre le roi et les parlemens. — Remontrances hardies. — Décrets contre les commandans de province. — Férocité des juges. — Dernières persécutions.—Supplice de Calas, de La Barre, de Lally. — Diplomatie secrète. — La Corse vendue à la France. — Aspect de la cour. — Mort de Mme de Pompadour, du dauphin, de la dauphine et de la reine.—1763-1768.*

1763. La paix désastreuse de 1763 étoit nécessaire;
les ministres firent bien de la signer....... 267
Indifférence et légèreté du public; le commerce
se soucie peu du Canada; politique spéculative............................... 269
Désir d'une réforme fondamentale, et mépris de
l'état actuel; le roi dégoûté de ses ministres.. 270
Louis XV craignoit les gens d'esprit, sa peur du
diable, son amour du pouvoir absolu...... 271
Son mépris pour les robins; il entre en lutte
avec le parlement pour de nouveaux impôts................................. 273
31 mai. Lit de justice pour enregistrer deux
édits bursaux, sur les impôts et sur les dettes. 275
18 juin. Remontrances dignes et fermes du parlement contre l'abus des lits de justice..... 276
Hardiesse du blâme jeté sur les ministres; effets
désastreux des lois nouvelles............. 278

1763. Manque de foi, et destruction du crédit; 24 juin, réponse brève et sèche du roi............ *Page* 280

Remontrances plus hardies encore des parlemens de province; les commandans de province.................................... 281

Ils enregistrent de force; les parlemens ordonnent leur arrestation; Meaupou vice-chancelier.................................... 282

L'Averdy appelé au contrôle; le roi cède, tout en imposant silence sur le passé............ 284

Le mouvement des esprits n'agitoit encore que la surface; misère des provinces......... 285

Tableau du malheur du peuple, par le parlement de Rouen........................ 287

Préjugés des parlemens, ils s'opposent à l'inoculation, leur férocité comme juges criminels.................................... 289

Arrestation du ministre Rochette, son supplice et celui des frères Grenier................ 290

Effroi que cause leur martyre le 19 février 1762; supplice de Calas le 9 mars suivant....... 292

Accusation absurde contre Calas, d'avoir pendu son fils; la famille de Calas recourt à Voltaire.................................... 293

1763-1766. Voltaire soulève l'indignation de l'Europe, il fait casser la sentence; il sauve Sirven... 294

Réaction de l'opinion publique; fin des persécutions, les tribunaux toujours féroces..... 297

Supplice du chevalier de La Barre, 1er juillet 1766; les juges se passionnent pour la chasse aux crimes.................................... 298

La méprise d'Arras, 19 novembre 1770; le supplice du comte de Lally, 9 mai 1766....... 299

1763-1766. Ses talents et les défauts de son caractère;
   nommé en 1756; il arrive aux Indes le
   28 avril 1758.................... *Page* 300

1758-1761. Ses succès, sa dureté, et ses revers;
   captif en Angleterre, il vient à Paris se faire
   juger.. 302

La grand'chambre le condamne pour des opérations militaires; Voltaire défend sa mémoire.. 304

Louis XV plus attentif aux affaires du dehors
   qu'à celles du dedans; sa diplomatie secrète. 306

Curiosité indolente du roi; le comte de Broglie
   succède au prince de Conti pour la correspondance secrète............................. 308

Mort d'Auguste III à Dresde, le 5 octobre 1763;
   la France exhorte les Polonais à choisir librement son successeur.......................... 309

Les Russes entrent à Varsovie; Poniatowski élu
   le 7 septembre 1764 sous leurs baïonnettes. 310

27 mai 1764. Joseph nommé roi des Romains,
   succéda le 18 août 1765 à son père François. 311

Influence de Choiseul en Espagne; mariages
   pour affermir la maison de Bourbon en Italie. 313

7 août 1764. Traité pour la Corse avec Gênes;
   Pasquale Paoli rappelé en Corse dès 1755.. 316

Gouvernement de Paoli sur une partie de la
   Corse; Marbœuf y amène sept bataillons
   français..................................... 317

15 mai 1768. Traité de Versailles; Gênes cède
   la Corse à la France, intrigues de l'abbé de
   Broglie...................................... 318

Le duc d'Aiguillon objet de la haine des Bretons; inimitié de La Chalotais contre lui.... 320

1763-1766. La Chalotais arrêté, 11 novembre 1765 ;
 accusé de vouloir limiter l'autorité royale par
 les parlemens.......................... *Page* 321
Les querelles avec les parlemens s'aigrissent toujours plus, contrainte glaciale du roi...... 322
Sa vaine curiosité, son mépris pour les philosophes ; manières de Mme de Pompadour avec
 lui.................................... 324
Développement de l'esprit de celle-ci, elle agit
 toujours en conscience; son impopularité... 325
Le duc de Choiseul, son ordonnance sur l'armée;
 sa prodigalité publique et privée.......... 327
Le dauphin, la dauphine et la reine sont sans
 crédit; 1762, commencement de la maladie
 du dauphin............................ 328
Maladie de Mme de Pompadour; sa mort le
 15 avril 1764; insensibilité du roi........ 330
1765, 20 décembre. Mort du dauphin; le roi aimoit
 en lui l'épouvantail des parlemens........ 331
1766. Retours de dévotion dans Louis XV; 5 février,
 le père de la reine tombe dans le feu ; sa mort
 le 23.................................. 333
Réunion définitive des duchés de Lorraine et de
 Bar; 13 mars 1767, mort de la dauphine... 334
1767. On fait circuler des bruits de poison, la Vauguyon et d'Aiguillon jettent des soupçons sur
 Choiseul............................... 336
1768. 25 juin. Mort de la reine; chagrin du roi; il
 veut s'étourdir par la débauche........... 338

CHAPITRE LVI. *La querelle entre le roi et les parlemens s'aigrit de plus en plus. — Projets belliqueux de Choiseul. — D'Aiguillon, Meaupou et Terray, ses ennemis, s'allient avec une nouvelle maîtresse, Mme du Barry. — Mariage du dauphin avec une archiduchesse. — Disgrâce de Choiseul. — Tous les anciens parlemens supprimés. — Parlement Meaupou. — 1763-1771.*

1768. Sous les souvenirs si gais du règne de Louis XV on doit démêler la révolution qui s'approche.................................. *Page* 340

La cour corrompue de Louis XV s'attend à tous les crimes, ses soupçons sur Choiseul...... 343

Déclin de la puissance militaire de la France; échecs reçus par sa diplomatie............ 344

1763. 11 décembre. Arrêt du parlement de Toulouse contre Fitz-James. Il défère le jugement au parlement de Paris..................... 345

1764. 19 janvier. Remontrances du parlement de Paris; 20 janvier, le roi recule........... 346

29 mai. Le parlement de Paris se réserve le jugement des pairs; les autres parlemens mécontens............................. 348

7 juin. Les autres parlemens appelés par députation; 10 août, protestation du parlement de Rouen............................. 350

Le roi réclame pour lui seul la décision; nouvelle querelle du parlement de Toulouse... 351

29 novembre. Remontrances du parlement de Rennes présentées par les États; suppression de la corvée........................ 353

Dépenses superflues pour l'embellissement des villes; le parlement seul ose se plaindre.... 355

TABLE CHRONOLOGIQUE

1765. 18 mars. Le roi tance sévèrement le parlement de Rennes; 5 avril, ce parlement donne sa démission.................... *Page* 358

Accord entre tous les parlemens, celui de Pau, celui de Dijon, sympathie de la noblesse bretonne.............................. 359

1766. 3 mars. Lit de justice; le roi se prononce contre l'unité des parlemens; les magistrats ne forment pas un corps................ 360

Il relève et condamne le langage du parlement, et ses appels à la nation................ 362

Il se déclare seul dépositaire de la toute-puissance; la lutte continue après le lit de justice. 363

1767. Le duc de Choiseul attribue à ses ennemis l'attaque contre les parlemens; il cherche des succès au dehors...................... 364

Il s'empare d'Avignon et de la Corse; il projette une guerre générale................ 366

Il poursuit les jésuites; imprudence du général de l'ordre; Choiseul aigrit contre eux toute la maison de Bourbon.................... 368

Soulèvement de Madrid *por la capa y el sombrero* (26 mars 1766) attribué aux jésuites; colère du roi......................... 369

31 mars. Tous les jésuites d'Espagne enlevés à la même heure et déportés pour Civita-Vecchia................................. 371

Il sont arrêtés de même dans les deux mondes; douleur du pape; 13 novembre, leur arrestation à Naples........................ 372

1768. 20 janvier. Décret du pape contre le duc de Parme; Choiseul prend sa défense et se brouille avec le pape........................ 375

1768.	11 juin. Choiseul saisit Avignon et le Comtat; Clément XIII meurt de douleur le 3 février 1769.................................... Page	376
	Indignation de Paoli en apprenant la vente de la Corse; ses préparatifs de défense.........	378
	30 juillet. Premières hostilités en Corse; succès des Corses contre M. de Chauvelin........	379
1769.	Le comte de Vaux arrive en Corse avec une flotte armée; conquête de la Corse en trois mois.	380
	13 juin. Pasquale Paoli quitte la Corse; 15 septembre 1770, les Corses reconnaissent la souveraineté de la France...............	382
	19 mai. Élection de Clément XIV par le crédit des Bourbons; ses délais avant d'abolir l'ordre des jésuites.........................	384
	Choiseul désire faire la guerre aux Anglais et profiter de leur querelle avec leurs colonies.	385
	Choiseul compte sur l'Espagne pour attaquer l'Angleterre; grandes réformes en Espagne..	387
	Ressentiment de Charles III contre l'Angleterre; juin 1769, il prend possession de la Louisiane; douleur des habitans..............	388
	Deux colonies envoyées aux îles Falkland; les Français retirent la leur; les Anglais en sont chassés.................................	390
	Les Anglais somment les Français d'évacuer la Corse; Choiseul cache ses projets belliqueux au roi...................................	391
	Dispositions pacifiques de la Prusse et de l'Autriche; ambition de Catherine II en Russie.	393
	Guerre des Russes contre les Turcs; horrible carnage dans tout le levant de l'Europe....	395
	Querelle des dissidens de Pologne; confédérations rivales de Radom et de Bar.........	396

1769. L'Angleterre et la France opposées de vues, mais unies d'intérêt sur les affaires de Pologne. P. 397
La politique traversée par des intrigues de cour et par les vices du roi; rivalité du duc d'Aiguillon.................................... 398
Mlle Lange donnée au roi pour maîtresse; faite comtesse du Barry; difficultés pour la présenter à la cour........................ 401
D'Aiguillon et le parti de l'Église s'unissent à elle; le nouveau chancelier Meaupou..... 403
21 décembre. L'abbé Terray nommé contrôleur des finances; son audace dans le vice et sa dureté................................ 405
Ses talens; son activité; Choiseul, pour s'assurer l'appui de l'Autriche, marie le dauphin à une archiduchesse........................ 406
Politique anti-autrichienne d'Aiguillon; circonstance fâcheuse pour Marie-Antoinette.. 407

1770. Présentation de la comtesse du Barry; disette en France; prodigalité pour les fêtes du mariage. 408
16 mai. Célébration du mariage; 30 mai, horrible catastrophe au feu d'artifice de la ville de Paris................................ 410
Choiseul perd la faveur du monarque; progrès du triumvirat; Choiseul veut la guerre maritime................................ 412
L'Espagne réclame les secours de la France; Louis XV les refuse tout à coup; motifs du triumvirat............................ 413
Adresse de Mme du Barry pour servir le triumvirat; il prélude à la destruction des parlemens................................ 415
Louis avoit cru imposer silence aux querelles de Bretagne; le parlement poursuit d'Aiguillon. 417

1770. 4 avril. Le procès d'Aiguillon évoqué à la cour des pairs; 27 juin, lit de justice à Versailles. P. 418

Protestation contre l'interruption d'un procès par un lit de justice; le roi annule la procédure.. 419

Il déclare le duc d'Aiguillon irréprochable; le parlement déclare que les charges contre lui subsistent................................... 421

Qu'il est entaché en son honneur; accord entre les parlemens; 7 décembre, nouveau lit de justice....................................... 422

Ordonnance fulminante contre le système des classes; le parlement suspend la justice.... 424

Maupeou veut amener le parlement à donner lui-même sa démission; 24 décembre, Choiseul exilé... 425

1771. 4 janvier. Lettres itératives de jussion au parlement pour qu'il reprenne ses fonctions; il refuse....................................... 426

20 janvier. Dernier refus des magistrats; leurs places confisquées; ils sont conduits à des forteresses....................................... 429

Maupeou en abolissant le parlement veut réformer tout l'ordre judiciaire; le grand conseil. 430

Parlement Maupeou; six cours souveraines détachées du ressort de Paris; justice gratuite. 432

15 avril. Dernier lit de justice; Maupeou expose les motifs de ce grand coup d'État........ 433

Maupeou vante les ménagemens dont le roi a usé envers le parlement; nécessité de sa suppression.................................. 434

Protestation de Séguier; abolition de la cour des aides; déclaration du roi qu'il ne changeroit jamais...................................... 437

CHAPITRE LVII. *Gouvernement d'Aiguillon, Maupeou et Terray, ou du triumvirat. — Le pouvoir absolu ne peut lui donner de vigueur. — Résistance de l'opinion publique. — Mépris de l'étranger. — Premier partage de la Pologne. — Louis XV entraîné tour à tour vers la dévotion ou le libertinage. — Sa maladie, sa mort. — 1771-1774.*

1771. Les triumvirs se vantent d'avoir retiré le sceptre du greffe; réussirent-ils?............ Page 440

Pour fonder le despotisme il faut un despote; la France trop éveillée sur ses intérêts pour se soumettre................................. 441

L'esprit public s'unissant d'abord à Louis XIV s'étoit ensuite tourné contre lui............. 442

Les Français étudient toujours plus les principes des gouvernemens; leurs espérances dans Louis XV................................... 444

Les défauts du roi dégoûtent de la royauté; on rioit de ses vices; ce rire se change en mépris....................................... 446

Résistance de l'opinion au triumvirat; hommages rendus à Choiseul disgracié................ 447

Magnificence de Choiseul dans son exil; protestation des princes du sang.................. 448

Ils réclament pour la pairie le maintien de juges inamovibles; ils foiblissent ensuite........ 450

Caractère des princes du sang alors vivans; talens que développe le chancelier Maupeou. 452

Maupeou étend la persécution sur tous les corps en cherchant à regagner les individus...... 453

Remontrances des parlemens de province condamnées; ils sont tous supprimés et remplacés...................................... 454

1771.	Procès de Beaumarchais qui décrie le parlement Maupeou ; orgueil du chancelier ; déclin de sa faveur.................... *Page* 456
	Ambition de l'abbé Terray qui veut rester seul ; Choiseul prouve contre lui qu'il a bien administré................................ 458
	Terray propose des économies aux dépens des créanciers de l'État ; il rit de son propre brigandage............................... 459
	Malgré ses vols scandaleux il ne comble point le déficit qui reste de 25 millions.......... 462
	Le trésor contracte une dette de 100 millions pour racheter les charges ; dureté du duc d'Aiguillon............................. 463
	Refroidissement entre d'Aiguillon et les cours de Madrid et de Vienne ; il fait la cour à l'Angleterre................................ 464
	Menaces d'Aiguillon aux États de Bretagne, de Bourgogne, de Languedoc ; foiblesse vis-à-vis de l'étranger...................... 466
	D'Aiguillon prépare une révolution en Suède pour y augmenter le pouvoir du roi....... 467
1772.	Profession de dévouement à la constitution par Gustave III ; sa duplicité avec le sénat..... 468
	19 août. La révolution au profit du roi accomplie sans désordre ; joie de Louis XV...... 470
	Révolution de Danemarck contre Struensée, 16 janvier 1772, contraire à l'intérêt de la France................................ 471
	La France intéressée à l'indépendance de la Pologne, ne peut étendre son action jusqu'à elle.................................. 473
	Secours insuffisans qu'elle envoie à la confédération de Bar ; hésitation de l'Autriche.... 474

1772. La France excite les Turcs à la guerre contre les Russes; ils sont battus; flotte russe dans la Méditerranée.................... *Page* 476

Échecs des confédérés de Barr; Dumouriez, puis Vioménil envoyés à leur aide............. 478

Rapports de Vioménil sur leur condition; le roi de Prusse propose le partage de la Pologne. 479

Entrevue de Frédéric II et Joseph II; l'Autriche communique à la France le traité de partage. 480

Traité de Pétersbourg du 5 août 1772 pour le démembrement de la Pologne............ 481

Indignation que cause le traité de partage; la France se regarde comme insultée........ 484

Ne pouvant envoyer des secours par terre, elle veut attaquer les Russes dans la Méditerranée................................ 485

1773. Les Anglais arment pour appuyer les Russes; les Français mêmes s'intéressent aux Russes à cause des Grecs...................... 486

L'esclavage des Turcs est en effet le plus oppressif de tous; l'œuvre d'iniquité s'accomplit. 489

Le roi, le sénat et la diète accèdent enfin au démembrement de la Pologne; paix de Schumla. 491

Négociation avec Rome couronnée de succès; l'ordre des jésuites aboli, le 20 juillet 1773. 494

1774. D'Aiguillon découvre la correspondance secrète de Louis XV qui sacrifie ses agens........ 494

Libelles contre le ministère; lettres de la noblesse de Normandie et sa punition....... 495

Le roi paraît pencher vers la dévotion; comment Mme du Barry combat ce penchant......... 497

Tristesse du roi; ses frayeurs; 28 avril, il tombe malade au Petit-Trianon; on le ramène à Versailles................................ 498

1774. Cause de la maladie du roi; sa complication; éruption de la petite vérole........ *Page* 499
Un parti veut renvoyer la maîtresse avec éclat, mais d'Aiguillon la ménage.............. 501
1er mai. Première visite de l'archevêque de Paris au château; on l'empêche de parler au roi de confession........................... 502
Les filles du roi s'enferment avec lui; la confession du roi de nouveau différée........... 504
5 mai. Mme du Barry conduite à Ruelle par Mme d'Aiguillon; 6 mai, le roi se confesse.. 506
Le roi fait annoncer son repentir par le grand aumônier; 10 mai à deux heures après midi, sa mort............................... 508

FIN DE LA TABLE DU TOME XXIXe.

www.ingramcontent.com/pod-product-compliance
Lightning Source LLC
Chambersburg PA
CBHW070829230426
43667CB00011B/1732